매헌 윤봉길 의사 평전

김학준 지음

우리 마음속 첫번째 금융 우리금융지주 의 일부 지원을 받아 출판하였습니다.

매헌 윤봉길 의사 평전

선구적 농민운동가 · 독립운동가의 생애

동아일보사

매헌 윤봉길 의사
기록사진

윤봉길 의사 표준 영정 작가 월전(月田) 장우성(張遇聖) 화백 그림.

농민운동 기록화 윤봉길 의사가 1930년 중국으로 망명하기 전 고향에서 농민들을 위하여 야학을 열어 농촌계몽운동을 하는 모습. 이종상 화백 그림.

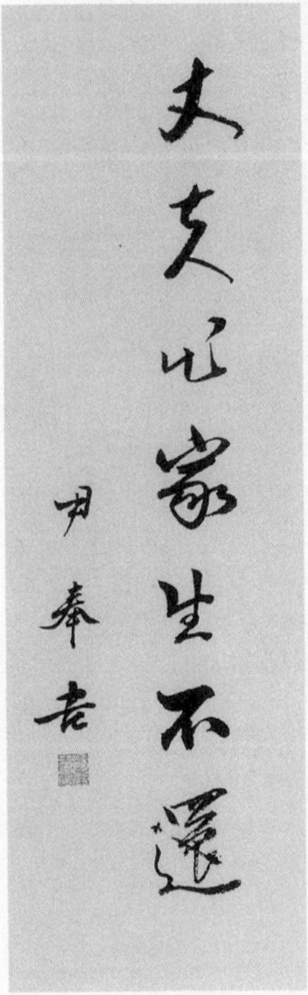

윤봉길 의사의 묘 효창공원 의사묘역

장부출가생불환(丈夫出家生不還) 윤 의사는 "장부가 뜻을 품고 집을 떠나니 뜻을 이루지 않고는 살아 돌아오지 않는다"는 비장한 뜻을 남겼다.

상해의거 기록화 일제가 상해를 침공한 후 1932년 4월 29일 승전 겸 일왕 생일 축하식장인 홍구공원에서 윤 의사가 폭탄을 던져 일본의 침략 수괴를 섬멸하는 모습. 이종상 화백 그림.

매헌 윤봉길 의사 동상 작가 김영원(金永元) 제작.

상해의거 직후 언론에 보도된 가족사진 왼쪽부터 동생 윤성의, 윤남의, 여동생 윤순례, 부인 배용순과 차남 윤담, 장남 윤종, 부친 윤황.

윤봉길 의사의 부인 배용순 여사
『도왜실기(屠倭實記)』에 수록.

윤봉길 의사의 두 아들 종과 담
『도왜실기(屠倭實記)』에 수록.

중수하기 전의 윤봉길 의사 생가 윤 의사는 부친 윤황과 모친 김원상의 5남 2녀 중 장남으로 태어났다.

윤봉길 의사가 성장한 곳 윤 의사는 1911년(4세) 3월에 부모를 따라 광현당(시량리 178번지)에서 저한당(시량리 137번지)로 이사하였다. 1930년 3월 6일 중국 망명길에 오르기 위해 출가하기까지 이곳에서 성장하였다. 사진은 1946년 임시정부 선전부장 엄항섭과 미국 한인 대표 안창호 목사가 광복 후 처음 맞이하는 의거 기념일을 앞두고 방문했을 때 촬영한 것.

윤봉길 의사의 스승 매곡 성주록 선생

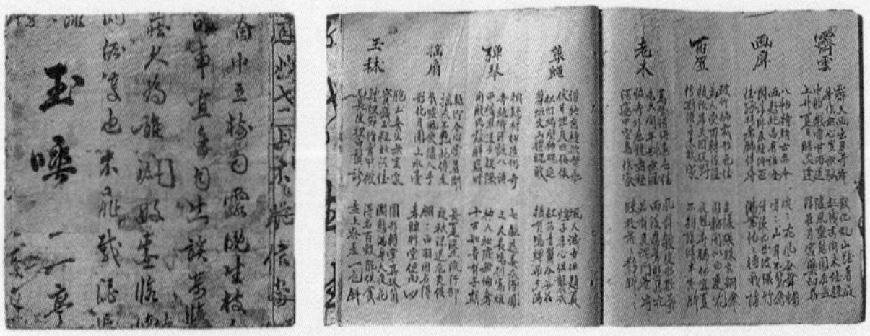

『옥타(玉唾)』(보물 제568호) 시와 문장이 섞여 있는 시문집으로 후반부는 윤 의사의 한시로 알려진 칠언율시 37편과 한말 의병장과 관련된 시문들이 다수 수록되어 있다.

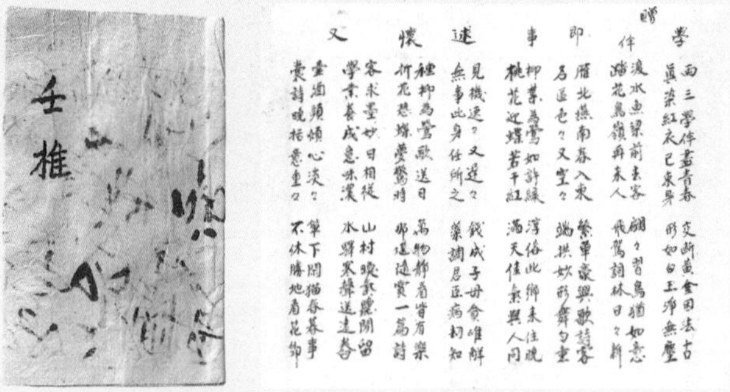

『임추(壬推)』(보물 제568호) 칠언율시를 중심으로 해서 엮은 시집. 칠언율시가 45편, 오언율시가 13편 등 58편의 한시가 실려 있다.

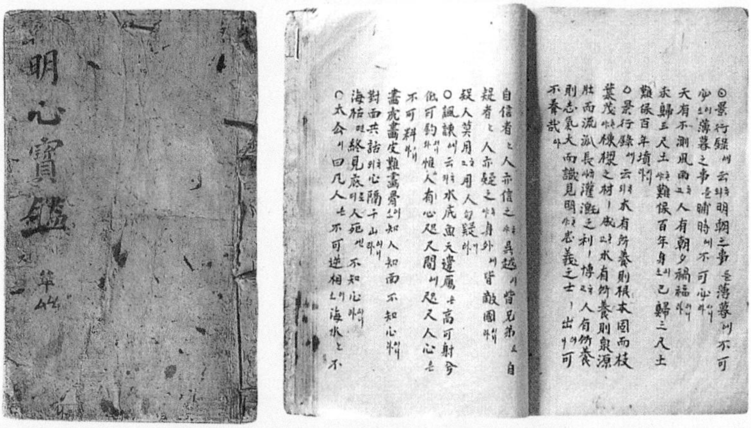

『명심보감(明心寶鑑)』(보물 제568호) 고려 충렬왕 때 문신 추적(秋適)이 금언(金言), 명구(名句)를 모아놓은 인격 수양을 위한 수신서로 윤 의사는 명심보감의 내용을 직접 옮겨 적어 동생 윤남의를 가르쳤다.

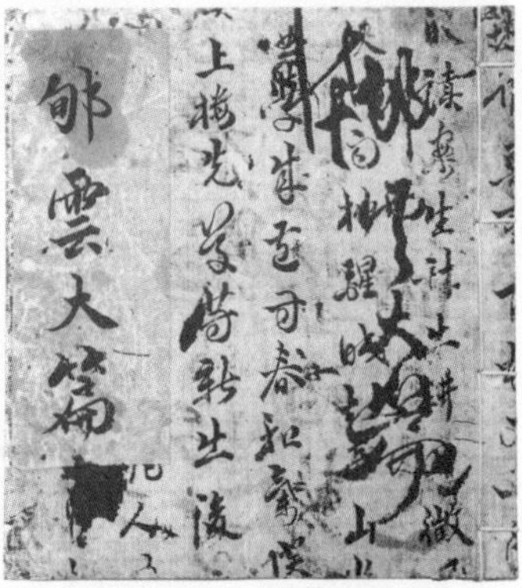

『순운대편(郇雲大篇)』(보물 제568호) 윤 의사가 한학을 공부하면서 사용한 붓글씨 체본으로 보인다.

『한시집(漢詩集)』(보물 제568호) 시와 문장이 섞여 있는 시문집으로 윤 의사가 엮은 칠언율시 200여 편, 칠언절구 6편, 오언절구 2편 등의 시가 수록되어 있다.

『농민독본(農民讀本)』(보물 제568호) 윤 의사가 20세에 야학 교재로 사용하기 위해 만든 책으로 3권이 남아 있다. 1권은 '조선글' 편, 2권은 '계몽' 편, 3권은 '농민의 앞길' 편으로 구성되어 있다. 미풍양속과 교양, 평등과 자유 사상, 현대문명의 사조 그리고 농본주의와 농민공동정신이 담겨 있다.

『농민독본』 제1권 조선글 편의 제1 소리의 갈래

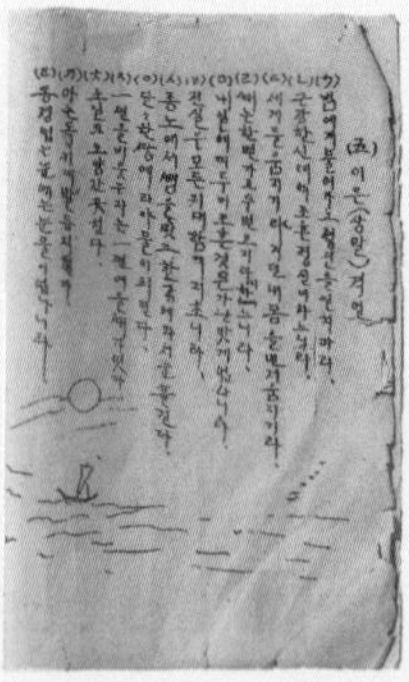

『농민독본』 제2권 계몽 편의 이은(상말) 격언

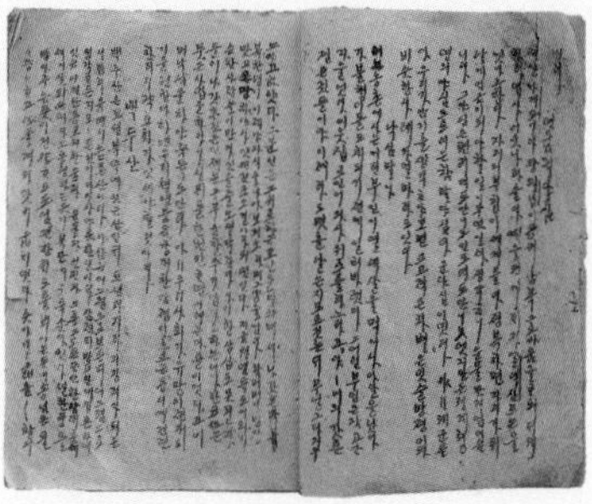

『농민독본』 제2권 계몽 편

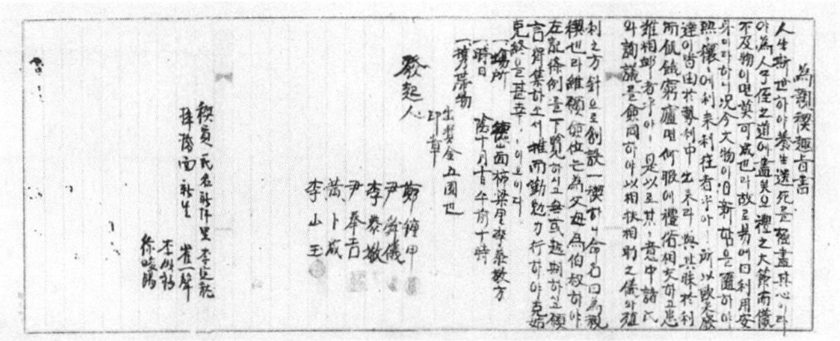

위친계 취지서(보물 제568호) 위친계는 농촌 사회의 미풍양속을 지키고 서로 도우며 친목을 돈독히 하고자 조직된 모임으로 효가 나라 사랑의 근본임을 주창하였다. 1929년 10월 10일(음력) 오전 10시 덕산면 시량리 이태경의 집에서 윤 의사를 비롯한 6인이 발기인이 되어 취지서에 날인하였다.

월진회기(보물 제568호) 월진회 깃발로 바탕색인 흰색은 백의민족의 표상이고, 청색 세 줄은 삼천리금수강산을 의미한다. 가운데 무궁화는 영원히 번영하라는 뜻이 담겨 있다.

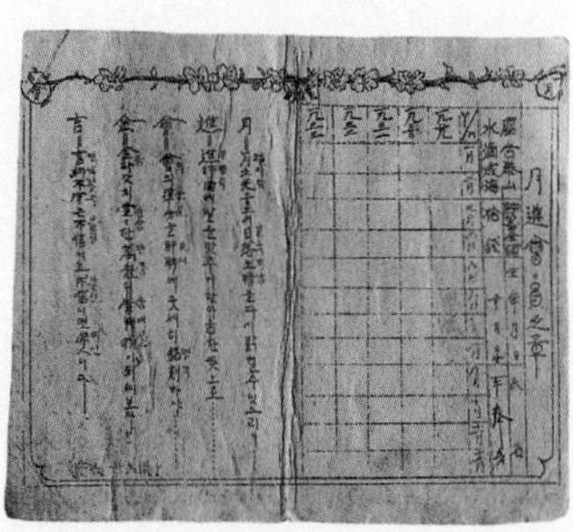

월진회 통장(보물 제568호) 월진회에서 제작한 통장으로 회비 관리에 사용하였으며, 통장 안쪽 면에 월진회 금언이 적혀 있다.

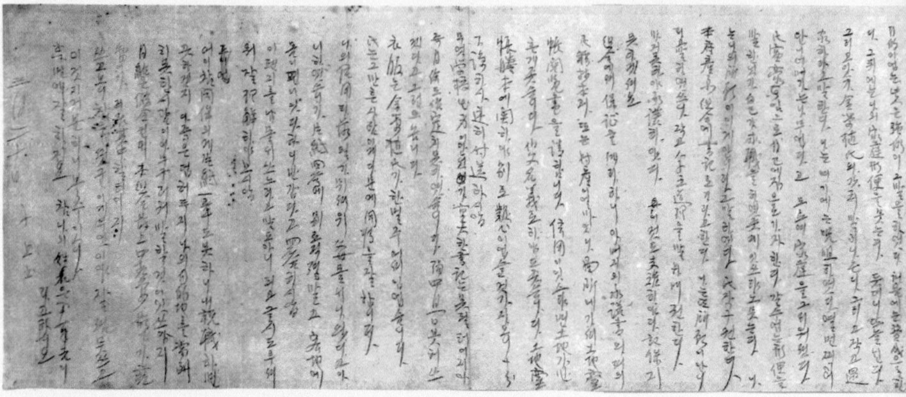

국경을 넘기 전 어머니에게 보낸 편지(보물 제568호) 중국으로 가는 열차에서 일경에게 불심검문을 당하여 피검되어 선천경찰서 유치장에 구금되었다가 풀려나 평안북도 선천 정주여관에서 1930년 3월 20일 어머니에게 보낸 편지.

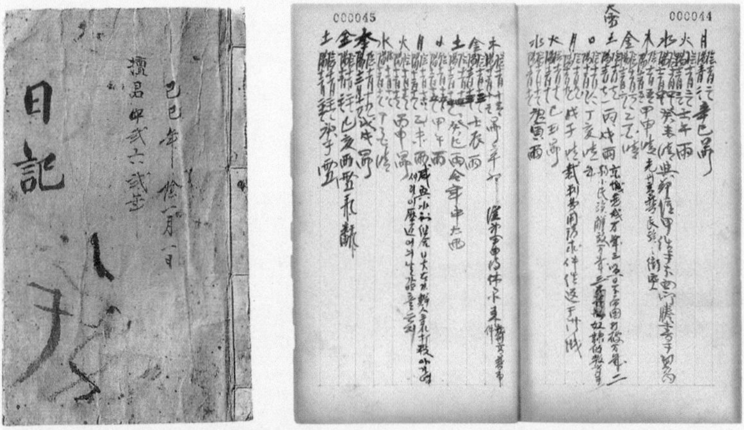

『기사년 일기』(보물 제568호) 윤 의사는 1929년(22세) 1월 1일(음력)부터 일기를 쓰기 시작하여 생활과 농촌운동의 전말을 수기하였다. 1년간 집필한 일기에 1929년 광주학생운동을 비롯하여 함흥수리조합의 일본인들이 조선인 3명을 타살하는 사건 등이 연이어 일어나 일제의 강압적인 식민 통치가 더 이상 참을 수 없는 한계 상황에 도달했음을 토로하였다. 이는 윤 의사가 중국 망명의 뜻을 품는 계기가 되었다.

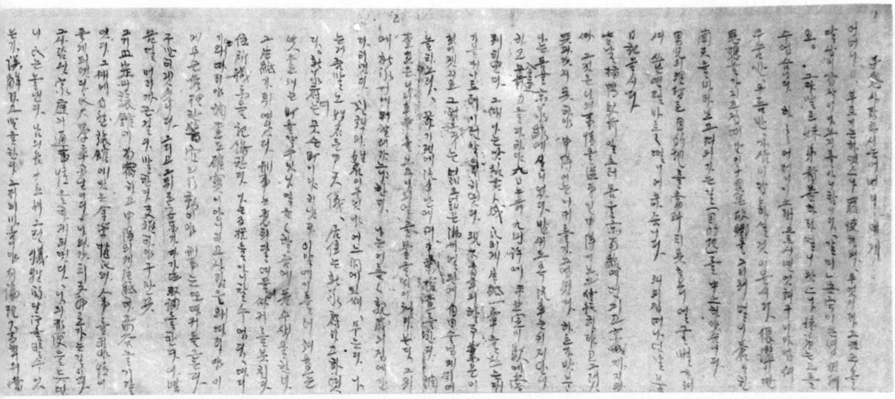

윤봉길 의사 청도에서의 사진 1930년 4월 천신만고 끝에 중국 산동성 청도에 도착, 1년 넘게 일본인 세탁소에 취업해 상해 갈 여비를 마련하면서 일본인의 습관과 문화를 익혀 상해의거를 성공시키는 밑거름을 만들었다.

모순(模淳)에게 보낸 편지(보물 제568호) 1930년 청도에서 장남 종에게 보낸 편지. 아버지를 그리워하는 아들에게 어머니의 가르침을 잘 따라 훌륭한 어른으로 성장하기를 당부하는 마음이 나타나 있다.

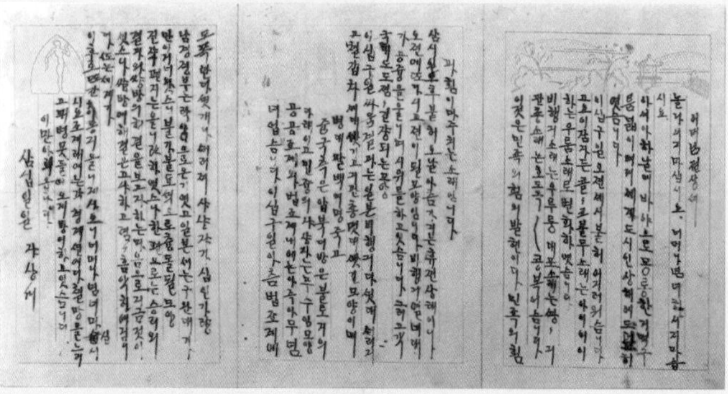

어머님 전상서(1932년 1월 31일 편지, 보물 제568호) 상해 프랑스 조계지에서 모자 공장에 취업하고 있을 당시 일본군의 상해 침략 전황을 자세히 전하는 내용으로 윤 의사가 어머니께 올리는 마지막 편지가 되었다.

한인애국단 선서식 사진(보물 제568호) 백범 김구와 모든 거사 준비를 마친 후, 거류민단 사무실에서 윤 의사는 '한인애국단 선서식'을 거행하고 태극기 앞에서 기념 촬영을 했다. 가슴에는 자필로 쓴 선서문을 부착하고 왼손에 수류탄을, 오른손에는 권총을 든 결연한 자세로 촬영에 임했다.

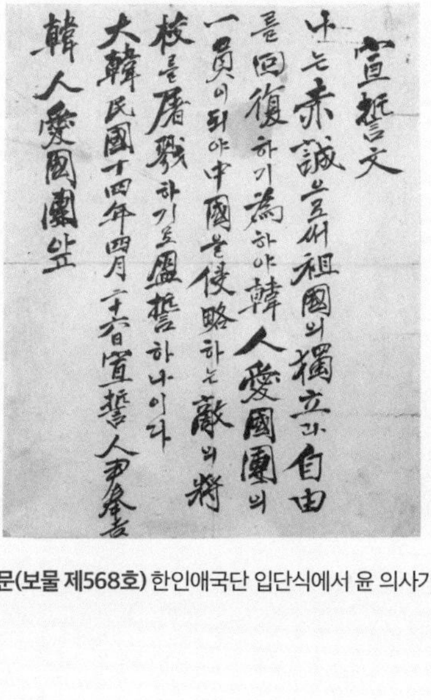

宣誓文

나는 赤誠으로써 祖國의 獨立과 自由를 回復하기 爲하야 韓人愛國團의 一員이 되야 中國을 侵略하는 敵의 將校를 屠戮하기로 盟誓하나이다

大韓民國 十四年 四月 二十六日 宣誓人 尹奉吉

韓人愛國團 앞

한인애국단 선서문(보물 제568호) 한인애국단 입단식에서 윤 의사가 작성한 선서문.

수통형 폭탄 홍구공원에서 사용한 폭탄이다. 백범 김구가 김홍일에게 폭탄 제조를 부탁하여 왕바이수(왕백수)가 폭탄 설계를 하고 상치타오가 제작하였다. 실물은 당시 사용하여 현재 남아 있지 않다.

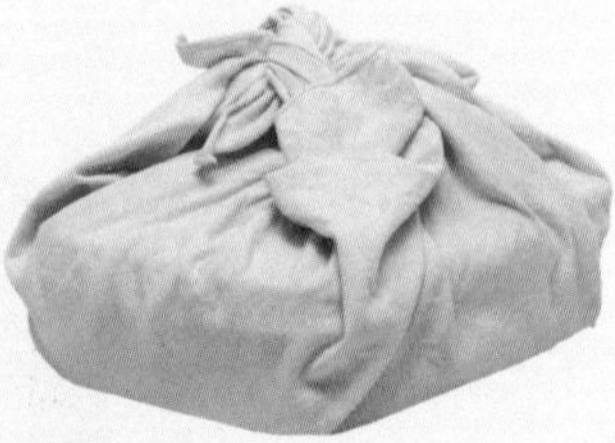

도시락형 폭탄 홍구공원에 준비해갔으나 사용하지 못했다.

폭탄을 제조한 왕바이수와 김홍일(오른쪽) 의거 때 사용한 폭탄을 제조하였다.

(一) 大阪朝日新聞

上海の爆彈變事

四月二十九日上海新公園にて……本社特派員撮影

大阪朝日新聞 號外 昭和七年五月一日

この號外は本紙に再錄しません

(上) 突如祝賀會式場に手榴彈投ぜられ、我が重光公使、白川軍司令官、野村司令長官、植田〇團長、村井總領事、河端居留民團行政委員會長ら傷き仆る、寫眞は負傷の村井總領事が壇上から、へ降されるところ (下) 逮捕された手榴彈投擲の犯人尹奉吉

상해의거 신문 보도 내용 윤 의사의 연행 모습이 실린 〈오사카아사히신문〉 호외(1932.5.1.). 하단의 사진 설명에 '체포된 수류탄 투척의 범인 윤봉길'이라 적혀 있다.

윤봉길 의사의 이력서 및 유서(보물 제568호) 상해의거 이틀 전 자신의 사상을 후세에 알리기 위해 시간에 쫓기며 직접 쓴 일종의 유서로 자필 이력서 외 유촉시 4편과 이동녕 초상화가 수록되어 있고, 마지막에 가족의 이름을 적으며 가족을 유족으로 표기하여 고귀한 생명을 바치는 거사 성공의 강한 의지를 나타내고 있다.

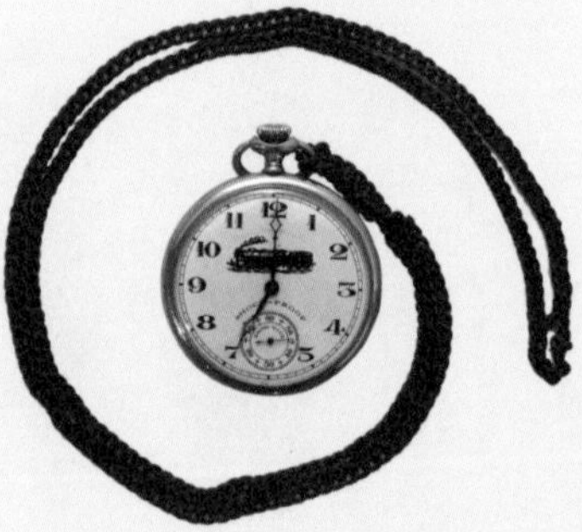

윤봉길 의사의 회중시계(보물 제568호) 본래 백범 김구가 2원을 주고 산 시계로 윤의사는 의거 장소로 떠나기 전에 6원을 주고 산 자신의 시계와 바꾸자고 제안하여 서로 시계를 맞바꾸었다.

일본 헌병대 사령부에서 신문받을 당시의 윤봉길 의사 〈상하이헌경〉 제240호, 1932년 5월 28일 자에 첨부된 사진. 이 사진은 윤 의사의 사형 사실을 보도한 〈기타쿠니신문〉에 실리면서 최후의 사진으로 알려져 있다.

윤봉길 의사의 거룩한 순국 선발된 2명의 총잡이가 사형틀 10m 떨어진 평지에서 엎드려총 자세로 사격 명령에 따라 발사하여 거룩하게 순국한 장면. 사수의 첫 총알이 윤 의사의 미간에 명중하여 선혈이 방출하였다.

카이로회담의 주역들 윤봉길 의사의 상해의거는 카이로선언으로 이어져 대한민국 독립의 단서가 되었다. 1943년 11월에 미국 루스벨트 대통령, 영국 처칠 총리, 중국 장개석 총통이 이집트 카이로에 모여 제2차 세계대전 전쟁 수행과 일본이 패전할 경우 전후 처리 문제를 논의하였다.

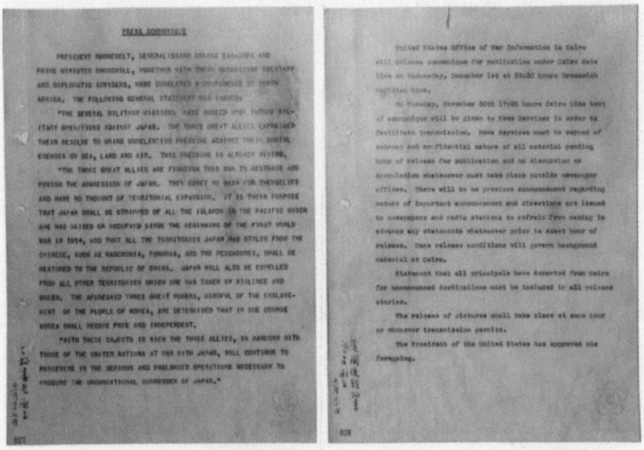

PRESS COMMUNIQUE

PRESIDENT ROOSEVELT, GENERALISSIMO CHIANG KAI-SHEK AND PRIME MINISTER CHURCHILL, TOGETHER WITH THEIR RESPECTIVE MILITARY AND DIPLOMATIC ADVISERS, HAVE COMPLETED A CONFERENCE IN NORTH AFRICA. THE FOLLOWING GENERAL STATEMENT WAS ISSUED:

"THE SEVERAL MILITARY MISSIONS HAVE AGREED UPON FUTURE MILITARY OPERATIONS AGAINST JAPAN. THE THREE GREAT ALLIES EXPRESSED THEIR RESOLVE TO BRING UNRELENTING PRESSURE AGAINST THEIR BRUTAL ENEMIES BY SEA, LAND AND AIR. THIS PRESSURE IS ALREADY RISING.

"THE THREE GREAT ALLIES ARE FIGHTING THIS WAR TO RESTRAIN AND PUNISH THE AGGRESSION OF JAPAN. THEY COVET NO GAIN FOR THEMSELVES AND HAVE NO THOUGHT OF TERRITORIAL EXPANSION. IT IS THEIR PURPOSE THAT JAPAN SHALL BE STRIPPED OF ALL THE ISLANDS IN THE PACIFIC WHICH SHE HAS SEIZED OR OCCUPIED SINCE THE BEGINNING OF THE FIRST WORLD WAR IN 1914, AND THAT ALL THE TERRITORIES JAPAN HAS STOLEN FROM THE CHINESE, SUCH AS MANCHURIA, FORMOSA, AND THE PESCADORES, SHALL BE RESTORED TO THE REPUBLIC OF CHINA. JAPAN WILL ALSO BE EXPELLED FROM ALL OTHER TERRITORIES WHICH SHE HAS TAKEN BY VIOLENCE AND GREED. THE AFORESAID THREE GREAT POWERS, MINDFUL OF THE ENSLAVEMENT OF THE PEOPLE OF KOREA, ARE DETERMINED THAT IN DUE COURSE KOREA SHALL BECOME FREE AND INDEPENDENT.

"WITH THESE OBJECTS IN VIEW THE THREE ALLIES, IN HARMONY WITH THOSE OF THE UNITED NATIONS AT WAR WITH JAPAN, WILL CONTINUE TO PERSEVERE IN THE SERIOUS AND PROLONGED OPERATIONS NECESSARY TO PROCURE THE UNCONDITIONAL SURRENDER OF JAPAN."

027

United States Office of War Information in Cairo will release communique for publication under Cairo date line on Wednesday, December 1st at 23:30 hours Greenwich meridian time.

On Tuesday, November 30th 17:00 hours Cairo time text of communique will be given to News Services in order to facilitate transmission. News Services must be warned of secrecy and confidential nature of all material pending hour of release for publication and no discussion or speculation whatsoever must take place outside newspaper offices. There will be no previous announcement regarding nature of important announcement and directions are issued to newspapers and radio stations to refrain from making in advance any statements whatsoever prior to exact hour of release. Same release conditions will govern background material at Cairo.

Statement that all principals have departed from Cairo for unannounced destinations must be included in all release stories.

The release of pictures shall take place at same hour or whenever transmission permits.

The President of the United States has approved the foregoing.

028

카이로선언문 특별조항에 '적절한 시기에 한국을 자유 독립하게 할 것'이라고 명시하였다. 이 특별조항이 들어간 것은 윤 의사의 장거가 그 원인이었다. 카이로회담은 한국 해방의 단서이고 한국의 독립을 보장한 최초의 연합국 회의였다.

『도왜실기(屠倭實記)』 백범 김구는 1932년 한인애국단의 투쟁을 중국에 알려 한국인과 힘을 합쳐 항일 투쟁을 벌일 것을 촉구하고자 중국어로 『도왜실기』를 간행하였다. 이를 엄항섭이 1946년 2월 한글로 번역하여 발간한 것.

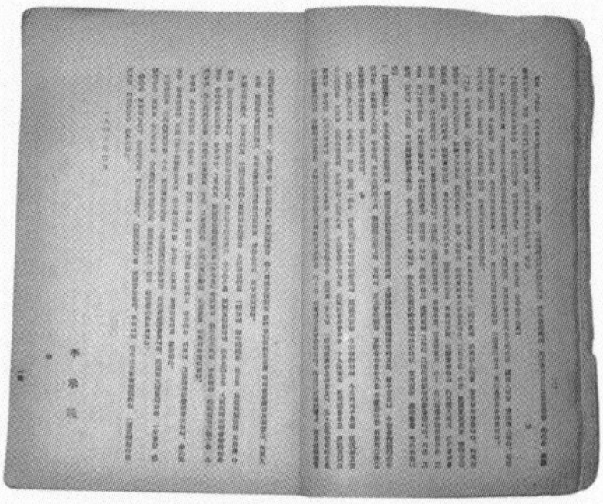

『도왜실기(屠倭實記)』 서문 중에서(1946.2. 이승만) 한국 해방의 단서가 된 카이로회담에서 장개석 주석이 솔선해서 한국의 자주독립을 주창하여 연합국의 동의를 얻었다는 사실은 역시 그 원인이 윤 의사의 장거에 있었음을 잊어서는 아니 된다.

가나자와 암장지적비(1992.12.19.)

상해 홍구공원 매헌기념관(1994.4.29.)

차례

6 순국한 뒤 암장됐으나 일제 패망 이후 거족적 환영을 받으며 유해가 봉환되다

7 윤 의사 의거의 역사적 공헌

머리말(개정판)

1 ____ 이 책은 저자의 『매헌 윤봉길 평전: 선구적 농민운동가·독립운동가』(민음사, 1992)를 사실상 새로 쓰는 수준에서 개정·보완한 것이다. 초판은 원래 윤봉길 의사의 상해(上海)의거 제60주년을 맞이해 당시 김영삼(金泳三) 민주자유당 대표최고위원이 회장을 맡았던 '매헌 윤봉길 의사 의거 제60주년기념사업추진위원회'의 주관과 후원 아래, 그리고 이 위원회 집행위원장을 맡았던 남재희(南載熙) 의원의 권유로 집필했었다.

그때로부터 어언 30년이 지나 이제 의거 제90주년을 맞이하기에 이르렀다. 사단법인 매헌윤봉길의사기념사업회(이하 '기념사업회'로 약칭)는 이 뜻깊은 날을 맞아, 지난 30년 동안 새롭게 발굴된 자료와 새로운 내용을 담아 출판된 저술 그리고 각계각층에서 거행된 행사 등을 반영해 개정판을 출판하는 것이 바람직하다는 결정을 내리고 저자에게 그 작업을 맡겼다. 저자는 스스로의 부족함을 절감하면서도 초판의 미흡한 점들을 수정·보완함으로써 초판 때 맡겨진 임무를 끝까지 마친다는 생각에서 감히 응했다.

2 ____ 기념사업회는 한 가지 의견만 제시했다. 초판이 518쪽에 이

르는 방대한 양일 뿐만 아니라 한자가 많이 들어가 중압감을 주는 만큼 처음부터 읽을 엄두를 못 내는 경우가 있을 것이므로, 될 수 있는 대로 더 많은 국민이 친밀하게 느낄 수 있는 방향으로 고쳤으면 좋겠다는 것이었다. 그 뜻을 존중하여, 우선 책 전체의 양을 줄이고 문단의 길이도 줄여 독자의 부담을 덜어주고자 했다. 같은 취지에서, 각 장(章)의 끝에 그 장의 각주를 소개했던 초판과는 달리 이 개정·보완판에서는 각 장의 각주를 이 책의 끝부분에 모아 소개했다. 독자가 한 장에서 다음 장으로 넘어갈 때 읽기의 흐름을 순탄하게 하기 위해서다.

독자층의 변화에도 유의했다. 독자층의 다수를 차지하는 한글 세대는 한자 그 자체는 물론이고 한문식 표현에 익숙하지 않다는 현실을 고려해 한자와 한문식 표현을 덜 쓰도록 노력했다. 꼭 한자로 표기해야 뜻의 전달이 정확해지는 경우, 그리고 고유명사의 경우, 처음 등장할 때로 한정해 우리말로 먼저 쓰고 괄호 안에 한자를 넣었다.

매헌 윤봉길 의사를 표기하는 경우 여러 방식을 썼다. 문장의 구성과 흐름에 맞춰 매헌으로, 윤봉길 의사로, 윤 의사로, 그저 의사로, 또는 그로 표기하기도 했다.

3 ____ 초판이 출판된 때로부터 꼭 한 세대가 지나는 동안 윤 의사에 대한, 그리고 의사가 직면했던 조선의 내외 상황에 대한 학계의 연구가 많이 진전됐다. 그 대표적 사례들은 다음과 같다.

1. 이상재(李尙載)·윤규상(尹圭相) 공저, 『인간 윤봉길 연구』(월진회, 1995); 신호웅(辛虎雄)·이상재·윤규상 공저, 『매헌 윤봉길 의사 일대기』(경혜사, 2006).
2. 임중빈(任重彬), 『윤봉길 의사 일대기』(범우사, 1998).

3. 신용하(愼鏞廈), 「대한민국임시정부와 카이로선언」, 한국근현대사학회 편, 『대한민국임시정부 수립 80주년 기념논문집』 전 2권(국가보훈처, 1999), 하, 317~339쪽.
4. 진영미(晉永美), 「옮긴이의 말」 및 「윤 의사 시문집의 이해와 과제들」, 진영미 · 김승일 공역, 『시인 윤봉길과 지인의 서정시 340수』(역사공간, 2004), 5~8쪽 및 391~398쪽.
5. 윤병석(尹炳奭), 『윤봉길 의사: 민족의 영웅』(매헌윤봉길의사기념사업회, 2007; 국회사무처, 2011); Pyong-suk Yun, *Maeheon Yun Bong-gil, A Patriot and National Hero*(Maeheon Yun Bong Gil Memorial Museum, 2017).
6. 윤주(尹洲), 『연행 사진, 윤봉길 의사 맞다』(매헌윤봉길의사기념사업회 매헌연구원, 2008년 8월); ______, 『나의 백부 매헌 윤봉길』(월진회, 2009); ______, 『순정한 영혼의 불꽃 매헌 윤봉길』(매헌윤봉길의사기념사업회, 2010년 10월); ______, 「영원한 청년 의사 윤봉길」 1회(《아주경제》 2018년 8월 1일, 3쪽)~20회(《아주경제》 2018년 8월 31일, 20쪽); ______, 「스페셜 칼럼: 윤봉길 의거는 재평가돼야」, 〈아주경제〉(2019년 8월 12일).
7. 독립기념관 한국독립운동사연구소, 매헌윤봉길의사기념사업회 매헌연구원 공동주최, 『윤봉길 의사의 상해의거와 독립운동: 매헌 윤봉길 의사 탄신 100주년 기념 학술 심포지엄』(2008년 12월 17일)(독립기념관 한국독립운동사연구소, 매헌윤봉길의사기념사업회 매헌연구원, 2008).

• 윤병석, 「기조발표: 윤봉길 의사의 상해의거와 독립운동」, 9~40쪽.
• 신용하, 「제1주제: 윤봉길 의사의 상해의거와 그 역사적 의의」, 41~74쪽.
• 한시준, 「제2주제: 윤봉길 의사의 홍구공원 의거에 대한 중국 신문의 보도」, 75~120쪽.
• 박용옥, 「제3주제: 윤봉길의 농촌운동」, 121~150쪽.
• 김상기, 「제4주제: 윤봉길의 상해의거에 대한 일본 언론의 보도」, 151~188쪽.

8. 유영익(柳永益), 『건국 대통령 이승만: 생애 · 사상 · 업적의 새로운 조명』(일조각, 2013).
9. 김상기(金祥起), 「윤봉길의 상해의거에 대한 일본 언론의 보도」, 『한국독립운동사연구』 32(2009년 4월), 5~42쪽;______, 「윤봉길의 금택(金澤)에서의 순국과 순국

지」, 『한국독립운동사연구』 41(2012년 4월), 365~387쪽; ______, 『자유의 불꽃을 목숨으로 피운 윤봉길』(역사공간, 2013); ______, 「윤봉길의 수학 과정과 항일독립론」, 『한국근현대사연구』 67(2013년 겨울), 700~724쪽; ______, 「윤봉길의 순국과 현양사업」, 『한국근현대사연구』 86(2018년 가을), 155~182쪽.

10. 『윤봉길과 한국독립운동』(매헌윤봉길의사기념사업회 매헌연구원, 2010년 1월).

제1부 윤봉길 의사와 한국독립운동

- 김학준(金學俊), 「윤봉길 의사 상해의거와 동북아 평화공존」, 11~16쪽.
- 윤병석(尹炳奭), 「윤봉길 의사의 상해의거와 가나자와 순국」, 17~34쪽.
- 신용하(愼鏞廈), 「윤봉길 의사의 상해의거와 그 역사적 의의」, 35~68쪽.
- 김승일(金勝一), 「윤봉길 의사의 시문(詩文)과 독립정신」, 69~88쪽.
- 박용옥(朴容玉), 「윤봉길 의사의 농촌운동」, 89~116쪽.
- 신주백(辛珠柏), 「상해사변 전후의 한국 민족운동과 윤봉길 의거」, 117~136쪽.
- 조범래(趙凡來), 「한인애국단과 윤봉길 의사」, 137~176쪽.
- 한시준(韓詩俊), 「윤봉길 의사의 홍구공원 의거에 대한 중국 신문의 보도」, 177 ~220쪽.
- 김상기(金祥起), 「윤봉길 의사의 상해의거에 대한 일본 언론의 보도」, 221~258쪽; ______, 「윤봉길 의사 순국지 가나자와(金澤) 답사기」, 259~268쪽.
- 한상도(韓相禱), 「해방정국기 윤봉길 의거의 현양과 계승의식」, 269~299쪽.

제2부 윤봉길 의사의 항일 의거와 동북아 평화공존

- 이충양(李充陽), 「윤봉길 의거의 역사성」(중문[中文]), 303~306쪽.
- 석원화(石源華), 「윤봉길 의사와 홍구 장거」(중문), 307~324쪽.
- 소옹(邵雍), 「조선 지사와 중국 사회: 윤봉길 의거를 중심으로」(중문), 325~332쪽.
- 하련생(夏輦生), 「한시(漢詩) 신동이 항일영웅이 되다: 그의 생명실현문학과 역사적 완미(完美)의 창조; 윤봉길 의사 탄신 백주년을 맞아」, 333~352쪽.
- 박재우(朴宰雨), 「중국 작가의 한인 항일영웅 서사(敍事)와 윤봉길: 노신(魯迅) 정신의 만남」, 353~370쪽.

• 송성유(宋成有), 「일본 조야의 '만몽정결(滿蒙情結)과 중·한 연합항전」, 371~390쪽.
• 소지량(蘇智良), 「중국 매체의 윤봉길 의거에 대한 보도」, 391~402쪽.

11. 박명희(朴明熙), 「카이로회담에서의 한국 문제에 대한 중화민국 정부의 태도」, 『동양학』(단국대학교 동양학연구원) 47(2010년 2월), 129~153쪽.
12. 정일화(鄭逸和), 『카이로선언: 대한민국 독립의 문』(선한약속, 2010년 3월).
13. 이상철(李相喆), 「장개석일기(蔣介石日記)에 나타난 한국독립운동 관계 사료」, 〈월간조선〉(2010년 11월), 530~543쪽.
14. 이완범(李完範), 「카이로선언의 결정 과정에 대한 고찰」, 평화통일시민연대 아시아사회과학원 주관, 『카이로선언 정신 구현과 아시아의 평화 문제: 카이로선언 70주년 기념 학술회의』(2013년 7월 24일); 이완범, 「연합국 카이로회담의 한국 독립 약속과 신탁통치」, 단국대학교 동양학연구원 편, 『한국독립운동의 세계사적 성격: 한중 공동항전과 연합국의 역할』(단국대학교 출판부, 2017), 489~622쪽.
15. 정병준(鄭秉峻), 「카이로회담의 한국 문제 논의와 카이로선언 한국 조항의 작성 과정」, 『역사비평』 107(2014년 여름), 307~347쪽.
16. 한시준, 「카이로선언과 대한민국임시정부」, 『한국근현대사연구』 71(2014년 겨울) 126~156쪽.
17. 배경한(裵京漢), 「카이로회담에서의 한국 문제와 장개석」, 『역사학보』 224(2014년 12월), 305~335쪽; ______, 「카이로회담에서의 한국 문제와 중국의 전후 아시아 구상」, ______, 『중국과 아시아: 근현대 중국의 아시아 인식과 아시아주의』(한울엠플러스, 2016), 제3부 제2장에 재수록; ______, 「윤봉길 의거 이후 장개석 국민정부의 한국독립운동 지원과 '장기항전(長期抗戰)'」, 『역사학보』 236(2017년 12월), 373~412쪽.
18. 이화림(李華林) 구술/장전걸(張傳杰)·손정려(孫靜麗) 지음, 『정도(征途)』(중문)(요녕민족출판사, 1995)/박경철·이선경 옮김, 『이화림 회고록: 중국 대륙을 누빈 불멸의 여성 독립운동가』(차이나하우스, 2015).
19. 사단법인 매헌윤봉길의사기념사업회 편, 『매헌 윤봉길 의사 상해의거와 국내외 영향: 매헌 윤봉길 의사 상해의거 85주년 기념 국제학술회의』(사단법인 매헌윤봉길

의사기념사업회, 2016).

• 김학준, 「카이로회담의 진행과 합의 그리고 거기에 끼친 윤봉길 의사 의거의 영향」, 4~15쪽.
• James I. Matray, "The Korean Independence Movement and the Cairo Conference(The Cairo Declaration and the Korean Independence Movement: President Franklin D. Roosebelt's Plan for Postwar Asia)"(영문 및 한국어 번역문)
• 서상문(徐相文), 「중화민국의 한국독립운동 지원」, 59~85쪽.
• 쓰루조노 유타카(鶴園裕), 「윤봉길 의사 순국과 암장(暗葬)」(일문 및 한국어 번역문), 89~99쪽.
• 쑨커즈(孫科志), 「윤봉길 의사 의거와 중국의 동향: 매체를 중심으로」(중문 및 한국어 번역문), 103~139쪽.
• 이상철(李相喆), 「윤봉길 의사 의거와 장개석(蔣介石): 카이로선언과의 관계」, 143~168쪽.
• 김상기(金祥起), 「윤봉길 의사 상해의거의 영향과 의의」, 173~194쪽.

20. 김광(金光), 『윤봉길전』(중문)(상해: 한광사, 1933); 이동언(李東彦) 기획/ 이민원(李珉源)·양수지(楊秀芝) 공역, 『나의 친구 윤봉길』(선인, 2017).
21. 김용신(金容信), 「장개석 국민정부의 미국 편승 전략과 한국의 독립 문제, 1942~1945」, 『사회과학논집』(연세대학교 사회과학연구소) 제49집 제1호(2018년 봄), 35~52쪽.
22. 이태복(李泰馥), 『윤봉길 평전: 강의(剛毅)한 사랑의 독립전사』(동녘, 2019).
23. 강효백(姜孝伯), 『두 얼굴의 무궁화: 국가 상징 바로잡기』(이담북스, 2020).
24. 심경호(沈慶昊), 「윤 의사의 문학세계: 윤봉길 의사의 문학에 대하여」, 매헌윤봉길의사기념관 편, 『윤봉길 의사와 독립운동사』(매헌윤봉길의사기념관, 2021).

4 ___ 그 이전의 출판물에서도 부분적으로 논의됐지만, 특히 위에 예로 든 출판물들은 윤 의사의 생애 및 의거와 관련해 새로운 쟁점들을 크게 부각했다. 그 대표적 사례들을 시기별로 나눠 살피면 다음과 같다.

1. 윤 의사의 고향에서의 수학과 활동

첫째, 상해에서 약 10개월 동안 매헌과 숙식을 같이했으며 그의 의거 뒤 그의 일기와 메모를 바탕으로 『윤봉길전』을 쓴 김광 선생은 매헌에 영향을 크게 끼친 스승으로 '이광운(李光雲)'을 지적하고 그에 대해 길게 설명했다. 그러나 이 이름은 여타의 어떤 저술에서도 등장한 일이 없다. 매헌의 저술들을 두루 살핀 김희곤 교수 그리고 매헌을 깊이 연구하고 그에 대해 책을 쓴 김상기 교수는 그가 아마 매헌의 스승으로 널리 공인된 오치서숙(烏峙書塾)의 '성주록(成周錄)'일 것이라는 추론을 제시했는데, 이 주제는 앞으로 계속 연구의 대상으로 남아 있다.

둘째, 이상재·윤규상의 『인간 윤봉길 연구』 그리고 그 책을 계승한 신호웅·이상재·윤규상의 『매헌 윤봉길 의사 일대기』를 비롯한 몇몇 책들은 매헌이 성주록 선생의 인도를 받아 충청남도 홍성의 유교부식회(儒教扶植會)와 관계를 맺었다고 주장했다. 이에 대해, 평생을 백부 윤 의사 연구에 바친 매헌윤봉길의사기념사업회 윤주(尹洲) 부회장은 그 주장은 전혀 사실이 아니라고 반론했다. 매헌은 유교부식회와 무관했다는 것이다.

셋째, 김상기 교수를 비롯한 몇몇 연구자들은 매헌이 오치서숙에서 수학하기에 앞서 최은구의 서당에서 수학했다고 주장했다. 대조적으로, 윤주 부회장은 그 주장을 정면으로 부인했다.

2. 윤 의사의 출향 직후 신의주와 단동에서의 생활

첫째, 신호웅·이상재·윤규상 세 공저자는 윤 의사가 중국으로 망명하기 위해 출향한 직후 경의선 열차로 신의주에 도착한 때로부터 약 6개월에 걸쳐 '신의주산업조합'에서 일했다고 주장했다. 그러나 김상기 교수는 그 주장을 받아들이지 않았다.

둘째, 기존의 저술들은 윤 의사가 신의주를 거쳐 압록강을 넘어 단동(丹東)에 도착한 때로부터 일정한 기간(대체로 3개월 정도)에 걸쳐 만주의 한인 독립군 세력을 방문했다고 썼다. 저자(김학준) 그리고 저자의 초판에 바탕을 두고 저자와 함께 매헌의 약전을 쓴 이수항(李琇恒) 전 동아일보사 부국장도 그 저술들의 설명을 그대로 받아들였다. 그러나 윤봉길 상해의거 80주년에 맞춰 간행된『매헌윤봉길전집』에 수록된 새로운 자료는 윤 의사가 단동에서 곧바로 청도(靑島)로 떠났음을 보여주었다. 이 자료에 근거해 김상기 교수는 기존의 설명을 받아들이지 않았다. 그러나 기존의 저술들이 제시한 설명을 완전히 배척하기 어려운 만큼 이 주제는 앞으로 계속해서 연구될 만하다.

3. 윤 의사가 김구를 처음 만난 시점

윤 의사의 홍구공원 의거는 대한민국임시정부 국무위원이면서 상해대한인거류민단(약칭 상해한인교민단) 단장이던 김구를 만남으로써 성사됐다. 그러면 그 만남은 언제 처음 이뤄진 것인가? 윤 의사의 상해에서의 여러 행적을 설명함에 있어서 중요한 이 물음에 대해 크게 보아 두 개의 대답이 제시되어왔다. 하나는 윤 의사가 1931년 6월 23일에 상해에 도착하자마자 즉시 교민단 사무실을 찾아가 만났다는 설명이다. 다른 하나는 이봉창 의사가 1932년 1월 8일에 도쿄에서 일왕에게 폭탄을 던졌으나 실패했다는 보도 이후의 어느 날일 것이라는 설명이다. 이에 대해서는 제4장 제4절 제1항 그리고 제5장 제1절 제2항에서 논하기로 한다.

4. 윤 의사의 미국 유학 계획

김광 선생의 책 『윤봉길전』은 윤 의사가 1931년 5월 8일(음력, 양력으로는 6월 23일)에 상해에 도착한 때로부터 2개월 지난 시점에 세계혁명사를 공부할 목적으로 미국 유학을 결심했으나 1932년 1월 28일에 일본군이 상해를 침공하는 것을 보고 자신이 꿈꾸는 혁명의 시기가 도래했음을 자각하면서 미국 유학 계획을 포기했다고 썼다. 윤 의사가 한때 미국 유학을 계획했다는 사실은 이 책에서 처음 밝혀졌을 뿐, 다른 어떤 책에서도 언급된 일이 없었다. 이후 연구자들은 윤 의사의 그 결심에 대해 관심을 쏟았으나 자료가 워낙 수효가 적고 보잘것없어 더 이상 진전을 보일 수 없었다. 그렇지만 여전히 하나의 연구 과제로는 남아 있다.

5. 윤 의사와 상해의 일제 탄약창고 폭파 계획

왕웅(王雄)이라는 중국 이름으로 중국에서 장개석의 중국국민혁명군에 입대해 19로군 상해병기창에서 복무하던 한인 김홍일(金弘壹)은 자신의 회고록에서 윤 의사의 상해 홍구공원 의거에 앞서 자신과 김구가 상해의 일제 탄약창고 폭파 계획을 세웠으며 그 계획에 윤 의사가 참가했다고 증언했다. 그러나 김구는 자신의 회고록에서 그 계획에 대해서는 자세히 회고하면서도 윤 의사에 대해서는 전혀 언급하지 않았다. 자연히 윤 의사가 과연 그 계획에도 참가했는지에 대한 관심이 제기됐다. 2015년에 국내에 소개된 『이화림 회고록』은 윤 의사가 자신과 함께 이 계획의 실천을 위한 방법을 연구했다고 증언함으로써 이 주제에 대한 우리의 이해를 높여주었다.

6. 윤 의사 의거의 배경: 윤 의사의 동지, 김구, 그리고 중국 군부와의 관계

첫째, 윤 의사의 의거는 백범 김구의 자서전인 『백범일지』에서 함축된 '김구 주도, 윤봉길 행동'의 연장선 위에서 해석되어야 할 것인가, 아니면 '윤봉길의 선택, 김구 지원(또는 윤봉길과 그 주변 동지들의 선택, 김구 지원)'의 결과로 해석돼야 할 것인가의 물음이다. 이 문제와 관련해, 서상문 교수는 전자의 해석에 의문을 제기하면서, 중화민국 군부의 기획·지원 아래 김구와 윤봉길이 실행한 '한중 합작'이었을 것이라는 가설을 제시했다. 여기서 한 걸음 더 나아가, 이태복 박사는 우리가 김구의 항일독립운동은 높이 평가하되 『백범일지』의 '신화'에서 벗어나야 한다고 대담하게 제의하면서 아예 후자의 해석을 제시했다.

둘째, '중화민국 군부의 개입'이라는 주제와 관련해 좀 더 깊이 들어간 주제가 윤 의사가 투척한 폭탄의 제조 과정 및 운반 과정이었다. 중국 학자들 가운데 어떤 이는 이 과정에 상해 지하세계의 두목이던 왕아초(王亞樵)가 개입했다고 주장했고 이 주장이 꽤 널리 받아들여졌다. 그러나 윤주 부회장은 그 일련의 과정에 관한 기존의 여러 설명에 의문이 가는 부분들을 짚어내고 왕아초의 개입은 전혀 사실이 아니라고 단언했다.

7. 윤 의사 의거 후 김구와 장개석이 만난 시점

윤 의사 의거는 장개석 총통이 김구를 만나 한국의 독립운동을 논의하는 계기를 마련해주었다. 그러나 장개석도 김구도 그 만남의 시점을 전혀 밝히지 않았다. 연구자들은 자연히 이처럼 중요한 회담이 언제 열렸느냐에 대해 관심을 쏟고 연구했으며, 그 결과 대체로 일곱 개의 설이 제시됐다. 제7장 제3절 제2항에서 이 서로 다른 설들을 비교하기로 한다.

8. 윤 의사 의거가 장개석 총통과 정부 그리고 카이로선언에 미친 영향

첫째, 윤 의사의 의거가 장개석 총통과 중화민국 정부에 미친 영향의 범위에 관한 물음이다. 어떤 이들은 장 총통이 "중국군 30만 대군이 해내지 못하는 일을 고려의 한 청년이 해냈다"라거나 "중국의 100만 군인과 4억 국민이 하지 못한 일을 조선의 한 청년이 해냈다"라고 칭송했다고 말한다. 반면에 어떤 다른 이들은 그가 실제로 그렇게 말한 사실이 있는지 분명하지 않다고 주장한다. 윤병석 교수가 앞의 주장을 대표했으며, 서상문 교수와 배경한 교수가 뒤의 주장을 대표했다.

서 교수와 배 교수가 후자의 의견을 대표한다고 하여 그들이 윤봉길 의사 의거의 높은 뜻에 의문을 제기한 것으로 받아들여서는 안 된다. 그들은 윤 의사 의거의 역사적 의미를 높이 평가하는 데 조금도 인색하지 않다. 그러나 그들의 연구는 윤 의사 의거 이후 장개석 총통과 국민정부가 경쟁적인 서로 다른 한인 지도자들이 중국에서 전개한 항일독립운동을 어떠한 시각에서 접근했는가에 대한 이해의 폭을 넓혀주었고, 윤 의사 의거를 직접적으로 도운 김구 주석에 대한 지원은 그러한 틀 안에서 이해하도록 만들어주었다.

둘째, 중화민국 장개석 총통이 미국 루스벨트 대통령, 영국 처칠 총리와 함께 서명해 1943년 12월 1일에 발표한 카이로선언은 '코리아의 자유와 독립'을 다짐하는 구절을 포함하고 있는데, 이 구절이 포함되는 과정에 윤봉길 의사의 의거는 어떤 영향을 미쳤는가의 물음이다. 어떤 이들은 윤 의사의 상해의거에 감동한 장 총통의 발언도 영향을 미쳤다고 해석하고, 다른 어떤 이들은 그것은 전적으로 루스벨트 대통령의 특별보좌관 해리 홉킨스(Harry Hopkins)의 인식과 결정의 결과라고 해석한다. 신용하 교수와 박명희 박사는 앞의 해석을 제시했고, 유영익 교수와 정일화 박사는 뒤의 해석을 제시했다. 이 논쟁에 참여한 한시준 교수는 장 총통과 중화민국 국민정부의 다양한 자료를 활용하면서 앞의 해석을 강력히 뒷받침했다. 정병준 교수는 장 총통의 역할을 일정하게 인정하면서도 그의 한국에 대한 정책은 미국의 한국에 대한 정책에 매여 있었다고 보았다.

이렇게 서로 다른 해석들이 제시되면서 새로운 논쟁이 시작됐다. 카이로회담에서 장 총통이 일정하게 역할을 수행했다고 주장하는 학자들은 장 총통이 그러한 역할을 수행한 배경에는 대한민국임시정부 김구 주석의 노력이 있었다고 평가한다. 반면에 홉킨스 특별보좌관의 역할을 강조하는 학자들은 홉킨스가 그러한 역할을 수행한 배경에는 대한민국임시정부 초대 대통령으로 이때에는 워싱턴에서 활동하던 이승만의 노력이 컸다고 평가한다. 개인적인 편차는 있지만 대체로 박명희 박사와 이상철 교수 및 이완범 교수 그리고 한시준 교수가 앞의 해석을 제시했으며, 특히 윤주 부회장은 앞의 해석을 강력히 지지하면서, 윤 의사의 의거를 의열투쟁의 수준을 넘어서서 우리 민족사의 큰 흐름을 바꿔놓은 '광복전쟁'으로 정의했다. 반면에 유영익 교수는 뒤의 해석을 제시했다.

9. 윤 의사 암장지를 누가 가르쳐주었나

일제는 윤 의사를 '처형'한 뒤(우리로서는 윤 의사가 순국한 뒤) 그 시신을 암장했다. 묘지를 만들어놓으면 '조선=한국인'들은 물론 중국인들과 심지어 일본인들 사이에서도 존경의 상징이 될 것을 두려워했기 때문이다. 일제가 패망한 뒤에야 그 암장지를 찾아내고 유해를 발굴하게 되는데, 그 과정에 대해 서로 다른 설명이 제시됐다. 일본에서 암장묘비 건립에 참여했으며 이후 묘비를 관리한 박인조(朴仁祚) 선생은 암장 당시에 입회해 독경했던 한 여승이 암장 장소를 알려주었다고 설명했고, 그리하여 이후 발행된 많은 책들에 그렇게 기술됐다. 그러나 유해 발굴을 주도했던 이강훈(李康勳) 전 광복회 회장은 윤 의사가 구금됐던 구금소 간수가 알려주었다고 증언했다. 윤주 부회장은 일본 측 자료들을 모두 섭렵한 뒤 '여승설'을 부인했다.

10. 윤 의사의 문인으로서의 자질

윤봉길 의사에 관한 기존의 연구는 거의 모두가 그의 성장 과정과 농촌운동, 독립사상을 품게 된 과정, 중국으로의 망명, 상해의거와 그것에 따른 재판과 순국 및 암장, 그리고 윤 의사 의거의 역사적 의미와 교훈 등에 초점을 맞췄다. 예외적으로 위에서 적시한 진영미·김승일 공역의 『시인 윤봉길과 지인의 서정시 340수』, 김승일 교수의 논문, 그리고 심경호 교수의 논문은 윤 의사의 시문(詩文)을 전면적으로 분석하면서 문학적 성격 그리고 윤 의사의 문인으로서의 자질을 새롭게 인식시킴으로써 연구의 지평을 넓혔다.

김승일 교수가 깨우쳐주었듯, 매헌은 '청년시인'이라는 말을 들을 정도로 적지 않은 양의 시를 지었다. 『한시집(漢詩集)』, 『임추(壬推)』, 『명추(鳴推)』, 『옥타(玉唾)』, 『염락(濂洛)』 등 다섯 편으로 나뉘어 수록된 시집들에 담긴 시가 모두 그의 작품인 것은 아니다. 『염락』은 중국의 시를 모은 것이고, 『옥타』는 스승 성주록과 스승의 벗인 강치헌(姜致憲) 등이 쓴 한시를 포함했다. 『명추』는 끝부분에 재산 현황과 재산세 및 가족 현황 등 시가 아닌 자료를 포함했다. 칠언율시, 칠언절구, 오언절구 등의 형식으로 쓰인 시문들 가운데 어떤 시문들은 매헌의 작품으로 분명히 인정되지만, 어떤 다른 시문들은 매헌의 작품으로 단정하기 어렵다. 이렇게 볼 때, 매헌의 시문에 대한 연구는 앞으로 더욱 활발해져야 할 것이다.

11. 윤 의사 의거 직후 연행되는 사진

윤 의사가 의거 직후 연행되는 사진은 일제가 윤 의사의 이미지를 훼손하기 위해 조작한 것이라는 주장을 둘러싸고 논쟁이 일어났다. 상해 총영사를 역임한 강효백 박사는 2008년에 그 사진이 조작된 것이라는 주장을 제기했으며, 이 주장을 KBS가 크게 보도함으로써 확산됐다. 이에 대해, 윤주 부회장은 이 주장을 반박하는 작은 책자를 출판하면서, 연행 사진 속의 인물은 윤봉길 의사가 맞다는 근거로 일곱 가지를 제시했다. 김상기 교수는 명시적으로 어느 한쪽을 지지하지 않았다. 그러나 그의 글을 읽어보면 조작이 아니라는 심증을 갖게 된다. 정진석 교수는 여러 자료를 엄밀히 비교한 뒤 명백한 어조로 조작이 아니라고 단언했다. 이 논쟁은 제5장 제4절 제2항에서 자세히 다루기로 한다.

12. 윤 의사에 대한 북한의 평가

이러한 쟁점들과 별도로 저자는 윤봉길 의사에 대한 북한의 인식에 관심을 기울였다. 널리 알려져 있듯, 북한의 관영사학은 항일독립운동의 모든 공(功)을 오로지 김일성 한 사람에게 돌리고 있으며 여타 항일독립운동가들에 대해서는 무시하거나 폄하하거나 또는 정당한 평가에 인색했다. 이 사실을 알면서도 북한의 관영사학이 윤 의사의 의거를 구체적으로 어떻게 서술하고 있는지 궁금했기 때문이다. 그러나 이 주제에 관한 자료가 너무 부족해 만족스러운 대답을 얻지는 못했고 그저 단편적인 대답을 얻는 것으로 끝냈다.

이 개정·보완판은 위에서 거론한 쟁점들을 다뤘다. 그러나 독자가 부담을 느끼지 않도록 학술적으로 너무 깊이 들어가는 것을 자제했다. 비록 그렇게 했다고 해도 앞의 쟁점들 모두를 다루면서 썼기에, 이 개정·보완판은 초판과는 크게 다른 새로운 책이나 다름없다.

5 ____ 연구저술에서뿐만 아니라 자료에서도 큰 진전이 있었다. 사단법인 매헌윤봉길의사기념사업회는 윤 의사의 상해의거 80주년이 된

2012년 4월에 맞춰 윤 의사의 크고 작은 모든 저술 그리고 의사에 관한 모든 자료를 망라한 『매헌윤봉길전집』(전 9권, 별책 포함)을 출판했다. 이 전집은 흩어져 있던 1차 자료를 모두 체계를 세워 모아놓았기에 훨씬 쉽게 읽어나가면서 초판에서 놓쳤던 부분을 찾아낼 수 있도록 도와주었다.

6 ____ 이 개정·보완판을 준비하면서 저자는 이미 출판된 평전 또는 일대기의 구성을 비교해보았다. 평전 또는 일대기를 쓸 때는 출생으로부터 시작해 죽음에 이르기까지의 생애를 연대기적으로 서술하는 것이 일반적이다. 앞에서 소개한 김상기 교수의 『자유의 불꽃을 목숨으로 피운 윤봉길』이 전형적인 경우다. 이에 비해 이태복 박사의 『윤봉길 평전: 강의한 사랑의 독립전사』는 윤 의사의 죽음으로부터 시작해 의거를 설명하고 마지막 부분에서 출생과 성장 과정을 서술하는 정반대의 방식을 택했다. 다른 한편으로, 김광 선생의 『윤봉길전』은 「일본의 한국침략사 개요」, 「일본 제국주의 통치하의 한국」, 「한국 혁명의 연혁」 등 세 개의 도입부로부터 시작한 뒤 출생에서 죽음에 이르기까지의 생애를 서술했다.

저자는 김광 선생의 방식을 따르기로 했다. 일제의 조선 침략이 어떤 과정을 거쳐 마침내 조선의 망국으로까지 이어졌으며, 이 과정에서 '조선=대한제국'은 어떻게 대응했는가를 충분히 이해한 다음에야 윤 의사 의거의 역사적 의미를 더욱 분명하게 알 수 있게 된다는 믿음 때문이었다. 달리 표현해, 윤 의사의 생애와 의거를 대한제국을 포함한 조선 말기의 역사상(像)에 연결해 해석하자는 뜻이었다. 이러한 뜻은 "매헌은 자주 과거에 먼저 돌아가신 의사들이 후세에 남겨준 사업을 마치 오로지 자신에게 남겨준 일로 생각하였다"라는 김광 선생의 회상을 읽으면서 강화됐다. 그래서 이 책을 「제1장 윤봉길 의사 탄생 시점의 대한제국 국내외 상황」으로부터 시작하기로 했다.

7 ___ 외래어 표기에 대해 말하고자 한다. 일본어의 경우에는, 외래어 표기 방식에 따라 일본어 발음으로 표기하겠다. 다만 김구의 저술과 그리고 그가 이끈 한인애국단이 발표한 문건의 경우, '도쿄'가 아니라 '동경'으로, '오사카'가 아니라 '대판'으로, 그리고 윤봉길 의사 의거의 결과로 사망하게 된 시라카와 요시노리(白川義則)는 '백천의칙' 등으로 표기하겠다. 김구와 한인애국단은 일본식 표기를 싫어할 정도로 일제를 증오했기에 그 뜻을 존중하기 위해서다.

중국어의 경우에는 우리의 재래 방식에 따라 예컨대, '상하이'가 아니라 '상해'로, '장제스'가 아니라 '장개석'으로 표기하겠다. 윤 의사가 의거한 장소인 홍구공원은 오늘날에는 루쉰공원으로 불린다. 단편 『광인일기(狂人日記)』(1918)와 단편 『아큐정전(阿Q正傳)』(1921)을 통해 중국의 봉건주의 사상과 체제를 통렬하게 비판함으로써 작가로서의 지위를 확립한 노신(魯迅, 중국어 발음 루쉰, 1881~1936)을 기념하기 위해서 붙여진 이름이다. 이 책은 당시의 이름 그대로 홍구공원으로 표기하겠다.

8 ___ 이 개정·보완판이 나오기까지 많은 분들로부터 도움을 받았다. 우선 개정을 결정하고 후원한 기념사업회의 명노승(明魯昇) 회장과 이성섭(李聖燮) 상임이사에게 감사하고자 한다. 두 분이야말로 이 새 판의 산파라고 할 수 있다. 수십 년에 걸쳐 기념사업회 이사 또는 부회장으로 봉사한 김달수(金達洙) 선생은 이 새 판의 출판을 재정적으로 도와주었다. 여기에 적어 감사의 뜻을 나타내고자 한다.

기념사업회 안상석(安相石) 사무국장, 이양수(李良秀) 총무부장, 김영복(金英福) 총무부 차장, 곽민주(郭玟周) 학예연구사, 임미선(任美善) 학예연구사, 정혜은(鄭慧恩) 학예연구사, 홍민희(洪旼希) 연구원, 그리고 고수현(高秀賢) 해설사 등 기념사업회 가족 여러분에게도 감사하고자 한다. 동시에, 윤 의사의 며느님 김옥남(金玉南) 여사, 장손 윤주웅(尹柱雄) 박사, 장손녀 윤주경(尹柱卿) 의원, 조카 윤주 기념사업회 부회장 등 유족에게도 감사하고자 한다. 자료 검색과 타자를 맡아준 이일배(李一培) 조교(현 윤주경 의원 비서관), 저자와 동명이인인 김학준(金學俊) 조교, 고권(高權) 조교에게도 감사하고자 한다.

단국대학교 퇴계기념중앙도서관(죽전 캠퍼스)과 율곡기념도서관(천안 캠퍼스)에 대해서도 감사하고자 한다. 저자가 필요로 하는 책들을 찾아주고 논문들을 복사해주어 집필에 큰 도움을 주었다.

출판을 맡아준 동아일보사에도 특별한 고마움을 표시하고자 한다. 동아일보사는 국내 신문사 가운데 유일하게 윤 의사의 의거를 당일에 두 차례에 걸쳐 호외로 보도한 데 이어 세 차례 더 호외로 보도했으며, 곧 본지에 보도함으로써 독립에 대한 희망을 잃어가던 일부 동포의 민족혼을 일깨웠을 뿐만 아니라 독립을 염원하는 우리 민족의 강렬한 의지를 세계만방에 알렸다. 이어 윤 의사 의거 55주년이 되는 1987년 4월 29일을 앞두고 김상만(金相万) 동아일보사 회장은 '윤봉길 의사 상해의거 55주년기념사업추진위원회' 회장을 맡아 윤봉길의사기념관 건립을 이끌었다. 이 인연을 존중해, 동아일보사는 수익성을 고려하지 않고 이 책의 출판을 맡아주었다.

9 ____ 매헌 윤봉길 의사는 글자 그대로 우리 겨레가 나아갈 길을

밝혀주신 큰 스승이시며 구국의 영웅이시다. 1905년의 을사늑약으로부터 1945년의 민족 해방에 이르기까지의 어둡고 괴로웠던 40년의 역사에서 무수한 애국자들이 가시밭길을 걸으며 의열투쟁을 전개했으니, 대표적으로 대한제국기에 안중근 의사가 있었고, 일제강점기에는 윤봉길 의사가 있었다.

이러한 불세출의 위대한 지도자의 평전을 씀에 있어서 저자의 짧은 공부와 서툰 문장으로 행여 의사의 높은 뜻과 결단에 누를 끼치는 잘못을 저지르는 일이 있지 않을까 걱정하면서 밤늦게까지 그리고 주말에도 여러 차례 읽고 고치며 완벽을 기하고자 노력했다. 의문이 생기는 대목에 접하면 그때마다 이성섭 상임이사를 찾곤 했다. 이성섭 상임이사는 윤 의사가 자신이 존경하는 고향 어른이라는 자긍심과 책임을 동시에 느끼면서 윤 의사의 생애와 의거에 관한 수많은 저술을 통독했기에 저자의 질문에 늘 적절한 대답을 주었다. 구한말 의병 연구에 전념한 이후, 기념사업회 산하 매헌연구원 원장으로 윤 의사 연구에도 많은 노력을 기울여온 김상기 교수 역시 저자의 잦은 전화 문의에 늘 친절하게 가르쳐주었다. 저자로서는 이렇게 혼신의 노력을 기울였는데도 잘못이 발견되는 경우 너그러운 마음으로 대하면서 가르쳐주시길 바란다. 다음 쇄(刷)에서 반드시 바로잡도록 하겠다.

부족한 점이 많으면서 어리석은 제가 천추의열(千秋義烈)의 대영웅이신 윤봉길 의사의 평전을 쓸 수 있도록 허락해주신 하나님께 감사의 기도를 드리면서,

2022년 4월
저자 삼가 올림

발간사(초판)

세상에서 가장 위대한 일은 나라와 겨레를 위해 목숨을 바치는 일입니다. 매헌 윤봉길 의사는 농민의 아들로 태어나 문맹 퇴치와 농촌 개혁을 통한 민족부흥운동을 주도하다 중국으로 망명, 일본 군국주의의 군 수뇌부에 철퇴를 가해 한국인의 기개를 세계만방에 과시한 순국선열입니다.

상해의거는 민족독립운동의 커다란 산맥이며 약소민족의 원한과 울분을 씻어주는 기폭제가 되었습니다. 역사적 전환기를 맞이하여 우리 민족독립운동의 위대한 지도자의 한 분으로서, 짧은 일생 동안 모든 것을 민족의 독립에 바친 윤봉길 의사의 성스러운 뜻을 기리고 그 뜻을 급변하는 오늘날에 재조명하기 위하여 '매헌 윤봉길 의사 의거 제60주년 기념사업추진위원회'가 발족되었습니다. 기념사업추진위원회에서는 세계사적 전환기에 우리 민족의 큰 등불이었던 의사의 숭고한 독립정신을 받들고 이어가기 위해 『매헌 윤봉길 평전』을 발간하게 되었습니다. 이 평전은 윤 의사의 생애 전반에 걸친 뜻과 행동을 분석·정리하였고, 1920~30년대 독립투쟁사의 내용과 자료를 모두 망라하여 수록하였습니다.

아무쪼록 이 평전이 좀 더 성숙된 독립운동사를 연구하는 지침서로서, 학계에 유익한 자료로 활용되기를 기대해 마지않습니다. 그리고 의사의 위업을 거울삼아 민족 통일과 세계 평화의 지름길로 매진해야 할 것입니다. 조국의 미래에 대한 청사진과 윤 의사의 발자취가 앞뒤로 연결되어 과거, 현재 그리고 미래가 하나로 관통되는 진취적 민족상(像)이 정립된다면 우리의 미래는 반드시 더욱 밝아질 것입니다.

끝으로 평전을 집필하는 데 수고한 김학준(金學俊) 박사와 실무적 일을 맡으신 60주년기념사업추진위원회 여러분, 그리고 이 사업이 있게끔 재정적 도움을 주신 전국경제인연합회, 한국무역협회, 대한상공회의소의 경제인 여러분께 깊은 감사와 경의를 표합니다.

1992년 4월 10일

매헌 윤봉길 의사 의거 제60주년기념사업추진위원회 회장

김영삼(金泳三)

책 머리에(초판)

매헌 윤봉길 의사의 상해 대의거 60주년을 맞이하는 금년은 의사 탄신 84주년의 뜻깊은 해이다. 이 책은 올해 상해의거 60주년을 맞는 농민운동가이며 항일독립운동가이신 매헌 윤봉길 의사의 전기이다.

1 ____ 저자는 『혁명가들의 항일 회상』을 편집·해설한 책을 낼 때 일찍이 정치전기학(政治傳記學, Political Biography)의 중요성을 지적했다. 그러나 우리 정치학계에서는 정치전기학이 여전히 부진한 상태에 머물러 있다.

일반적으로 우리나라의 어린이들은 위인전으로부터 독서를 시작하는데, 이러한 독서 행태는 올바르다는 것이 전문가들의 견해이다. 역사상 뛰어난 업적을 이룬 인물들의 이야기로 꿈과 희망을 키우는 것은 책의 기본 역할이기도 하다. 그러나 성인이 되면 위인전이라는 이름 대신 평전, 전기, 회고록으로 대체된 이런 유의 '사람 읽기'가 자취를 감추어버린다. 전기류의 80%가 어린이용 위인전이며 성인들이 읽을 평전이나 전기가 지극히 부족하다는 것은 한국 출판 풍토의 가장 '이상한' 부분인 것이다.

이동하(李東夏) 교수는 평전 또는 전기라는 장르 자체가 우리나라에서 전통적으로 무시되고 소외당한 가장 큰 이유는 "어떤 인간의 생애와 업적을 객관적이면서도 진실되게 파악하고자 하는 노력이 얼마나 귀중한 것인지를 인정하고, 그러한 노력의 결과를 허심탄회하게 받아들일 줄 아는 태도가 우리나라에서는 제대로 정착되지 못하고 있다는 사실"이라고 한다.* 실제로 어느 특정한 인물의 객관적 연구는 이미 죽고 없는 그 인물을 대신하여 그 유족 또는 후손이나 심지어는 그 인물과 동향인 사람들로부터의 비난과 모함과 압력은 물론이거니와 심지어 정부 당국으로부터의 의혹과 제재를 불러일으킬 위험성이 따른 적도 있었다. 여기에 더하여, 어느 특정한 인물 연구는 정통 정치학이 담당할 분야가 아니라 저널리즘이 담당할 분야라는 일부 정치학자들의 '편견'이 작용했기 때문이다.

그러나 이제는 남북관계의 획기적 진전과 이념적 갈등 구조의 붕괴에 따라 많은 제약과 금기도 없어졌으므로 우리 정치학계도, 감히 외람되게 말씀드린다면, 이데올로기적 벽을 넘고, 사사로운 친분을 건너 정치전기학 분야를 더욱 개척해야 할 것이다.

저자는 이러한 생각을 바탕으로 항일독립운동을 하신 분들의 삶의 발자취에 대해 차차 큰 관심을 갖게 되었으며, 우리나라 정치인들의 자전(自傳)과 그들에 대한 전기에 주목하게 되었다. 여기서 학문이 얕고 여러모로 능력이 부족한 저자는 적어도 우리나라의 주요 정치가들에 대한 전기를 차례로 썼으면 하는 욕심을 갖게 되었다. 그 결과물이 민음사에서 출간된 『혁명가들의 항일 회상』, 『가인 김병로 평전』, 『이동화 평전』과 동아일보사에서 출간된 『고하 송진우 평전』이다.

---

* 이동하, 「왜 좋은 전기 드문가」, 〈조선일보〉 1992년 2월 28일.

2 ___ 집필 경위

저자가 윤봉길 의사를 처음 접한 것은 어린 시절 임민영(林敏英)이 짓고 애국정신선양회가 단기 4284년(1951년)에 펴낸 『애국지: 의사 윤봉길 편』이다. 그 이후 한국현대정치사를 전공하게 되면서 상해의거가 한국독립운동에 미친 영향에 많은 관심을 가졌었다. 지난해, 존경하는 선배이며 '매헌 윤봉길 의사 의거 제60주년기념사업추진위원회' 집행위원장인 남재희 의원이 의사의 평전을 쓸 것을 수차에 걸쳐 권유하셨지만 저자는 기존의 평전에 대한 자괴심과 공직 생활 등으로 되도록 능력 밖의 전기에 대해서는 글쓰기를 사양하려고 하였다. 국가의 녹봉을 먹는 사람으로서 공직 생활에 좀 더 충실해야 한다는 생각도 있었지만, 저자의 짧은 지식과 보잘것없는 문장으로 거룩한 삶을 영위한 분들의 뜻을 조금이라도 훼손하지 않으려는 마음이 앞섰기 때문이었다.

그러나 남재희 의원의 격려와 윤 의사의 친동생 윤남의(尹南儀) 선생의 권유에 힘입어 원래 능력보다는 욕심이 한발 앞서는 저자는 한국독립운동사의 거봉인 의사의 평전을 집필하는 영광을 갖게 되었다. 또 한 번의 무리와 무례를 저지르게 된 배경은 이렇게 정리될 수 있다.

첫째, 윤봉길 의사가 항일독립운동사의 최고 거봉이라는 점이다.

둘째, 윤봉길 의사는 선각자적인 농촌계몽운동가였다는 점이다.

셋째, 민족의 숙원이자 제2의 광복인 민족 통일의 실현과 더불어 윤봉길 의사의 정신이 부활되기를 바라는 마음이 앞섰다는 점이다. 저자는 번영된 통일조국을 이룩하여 풍요와 행복을 꽃피우는 일이야말로 윤봉길 의사의 지울 수 없는 유지이며 으뜸가는 유산이라고 감히 말하고 싶다.

이러한 생각들을 갖고, 항일독립운동사에 깊은 업적을 남기신 분들과 상의하였더니 모두들 보람 있는 일이라고 격려해주셨다. 다만 객관적인 자세로 일관하여 '미화와 찬양 일변도의 전기'가 되어서는 그 가치가 없어진다고 충고해주셨다. 최근 재계와 정계를 포함한 당대의 실력자들이 자기를 미화하거나 과시하는 이른바 자서전이나 그 비슷한 회고록류(類)처럼 평전을 쓴다면, 윤 의사의 성격과 기질, 성공과 실패, 이상과 포부를 객관적으로 밝힐 수 없음은 물론 오히려 고인의 뜻을 훼손할 것이라는 점을 누누이 강조하셨다.

이러한 가르침을 받아들여 저자는 3·1운동과 해방의 매개점이며 윤봉길 의사가 활동한 기간인 1920년대와 1930년대 초반의 독립운동의 많은 계열과 활동 내용은 물론 당시의 사회경제적 배경도 가급적이면 상세히 설명하고자 하였다.

윤봉길 의사의 친동생 윤남의 선생 역시 "이 책은 단순히 의사의 일대기에 관한 기록만을 위하는 것이 아니다. 의사의 뜻과 행동을 정확하게 평가하여 그것이 우리의 현재에 부피를 주고, 조국의 미래에 방향을 주고, 향후의 후손들에게 가르침을 주어야만 한다"는 요지의 말씀을 저자에게 하셨다. 이에 무거운 책임감을 느낀 저자는 역사학자는 아니지만 책을 씀에 있어서 "훌륭한 역사가는 어느 나라, 어느 시대, 어느 당파에도 속하지 않아야 한다"는 옛 가르침에 충실하고자 하였다.

3 ____ 저자는 이 글을 씀에 있어서 이 방면에 관한 1차 자료들과 그리고 많은 선구적 연구들로부터 결정적인 도움을 받았다. 이 책의 끝부분에 참고문헌 목록을 소개하지만, 그것들 가운데서도 가장 소중했던 기존의 전기의 책명만을 소개하면 다음과 같다. 임중빈(任重彬)이 지은 『천추의열 윤봉길』, 윤남의가 지은 『윤봉길 일대기』, 이민수(李民樹)

가 지은 『윤봉길전』, 매헌윤봉길의사기념사업회가 발간한 『매헌충의록』 등이다. 여기에 더하여 이경남(李敬南) 선생께서 『의사 윤봉길』의 원고를 저자에게 넘겨주셨다. 200자 원고지로 1,000장에 이르는 많은 양이었다. 저자의 책이 이 원고에 힘입은 바 큰은 물론이다.

4 ___ 이 책의 출판과 관련해 몇 분께 고마움의 뜻을 나타내고자 한다. 우선 저자의 초고를 세심히 검토하고 많은 조언과 감수를 해주신 청뢰(青雷) 이강훈(李康勳) 광복회 회장에게 깊이 감사한다. 그리고 한국전기학총서에 열(熱)과 성(誠)을 다하고 있는 민음사 여러분의 성의와 노고에 감사드린다.

저자의 이 평전에 부족함이 많을 것이다. 윤봉길 의사의 삶과 뜻 자체가 방대한 탓도 있지만 저자의 무능력으로 어설픈 시론이 되고 말았다. 또 책에 등장하는 분들에 대해 존칭을 생략하기도 하였는데, 이 점은 너그럽게 받아들여지기 바란다. 이 책을 읽어주신 분들께서 애정 어린 질책과 비판을 해주시면 겸허하게 받아들이고자 한다.

1

제1장

윤봉길 의사 탄생 시점의 대한제국 국내외 상황

: 구국의 영웅을 탄생시키는 시대적 요구가 조성되다

제1절

조선왕조가 국운 쇠락의 시기에 접어들다

매헌 윤봉길 의사는 1908년 음력으로는 5월 23일, 양력으로는 6월 21일에 충청남도 덕산군 현내면 조량리에서 태어났다. 현재의 행정 구역명으로는 충청남도 예산군 덕산면 시량리 178번지이다. 대한제국 신민(臣民)으로 태어났으나 2년 2개월 뒤 나라는 일제의 식민지로 전락했으며, 그리하여 그를 포함한 2천만 동포는 모두 '망국노'로 살아야 했다.

다행히 만 10세 9개월 때인 1919년 3월 1일을 계기로 조선=한민족은 거족적인 항일독립운동을 전개하기 시작했고, 그 3·1운동의 연장선 위에서 4월 11일에 중국 상해에서 대한민국임시정부를 세웠다. 열한 살의 어린 나이였지만, 지적(知的)으로 조숙했던 매헌은 여기에 고무되어 자신도 장차 조국 광복에 헌신하기로 결심하고 10여 년에 걸쳐 준비를 거듭하다가, 21세 9개월 때인 1930년 3월에 중국으로의 망명길에 올랐다.

매헌은 곧 대한민국임시정부와 손을 잡고 23세 10개월 때인 1932년 4월 29일에 상해 홍구(虹口)공원에서 조선 침략의 장본인인 일제의 손발로 중국 침략의 앞잡이가 된 주구들 가운데 거물인 시라카와 요시노리(白川義則) 대장을 비롯한 군부와 외교계의 요인 7명에게 폭탄을 던져 시라카와를 죽게 만들었으며, 나머지도 죽거나 중상을 입게 만들었다. 그리고 24세 6개월 때인 1932년 12월 19일에 일본 가나자와(金澤) 미쓰코지(三小牛) 공병작업장에서 총살형을 당함으로써 장렬하게 순국했다.

윤 의사의 이승에서의 삶은 4반세기가 채 되지 않는, 글자 그대로 매우 짧은 기간이었다. 불가(佛家)의 용어를 빌린다면, 찰나(刹那)요 수유(須臾)였다고 하겠다. 그러나 역사에서의 삶은 이미 한 세기를 넘어섰고, 우리 민족의 존속이 계속되는 한 영생불멸의 존재로 남을 것이다. 한마디로, 의사는 우리 민족의 역사에서 영겁(永劫)을 사실 분이다.

이러한 윤봉길 의사의 삶 그리고 의거의 뜻을 제대로 이해하기 위해 우리는 1차적으로 약 50년에 걸쳤던 멸망기 조선왕조의 내외 상황, 이어 35년에 걸쳤던 일제강점기에 우리 민족이 겪어야 했던 내외 상황을 정확히 이해하지 않으면 안 된다. 소설가 박태원(朴泰遠)이 작사한 「해방가(解放歌)」의 표현으로는 '어둡고 괴로워라 밤이 깊더니'의 그 치욕적이었던 세월이 제대로 부각될 때, 의사의 목숨을 건 결단이 얼마나 위대한 행동이었는가를 새삼 깨닫게 되기 때문이다.

1 | 1860년대의 조선: 백성의 삶이 더욱 어려워지면서 민란이 계속해서 일어나다

조선왕조는 16세기의 임진왜란과 정유재란 그리고 17세기의 정묘호란과 병자호란을 겪으면서 국력을 많이 잃었다. 그러나 21대 국왕 영조(재위 1724~1776) 그리고 22대 국왕 정조(재위 1776~1800)의 치세를 거치면서 활력을 되찾는 모습을 보였다. 역사학자들이 이 영·정조 시대를 '한국사에서의 르네상스 시대'라고 부르는 까닭이 거기에 있다.

그러나 그 시대를 이은 이른바 '순·헌·철 시대'에 들어서면서 조선왕조는 급격히 쇠락하기 시작했다. 23대 국왕 순조(재위 1800~1834) 때는 국왕의 외척을 배경으로 하는 세도정치가 시작되면서 국정을 혼란시키기 시작했고 역사적으로 유명한 홍경래(洪景來)의 난(1811~1812)이 일어났으며, 24대 국왕 헌종(재위 1834~1849) 때는 자연재해가 전국적으로 발생해 유·이민들이 먹을 것을 찾아 정처 없이 떠도는 가운데 사회적 불안이 확산됐다. 이 시기는 이미 산업혁명에 성공해 자본주의를 성장시키던 유럽의 강대국들이 값싼 원료를 제공해주고, 그 원료로 만든 상품을 비싸게 사주는 2중의 역할을 떠맡아줄 식민지를 찾아 동아시아로까지 침탈의 발길을 뻗쳐, 그 영향이 '은둔의 왕국'으로 불리던 조선에도 밀려오던 때였다. 이 과정에서 천주교의 전파가 빨라져 정부의 박해에도 불구하고 새 시대를 기다리던 민중 속으로 파고들었다. 국왕에 반대하는 민란도 두 차례에 걸쳐 일어났다. 이것들은 조선왕조를 뒷받침해온 기존 신분 질서와 봉건 체제의 와해를 재촉했다.

25대 국왕 철종(재위 1849~1864) 때는 세도정치가 더욱 강화돼 왕은 허수아비에 지나지 않았으며 관리의 부정부패는 더욱 심해졌다. 이른바 '삼정(三政)의 문란'으로 백성의 다수를 차지하는 농민의 삶이 더욱 어려워졌고, 특히 1850년대와 1860년대 사이에 극심한 기근이 전국적으로 발생했다. 그 결과 함경도 쪽에서는 굶주림을 견디지 못한 농민들이 목숨을 걸고 국경을 넘어 연해주로 탈출하기 시작했으며, 1862년 이후 진주민란을 비롯한 농민 항쟁이 여러 곳에서 일어났다.

이러한 배경에서, 1860년에 최제우(崔濟愚)는 서양의 침략에 경계심을 갖고 서학(西學)에 대항하는 동학(東學)을 세워 포교를 시작했다. 동학의 사상적 핵심은 '사람이 곧 하늘이다'라는 뜻의 인내천(人乃天)이다. 이 가르침은 만인평등 또는 만민평등의 사상이었다. 여기서 한 걸음 더 나아가 동학은 '사람 섬기기를 하늘 섬기듯이 하라'라는 뜻의 사인여천(事人如天) 그리고 '사람의 마음속에는 한울님(천주, 天主)이 있으니 그 한울님을 모시고 섬기도록 한다'라는 뜻의 시천주(侍天主)를 강조했다. 동학은 또 '새 세상이 열린다'라는 뜻의 개벽(開闢)을 표방했다.

이 일련의 가르침은 철저한 반봉건적 혁명 사상으로, 신분과 지역에 따라 차별대우를 받으며 새 세상이 열리기를 기대하던 많은 민중의 호응을 받았으며 그리하여 동학의 교세는 빠르게 커갔다. 이에 놀란 조정은 1864년에 최제우를 처형했으나, 그의 후계자인 제2대 교주 최시형(崔時亨)은 굽히지 않고 포교를 계속했다.

"세상에 이처럼 가난한 나라는 처음 보았다"

위에서 살핀 백성들의 비극적 상황은 당시 조선을 방문했던 서양인들에게 정확히 포착됐다. 영국인, 프랑스인, 독일인, 그리고 이탈리아인이 주축을 이뤘던 관찰자들은 모두 귀국한 뒤 자신들의 견문록을 출판하면서 "세상에 이렇게 가난한 나라는 처음 보았다"라고 개탄했다. 그들은 이 나라가 자연자원이 결코 부족하지 않고, 비와 눈이 넉넉히 내리며, 네 계절이 분명한 데다가 여름에는 햇볕이 뜨거워 열심히 농사를 짓고 나무를 키우며, 자원을 개발하면 삶이 훨씬 개선될 수 있다고 진단한 뒤, 그런데도 그러한 방향으로 노력한 흔적이 보이지 않으며, 그 결과 이 나라는 "극도로 가난해졌다"라고 지적했다.

그러면 왜 조선인들은 자신들의 삶을 개선시키는 방향으로 일하지 않았을까? 서양의 관찰자들은 그 원인을 벼슬아치들의 '쥐어짜기,' 그들의 표현으로 '스퀴즈(Squeeze)'에서 찾았다. 관리들은 자신들 각자가 관할하는 지역에서 돈을 가진 사람이 있으면 관아로 잡아다가 '쥐어짜'내곤 했기에, 힘없는 백성들은 관아에 끌려가 '쥐어짜기를 당하느니 차라리 가난하게 사는 것이 낫다'라는 믿음을 갖게 됐고, 그리하여 나라 전체가 극빈 속에 빠졌다고 그들은 보았던 것이다.[1]

조선 후기에 조선을 방문했거나 조선에서 생활하던 서양인이 남긴 견문록은 대체로 100편에 이르는데, 그것들에 공통적으로 나타나는 단어가 '스퀴즈'였다. 한 미국 해군 장교는 조선 곳곳을 여행한 뒤 "정부는 하나의 거대한 강도가 됐다"라고까지 썼다.[2] 이 사실은 이 시기에 조선의 관리들이 백성들을 상대로 얼마나 가렴주구(苛斂誅求)에 몰두했던가를 보여준다. "조선의 백성들은 관리들에게 시달림을 받지 않으려면 자신들이 가난해야 한다는 사실을 정확히 인식하고 있었다"는 서양 여행자들의 공통된 관찰은 조선왕조의 망국적 병폐를 정확히 지적한 것이었다.

2 조선의 개항: '함포외교'에 굴복해 일제에 문을 열다

조선, 강화도조약을 계기로 열강의 각축장이 되다

조선왕조의 국운이 쇠잔해가던 때, 이와는 대조적으로 일본은 1868년에 메이지유신(明治維新)을 통해 천황제를 강화하고 서양 문물을 받아들여 근대국가로 성장하면서 제국주의의 길에 들어섰다. 일본 제국주의는 대륙으로 진출하기 위해서 우선 조선을 청(淸)의 지배로부터 벗어나게 하고 자신의 지배 아래 두는 것이 절대적으로 필요하다고 계산했다. 그리하여 일제는 조선을 침략하기 위한 장기적 계획의 전초작업으로 1875년 8월에 군함 운요(雲揚)호로 하여금 조선의 수도 한양에 가까운 강화도에 포격을 가해 조선군을 패주시켰다.

그 결과, 조선 조정은 병자년인 1876년 2월 26일에 중추부판사(中樞府判事) 신헌(申櫶)을 전권대관(全權大官)으로 임명해 일본과 강화도에서 조·일수호조규(朝日修好條規)를 맺고 개항했다. 이 조규를 병자수호조약 또는 강화도조약이라고 부른다.

이 조약의 의미는 컸다. 우선 조선은 표면적으로 '자주국'으로 선언됨으로써 조선에 대한 중국의 전통적인 종주권이 부인됐다. 당황한 중국은 당시 중국의 대외정책을 실질적으로 집행하던 북양통상대신(北洋通商大臣) 겸 직례성총판(直隷省總辦) 이홍장(李鴻章)의 '이이제이(以夷制夷)' 전략, 곧 '한쪽 오랑캐로써 다른 쪽 오랑캐를 견제한다'라는 전략에 의지해, 일본을 견제할 수 있는 열강을 조선으로 끌어들였다.[3]

구체적으로 말해, 이홍장은 조선 조정으로 하여금 1882년과 1892년 사이에 미국(1882), 영국(1883), 독일(1884), 이탈리아(1884), 러시아(1884), 프랑스(1886), 오스트리아(1892) 등 서구의 열강과 비슷한 내용의 수호조약을 체결하도록 유도했다. 동시에 그는 자신의 심복 원세개(袁世凱)를 조선 주재 총리교섭통상사의(駐箚朝鮮總理交涉通商事宜), 약칭 조선총리에 임명해 조선의 내외 정책에 사사건건 간섭하도록 만들었다.

이홍장이 이처럼 열강을 조선에 끌어들인 결과로, 조선은 열강이 서로 다투는 싸움터로 변모했다. 그 과정에서 열강은 조선을 몇 개로 나누어 갖는 '조선분할안'을 구상하기 시작했다. 도쿄에서 발행되던 〈시사신보〉가 1884년 10월에 이 안을 그림으로 그려 보도한 것이 그 한 보기였는데, 이 신문은 조선이 결국 열강에 의해 분할될 것이라는 제 나름의 불길한 예견을 덧붙였다.[4] 이 신문을 받아본 고종은 놀라워하면서 자주 걱정했지만 어떤 특별한 대책을 마련하지는 못했다.

조선의 장래에 대한 불길한 예견은 19세기에 들어오면 더 자주 제시됐다. 서구 열강의 관찰자들은 조선이 결국 일본이나 러시아 어느 한 쪽에 의해 합병되거나 아니면 그들 사이에서 분할 점령될 것이라고 예언하기 시작한 것이다. 그렇지만 조선 조정은 아무런 대책도 세우지 못했다.

열강, 러시아 견제를 위해 일본을 지원하다

이 대목에서 중요하게 상기돼야 할 사실이 있다. 그것은 미국과 영국, 프랑스 등은 러시아의 '동점(東漸)정책' 곧 동쪽으로 진출하는 정책을 경계하면서, 조선이 앞으로 동북아시아에서 러시아의 동점정책을 지탱해줄 발판이 될 가능성을 봉쇄하고자 했다. 특히 러시아 견제를 자신의 1차적 외교 목표로 설정한 영국은 1885년 4월부터 1887년 2월까지 전라남도의 거문도를 군사적으로 불법 점령하고 러시아의 동향을 날카롭게 살폈다.

서구 열강의 러시아에 대한 경계심은 결국 동북아시아에서 러시아와 대결하게 되는 일본에 대한 지지로 연결되며, 이것은 조선을 병탄하려는 일본에는 매우 유리하고 조선에는 매우 불리한 국제 환경을 조성하게 된다. 예컨대, 미국 상원 해사(海事)위원장 에런 사전트(Aaron A. Sargent)는 1878년에 행한 연설에서 러시아의 조선 진출이 억제되지 않는다면 그것은 일본에 위협이 될 것이며, 그것은 미국의 국가 이익에 해를 줄 것이라고 주장하면서 러시아 견제의 필요성을 역설했다.

이어 미국 부통령 시어도어 루스벨트(Theodore Roosevelt)는 1900년 8월에 "일본이 러시아를 견제하기 위하여 코리아를 차지해야 한다"라고 말함으로써, 일본의 조선 침략을 노골적으로 뒷받침했다. 우리가 앞으로 보게 되듯, 그는 실제로 1901년부터 1909년까지 대통령에 재임하면서 일본의 조선 침략 정책을 적극적으로 후원한다.[5]

여기서 우리는 1945년 8월에 공식화되는 한반도 분할의 예고를 보게 된다. 소비에트러시아와의 세력균형을 유지하기 위해 미국은 결국 한반도를 소비에트러시아와 반분(半分)하게 되는 것이다.

전통적 사대부들, 위정척사론을 전개하다

제국주의 열강의 침략에 대한 조선의 반응은 세 갈래로 나타났다.[6] 첫째가 위정척사론(衛正斥邪論) 또는 척사위정론이다. 이항로(李恒老), 기정진(奇正鎭), 김평묵(金平默) 등으로 대표되는 전통적인 유학자들은 조선이 중화(中華) 질서를 계승한 소중화(小中華)라는 소중화론에 서서, 소중화라는 정(正)을 지키기 위해 오랑캐에 지나지 않는 왜(倭)라는 사(邪)를 배척해야 한다는 위정척사론을 편 것이다. 그들은 서양의 제국주의 국가들도 오랑캐라고 보고 척사의 대상에 포함했다.

척사위정론을 지지하던 사람들은 1881년 이후 문호 개방 반대운동을 전개했다. 1880년에 왕명을 받들어 일본을 다녀온 예조참의(禮曹參議) 김홍집(金弘集)이 자신이 도쿄에서 만난 주일 청국공사관의 참찬(參贊) 황준헌(黃遵憲)으로부터 받은 책 『조선책략(朝鮮策略)』을 고종에게 바치고, 고종이 이 책을 전국의 사대부들에게 널리 읽히게 한 데 대한 반발이었다. 이 책은 러시아를 조선에 가장 큰 위협을 끼칠 국가로 전제한 다음에 조선은 중국과 일본 및 미국과 제휴해야 한다고 권고했는데, 위정척사론자들은 고종이 이러한 내용의 책을 권독하는 것은 조정이 전면적인 대외 개방을 추진하려는 뜻을 가졌기 때문이라고 인식했던 것이다.

반청(反淸) 청년들, 개화론을 전개하고 갑신정변을 일으키다

둘째가 개화론이다. 청 또는 일본을 통해 서양을 관찰할 수 있었던 개화론자들은 강유위(康有爲)와 양계초(梁啓超)로 대표되는 청의 비판적 지식인들 사이에서 제기된 변법자강론(變法自彊論)과 일본의 메이지유신에 자극을 받아, 조선 역시 내정 개혁을 통해 서양 문물을 받아들여 근대국가로 성장해야 한다고 주장했다. 그 주장에는 조선에 대한 청의 종주권 부인이 깔려 있었다.

개화론자 가운데 특히 김옥균(金玉均), 홍영식(洪英植), 박영효(朴泳孝), 서재필(徐載弼), 서광범(徐光範) 등 20~30대 청년들은 개화당 정부를 수립할 목적으로 갑신년인 1884년 12월에 일본의 힘에 의지해 쿠데타를 일으켰다. 그러나 우세한 군사력을 유지하던 청이 군사적으로 개입하자 일본이 발을 뺌으로써 사흘 만에 실패했다. 이것이 갑신정변으로, 역적으로 단죄된 그들은 일본 또는 미국으로 망명하지 않으면 안 됐다.

갑신정변이 실패하면서 개화론자들 가운데 일부는 구국의 방도로 조선의 중립을 제창했다. 유길준(兪吉濬)은 1885년에 「중립론」을 집필해 조정에 건의했으며, 김옥균은 1886년에 망명지 일본에서 청의 이홍장을 상대로 "조선을 중립의 국가로 만들어서 만전(萬全)하고 위험이 없는 지역으로 만들 것"을 건의했다. 정부가 발행하던 〈한성주보〉 역시 1886년에 조선의 중립을 지지했다. 그러나 강대국들은 조선의 중립론을 받아들이지 않았다.

호남을 중심으로 농민들이 봉기하다

셋째가 농민 봉기였다. 동학교도들을 포함한 농민들은 갑오년인 1894년 2월 전라북도 고부군(오늘날의 전라북도 정읍시 고부면) 군수 조병갑(趙秉甲)의 탐학에 맞서 고부군의 농민 전봉준(全琫準)을 중심으로 봉기했다. 그들은 조정이 탄압으로 대응하자 마침내 조선의 봉건제도와 일제의 침략에 맞서 싸우고자 일제히 들고일어났다.

이 혁명적 사변은 조선의 관군과 조선이 불러들인 청군에 의해, 그리고 청군의 개입을 구실 삼아 개입한 일본군에 의해 좌절되고 말았다. 특히 자신들의 조선 침략에 농민군이 큰 걸림돌이 되리라고 예견한 일본군에 의한 농민군 학살은 광범위했다. 전봉준은 동지 김개남(金開南)과 함께 1895년 3월 29일에 41세의 젊은 나이로 처형됐으며, 최시형은 1897년에 손병희(孫秉熙)에게 도통(道統)을 전한 뒤 1898년에 체포돼 처형됐다.[7]

3 | 조선을 둘러싸고 일본과 러시아의 다툼이 심해지다

개화주의자들이 정부를 장악하고 갑오경장을 추진하다

위에서 살핀 세 갈래의 흐름이 엇갈린 가운데, 조선왕조는 1894년 7월에 일본군이 조선 국왕의 정궁인 경복궁을 무력으로 점령하고 조선 군대의 무장을 해제시킨 상황 아래 김홍집과 유길준 등 일본과 기맥을 통하던 개화주의자들을 등용해 개혁정치를 펴게 했다. 이것을 갑오경장 또는 갑오개혁이라고 부른다.

갑오경장은 꼭 10년 전에 시도됐다가 실패한 갑신정변의 주역들을 조정의 요직에 자연스레 불러들이게 했다. 그 대표적인 경우가 바로 서재필이었다. 그동안 미국에서 기독교인이 됐으며 미국 시민권을 얻고 의사가 된 그는 조선 조정의 고문으로 초빙되어 1895년 12월에 서울에 도착했다. 개혁주의자들은 그의 귀국을 환영하면서 자신들이 추진하는

개혁정치에 그가 크게 이바지할 것으로 기대했고, 그 역시 그러한 기대에 부응하고자 했다.[8]

민비가 인아거일(引俄拒日) 정책을 추진하다 을미사변을 당하다

그러나 조선의 국내외 상황은 급변하고 있었다. 우선 청과 일본 사이에 전운이 짙어졌다. 이 시점에서, 영국 외상 킴벌리 경(Lord Kimberly)은 청·일 두 나라를 상대로 분할선은 제시하지 않은 채 한반도의 분할을 제의했다. 한반도의 북부를 청이 점령하고 남부를 일본이 점령하는 것으로, 전쟁 발발을 예방하자는 뜻이었다. 청은 이 제의를 받아들였으나 승전을 확신한 일본이 거부함으로써 분할안은 실현되지 않았다. 이처럼 조선은 강대국들 사이에서 흥정의 대상이 됐지만, 조정은 이러한 움직임을 전혀 알지 못했다.[9]

마침내 조선에서 1894년 7월 하순에 전쟁이 일어났다. 이 전쟁은 1895년 4월에 일본의 승리로 끝났으며, 일본의 시모노세키(下關 또는 馬關)에서 강화조약을 맺는 것으로 매듭지어졌다. 그 조약은 우선 대만(臺灣)을 일본의 식민지로 허용했으며, 조선과 만주에 대한 일본의 세력 강화를 보장했다. 동북아시아에서 일본의 힘과 지위가 커지는 것을 경계한 러시아, 프랑스, 독일이 일본에 양보하도록 압박하자, 1895년 5월에 일본은 자신이 이 조약을 통해 얻게 된 이권 가운데 일부를 포기한다고 발표하지 않을 수 없었다.

이 이른바 '삼국간섭'을 보고, 조선 조정의 일각에서는 고종의 왕후 민비가 중심이 돼 '아라사(俄羅斯)를 끌어들여 일본에 항거한다'라는 취지의 인아거일(引俄拒日) 정책으로 돌아섰다. 당시 조선에서는 러시아를 아라사라고 불렀다.

민비가 인아거일 정책으로 전환하면서, 일본의 지원을 받는 갑오경장 세력과 러시아의 지원을 받는 인아거일 세력 사이에 갈등이 커졌다. 자신의 세력이 위협받고 있다고 판단한 일제는 을미년인 1895년 10월에 조선 주재 일본공사 미우라 고로(三浦梧樓)를 앞세워 반일 세력의 중심인 민비를 시해했다. 여기에는 며느리 민비와 사이가 좋지 않았던 대원군, 그리고 민비의 제거가 국가를 위해 유익하다고 믿었던 일부 조선인 군인들이 동참했다. 이것을 을미사변이라고 부른다.[10]

고종이 아관으로 파천하자 일본이 한반도 분할을 제의하다

을미사변은 갑오경장 세력과 일제에 예상하지 못했던 큰 반발을 불러일으켰다. 우선 갑오개혁 세력과 일본 모두에 반대하는 세력은 1895년 10월에 쿠데타를 일으켜 고종을 춘생문(春生門)을 통해 궁궐 밖으로 탈출시키고 정부를 개조하려 했다. 그러나 이 이른바 춘생문 사건은 실패로 끝났다. 이에 따라 고종은 1896년 2월에 러시아공사관으로 피난하고 거기서 새 정부를 세웠다. 이것을 아관파천(俄館播遷)이라고 부른다.

고종은 곧바로 갑오경장 세력을 역적으로 처단하도록 명령했다. 그리하여 총리대신 김홍집을 비롯한 몇몇 고관들이 처형됐거나 난민들에 의해 죽임을 당했다. 이제 조선 조정은 춘생문 사건의 배후 조정자인 이범진(李範晉)과 그리고 이완용(李完用) 등 친러파, 윤치호(尹致昊) 등 친미파에 의해 장악됐다. 특히 인아거일 정책의 핵심이던 이범진은 법부대신 겸 경무사로 임명돼 친러 내각의 중심이 됐다. 그러나 그는 곧 이완용의 견제로 주미공사로 전근되며 거기서 다시 주러공사로 전근된다. 당시 대한제국이 해외에 파견한 최상급 외교관은 대사가 아니라 공사였다.

이 대목에서 중요하게 거론할 점은 일제가 러시아를 상대로 한반도의 분할을 제의한 사실이다. 민비를 제거함으로써 이제 조선을 자신이 장악하게 됐다고 믿었던 일제는 고종의 아관파천으로 '닭 쫓다가 놓친 개' 꼴이 되자 러시아를 상대로 조선의 반분을 제의한 것이다. 그 계기는 1896년 5월에 모스크바에서 열린 러시아 니콜라이 2세의 대관식이었다. 일제의 특사 야마가타 아리토모(山縣有朋) 육군 원수가 알렉세이 로바노프(Alexei B. Lobanov) 러시아 외상을 상대로 분할선은 제시하지 않은 채 제의했으나 러시아 외상은 거절했다. 조선의 국왕이 자기 나라 공사관에 들어와 정부를 운영하고 있는 상황에서 절반에 만족할 수 있었겠는가. 다른 한편으로, 러시아는 마산 일대에서 부동항을 확보하고자 했는데, 일본의 제의는 조선 남반부를 일본이 점령한다는 것이었다. 이러저러한 까닭으로 러시아는 일본의 제의를 뿌리쳤다.[11]

이 대관식에는 민영환(閔泳煥)이 이끈 조선의 사절단도 참석했다. 그러나 그들은 그러한 사실을 전혀 알지 못했다. 조선 조정은 동북아 국제관계에서 완전히 무시되고 있었으며, 정보탐지력을 상실하고 있었던 것이다.

의병 활동이 거국적으로 촉발되다

을미사변은 거국적인 의병운동을 촉발했다. 그렇지 않아도 갑오경장을 일제의 농간이라 여기며 반발하던 조선의 지도층은 국모 시해에 격분해 1895년 11월 하순을 기점으로 의병을 일으켜 일제에 대항했다. 그 대표적인 경우가 유인석(柳麟錫)이 충청북도 제천군에서 거병한 이른바 제천의병이었다. 의병운동은 전국의 주요 지역에서 1896년 가을까지 계속된다.

여기서 지적돼야 할 것은 다음의 두 가지이다. 첫째, 의병운동은 위정척사론 계열의 유학자들로부터 크게 영향을 받았다는 사실이다. 이것은 바꿔 말해 위정척사론이 의병운동으로 이어졌음을 의미했다. 둘째, 그 운동에는 전직 및 현직 관리들이 고종과 기맥을 통하면서 참여함으로써 자연히 이 운동에 근왕적 성격을 추가했다는 사실이다.

고종은 의병운동에 공감을 표시했지만, 조선 조정은 일본의 거센 압박 아래 일본군과 함께 의병을 탄압했다. 그리하여 유인석은 1896년 가을에 자신의 군대를 이끌고 압록강을 건너 서간도로 들어갔다. 그는 그곳을 거점으로 삼아 항일구국운동을 계속하고자 결심했던 것이다.

제2절

조선왕국,
자신을 대한제국으로 바꾸면서
개혁을 추진하다

1 조정 안팎에서 개혁이 추진되다

〈독립신문〉이 창간되고 독립협회가 출범하다

조선이 이처럼 내우외환에 시달리던 시점에서, 서재필은 조선의 자주독립을 위해서는 민중의 지지가 절대적으로 필요하며, 민중의 지지를 얻으려면 민중을 각성시키는 운동이 긴요하다고 판단했다. 그리하여 그는 우선 정부의 선진적 관리들로부터 협력을 받아 1896년 4월 7일에 〈독립신문〉을 창간했다. 오늘날 한국 언론계는 그날을 염두에 두고 4월 7일을 '신문의 날'로 기념하고 있다.

조선 주재 일본공사관은 이 신문의 창간을 극력 방해했다. 그러나 이때는 고종이 아관파천을 한 직후여서 일본의 위세가 그 이전에 비해 상대적으로 떨어졌고, 친러 내각에 참여했거나 호의적이던 민영환, 윤치호, 이상재(李商在), 한규설(韓圭卨), 김가진(金嘉鎭) 등이 힘껏 도왔기에 창간이 성사될 수 있었다.

서재필은 3개월 뒤인 7월 2일에 독립협회를 창립했다. 위원장에는 이완용이 선출됐으며, 간부진에는 김가진, 이상재, 남궁억(南宮檍), 오세창(吳世昌) 등이 선임됐다. 〈독립신문〉과 독립협회는 조정에 대해 외세에 굳건히 맞설 것과 중립외교 노선을 추구할 것, 그리고 내정을 개혁할 것을 강력히 요구했다.[12]

고종, 대한제국의 성립을 선언하면서 광무개혁을 추진하다

조선의 내부로부터 자주독립의 열망이 조직화되는 분위기 속에서 고종이 러시아공사관에 계속해서 머물기는 어려웠다. 또 일본공사관은 고종의 환궁을 강력히 요구했다. 이러한 안팎의 상황을 고려해 고종은 1897년 2월에 오늘날의 덕수궁인 경운궁으로 돌아왔다.

고종은 1897년 8월 16일부터 '광무(光武)'라는 새 연호를 썼으며, 10월 12일에 조선왕국을 '황제가 다스리는 나라'라는 의미로 '대한제국'으로 바꾸고 스스로 황제로 즉위함과 아울러 민비를 명성황후(明成皇后)로 추존했다. 이러한 일련의 조치들은 조선이 자주독립국임을 국제사회에 과시하기 위함이었다.

고종은 동시에 내정에서 부정부패를 시정하기 위해 일련의 개혁 조치들을 취했다. 군주권이 법의 형식 아래 행사되도록 규정했으며, 나라의 상징인 태극기의 사용을 확대했고, '국민'이라는 용어를 확산시켰다. 황제의 자문기관으로 중추원을 세우고 서재필을 고문으로 임명해 재야의 목소리를 듣도록 했다. 또 새로운 기술의 개발과 유학생의 해외 파견, 그리고 회사와 은행 등 근대적 조직의 발족을 추진했다. 이 모든 것을 '광무개혁'이라고 부른다. 그러나 광무개혁은 매우 제한된 범위 안에서 개선과 변화를 낳는 데 그쳤다.[13]

만민공동회가 열리다

대한제국은 독립을 유지하기 위해 노력을 기울였지만, 대한제국을 둘러싼 열강의 각축과 침탈은 더욱 심해졌다. 특히 병자수호조약이 맺어지면서 개국을 선언한 조선에 들어오기 시작한 서구의 자본주의는 조선에서 이권을 확보하기 위한 경제 침략을 주저하지 않았다. 이 흐름은 청일전쟁에서 일본이 승리한 이후 빨라져 전기, 전신, 철도, 광산 분야에서 조선은 근대화의 길에 접어들면서도 다른 한편으로는 외국 자본에 예속되기에 이르렀다.

여기에 맞서, 독립협회는 회장과 부회장에 각각 윤치호와 이상재를 선출하는 등 새로운 지도체제를 갖추고 본격적인 정치개혁운동을 벌였다. 독립협회의 수석총무 남궁억은 1898년 3월에 〈황성신문〉의 발행 허가를 받아내 스스로 사장 겸 주필로 국정의 개혁을 요구하는 논지를 일관되게 폈다. 독립협회는 같은 시점에 서재필의 제의에 따라 서울에서 만민공동회(萬民共同會)를 열었다. 백성을 괴롭히고 나라를 잘못되게 하는 정치와 외세의 침탈을 규탄한 이 민중대회는 그 이후에도 계속됐다. 10월에는 윤치호를 만민공동회 회장으로 추대하고, 의회의 설립과 공화정부의 수립 및 언론·출판의 자유 등을 요구했다.

그러나 그들의 행로가 순탄하지는 않았다. 김옥균의 개화운동과 서재필의 독립협회운동 등을 외세에 의존해 나라를 파는 역적 행위라고 믿은 세력은 김옥균을 암살한 홍종우(洪鍾宇) 등이 참가한 황국협회에 집결해 만민공동회에 대항했다. 이 시점에서 정부는 만민공동회는 물론 독립협회를 해산시켰으며, 서재필을 중추원 고문에서 해임했다. 이에 따라 서재필은 미국으로 돌아갔다.

만민공동회운동은 조선 민중 앞에 새로운 지도자들을 등장시켰다. 우선 도산(島山) 안창호(安昌浩)는 1897년에 독립협회에 가입해 1898년에 평양의 쾌재정에서 만민공동회를 열고 '쾌재정 연설'로 알려진 명연설을 한 데 이어, 서울의 만민공동회에서 대신들을 탄핵하는 연설을 해

명성을 얻었다.[14]

이승만(李承晩) 역시 만민공동회에서의 연설로 유명해졌다. 1875년 3월 26일에 황해도 평산군의 몰락한 양반 집안에서 태어난 그는 서울로 이주해 1895년부터 1897년까지 당시로서는 최고의 근대식 교육기관이던 배재학당에서 영어와 서양의 선진 학문을 배웠다. 특히 이 학교에 출강하던 서재필로부터 세계 정세와 서구의 민주정치를 배웠으며, 이러한 인연으로 독립협회와 만민공동회에 가담했던 것이다.[15]

조선 조정은 이상재와 남궁억, 이승만 등을 투옥했다. 남궁억은 심하게 고문을 당했으며, 그 이후에도 〈황성신문〉을 통한 문필 활동으로 세 차례나 구금된다.

이승만 역시 고문을 당하는 등 심한 어려움에 빠졌다. 그러나 그는 감옥에서 『독립정신』을 저술할 수 있었다. 이 책은 그의 국제정치관을 잘 보여주었다. 여기서 그는 우선 러시아에 대한 강한 반감과 심지어 두려움을 나타냈다. 당시 대한제국의 지식인들 일각에 자리 잡았던 공로증(恐露症)을 그도 갖고 있었고, 따라서 러시아의 남진정책을 막아야 한다는 방아론(防俄論)을 그도 지지했음을 이 책은 보여주었다. 반면에 그는 친미 성향을 그대로 드러냈다. 미국에 대한 선망을 표시하면서 조선의 자주독립을 위해 미국과 제휴하는 것이 바람직하다는 뜻을 암시했다. 그는 또 이상재와 마찬가지로 기독교를 받아들였다.

2 | 러일전쟁, 대한제국의 운명에 결정적 영향을 미치다

니시·로젠 협정으로 조선에 대한 일제의 압박이 커지다

이처럼 수많은 선각자들이 구국을 위한 운동을 전개했지만 대한제국의 운명은 조금도 개선되지 않았다. 오히려 대한제국을 둘러싼 일본과 러시아 사이의 각축은 치열해졌으며, 그 가운데 일본의 힘이 상대적으로 더욱 커졌다.

이렇게 상황이 바뀌자, 러시아는 지난날에는 거절했던 한반도 분할안을 제기하면서 일제에 대항하고자 했다. 1898년에 들어선 시점에서 알렉세이 드 스파이예(Alexei de Speyer) 주한 러시아공사는 주한 일본공사를 상대로 평양을 포함한 한반도의 북반부를 러시아가 차지하고, 한양을 포함한 한반도의 남반부를 일본이 차지할 것을 제의한 것이다. 그러나 일본은 자신의 힘이 커졌음을 과시하면서 러시아의 조선 분할 제의를 거절했다.

그 대신에 일본의 외무대신 니시 도쿠지로(西德次郞)는 1898년 4월에 러시아의 주일공사 로만 로마노비치 로젠(Roman Romanovich Rosen) 남작과 도쿄에서 협정을 맺고 대한제국에서 두 나라가 동등한 권리를 갖는다는 데 합의함으로써 그동안 조선에서 우위를 차지했던 러시아의 권익을 상대적으로 감축시킬 수 있었다.

이 협정은 그리하여 대한제국에서 일본과 러시아 사이에 세력균형을 이루게 했으나, 전체적인 흐름으로 볼 때 조선에 대한 일제의 압박이 더욱 거세질 것임을 예고했다.

러시아, 한반도 분할안을 다시 제기하다

그사이 일본이 군사력을 증강시킨 데 이어 1902년 1월에 영국과 동맹을 맺고 러시아를 상대로 전쟁도 사양하지 않을 모습을 보이자, 러시아는 조선의 분할로써 일본을 무마시키고자 했다. 그리하여 1903년 10월 3일에, 주일 러시아공사 로젠을 통해 일본 정부를 상대로 39도선 이북의 조선을 두 나라 가운데 어느 나라도 군대를 보내지 않는 중립지역으로 만들고, 그 이남의 조선에 대한 일본의 '특별한 이익'을 러시아는 보장한다는 취지의 안을 제의했다. 이 제의에 대해, 일본 정부는 한만(韓滿) 국경을 경계로 양쪽에 각각 50km의 중립지대를 설치할 것을 제의했다. 이것은 조선에 대한 러시아의 영향력을 완전히 배제하겠다는 일본 정부의 뜻을 담고 있어 러시아 정부는 거부했다.

러시아와의 결전을 결심한 일본 정부는 1904년 1월에 대한제국 조정을 겁박해 대한제국으로 하여금 전시에 일본을 돕게 만드는 제1차 한일의정서에 조인하게 한 다음 1904년 2월 10일에 러시아를 상대로 전쟁을 일으켰다. 영국은 곧바로 일본을 지지했다.

대한제국 조정에 대한 일제의 압박은 계속됐다. 일제는 1904년 8월에 제1차 한일협약을 맺게 했는데, 그것은 대한제국 조정이 사실상 일본이 추천한 외국인 고문관들을 채용해야 한다는 데 초점을 맞췄다. 그리하여 대한제국은 국정 운영의 중요한 권한들을 크게 제약받기에 이르렀다.

고종, 이승만을 특사로 미국 대통령에게 보내다

위급한 상황에서, 고종은 여러 대책들 가운데 하나로 이승만을 미국으로 파견하기로 결심했다. 이승만은 고종의 총애를 받던 엄비(嚴妃)의 도움으로 1904년 8월에 특사를 받아 석방된 뒤 서울에서 상동교회의 상동청년학원 교장으로 활동함과 아울러 신문 등에 애국적 논설들을 기고해 민족지도자로서의 명성을 높이고 있었다. 그는 고종이 주미공사관에 보내는 '미국 대통령에 대한 독립 지원 호소의 메시지'를 지닌 채 1904년 11월 초에 도미 길에 올라 12월 말에 워싱턴에 도착했다.

이승만은 자신의 인맥을 동원해 1905년 8월에 시어도어 루스벨트 대통령을 만나는 데 성공했으며, 시어도어 루스벨트 대통령을 상대로 미국이 1884년의 조·미수호조약에 의거해 조선의 독립이 지켜지도록 지원할 것을 호소했다. 그러나 그는 형식적이면서도 미온적인 짧은 대답밖에는 들을 수 없었다. 그 이유는 간단했다. 우리가 제1절 제2항에서 이미 지적했듯, 미국을 비롯한 서구 열강의 1차적 관심은 러시아를 견제하는 데 있었으며, 따라서 러시아를 견제하는 데 앞장서는 일본을 적극적으로 지지했기 때문이다.

미국과 영국, 대한제국에 대한 일본의 지배를 용인하다

대한제국의 간절한 소망에는 어긋나게, 러일전쟁은 1905년 5월 하순에 일본의 승리로 끝났다. 이 무렵에 미국의 윌리엄 태프트(William H. Taft) 전쟁장관은 자신이 총독으로 근무했던 필리핀을 방문하는 길에 도쿄에 들러 일본의 가쓰라 다로(桂太郞) 총리대신을 만났다. 그들은 1905년 7월 27일에 '일본이 필리핀에 대한 미국의 지배를 인정하는 대가로 미국은 조선에 대한 일본의 지배를 인정한다'라는 취지의 대화를 나눴으며, 이 대화를 '합의된 비망록'의 형태로 남겼다. 태프트는 이 비망록을 시어도어 루스벨트 대통령에게 보고했으며, 시어도어 루스벨트 대통령은 이 비망록을 추인했다.

러일전쟁이 끝나자, 시어도어 루스벨트 대통령은 1905년 8월 10일에 뉴햄프셔주의 군항 포츠머스에서 러시아 대표 및 일본 대표와 함께 그 전쟁을 외교적으로 마무리하는 회담을 시작했으며, 이 회담은 9월 5일에 포츠머스조약의 체결로 마무리됐다. 그 주된 내용은 조선에 대한 일본의 지배를 인정한다는 것이었다. 영국은 곧바로 제2차 영일동맹을 맺고 일본의 입장을 뒷받침했다. 구체적으로, 영국은 조선에 대한 일본의 '탁절(卓絶, paramount)'한 이익을 인정했으며, 일본은 영국령 싱가포르에 대해 어떠한 야심도 갖고 있지 않음을 영국에 보장했다. 이렇게 볼 때, 러일전쟁은 대한제국에 국권 상실의 직접적 계기가 됐다.

여기서 덧붙일 역사적 사건이 있다. 일제는 대한제국의 병탄을 시간문제라고 보고, 그 전제 위에서 만주에 대한 침략을 구상하면서 포석을 시작했다. 우선 1905년 10월 18일에 자신의 조차지인 만주의 여순(旅順)에 관동도독부(關東都督府)를 개설했으며, 그 산하에 본국 정부의 육군부가 직접 지휘하는 관동군을 신설했다. 관동군은 약 1만 명의 병력으로 출발했다. 그렇지만 소련 극동군과의 대결이 깊어지면서 자신의 병력을 계속해서 증강했다. 이 관동군은 만주에서 조선인들이 중국인들과 함께 전개한 독립운동을 탄압하는 가장 핵심적인 무력이 된다.

제3절

대한제국,
격렬한 항일운동에도 불구하고
멸망하다

1 | 일제, 대한제국을 자신의 '보호국'으로 만들다

이처럼 조선의 주권을 철저히 유린한 포츠머스조약과 영일동맹으로 국제적 승인을 받았다고 판단한 일제는 을사년인 1905년 11월 9일에 조선 침략의 선봉인 이토 히로부미(伊藤博文, 이등박문)를 특파대사로 조선에 보내 대한제국 조정을 상대로 대한제국의 외교권과 재정권을 빼앗고 대한제국을 일제의 '보호국'으로 만드는 내용의 네 조항들로 구성된 조약의 체결을 강요했다. 고종이 단호히 거부하지 못한 채 이 건을 내각의 토론에 회부하겠다는 취지로 대답하자, 이토는 이것에 근거해 16일에 자신의 숙소로 대한제국 정부의 각료들과 원로대신들을 불러 위협하기도 하고 회유하기도 했다.

이튿날에 고종의 주재로 열린 어전회의는 이 조약을 거부한다는 쪽으로 의견을 모았다. 그렇지만 이토의 겁박은 끈질겼다. 그래도 내각의 수반인 참정대신 한규설은 비록 미온적이나마 반대했다. 반면에 외부대신 박제순(朴齊純)을 비롯해 이완용, 이지용(李址鎔), 이근택(李根澤), 권중현(權重顯) 등 다른 대신들은 굴복했다. 그리하여 이 조약은 다섯 조항들로 재구성되어 외부대신 박제순과 주한 일본전권공사 하야시 곤스케(林權助) 사이에 조인됐다. 다행히 고종은 이 조약에 대한 인준을 끝까지 거부했다.

그런데도 일제는 이 조약에 '제2차 한일협약', '한일신협약', '을사보호조약' 등의 이름을 일방적으로 붙인 다음 이 조약이 11월 17일에 성립됐다고 선언했다. 일제는 이 조약에 근거해 1906년 2월에 서울에 조선통감부(朝鮮統監府)를 설치하고 이토를 초대 통감으로 임명했다.

조선의 조야, 을사늑약에 저항하다

고종이 이 조약에 대한 인준을 끝까지 거부했기 때문에 이 조약은 성립된 것이 아니라 그저 일방적으로 선언됐을 뿐이라는 해석이 유력하다. 그러나 현실적으로는 이 조약의 결과, 대한제국은 외교권과 재정권을 일제에 빼앗긴 채 일본인 통감이 이끄는 통감부의 통제를 받게 됨으로써 반(半)식민지로 전락했다.

자연히 대한제국의 조정과 민중은 이 조약을 강제로 맺어진 조약, 곧 늑약(勒約)이라고 보면서 거세게 반발했다. 우선 의정부(議政府)의 참찬이던 이상설은 고종에게 국가를 위해 자결함으로써 국내외를 격동시킬 것을 요청하는 상소문을 올렸다. 우의정과 좌의정을 역임한 뒤 황제의 고문직인 특진관에 임명됐던 원로대신 조병세(趙秉世) 그리고 명성황후의 조카로 황제의 시종무관장(侍從武官長)이던 민영환 등 적잖은 신하들 역시 상소의 대열에 앞장섰으나 뜻을 얻지 못하자 모두 자결로써 항의했다. 이상설도 자결을 시도했으나 실패했다.

이들 가운데 특히 민영환의 자결·순국은 조선 민중에게 큰 충격을 주었다. 그가 고종을 상대로 "국가는 한 사람, 한 집안의 사유물이 아니므로 나라에 큰일이 있을 때는 비록 국왕이라도 독단할 수 없다"라고 주장하면서, "늑약에 서명한 대신들을 처단하고 조약의 무효를 선언하라"고 요구한 사실이 새롭게 밝혀지고, 이 늑약을 막지 못한 데 대한 자책으로 자결했다는 사실이 전해지면서, 반일·구국의 열기를 크게 자극했던 것이다.

앞에서 이미 지적했듯, 이 조약은 대한제국의 외교권을 박탈했으므로, 서울에 주재하는 외국 공관들은 물론 해외에 주재하는 대한제국의 외교 공관들은 자연히 폐쇄됐다. 이에 앞서 1905년 5월에 영국 주재 공사관의 서리공사(署理公使) 이한응(李漢應)이 자결했다. 러시아공사이던 이범진은 비록 공식적으로는 러시아공사로서의 역할을 수행할 수 없었으나, 고종의 밀명을 받고 고종의 특사 자격으로 현지에서 항일운동을 전개한다.

이 조약의 강제적 체결은 그렇지 않아도 일제의 조선 침략에 대해 반감을 가져온 조선 민중을 크게 격앙시켰다. 그들은 늑약에 굴복한 대신들 가운데 특히 다섯, 곧 박제순, 이완용, 이지용, 이근택, 권중현 등을 을사오적 또는 을사매국노라고 규탄했다.

특히 황성신문사의 대표적 논객이면서 남궁억의 후임으로 사장이 된 장지연(張志淵)은 11월 20일 자 〈황성신문〉에 '오늘 소리를 내어 크게 울다'라는 뜻의 「是日也放聲大哭(시일야방성대곡)」이라는 논설을 발표하면서, 조정의 대신들을 '개돼지만도 못한 자들'이라고 비난하고 이 조약의 폐기를 요구했다. 그는 곧 구속되고 〈황성신문〉은 정간됐다.

그렇지만 저항은 계속됐다. 영국 언론인 어니스트 베셀(Ernest Thomas Bethell, 한국 이름은 배설[裵說])과 양기탁, 그리고 박은식(朴殷植)과 신채호(申采浩) 등이 이끌던 〈대한매일신보〉, 그리고 그것의 영자지 〈코리아 데일리 뉴스(*Korea Daily News*)〉 역시 이 조약의 폐기를 요구했다. 그들은 장지연의 논설을 영문과 한문으로 번역해 호외로 만들어 전국에 배포했다. 일본에서 영국인들이 발행하던 영어 신문 〈재팬 크로니클(*Japan Chronicle*)〉은 이 호외를 게재해 일본의 외국인들에게 알렸다.

조약 폐기운동은 곧바로 전국으로 확대됐다. 서울에서는 상동교회, 그리고 이 교회를 중심으로 하는 민족주의 청년운동 그룹 '상동파'가 그 중심에 섰다. 특히 당시 평리원(平理院)의 검사이던 이준(李儁)은 상동교회의 목사 전덕기(全德基)와 함께 다수의 동지들을 결집시켜 고종에게 이 조약을 폐기하도록 상소하는 운동을 이끌었다.

그 운동은 여러 지역에서 마침내 의병운동의 재개로 이어졌다. 대표적인 경우가 위정척사론의 거두 최익현(崔益鉉)이 임병찬(林秉瓚)과 함께 이끈 의병운동이었다. 일제는 의병들을 무자비하게 탄압했으며, 최익현과 임병찬을 쓰시마(對馬島, 대마도)로 끌고 갔다. 마지막 순간까지 저항하던 최익현은 1906년 11월 15일에 그곳에서 순국했다.

2 대한제국, 만국평화회의에 밀사를 보내다

망국을 눈앞에 두고, 고종은 1906년 1월에 을사늑약이 원천적으로 무효임을 강조한 국서를 만들어 〈런던 트리뷴(*London Tribune*)〉의 더글러스 스토리(Douglas Story) 기자를 통해 서구의 여러 나라들에 보냈으며, 이 사실은 1906년 12월에 이 신문의 기사를 통해 알려졌다. 고종은 이어 1906년 12월에 같은 취지를 담은 밀서를 독일 황제 빌헬름 2세(Wilhelm II)에게 보냈다. 그러나 독일 외교부는 이 밀서를 황제에게 보고하지 않았다.

마지막으로, 고종은 해외 망명 중인 이상설을 정사로 삼고 이준을 부사로 삼아 1907년(정미년) 6월 15일부터 10월 18일까지 네덜란드의 행정수도 헤이그(The Hague, 한문으로 海牙[해아])에서 열린 제2차 만국평화회의에 밀파했다. 이른바 을사보호조약이 일제의 강권에 따라 맺어진 것이며 따라서 무효인 만큼 대한제국은 독립되어야 함을 호소하기 위해서였다.

이준은 곧바로 블라디보스토크로 가서 이상설을 만났으며, 그들은 우선 러시아의 수도 상트페테르부르크에 도착해 러시아공사였던 이범진을 만났다. 이범진은 자신의 아들로 영어와 프랑스어에 능통한 이위종(李瑋鍾)을 수행원으로 함께 가게 했다. 고종의 미국인 고문으로 대한제국의 독립을 위해 헌신하던 호머 헐버트(Homer B. Hulbert)는 고종의 친서를 휴대하고 따로 헤이그로 갔다.

이상설과 이준, 이위종은 만국평화회의가 열린 때로부터 10일이 지난 6월 25일에 헤이그에 도착했다. 그들은 회의 참석을 거절당했으나 좌절하지 않고 회의장 밖에서 프랑스어로 작성된 「독립호소문」을 돌렸고, 7월 8일에는 국제기자클럽의 초청을 받아 작은 연설회를 열 수 있었다.

안타깝게도, 통분을 이기지 못한 이준이 14일에 숙소에서 병사했다. 그러나 그가 회의장에 들어가 자신의 배를 갈라 창자를 꺼내 열강의 대표들에게 뿌리다 죽었다는 소문이 국내에 전파되면서 조선 민중의 반일 애국심은 더욱 고조됐다. 다른 한편으로, 이상설은 곧바로 영국과 미국을 비롯한 세계 여러 나라들을 순방하며 대한제국의 독립을 호소하다 연해주로 돌아왔고, 이위종은 러시아로 돌아가 독립운동에 참여했다. 헐버트 역시 유럽의 외교관들과 접촉하다가 미국으로 돌아가 시어도어 루스벨트 대통령에게 고종의 친서를 전달하려 했으나 뜻을 이루지 못했다.

일제의 응답은 탄압의 강화였다. 일제는 우선 7월 21일에 서울 시내 요소요소에 기관총을 가설하고 삼엄한 경비를 편 채 이완용과 송병준(宋秉畯)을 비롯한 일곱 대신들로 하여금 고종을 협박하게 만들어 결국 고종으로 하여금 황태자에게 양위하게 했다. 그리하여 즉위한 이가 조선왕조의 마지막 국왕이며 동시에 대한제국의 마지막 황제인 제27대 순종(純宗) 융희황제(隆熙皇帝)다.

일제는 사흘 뒤인 1907년 7월 24일에 한일신협약을 강요했다. 이완용 내각은 거기에 굴복했으며, 그리하여 그 조약은 외부대신 박제순과 주한 일본공사 하야시 사이에 그날 자로 체결됐다. 정미7조약이라고도 불리는 이 조약은 대한제국의 내치권을 크게 제약했을 뿐만 아니라 대한제국의 군대를 해산시켰다. 이에 항의해 군인 박승환(朴昇煥)은 자결했으며, 몇몇 군인들은 해외 망명의 길에 올랐다.

3 | 국내에서 항일구국운동이 여러 형태로 전개되다

의병운동이 다시 활발하게 일어나다

이 일련의 사건들은 항일구국운동이 다시 전국적인 차원에서 자발적으로 광범위하게 전개되는 계기를 마련해주었다. 우선 의병들이 여러 지역에서 조직되어 일본 침략군에 대항했다. 1908년 한 해에 국한해볼 때, 의병에 참가한 사람은 모두 6만9,832명에 이르렀고, 그들이 벌인 대표적인 항일운동의 의병장들로 허위(許蔿)와 이강년(李康秊)을 비롯해 이인영(李麟榮), 민긍호(閔肯鎬), 민종식(閔宗植), 신돌석(申乭石) 등을 꼽을 수 있다. 전투의 횟수는 1,452회에 이르렀다. 1909년에 들어서서는 그 규모가 더욱 확대되었다. 이에 일제는 일본군 2대 연대와 헌병, 경찰을 동원해 '남한 대토벌 작전'을 벌이면서 잔혹함을 드러냈다.[16]

그 의병장들 가운데 특히 기억될 사람은 경상북도 선산군 대지주이자 유학자 가문의 후예인 허위다. 그는 전국의 의병 연합체인 십삼도창의군(十三道倡義軍)의 총지휘자로 1907년 11월에 수도 한양의 동대문 밖 30리까지 진군했으나, 1908년 6월에 일본군에 붙잡혀 4개월 뒤에 경성감옥에서 교수형에 처해져 향년 54세로 순국했다.

항일의병대장들과 흐름을 같이하면서, 친일파들을 암살하려는 의사들의 움직임이 활발해졌다. 1908년에는 대한제국의 외교고문이 되어 미국에서 을사늑약을 찬양하던 더램 스티븐스(Durham White Stevens) 변호사를 샌프란시스코 부두에 위치한 페리역에서 장인환(張仁煥)이 사살했다. 같은 시각 같은 곳에서 전명운(田明雲) 역시 총을 쏘았으나 불발했다. 1909년에는 이재명(李在明)이 이완용을 칼로 찔렀으나 죽이는 데는 실패했다.

애국계몽운동이 활발해지다

항일의병운동에 발맞춰 애국계몽운동이 활발히 일어났다. 이 운동은 개화론의 연장선에서 성장한 것으로, 서양의 선진된 문물과 제도를 받아들이고 민중을 계몽시켜 민족의 힘을 키움으로써 조선을 부강한 나라로 만들어야 한다는 뜻을 반영했다.

그러한 취지에서, 항일을 위해 친러에 앞장섰던 이용익(李容翊)은 1905년에 보성소학교, 보성중학교, 보성전문학교를 세웠으며 보성사라는 인쇄소도 세웠다. 그는 1854년에 함경북도 명천군에서 서민의 아들로 태어났으며 무학이었지만 보부상으로 돈을 벌면서 재산 관리하는 방법을 배워 오늘날 대한민국 정부의 기획재정부에 해당하는 탁지부(度

支部)의 대신에까지 올랐었는데, 망국의 위기에 직면하자 자신의 사재를 모두 털어 민중 교육에 앞장섰던 것이다. 이후 그는 독립운동을 위해 고종이 준 금괴를 갖고 상해와 프랑스를 거쳐 러시아의 상트페테르부르크에 도착했으나 일본이 보낸 암살자들의 총격을 받고 중상을 입었다. 거기서 블라디보스토크로 망명했다가 1907년 1월 20일에 별세했다.

비슷한 시점에, 엄비는 서울에 양정의숙과 진명여학교, 숙명여학교를 세웠다. 실업인 이승훈(李昇薰)은 평안북도 정주군에서 오산학교를 세웠다. 같은 취지에서, 애국계몽운동가들은 1906년 4월에 윤치호를 회장으로 대한자강회(大韓自强會)를 세웠다. 일제가 비교적 온건한 성격의 이 단체도 해산시키자, 애국계몽운동가들은 1907년 11월에 남궁억을 회장으로 대한협회(大韓協會)를 출범시켰다. 남궁억은 곧 〈교육월보〉를 창간해 국민 교육에도 힘썼다. 그러나 이 단체가 직접적인 항일투쟁보다는 애국계몽운동으로 흐르자 거기에 반발해 좀 더 적극적으로 독립의 길을 찾아야 한다는 주장이 높아졌다.

같은 시점인 1907년 2월과 1908년 5월 사이에는 대한제국이 일본으로부터 빌린 돈을 갚기 위한 국채보상운동이 경상북도 대구군의 인쇄소 광문사를 중심으로 시작됐다. 이 운동이 마침내 전국적인 민중운동으로 확대되면서 애국의 열기가 크게 떨쳐졌다.

신민회가 비밀리에 발족하다

이러한 분위기 속에서, 그사이 항일운동을 이끌었던 〈대한매일신보〉의 양기탁과 신채호, 독립협회의 이상재, 상동교회의 전덕기, 평안도의 청년기독교인 정재면(鄭載冕)과 기독교실업인 이승훈, 대한제국의 관리 또는 군인이었던 이동녕(李東寧), 이동휘(李東輝), 이회영(李會榮), 이시영(李始榮), 노백린(盧伯麟), 이갑(李甲), 류동열(柳東說)과 동학군이었던 김구(金九) 등이 안창호를 중심으로 1907년 4월에 서울에서 신민회(新民會)를 비밀리에 발족시켰다. 안창호는 1902년 미국으로 건너가 1905년에 샌프란시스코에서 한인들을 중심으로 공립협회(共立協會)를 창립했으며, 1907년 1월에 로스앤젤레스 근교의 리버사이드에서 대한인신민회(大韓人新民會)를 창립한 뒤, 국내에서도 국민 단체를 만들어야 한다는 사명 의식을 갖고 귀국했던 것이다.

여기서 우선 주목해야 할 사람들은 일본 육군사관학교를 졸업한 대한제국의 군인 출신들이다. 노백린, 이갑, 류동열이 바로 그들이다. 그들은 일제가 순종에게 양위하도록 고종을 겁박하던 때 그것을 막고자 쿠데타를 준비했으나 실패한 데 이어, 대한제국 군대가 해산되자 항일운동의 대열에 참여한 것이다. 뒷날 대한제국이 멸망하자, 이갑과 류동열은 만주로, 노백린은 미국을 거쳐 중국으로 망명한다.

신민회는 곧 전국적으로 역시 은밀하게 지회를 두면서 학교와 교회, 신문사들을 세웠다. 안창호 스스로 1908년 9월에 평양에 대성학교를 세웠다. 꼭 신민회만이 학교를 세운 것은 아니었다. 전국 각지에서 우국지사들이 학회와 학교를 세웠다.

민족 · 민족주의 개념이 정립되다

대체로 비슷한 맥락에서, 강일순(姜一淳)은 1901년에 자신의 호 증산(甑山)을 따서 증산교를 세웠고, 최제우와 최시형에 이어 동학의 3대 교조로 추대된 손병희는 1905년 12월에 동학을 천도교로 발전시켰다.

을사오적 암살 미수로 유배됐다가 사면된 나철(羅喆)은 1909년 1월 15일(음력)에 배일흥한(排日興韓)을 내걸고 국조 단군왕검을 신앙의 중심으로 삼는 또 하나의 민족종교 단군교(檀君敎)를 세웠는데, 단군교는 1910년 대종교(大倧敎)로 개칭했다. 그는 단군이 개국한 것으로 추정되는 10월 3일을 개천절(開天節)로 명명했는데, 일제강점기에 개천절은 민족의식을 높이는 데 이바지했다. 그는 동시에 백두산을 민족의 또 하나의 구심점으로 삼기 위한 운동을 전개했다. 같은 맥락에서, 박은식과 장지연은 함께 1909년에 대동교(大同教)를 세웠고, 박중빈(朴重彬)은 1916년에 원불교(圓佛教)를 세운다.

이 종교 지도자들은 모두 민족적 신앙을 구심점으로 삼아 민중을 계몽시키고 독립자강의 정신으로 무장시키고자 했다. 그 종교들 가운데 일제에 대해 가장 투쟁적이었던 종교는 대종교였다. 나철은 제2대 교주의 지위를 김교헌(金教獻, 일명 김헌)에게 물려주고 1916년에 망국을 막지 못한 자책감에 자결했는데, 김교헌은 1917년에 만주로 망명하여 약 40만 명의 교도들을 집결시키는 데 성공했다. 당시로서는 엄청난 세의 결집이었다. 그는 곧 북로군정서(北路軍政署)를 세우고 총재 서일(徐一)로 하여금 무장투쟁에 임하게 한다.

기독교 역시 민중계몽운동에 참여했다. 1907년 1월 2일부터 14일까지 평양의 장대현교회에서 목사 안수를 앞둔 길선주(吉善宙) 장로의 신앙 고백을 계기로 개신교 평양 대부흥운동이 시작되면서 개신교는 민중의 뜨거운 호응을 불러일으키는 가운데 지속적인 성장을 이룩하게 됐다. 개신교는 자신감 속에서 민중계몽활동을 적극적으로 펼쳤다. 그 연장선 위에서 1909년에 평양에서는 미국의 북장로교가 1893년에 세운 숭덕학교가 6년제로 확대됐으며, 1897년에 역시 미국의 북장로교가 평양에 세운 숭실학당과 더불어 항일운동의 발판으로 성장했다.

이렇게 종교 지도자들을 중심으로 항일 의식이 높아지고 확산되는 가운데 항일운동을 이끌던 지식인들은 '민족'과 '민족주의'라는 개념을 정립했다. 그 시점은 대체로 1908~1909년이었던 것 같다. 그들은 서구의 선진국들과 일본이 제국주의 정책으로써 약소국들을 식민지로 만들고 있다고 파악하면서, 제국주의에 저항하는 방법을 민족주의에서 찾았다.

4 | 항일구국운동이 해외에서도 전개되다

국내에서의 항일구국운동은 해외로 확산됐다. 우선 애국지사들의 해외 망명과 거기서의 투쟁이 활발해졌다. 신민회는 1909년부터 이동녕과 양기탁 등이 중심이 되어 해외 망명과 해외 군사기지 건설 등을 숙의했다. 거기에 호응해 이상설, 이위종, 안창호 외에도 이회영, 이시영, 류동열, 신채호, 홍범도(洪範圖), 장도빈(張道斌), 계봉우(桂奉瑀) 등이 연해주 또는 간도로 망명했다.

여기서 특기할 것은 명문대가의 후손인 이건영(李健榮), 이석영(李石榮), 이철영(李哲榮), 이회영, 이시영, 이호영(李護榮) 등 여섯 형제의 만주로의 망명이다. 그들은 국내에서 누릴 수 있는 모든 기득권을 과감히 버리고, 특히 1만여 섬이 나오는 전답 등 집안의 모든 재산을 처분해 막대한 자금을 만들었다. 그들은 이 큰돈을 항일독립운동을 위해 쓰기로 합의하고, 모두 합쳐 40명이 넘는 대가족을 이끈 채 만주로 이주해 1910년 4월에 그곳에서 교육 진흥과 독립군 양성을 목적으로 경학사(耕學社)

와 신흥강습소(新興講習所)를 세웠다. 여기에는 이상룡(李相龍)이 동참해 초대 경학사 사장으로 취임했다. 그들은 그 이후에도 일관되게 항일독립운동에 자신들을 바친다.

이상설은 간도의 용정(龍井)에서 1906년 8월과 10월 사이에 서전서숙(瑞甸書塾)이라는 학교를 세우고 초대 숙장으로 취임했다. 여기에는 이동녕과 여준(呂準), 정순만(鄭淳萬) 등이 동참했다. 그러나 이 학교는 재정난에다 일제의 조선통감부 간도파출소의 강압이 겹쳐 1907년과 1908년 사이에 해산된다. 이 파출소는 1907년 8월에 용정에 세워졌으며, 무장경찰력까지 지닌 채 간도 일대의 조선인들을 철저히 통제했다.

서전서숙이 폐쇄됐다고 해서 이 학교의 맥이 아주 끊어지지는 않았다. 이 학교의 졸업생들이 1908년과 1909년 사이에 이웃 화룡(和龍)의 한인촌에 명동서숙(明東書塾)을 세운 것이다. 이 학교는 독립운동가이며 기독교 지도자인 교장 김약연(金躍淵)과 역시 독립운동가이며 기독교 지도자인 교감 정재면(鄭載冕)이 중심이 돼, 1911년까지 명동교회와 명동중학, 명동여학교로 발전했다.

이 시점에서 연해주에서는 그동안 간도관리사로 일했던 이범윤, 그리고 이 지방의 부호인 최재형(崔在亨) 등이 오늘날 크라스키노(Kraskyno)라고 불리는 연해주의 노보키예프스키(Novokiyevsky, 연추[煙秋])에서 창의회(彰義會)라는 이름 아래 연해주 의병을 조직하고, 때때로 두만강을 건너 대안(對岸)의 일본군 수비대들과 교전하고 있었다. 안중근(安重根)은 바로 이 연해주 의병에 참가했다가 뒷날 이토 히로부미를 처단한다.

연해주 의병은 간도의 의병들과 제휴해 1910년 6월 21일에는 십삼도의군을 출범시켰으며, 이 조직의 최고책임직인 도총재(都總裁)에 유인석을 추대했다. 그러나 2개월 뒤에 대한제국이 멸망하자 이 조직은 흩어졌다. 다른 한편으로, 1910년 3월에는 창의회에 연결된 이진룡(李鎭龍) 의병장의 부대가 조선과 만주를 왕래하는 일본인 고관들을 겨냥해 경의선의 계정~영성 간 철도를 파괴했다. 이진룡은 참모장 이명하(李命夏) 등과 함께 남만주를 무대로 의병 투쟁을 계속하다가 순국한다.

안중근 의사, 이토 히로부미를 격살하다

조선 민중의 저항과 투쟁이 이처럼 치열했는데도 일제는 조선 병탄의 계획을 끈질기게 추진했다. 그래도 조선인들의 독립혼은 꺾이지 않았다. 그것을 만천하에 증명한 대표적 사례가 안중근의 이토 히로부미 격살이었다.

안중근은 1879년 9월에 황해도 해주부에서 명문대가의 후예로 태어났다. 그는 일제의 조선 침략에 분개해 항일운동에 뜻을 두고 중국과 러시아로 망명했으며, 마침내 블라디보스토크에서 이범윤 등이 조직한 대한의병대의 참모중장으로 임명돼 일본군과 싸웠다. 1909년 10월 중순에 그는 조선통감을 역임한 뒤 일본제국 추밀원 의장으로 재직하는 이토가 러시아 재무대신 블라디미르 니콜라예비치 코코프체프(Vladimir Nikolaevich Kokovtsev)와 회담하기 위해 러시아가 통치하던 국제도시인 만주의 하얼빈을 방문할 것이라는 보도에 접했다. 이토는 자신이 추진하는 조선 병합 정책에 대한 러시아의 승인을 얻어내고 동시에 만주에 대한 일본과 러시아의 공동 지배 또는 공동 분할 구상에 관한 합의를 성립시키고자 했다.

안중근은 자신이 이토를 처치할 절호의 기회를 얻었다고 생각하고 하얼빈으로 갔다. 10월 26일 아침 9시에 이토가 하얼빈역에서 내려 러시아 의장대의 사열을 받던 시점인 9시 30분에 안중근은 일곱 발의 총탄을 발사해 이토를 즉사시켰다. 안중근은 곧 러시아 헌병들에게 체포됐다가 하얼빈 주재 일본총영사관에 넘겨졌고, 거기서부터 관동도독부가 관할하던 여순감옥으로 넘겨졌으며, 관동도독부 지방법원에서 사형을 선고받았다. 이 위대한 애국자는 1910년 3월 26일에 여순감옥에서 「동양평화론」이라는 미출간의 논문을 남긴 채 만 31세로 순국한다.

5 | 대한제국, 경술국치를 당하다

황현, 절명시를 남기고 자진하다

조선 민족의 항일 의식이 이처럼 강인한 데 놀란 일제는 이른바 일한병합(日韓倂合)을 서두르기로 결정하고, 무력으로 대한제국의 조정을 압박함과 아울러 송병준과 이용구(李容九)를 비롯한 친일 매국노들이 결성한 일진회(一進會)를 동원해 '병합'을 지지하는 분위기를 조성하고자 했다. 조선 민중 가운데 일부는 격렬히 저항했다. 그러나 일제는 경술년인 1910년 8월 22일에 이른바 일한병합조약을 강요했다.

이완용 내각이 굴복하자 이 조약은 그날 자로 총리대신 이완용과 조선통감 데라우치 마사다케(寺內正毅) 사이에 조인됐다. 일제는 조선 민중의 저항을 경계해 발표를 늦추고 8월 29일에 가서 순종으로 하여금 '양국(讓國)의 조칙'을 발표하게 함으로써 조약 체결을 기정사실로 만들었다. 이로써 대한제국은 순종을 마지막으로 멸망하고 일본제국으로 편입되었다. 조선왕조의 개국으로부터 518년 만이며, 대한제국의 성립으로부터 13년 만의 일이었다. 조선의 역사는 이것을 경술국치(庚戌國恥)라고 부른다.

이 민족적 치욕의 시점에서, 많은 애국지사들이 비분강개의 뜻을 여러 형태로 표시했다. 어떤 이는 해외 망명의 길을 택했으며, 어떤 이는 복국(復國)의 꿈을 안은 채 국내에서 실력을 배양하는 길을 걸었다. 스스로 호(號)를 매천(梅泉)이라 지어 불렀던 황현(黃玹)은 죽음을 택했다. 자신이 관직에 오른 일이 없었고 따라서 국록을 받은 일이 없는 재야의 선비에 지나지 않았으나 글을 배운 사람으로서 자신도 나라가 망하는 데 한 가닥 책임이 있다는 생각에서 절명시(絶命詩)를 남긴 채 스스로 목숨을 끊은 것이다.

"병합조약은 처음부터 존재하지 않았다"

그러면 강제로 맺어진 이 조약은 유효한 것인가?

이 조약이 국제법적으로 유효한 것이냐에 대한 논쟁은 일찍부터 전개되어왔다. 이 조약은 일제의 무력시위 속에서 이뤄진 부당한 강압의 결과이므로 처음부터 무효라는 해석이 유력하다. 더구나 기술적인 측면에서도 조약의 성립이 있었다고 보기에는 문제점들이 적잖다. 이러한 맥락에서, 서울대학교 국사학과 이태진(李泰鎭) 교수는 일제에 의한 대한제국의 '병합'은 처음부터 성립조차 하지 않았으며, 따라서 '부존재(不存在)'라는 이론을 전개했다.[17]

"조선의 취약성이 국망을 가져왔다"- 제임스 팔레

그러면, 무엇이 조선의 멸망을 가져왔던가? 이 물음에 대해서는 여러 각도에서의 분석들이 제시됐다. 그것들 가운데, 저자는 조선의 국가적 취약성에서 대답을 찾고자 한다. 조선의 후기를 깊이 연구한 미국의 사학자인 워싱턴대학교 제임스 팔레(James B. Palais) 교수는 조선이 근대국가의 수립에 성공하지 못함으로써 '취약성(Weakness)'을 지닌 국가로 남았으며, 그리하여 근대국가의 수립에 성공한 외세의 침략을 이겨내지 못했다는 명제를 제시했다. 국왕과 관료가 모두 '취약'했기에 외세의 침략에 효율적으로 대응하지 못했다는 뜻이다.

여기서 반드시 덧붙일 사실이 있다. 그것은, 앞에서 이미 지적했듯, 미국과 영국을 비롯한 서구 열강이 일본의 조선 지배를 지지했다는 사실이다. 그러면 왜 그들은 일본의 조선 지배를 지지했던가? 이 물음에 대한 대답은 앞의 여러 곳에서 부분적으로 제시됐다. 여기서는 종합해서 말하기로 한다.

첫째, 이때는 제국주의 시대였다. 이 시대에는 밀림의 법칙인 약육강식의 논리가 통용돼 국가와 국가 사이의 관계를 정의와 부정의의 관점에서 접근하는 자세가 받아들여지지 않았다. 쉽게 말해, 강자가 약자를 힘으로써 점령하고 지배하는 것을 당연한 것으로 생각했다.

둘째, 서구 열강은 대체로 러시아를 '폭압적이며 탐욕적인 국가'로 간주하면서 견제하는 쪽으로 힘을 모았다. 이러한 관점에서, 그들은 동북아시아에서는 일본만이 러시아를 견제할 수 있고, 조선은 러시아 견제에 아무런 도움이 되지 않는 나라로 여겼다. 그래서 일본을 지지할 뿐 아니라 심지어 일본이 조선까지 차지해야 러시아를 제대로 견제할 수 있다는 그릇된 믿음을 갖기에 이르렀다.

셋째, 서구 열강은 일제를 서구와 마찬가지로 '문명 개화한 나라'라고 높이 평가한 반면에 조선을 '미개국 또는 반(半)개국'으로 폄하했다. 일제는 국제사회의 이러한 분위기를 적절히 활용했다. 특히 이토 히로부미는 "조선은 극소수의 부패·무능한 통치 세력이 다수의 인민을 억압·수탈하는 국가로, 힘이 없어 당하기만 하는 다수의 인민을 고통으로부터 해방하기 위해서는 선진 문명국인 일본이 통치하는 것이 인도주의에 부합한다"는 궤변을 국가의 홍보기관들을 통해 대대적으로 선전했다. 그런데도 조선 조정은 어떠한 대응도 하지 못했고, 그리하여 이 궤변이 서구 열강 사이에서 널리 받아들여졌다.

그 결과, 안중근 의사가 이토를 응징했을 때 서방세계의 대다수 정치인들과 언론매체들은 부당하게도 안 의사를 폄하했다. 조선을 개화시키려고 노력한 이토와 같은 '정직하고 성실한 정치가'를 죽였다는, 어처구니없는 논평이었다. 심지어 고종의 외교고문으로 봉직하던 미국인 외교관 윌리엄 샌즈(William F. Sands)조차 안 의사가 '바보 같은 짓'을 했다고 부당하게 논평했다.

일제가 조선을 병탄했을 때도, 그래서 한 나라가 사라졌는데도, 서구 열강 가운데 어느 한 나라도 이 사실을 지적한 예가 없다. 조선의 멸망을 당연한 것으로 이해했기 때문이다. 이러한 사례들은, 그때 조선을 바라보는 서구 열강의 시각이 얼마나 잘못된 것이었나를 새삼 깨닫게 한다.

비록 그렇다고 해도, 조선 왕실과 조정의 책임은 매우 무겁다고 아니 할 수 없다. 특히 왕실은 경술국치 이전이나 이후에 일제의 조선 병탄에 대해 효과적인 저항운동을 조직하지도 전개하지도 못했다. 조선 왕실과 조정은 망국을 막지 못함으로써 조선의 백성들을 글자 그대로 노예와 도탄의 세계에 빠뜨렸다. 거기서 한 걸음 더 나아가, 조선이 분단이라는 멍에를 지고 살게 만드는 원인(遠因)을 제공했다.

일제강점기에 일관되게 항일의 자세를 견지했던 승려이면서 시인인 한용운(韓龍雲)은 강자가 약자를 괴롭히는 것도 악이지만 그러한 강자 앞에서 패배자가 되는 것은 더 큰 악이라고 말했다. "조선 왕실과 조정은 조선을 일제의 패배자로 만든 더 큰 악을 저질렀다"라는 혹평을 받는다면 어떻게 자신을 변호할 수 있을까. 그러한 맥락에서, 건국대학교 신복룡(申福龍) 교수는 한국의 국사학계가 "망국의 책임을 묻지 않고 있다"라고 질타하면서, "후세를 위해 뒤늦게라도 망국의 책임을 제대로 규명해야 한다"고 주장하고 있는 것이다.

2

제2장

윤봉길 의사의 출생과 유·소년기

:: 일제 강점 아래 민족의식을 키우다

제1절

비상한 시국에 비상한 사명을 받고 태어나다

1 “일본 제국주의를 놀라고 두렵게 한 영웅의 탄생”

매헌 윤봉길 의사는 1908년, 음력으로는 5월 23일 양력으로는 6월 21일 초저녁 8시경 유시(酉時)에 충청남도 예산군 덕산면 시량리 178번지 목발이 마을에서 태어났다. 의사의 출생과 관련해, 의사를 상해에서 아주 가깝게 지내며 관찰했던 항일운동가 김광(金光)은 다음과 같이 문학적으로 표현했다.

> 때는 … 봄의 신이 어느 해처럼 인간 세상에 내려와 푸른 하늘에 쨍쨍한 햇볕이 일곱 가지 색깔을 우주 만물에 고루 비춤으로써 길거리에서 방황하고 유랑하는 한국 민족에게도 깊은 위안을 주시었다. 흰 구름 조각조각, 새는 하늘을 날며 ‘봄의 노래’를 목청껏 소리 내니, 조용한 농촌도 흥분되고 유쾌한 아름다움이 가득 넘쳐났다. 바로 이러한 고운 봄의 어느 날, 한국의 … 한 가난한 농가에서 고고(呱呱)의 일성(一聲)을 울리며 인류 사회의 한 육신이 탄생하였다. 이분이 … 우주를 크게 울리고 일본 제국주의를 놀라고 두렵게 한 윤봉길 의사이다.[1]

1908년이면 대한제국이 망국을 2년 앞둔 위급한 시점이었다. 이 시점에 주목하면서, 김광은 윤 의사의 출생과 관련해 다음과 같은 의미를 부여했다.

> 옛 말씀에 잘 나타나듯 ‘시대가 영웅을 만든다’고 한다. 당시 시대 사회가 화평하고 안일할 경우이면, 시인과 예술가들이 와서 이 사

회의 행복을 찬양하는 것이 필요하고, 반대로 그 사회의 모든 것이 불안하고 전운이 가득한 사회의 경우이면, 반드시 영웅호걸들이 태어나게 하여 그 사회를 개조한다. 이것은 바로 시대의 반향이며, 하늘과 땅의 지당한 원리이다.[2]

1908년은 무신년으로, 간지(干支)로 말하면 원숭이해다. 매헌이 상해에서 의거한 해이면서 순국한 해인 1932년 역시 원숭이해인 임신년으로, 원숭이해와의 떼려야 뗄 수 없는 인연을 말해준다.

역술인들에 따르면, 원숭이는 일반적으로 장수와 부귀 그리고 다산에 더해 잔재주를 상징한다. 매헌은 25세에 순국했으므로, 속세에서 말하는 장수와는 너무나 거리가 멀다. 그러나 역사에서는 조선=한민족이 존속하는 한 결코 잊힐 수 없는 장수를 누릴 것임에는 틀림없다. 부귀에 대해서도 마찬가지로 말할 수 있다. 속세에서의 삶이 부귀하지 않았으나 역사에서는 높은 지위를 계속 차지할 것이니 어느 제왕이 그러한 부귀를 누릴 수 있겠는가.

다산은 어떠한가? 4반세기에 지나지 않는 짧은 삶이었으나 2남 1녀를 얻었고 그들 가운데 어려서 세상을 뜬 1남 1녀를 제외한 장남 종(淙)을 통해, 손자 주웅(柱雄)과 주경(柱卿), 주민(柱民), 주영(柱暎), 주원(柱媛), 주선(柱善), 인선(仁善) 등 6명의 손녀를 두었으며, 또 그들을 통해 증손자 2명, 외증손자 3명, 외증손녀 6명 등 모두 11명의 증손을 두었으니 다산이라 할 수 있겠다.

그러면 잔재주는 어떠한가? 그것은 매헌의 삶과는 너무나 거리가 멀었다. 우리가 보게 되듯, 매헌은 언제나 삼강오륜의 도덕적 기준, 특히 나라와 겨레에 충성하며 그 대의(大義)를 위해서는 목숨을 바쳐도 좋다는 신념에 따라 살았다. 쉽게 표현해, 대의 하나만을 바라보고 이로움의 많고 적음을 따지지 않은 채 앞뒤를 재거나 망설이지 않고 힘찬 발걸음으로 뚜벅뚜벅 대도(大道)를 걸으며 굵게 살았던 것이다. 그러했기에 대의를 위하여 자신을 버리고 살신성인하는 위업을 이룰 수 있었다.

2 | 매헌의 집안 내력

윤관 장군의 후예로 태어나다

매헌의 시조는 고려 개국공신 태사공(太師公) 윤신달(尹莘達)로, 매헌은 그의 32세 자손이다. 태사공의 후예로 역사에 큰 이름을 남긴 어른이 고려 예종 2년 1107년에 여진족을 격퇴하여 오늘날의 함경북도와 두만강 유역 일대에 아홉 개의 성을 쌓아올린 문숙공(文肅公) 윤관(尹瓘) 대원수(大元帥)다.[3] 매헌의 27대조가 되는 그는 오늘날의 국무총리에 해당하는 문하시중(門下侍中)에 오름과 동시에 당시 파평현(坡平縣)의 별호인 영평현(鈴平縣) 개국백(開國伯)에 봉해짐으로써 후손들이 본관을 파평으로 하여 세계(世系)를 이루게 되었다. 파평현은 오늘날의 경기도 파주시 파평면에 해당한다.

파평 윤씨의 후손들은 자신들이 윤관 대원수의 피를 받았음을 크나큰 긍지로 여기면서 동시에 큰 책임을 느낀다. 매헌의 경우, 할아버지가 "너희들은 이 한 가지를 잘 기억해두거라. 너희들은 윤관 장군의 후손이다. 너희들이 무슨 일을 하든 장군의 후손답게 모든 일에 임해야 한

다"라고 말한 것을 평생 기억하며 살았다.[4]

윤신달을 시조로, 윤관을 중시조로 모시는 파평 윤씨는, 후대로 내려가면서 수십 개의 파로 나뉘었다. 그 가운데 한 파가 판도공(版圖公)파인데, 윤신달의 13세손으로 고려 공양왕 때 판도사(版圖司) 판사를 지낸 판도공 윤승례(尹承禮)를 파조(派祖)로 삼고 있다. 매헌은 파평 윤씨 가운데 판도공파에 속한다.[5]

이러한 명문대가에 속하는 매헌의 집안이 오늘날의 충청남도 예산군 덕산면에 정착한 때는 파평 윤씨 29세손인 증조 윤재(尹梓) 때였다. 이웃 당진군에서 이곳으로 이주한 그는 순영(順榮), 필영(弼榮), 진영(振榮)의 세 아들을 두었고, 막내인 진영이 매헌의 할아버지가 된다.[6]

조부 진영은 근면·성실한 농부의 전형으로 1928년에 67세로 별세할 때까지 생활의 터전을 마련하는 데 온 힘을 쏟았다. 그는 시량리 목발이 마을에서 한티내와 진작내가 합쳐지는 곳으로 냇물의 범람이 심해 사실상 버려졌던 땅에 주목했다. '내 건너'로 불리던 고구마 모양의 이 섬에서 밤낮을 가리지 않으며 산판을 일구고 거친 들녘을 가꾸며 기름진 농토를 마련해나갔다. '윤 두더지'라는 별명을 얻을 정도로, 이렇게 부지런히 일한 결과 논 1만8,200평, 밭 1만7,000평, 임야 1만3,000평을 소유하고 벼 100여 섬을 거둬들이는 부농이 되었다. 윤 의사 집안에 따르면, "조부가 목발이 마을 '내 건너'에 왕국을 가꾸어 우리 집 택호가 '내 건너'로 통하기도 하였다."[7] 이 '내 건너'를 훗날 매헌은 '섬 가운데 섬'이라는 뜻의 '도중도(島中島)'라고 명명하며, "적어도 이곳에는 왜놈이 발을 들여놓지 못하게 하겠다"라고 다짐하면서, 그곳에 모정(茅亭)을 짓고는 이 정자에서 자신의 앞날을 구상하곤 했다.

여기서 주목하게 되는 대목은 매헌의 집안이 조부 대에 이르러 부농이 되었다는 사실이다. 더구나 시량리 가운데 가장 큰 마을인 목발이는 이 일대 교통의 요지로 자리를 잡게 되고, 보부상단의 활동이 활발해지면서 남사당도 활동 무대로 삼았다. 이것은 매헌 집안의 경제력을 획기적으로 발전시키는 요소가 됐다.[8]

조부는 경(坰)과 황(璜) 두 아들을 두었는데, 매헌은 아버지 윤황(尹璜)과 어머니 경주 김씨 김원상(金元祥)의 장남으로 태어났다. 어머니는 홍성군 홍북면 석택리에서 아버지 김인제(金仁濟)와 어머니 천안 전(全)씨 사이의 10남매 가운데 장녀로 태어났고, 곧 '갈뫼'라고 부른 갈산면으로 이주했다. 매헌 아래로는 남동생 성의(聖儀), 여동생 순례(順禮, 용분), 남동생 남의(南儀), 여동생 임의(姙儀), 남동생 영의(英儀), 남동생 준의(埈儀) 순으로 태어났다. 매헌의 본명은 우의(禹儀)로 이 밖에 희의(熙儀)도 썼으며,[9] 자(子)는 용기(鏞起)이고 호는 매헌이다. 봉길은 별명이지만 호적에는 본명으로 올라가 있다. 다섯 형제는 앞산인 수암산 '5형제 바위'의 정기를 받았다고 후일에 이야기하는 사람들이 있을 정도로 우애가 깊고 기상이 높았다.

어머니의 구렁이 태몽과 남다른 교육열

윤 의사 집안 사람들에 따르면, 20세의 김씨부인이 매헌을 잉태할 때의 태몽은 그의 기개와 충절을 예고할 만큼 범상하지 않았다고 한다. 흡사 용을 방불케 할 만큼 길이가 한 발이 넘는 싯누런 구렁이가 입속으로 들어오는 꿈으로, 태몽으로서는 대길(大吉)이었다. 윤 의사의 아우 윤남의 선생은 "구렁이 꿈의 후광인지 울음소리도 요란하게 울릴뿐더러 젖먹이의 기상이 예사롭지 않아 양친은 첫아들을 무척 대견스러워했고,

그만큼 기대도 컸다. … 사내아이의 목소리에 '장군감이로구나!' 하고 우리 할머니가 제일 기뻐했고, 시골 아낙네들 누구나 다 부러워했다"라고 부연했다.[10]

매헌의 아버지는 형님과는 달리 학문에 힘을 쏟는 대신 평생을 흙에 묻혀 남과 시비를 가리는 일도 없고 물질에 대한 욕심도 없이 군자처럼 살았다. 제사를 모시는 형에 비해 아우는 재산 상속을 아주 적게 받는 당시 관습에 대해 불평 한마디 없었으며, 게다가 상속받은 농토는 자꾸 줄어들어 고작 열댓 마지기 농사를 짓는 한미한 처지에 놓였으나 남에게 의존하지 않고 밥술이나 뜨는 평범한 농부로 만족했다.[11]

어머니는 출가 전에 친정에서 소학(小學)을 깨쳤고 한글도 공부하여 어지간한 국한문에 막힘이 없었다. 당시의 기준에서 부녀자로서는 상당히 명민한 편이었다. 성품도 어질기 그지없었다. 또한 자녀에 대한 교육열이 대단하여 매헌이 자라면서 남달리 지덕체를 고루 갖추게 된 것은 어머니의 열성이 있었기 때문이다.[12]

3 | 매헌이 태어난 곳: "인걸은 지령(地靈)이다"

그러면 매헌이 태어난 예산군은 어떤 곳인가? 예산군은 북으로는 당진시와 아산시, 동으로는 아산시와 공주시, 남쪽으로는 홍성군과 청양군, 서쪽으로는 서산시와 홍성군에 인접해 있다. 지리학자 김기빈(金琪彬)은 "충청남도 예산은 이름 그대로 예(禮)와 덕(德)과 의(義)의 고장이다. 우선 그 이름부터가 유달리 예와 덕을 강조한다. 덕산이 그렇고, 수덕사가 그렇고, 덕숭산이 그러하며, 보덕사가 그렇고, 예당저수지와 예림리가 그렇다. 그러기에 예산은 의열의 고장이요, 대의의 고장이며, 묵향(墨鄕)이다"라고 소개한 데 이어, 다음과 같이 부연했다.

> 그래서 흔히 예산 사람들을 평할 때 시기하지 않고, 순종하여 거역하지 않고, 마음이 여유가 있어 너그러운 선비가 많이 나와 나라를 떠받친다고 하였다. 이런 까닭으로 명신거유(名臣巨儒)가 많이 나왔으니 추사(秋史) 김정희(金正喜), 자암(自菴) 김구(金絿), 아계(鵝溪) 이산해(李山海), 금대(錦帶) 이가환(李家煥) 등 일일이 다 열거할 수 없는 인물들이 이 땅에서 태어났다. 또 일제에 나라를 빼앗긴 뒤에는 매헌 윤봉길, 불교 선종을 중흥시킨 경허(鏡虛) 스님과 만공(滿空) 스님도 모두가 예산이 낳은 인물들이다. 초등학교 교과서에 실렸던 우애 있는 형제의 이야기가 대흥면에서 발견된 우애비로 확인된 것도 결코 우연한 일이 아닌 것이다. … 덕산 역시 그 이름대로 널리 덕을 베풀고 있다. 수덕사 가는 길목에 있는 덕산온천은 지구의 젖이 나온다는 뜻의 '지구유(地球乳)'라는 이름을 붙였는데 섭씨 52도의 온천수를 공급하며 관절염, 신경통, 피부병에 효과가 큰 것으로 알려져 있기 때문이다.

김기빈의 설명은 예산에 있던 대원군의 아버지 남연군(南延君)의 묘를 도굴하려던 사건으로 이어졌다.

> 1868년 4월 독일 상인 오페르트가 예산에 있는 남연군 묘를 발굴하려고 무덤을 팠으나 주민들이 운집하자 그대로 물러난 소위 '오페르트 남연군묘 도굴 사건'이 실패한 것도 동방예의지국의 예(禮)를

숭상하는 이곳 이름 탓이라고 해두자(설혹 묘의 광중[壙中]을 무쇠로 끓여 덮었기 때문에 실패하였다고 하지만).

이렇게 칭찬한 뒤 김기빈은 "지인상득(地人相得), 즉 '땅과 사람이 서로 만나 더욱 빛난다'는 뜻으로, 그러기에 순탄하고 기름진 땅이며, 어진 인물들이며 모두가 '예산'이라는 이름을 얻어 더욱 돋보이는 것이다"라고 매듭지었다.[13]

시량리의 자연환경

매헌이 태어난 시량리에는 높고 낮은 산들에 둘러싸인 들판을 목계(木溪), 일명 목발이('목바리'로 표기되기도 한다)라는 이름의 개울물이 지나고 있었다. 차령산맥의 산줄기가 서해로 달리며 가야산, 원효봉, 덕숭산, 용봉산, 수암산, 장군봉 등이 우뚝우뚝 들어서고, 그 골짜기를 감싸는 은은한 강물의 흐름 속에서 매헌은 태어났고 자랐다. 풍수객들이 명당이라고 입을 모은 증조의 묘소가 있는 곳이 원효봉으로, 매헌이 태어난 집의 뒷산이 된다.

병풍처럼 둘러쳐진 높고 낮은 메들, 맑고 잔잔한 시내와 기름진 들판, 그곳은 우리나라 어느 농촌보다 자연 경개가 아름답고 아울러 사철을 지배하는 기온과 풍우가 알맞은 평화로운 마을이었다. 멀리 서북간에 의연히 솟아 있는 그 마을의 진산(鎭山)인 가야산은 바라만 보아도 장엄한 모습이요, 그것은 언제나 이 마을 사람의 외경의 대상이었다. 서쪽에 솟아 있는 덕숭산에는 만공 스님이 계시던 수덕사가 불타의 자비로운 미소 속에 자리 잡고 있다. 마을 앞 정남으로는 수암산의 수려한 맥이 가로질러 서 있다.

마을 오른쪽으로는 우선 마치 용이 꿈틀거리고 봉이 앉아 있는 듯한 용봉산이 있고, 이어서 풍류객들이 모여 시회(詩會)를 여는 두엄바위가 있으며, 또 마치 스님이 합장하는 형상을 닮은 중바위가 있다.[14] 그 옆에 있는 치마바위는 어찌나 바위가 큰지 전설에 따르면 한국 사람 전체가 사흘 동안 먹을 만한 값어치의 금이 그 속에 들어 있지만 아무도 그 바위를 깨고 들어갈 수가 없다고 한다.[15] 어디 그뿐인가. 운치 있는 다락을 품에 안은 오형제바위와 학의 다리처럼 생긴 황새바위가 서에서 동으로 차례차례 솟아 있다. 마을 뒤쪽인 정북에는 한층 더 의젓한 자세의 장군봉이 빼어난 봉우리로 자리 잡고 있다.

인걸은 지령(地靈)이라고 했다.[16] 특출한 시대가 인물을 만든다고 하지만 매헌의 경우는 시대와 산천이 결합해 배출한 전형적인 인물임을 알 수 있다. 매헌이 보여준 도의심은 가야산의 기운이고, 문필력은 덕숭산의 영향이다. 또 절의(節義)는 수암산에서 받은 것인데 그 기가 지나치게 강하다고 한다. 가야산이 차령산맥 줄기가 빚은 신령스러운 봉우리의 하나라면 매헌은 후일 민족의 기개를 천하에 두루 떨치는 가야산과 원효봉이 배태한 거대한 용이라고 하겠다.[17]

이러한 맥락에서, 김광 선생은 "자고로 이런 속담이 있다! 산천이 수려한 곳에 반드시 뛰어난 인재와 아리따운 여성이 탄생하고, 높고 웅장한 산봉우리가 있는 곳에 반드시 장사·호걸이 있어, 이 같은 자연의 형세를 장식하게 마련이다"라고 썼다.[18] 또 매헌의 스승 성주록 선생은 매헌의 상해의거 15주년을 맞이해 1947년 4월 29일에 발표한 추도문에서 '天必有用地應時生(천필유용지응시생)'이라고 썼다. '하늘이 반드시 쓸 사람이 있으면 땅이 응하여 태어나게 하는 법'이라는 뜻이다.[19]

제2절

3·1운동에 자극을 받아 일제 초등학교를 자퇴하다

1 | 일제의 무단통치가 시작되다

매헌이 생후 2년 2개월 때인 1910년 8월에 대한제국은 국권을 빼앗기고 일제에 강제로 편입됐다. 이로써 조선은 일제 강점 제1기에 놓이게 됐는데, 일제가 오로지 무력으로써 폭압적으로 통치한 무단통치(武斷統治)의 시기에 해당하는 제1기는 1920년에 문화정치라는 이름 아래 전개되는 제2기가 시작될 때까지 10년에 걸쳐 계속된다.

일본군의 상주를 전제로 한 식민 통치기구의 1차적 도구는 헌병과 경찰 그리고 관료였다. 그것들 가운데 가장 중요한 도구가 경찰을 지휘할 수 있는 사법경찰권을 가진 헌병으로, 실제로 헌병은 민중 탄압의 핵심적 기관으로 기능했다. 일제의 식민 통치가 '헌병정치'로 불린 까닭이 거기에 있다. 이러한 제도적 틀 안에서, 경찰은 무소불위의 권력을 휘두르며 조선의 양민들을 통제하고 억압했다.

통제와 억압의 수단들 가운데 일제가 우선적으로 활용한 것은 폭력이었다. 쉽게 말해, '발가벗은 폭력'의 행사를 강화함으로써 조선 민중의 저항을 원천적으로 봉쇄하고자 했다. 그리하여 일제는 대한제국을 병탄한 때로부터 4개월이 지나지 않은 1910년 12월에 안중근의 고향인 황해도 안악군 사람들이 중심이 돼 조선 총독 데라우치를 암살하려는 음모를 꾸미고 있다는 혐의를 씌워 황해도 일대의 반일적 민족주의자들을 구속한 안악 사건을 조작했으며, 1911년 1월에는 양기탁을 비롯한 반일적 신민회 회원들이 데라우치를 암살하려고 모의했다는 혐의를 씌워 구속한 양기탁 사건을 조작했다. 이 두 사건의 조작에 이어 일제는 반일 세력의 중심이던 조선의 기독교 세력을 꺾어야겠다는 음모를 꾸미고, 1911년 7월에 기독교 지도자 등을 포함해 무려 700명의 민족주의자들을 구속했는데, 그들 가운데 105인이 실형을 선고받았다. 이 사건을 흔히 105인 사건 또는 신민회사건이라고 부른다.[20]

이처럼 무력으로 제압하면서, 일제는 "일본인은 우수할 뿐만 아니라 개화된 데 비해 조선인은 열등할 뿐만 아니라 미개하며, 따라서 일본이 조선을 지배하는 것은 당연하다"는 선전을 전개했다. 이 선전의 이론적 기초로, 일제는 우선 영국의 생물학자 찰스 다윈(Charles Robert Darwin)의 진화론을 다윈의 본래의 뜻을 왜곡한 채 "약육강식과 적자생존의 세계에서 강자가 약자를 지배하며 약자는 도태되는 가운데 인류는 진화해왔다"는 취지로 단순화해 활용했다. 영국의 사회사상가 허버트 스펜서(Herbert Spencer)의 사회진화론 역시 왜곡한 채 같은 취지로 단순화해 활용했다.[21]

이러한 선전은 우선 서구 중심의 국제사회에서 받아들여졌다. 1910년대는 일본의 국력이 해외로 뻗어나가던 '일본의 융성기'였다. 일본이 동맹국인 영국의 편에 서서 독일에 선전포고를 하는 등 제1차 세계대전에 참여해 결과적으로 미국, 영국, 프랑스, 이탈리아와 함께 '승전 5대국(Big Five)'의 지위를 확보하게 된 것도 일본의 위신을 높여주었다. 따라서 서구 세계는 일본의 조선 지배를 당연한 것으로 받아들이는 경향을 보였다.[22]

이 점은 조선 국내의 일각에서도 마찬가지였다. 적잖은 지식인들이 진화론과 사회진화론을 받아들이는 가운데, 일제가 조선을 자신의 식민지로 만든 것을 불가피한 일로 받아들였다. 그들 중에서 어떤 사람들은 차차 조선 민족 스스로 '잘못된 습성' 또는 '후진적 습성'을 고쳐야 한다는 민족개조론을 받아들이게 되며, 결국 개량론자들이 된다. 그들은 소극적 배일론자가 되거나 심지어 '독립운동 유해론'과 '독립운동 무용론'을 펴는 적극적 친일파가 된다.[23]

이렇게 조선을 무력으로 지배하고 그것을 정당화하는 이론을 선전하면서, 일제는 조선 민중을 상대로 경제적 수탈을 강화했다. 그 수단들 가운데 하나가 조선총독부가 실시한 조선토지조사사업(1912~1918)과 조선임야조사사업(1917~1924)이었다. 이 과정에서, 조선의 토지와 임야 가운데 일정한 부분을 일제의 소유로 만들었고, 지세(地稅)를 안정적으로 징수할 수 있는 기반을 마련했다.[24] 다른 수단은 물론 과중한 조세(租稅)였다. 그리하여 그들의 삶은 더욱 힘들어진다.[25]

2 유아기부터 억센 뚝심을 보여주다

일제 강점의 다음 해인 1911년에 매헌의 부모는 자녀를 데리고 도중도에서 다리 하나를 건너 시량리 139호로 분가했다. 매헌은 이후 여러 문서에서 자신의 본적지를 자신의 출생지인 '충청남도 예산군 덕산면 시량리 178'로 기록하지 않고 '충청남도 예산군 덕산면 시량리 139'로 기록한다.[26] 그가 출생한 집은 1974년에 보수하면서 '빛이 나타나는 집'이라는 뜻의 광현당(光顯堂)으로, 이사한 집은 '한국을 건져낸다'는 뜻의 저한당(狙韓堂)으로 불리게 된다.[27]

여기서 잠시 우리는 한 인간의 유아기에 가정이 주는 영향에 대한 정치심리학의 이론을 살피기로 하자. 정치심리학자들에 따르면, 사람은 누구나 어린 시절에 가정을 통해 '사회화'의 과정을 밟게 된다. '사회'는 무엇이고, '국가'는 무엇이며, '권위'와 '복종'은 무엇인가에 대해 낮은 수준에서나마 눈을 뜨게 되면서, 사회와 국가의 정치 전통과 가치관을 포함한 정치 문화에 접함으로써 시민으로 성장하는 토대를 쌓게 된다. 특히 유아기는 한 인간의 성격이 틀을 잡는 시기에 해당되기 때문에 가정의 역할은 더욱 중요한 의미를 갖는다.[28] 또 정치심리학자들은 첫 번째로 태어난 어린이는 다른 형제들에 비해 더 야심적이고 더 열심히 공부하며 더 협력적이고, 권위가 부과하는 규칙을 깨뜨리려는 경향보다 잘 지켜서 인정받고자 하는 욕망을 갖는 경향이 있다고 말한다.[29]

그렇다면 매헌의 경우는 어떠했나? 그가 5남 2녀의 장남으로 태어났다는 사실이 그의 성격 형성에 어떤 영향을 주었을까? 이러한 물음에 대한 대답을 찾기는 쉽지 않다. 그러나 신호웅·이상재·윤규상이 공저한 『매헌 윤봉길 의사 일대기』는 하나의 암시를 준다. 그들은 "윤 의사의 인성 형성 가운데 유전적인 요인은 … 신념과 뚝심, 악착같은 승부 근성과 선비의 기개"라고 지적하면서, 매헌이 가정에서 유아 시절부터 이러한 성품을 키웠다고 보았다.[30]

매헌의 억센 뚝심은 인근 마을의 그 누구도 모르는 사람이 없을 정도로 유명했다. 마을의 또래들 사이에서는 물론 한두 살 위도 휘하로 거느리며 대장 노릇을 했다. 장난이 지나쳐 야단을 맞을 때도 아야 소리 한 번 없이 아픈 매를 묵묵히 견뎌내고 자기의 잘못에는 구차한 변명을 늘어놓지 않았다.

매헌은 이 시절의 자신의 모습을 상해의거 거사 이틀 전에 김구의 요청에 따라 작성한 「자서약력(自書略歷)」에서 이렇게 회상했다. 오늘날의 문장으로 고치면 다음과 같다.

7세에 서당에 취학하여 여덟아홉 동접들 가운데 총명하였으므로 선생들과 마을 어른들이 재동이라 불렀다. 그 반면에 또 하나의 별호는 '살가지(狸)'였다. 성질이 남달리 굳세고 조급하였으므로 동접들과 다툼에 패한 적이 없었으며, 혹은 접장한테 맞더라도 눈물을 흘리거나 울지를 않고 오히려 욕설을 하였으며, 서당의 규칙을 위반했다고 하여 선생이 종아리를 치려고 옷을 걷으라 하면 두 눈을 크게 뜨고 말똥말똥 쳐다만 보았다.[31]

스스로 자신의 별명이라고 말한 '살가지'는 표준어로는 '살쾡이' 또는 '삵'을 말한다. 이 고양이과 동물은 자신을 드러내지 않은 채 자신이 공격하려는 상대방을 주시하다가 순식간에 달려들어 한번 물으면 절대로 놓지 않는 맹수의 성격을 지녔다. 매헌이 상해 홍구공원 식장에 모인 많은 하객들 가운데 한 사람으로 조용히 착석해 있다가 결정적 순간이 오자 물통폭탄을 높이 들어 던지며 일거에 왜적을 처단하는 모습을 그대로 연상하게 한다.

매헌의 사촌 형인 윤순의(尹舜儀)는 훗날 어린 시절의 기억을 더듬으며 매헌에 대해 이렇게 회상했다.

"나와는 한 살 터울이라 어려서 늘 같이 지냈죠. 내가 나이가 많았음에도 늘 지는 편이었어요. 고집과 완력이 보통이 아니었으니까요. 어려서부터 '임전무퇴'의 성격이랄까. … 도무지 물러서거나 남에게 지는 성격이 아니었습니다."[32]

여기서 주목되는 대목은 매헌의 '완력'이다. 부인의 회고도 이 사실을 뒷받침한다. 부인은 "우리가 결혼한 얼마 뒤 그 무렵에, 동네 어느 장정 누구도 움직여보지 못하는 상석(床石)을 번쩍 들었다 놓았다고 해서 마을의 장사로 불리게 되었다"고 회고했다.[33] 이 집안은 윤관 대원수의 후예답게 대체로 기골이 장대한, 전형적인 무골(武骨)로 특징지어진다. 매헌이 백범과 함께 찍은 사진 또는 영정을 보면 역시 무골의 분위기가 확연하다. 문약(文弱)과는 거리가 멀었던 그의 이러한 무인다운 기질이 그로 하여금 왜적을 상대로 폭탄을 던지는 장쾌한 행동을 취하게 했을 것이다.

매헌의 친구 이민덕(李敏悳, 일명 이산옥[李山玉]) 역시 윤순의의 회상과 같은 취지로 이렇게 썼다.

> "봉길은 공부도 잘하고 싸움도 잘했죠. 또 어쩌다 선생님한테 종아리라도 맞게 되면 아무 말 없이 묵묵히 맞기만 했습니다. 그러나 절대로 굴복하는 일은 없었습니다. 또 책임감이 강한 그는 잘못된 일이 있으면 언제나 혼자 도맡아서 야단을 맞았습니다."[34]

어린 시절 매헌의 기상을 보여주는 또 다른 일화가 있다. 매헌이 산에 소를 먹이러 갔다가 문첨지 어른에게서 안중근 의사의 이야기를 듣다가 소를 잃어버린 일이 있었다. 잔뜩 걱정을 하며 집으로 왔을 때 외양간에서 나는 쇠방울 소리를 듣고 매헌은 "짐승도 제 집을 찾아드는데 집 없는 거지나 다름없는 우리 백성은 무엇을 하고 있단 말인가!" 하고 어린아이답지 않은 심사를 토로했다고 한다.[35]

이러한 회상들을 종합해 신호웅·이상재·윤규상 세 공저자는 다음과 같이 썼다.

윤 의사는 … 남들이 좌절하고 뒤처질 때 앞장서서 뛰어나갔다. 그리고 역사가 부를 때 흔쾌히 몸을 던져 인간의 지고지순한 소명을 해냈다. (우리가 앞으로 보게 되듯, 일제가 세운) 보통학교를 용퇴하는 것이 그랬고, 혁명용사의 근거지였던 중국에서 생명을 거는 의거에 뛰어듦이 그러했으며, 의거 후에는 끌려가 왜군과 대결하면서도 한 치의 양보도 없이 정정당당히 생명을 내던졌으니, 그의 삶 25년의 역정은 승부 근성에 의한 극복으로 전개되었다고 할 수 있다.[36]

3 | 어머니와 큰아버지의 교육: 절의지사와 구국 영웅의 생애를 가르치다

매헌의 아버지는 아들이 학문에 뜻을 두기보다 자신처럼 생업인 농사에 힘쓰기를 바랐다. 그러나 어머니의 생각은 달랐다. 조선의 전통적인 선비로 키우고 싶었던 어머니는 매헌에게 글을 배우도록 했다. 여섯 살이 되자 큰아버지의 서당으로 보내 사촌 형 윤순의 그리고 이민덕을 비롯한 이웃집 동무들과 함께 공부하게 했다.

서당은 그 이전 시대에도 그러했지만, 특히 조선왕조 때는 일반 민중의 교육기관으로 가장 오랜 역사를 가졌으며, 근대 교육시설이 설립되기까지 하나뿐인 초등교육기관으로 문맹 퇴치에 적잖게 이바지했다. 일제의 침략이 가속되는 1905년의 을사늑약 이후에는 일제의 강압에 따라 교육 내용이나 그 성격에서 큰 변화를 일으키게 되었지만, 그래도 전통적인 유학 교육을 받은 선비가 가르치던 서당은 존왕양이(尊王攘夷)의 유학 사상에 입각한 애국심을 고취하여 배일항거(排日抗拒)의 정신적 기반을 마련해주었다. 3·1운동 때 일제에 검거된 조선인 가운데 약 20%가 서당 교육을 받았다는 통계는[37] 서당이 민족혼의 유지에 일정하게 이바지했음을 말해준다. 매헌은 서당에서 바로 이러한 교육의 세례를 받은 것이다.

『천자문』으로 시작해 『동몽선습』까지 배우다

다른 한편으로, 매헌은 서당에서 『천자문(千字文)』부터 배웠다. 매헌은 이때 혀가 짧아 발음이 서툴렀다. 예컨대, '넓은 홍(洪)'을 "널브 널브" 하며 더듬었다는 것이다. 그래서 어머니는 집으로 돌아온 매헌을 복습시키면서 참을성 있게 발음을 고쳐주곤 했다.[38]

『천자문』을 마치고 『소학』으로 들어갔다. 『소학』은 일상생활의 예의범절, 특히 어른을 모시고 친구들과 사귈 때 지켜야 할 도리 등을 가르치는 데 역점을 두었다. 『소학』을 마치고는 『동몽선습(童蒙先習)』으로 들어갔다. 『동몽선습』의 내용은 첫째 삼강오륜에 대한 해설, 둘째 유교 원리를 설명한 총설, 셋째 역대 요의(要義) 등 세 부분으로 되어 있다. 역대요의 속에 중국 역사와 조선 역사가 서술되어 있는데, 일제의 눈에는 조선 역사에 대한 서술에 문제가 있었다. 그래서 1918년에 서당 규칙을 발포하면서 서당에서 사용할 수 있는 교과서 목록에 『동몽선습』을 제외했다. 그렇지만 매헌은 그 이전에 이미 『동몽선습』을 떼었으며, 조선은 힘을 앞세우는 무사 중심의 일본과는 달리 예를 중시하는 선비 중심의 문화국가라는 인식을 내면화하고 있었다.

이러한 순서로 글을 깨치는 과정에서, 매헌은 내심 남들처럼 꾀를 부리거나 말썽을 피우지는 않았지만, 하나를 가르치면 열을 깨닫는 천

재적 재능을 지닌 신동도 아니었다. 그렇지만 모르는 글자를 익히기 위해 밤이 이슥하도록 혼자 공부를 했고, 과제를 내주면 밤을 새워서라도 꼭 해치우는 어린애답지 않은 진지함과 인내력을 보여주었다. 그리하여 매헌은 처음에는 다소 더딘 것 같았지만 점차 학문적 자질을 드러내기 시작했다. 밖에서 뛰어놀 때는 기개가 돋보이고, 공부 시간에는 의젓함이 엿보였다. 앞서 글을 깨친 동접들을 따라잡는 데 그리 긴 시간이 필요하지 않았고, 일단 앞서기 시작하자 그 격차는 하루가 다르게 커졌다. 그를 가르치는 큰아버지가 그의 일취월장하는 학문적 성숙에 혀를 내두를 정도였다.[39]

충신·열사에 대해 배우다

어머니가 한문 또는 고전 교육에만 관심을 쏟은 것은 아니었다. 어머니는 고려왕조에 충성을 다하다가 죽임을 당한 정몽주(鄭夢周)와 조선왕조 사육신의 한 사람으로 높은 절의를 보여주었던 성삼문(成三問)을 비롯해, 임진왜란의 구국 영웅 이순신(李舜臣), 동학 농민 봉기를 이끌었던 전봉준(全琫準), 을사늑약에 저항해 자결한 민영환(閔泳煥)과 의병운동을 일으켰다가 순국한 최익현(崔益鉉) 그리고 조선 침략의 원흉 이토 히로부미를 처단한 안중근(安重根) 의사 등에 대해 가르쳤다. 매헌은 특히 민영환이 죽음을 앞두고 쓴 글인 '우리 대한제국 2천만 동포에게 고하노라'에 깊은 관심을 보였다고 한다.[40]

어려서부터 충신·열사에 대한 교육을 받은 매헌은, 매헌의 소년기에 관한 책들에 따르면, 이후에도 늘 『명현록(名賢錄)』과 『국조명신록(國朝名臣錄)』과 같은 책을 옆에 두고 자주 읽었다고 한다. 『명현록』이 어떤 책인지는 분명하지 않다. 조선왕조 때 조선에서 숭앙되던 명현들 또는 명신들을 기리는 『동국명현록』과 『동국명신록』이 출판됐는데, 이후 필사본이 시골에도 소개됐다. 또 『국조명신록』은 조선왕조 때 존경받던 명신들을 기리기 위해 출판된 책으로, 국가에 의해 널리 보급됐다. 매헌은 그 책들을 읽었을 것이다. 한 가지 특이한 사실은 그가 『성경』도 읽었다는 아우의 아주 짧은 증언이다.[41] 『성경』 그 자체를 직접 읽기보다는 〈개벽〉과 같은 잡지에 소개된 글을 읽은 것으로 추정된다.

4 | 덕산공립보통학교에서 식민지 교육에 반발하게 되다

서당 교육을 마친 매헌은 만 10세 때인 1918년 봄에, 일제가 세운 덕산공립보통학교에 입학해 '신학문'을 배우기 시작했다. 여기서 우리는 우선 일제가 식민지 조선을 상대로 실시한 교육 정책과 교육 행정을 살펴보기로 하자.

일제 식민지 교육의 방향과 당시의 상황

대한제국기의 애국지사로 애국계몽운동을 전개했으며 훗날 대한민국임시정부 2대 대통령이 되는 박은식(朴殷植)은 "대개 남의 나라를 멸망시키는 자는 1차적으로 그 역사를 없애 국혼을 단절하고자 하는데, 일제는 그렇게 하기 위해 끊임없이 조선 역사를 말살하려고 한다"라는 취지로 경고했다.[42] 그의 경고 그대로, 일제는 조선 역사를 교육하는 것을 막고 종국적으로는 조선 역사를 말살하기 위해 1911년과 1915년에 각각 종래의 사립학교령을 고쳐 대한제국 말기 이후 조선의 애국지사들이 세운 사립학교들로 하여금 교육 전반에 걸쳐 조선총독부의 지시를 따르게 했으며, 여기에 반발하는 경우 폐교했다. 그리하여 망국 직전에 2,000여 곳에 이르렀던 사립학교가 1919년에는 742개로 격감했다. 일제는 동시에 애국계몽운동 차원에서 출판된 조선사에 관한 도서들 가운데 상당 부분을 금서로 만들었으며, 나머지에 대해서는 보급을 철저히 통제했다.[43]

이렇게 조선인들의 사립학교는 없애거나 줄이는 쪽으로 행정을 펴면서, 일제는 다른 한편으로 자신들의 목적에 맞게 가르칠 수 있는 교육기관으로 공립보통학교부터 세워나갔다. 그 일환으로, 일제는 예산군 덕산면에는 1912년 12월 27일에 4년제 덕산공립보통학교를 개교했다.

여기서 우리가 주목해야 할 대목이 있다. 그것은 일제가 학제와 관련해 조선인에 대해서는 일제의 그것과 차별해서 운영했다는 사실이다. 구체적으로 말해, 일본인에 대해서는 6년제 소학교와 5년제 중학교에서 공부하게 한 데 비해 조선인에 대해서는 4년제 보통학교와 4년제 고등보통학교에서 공부하게 한 것이다. 학교의 수도 적었다. 조선인을 위한 보통학교의 수는 인구 250명에 대해 1명을 수용할 수 있는 규모로 제한해놓고, 조선에 거류하는 일본인을 위한 소학교의 수는 인구 9명에 대해 1명을 수용할 수 있는 규모로 확장했다.[44] 차별은 거기서 끝나지 않았다. 일본에는 중학교를 마친 뒤 진학하는 고등학교를 세워놓았지만, 조선에는 고등학교를 아예 하나도 세워주지 않았다. 그리하여 조선인으로 고등학교에 진학하고자 하는 경우 반드시 일본으로 유학을 떠나게 만들어놓았다.

그러한 것들보다 훨씬 중요하게 일제가 조선인을 상대로 실시하는 교육의 내용은 글자 그대로 '충량(忠良)한 제국 신민'을 양성하는 데 맞췄다. 일제 강점 제1기의 조선 총독이었던 데라우치 마사다케의 표현으로, 조선인을 '충량한 제국 신민'으로 키우기 위해 무엇보다 일본어를 배우도록 강요했다. 일제는 동시에 자신들의 부림을 잘 받는 실용적인 근로인, 하급 관리, 사무원으로 쓰일 수 있는 방향으로 길러내는 데 역점을 두었다.[45]

그래서 보통학교의 경우, 1~2학년은 일본어를 10시간 배우게 했는데 이것은 총 수업시간인 26시간 가운데 38%를 차지했다. 대조적으로 조선어는 총 수업시간의 23%에 해당되는 6시간만 배우게 했다.[46] 일제는 훗날에 가서는 아예 조선어를 배우지도 쓰지도 못하게 하고 일본어만 쓰게 만든다. 그리고 '조선어 말살'을 위한 전초작업으로 1942년 10월에 '조선어학회 내란 음모 사건'을 조작해 김윤경(金允經), 이희승(李熙昇), 최현배(崔鉉培)를 비롯한 지도적 국어학자들을 투옥했는데, 그들은 일제가 패망한 뒤에야 석방될 수 있었다.

덕산공립보통학교에서의 생활: 체조를 즐기다

매헌이 덕산공립보통학교에 입학했을 때 이 학교는 4학년까지 200여 명의 학생에 89명의 교사를 갖춰 시골 학교로서는 비교적 큰 편이었다. 김영연(金永演), 홍범식(洪範植), 정국진(鄭國鎭) 등 한국인 교사들과 일본인 교장이 학교를 이끌어나갔다.[47] 여기서 주목되는 부분은 학생이 4학년까지 200여 명에 이르렀다는 사실이다. 평균을 내면 한 학년에 50여 명이었다는 설명인데, 그것은 비록 시골이었다고 해도 학부모들의 높은 자식 교육열을 반영한 것이었다.

조선왕조 17대 효종 때 조선에 표착했던 네덜란드인 하멜은 훗날 조선을 탈출한 뒤 조선에 대해 쓴 책에서 조선인의 높은 학구열, 특히 자식에 대한 부모의 높은 교육열을 지적했다. 자신이 처음 표착한 제주도에서 서울로 끌려가다가 새벽에 어느 마을을 지나가는데, 어린이들이 책을 읽는 소리가 크게 들리더라는 얘기도 덧붙였다. 나중에 알고 보니 그 책은 『천자문』이었다.[48] 조선인의 높은 교육열은 그 이후 조선을 방문하거나 조선에서 생활한 서양인들의 회고록에 빠짐없이 등장한다.

이러한 교육열은 나라가 망한 뒤 더욱 고조됐다. 우리 겨레가 서양의 새로운 사조와 학문을 따라가지 못한 탓에 우리에 앞서 서양 문물을 받아들이고 국가 체제를 선진국 방식으로 뜯어고친 일본에 먹혔다는 의식이 부모들로 하여금 내 자식만큼은 그때 유행하던 말로 신학문을 배우게 하겠다는 열정을 갖게 한 것이다. 그래서 덕산과 같은 시골에서도 신식 학교에 대한 관심이 높아진 것이다.

곧 열 살이 되는 소년 윤봉길 역시 큰 기대를 갖고 덕산공립보통학교에 입학했다. 새로운 교과과정에 재미를 붙였고 체조를 즐겼다. 그러나 그는 곧 이 학교에 대해 실망하게 됐다. 우선 조선을 멸시하고 일본을 치켜세우는 일본인 교사들에게 반감을 갖게 됐고, 무엇보다 일본인 교사들이 금테 두른 모자와 제복에 번쩍거리는 긴 칼을 찬 채 교단에 서는 모습이 싫었다. 그러한 그들 밑에서 늘 굽실거리기만 하는 조선인 교사의 태도도 비위를 상하게 했다.

5 3·1운동을 계기로 자퇴하다

일제의 식민 교육에 반감을 키우던 매헌에게, 단순히 일제의 식민 교육이 아니라 일제 그 자체에 대한 적개심을 굳히게 한 사건이 그가 이 학교에 입학한 때로부터 한 해가 지난 기미년 1919년 3월 1일에 일어났다. 이것이 '대한독립만세'를 세계만방에 알린 '기미년 3·1독립운동'으로, 고종 황제의 인난을 계기로 일어난 이 만세운동은 그 이후에도 조선 곳곳에서 일어나 1919년 5월 말 기준으로 조선 전역에서 적어도 1,542회의 집회에 최소 200만 명이 참가했다. 이것은 인구 8명당 1명꼴로 참가했음을 의미한다. 신용하 교수가 지적했듯, "총인구에 대한 비율로 볼 때 당시까지의 약소민족 독립운동사상 최대 규모의 시위운동이었을 뿐 아니라 승전국 제국주의에 대한 상상도 못 했던 과감한 도전이었다."[49]

3·1운동은 이처럼 거족적 운동이었기에 자연스럽게 조선의 식민지 민중 사이에 "우리는 하나의 민족이다"라는 공동 의식을 결정적으로 확립시켰다. 우리는 제1장 제3절 제3항에서 1908~1909년께 조선에서 '민족' 또는 '민족주의' 개념이 정립됐다고 지적했다. 이 개념이 망국을 계기로 확산됐고 그리하여 3·1운동의 정신적 원동력으로 작용했던 것인데, 3·1운동을 체험하면서 이 개념은 결정적으로 내면화됐던 것이다. 이러한 맥락에서, 3·1운동은 조선=한국 현대사의 기점으로 평가된다.[50]

3·1운동의 또 하나의 큰 의미는 그것이 대한민국임시정부의 출범으로 이어졌다는 데 있다. 항일독립운동의 지도자들은 1919년 4월 11일 망명지 중국 상해의 프랑스 조계(法租界, 중국인은 프랑스를 法國이라고 불렀다) 김신부로(金神父路) 329번지에서 이승만을 국무총리로 하는 대한

민국임시정부를 성립시킨 것이다. 여기서 중요하게 지적돼야 할 것은 임시정부의 지도자들이 국체를 민주공화국으로 결정하고, 이에 따라 국호를 '대한민국'으로 결정했다는 사실이다. 그것은 대한제국의 망국을 전후에 나타났던 (i) 복벽운동, 곧 왕정복고운동, (ii) 보황운동, 곧 입헌군주운동, 그리고 (iii) 공화주의운동 등 세 운동 가운데 복벽운동과 보황운동이 사실상 종말을 보였고 공화주의운동이 뿌리 내렸음을 의미했다.[51]

이러한 성격의 3·1운동은 이틀 뒤에는 예산읍에서도 일어났으며, 그 여파는 덕산에까지 미쳐 700여 명이 참가했다. 평소에 거들먹거리던 일본인 교장과 교사들이 의기소침해하는 모습에 매헌은 일제의 허상을 보는 것 같았다. 특히 인근의 천안 병천(竝川, 아우내)에서 일어난 만세운동에서 17세 소녀 유관순이 활약하다 일제에 잡혀 감옥에서 숨을 거뒀다는 소식은 매헌의 피를 끓게 했다.

결국 그는 자퇴를 결심했다. "배워서 실력을 기르지 않고 어떻게 그들과 맞설 수 있겠느냐? 나라를 되찾으려면 남보다 많이 배워야지"라고 타이르는 부모님에게 "일본놈 교장이 있는 학교는 그만두겠습니다. 그런 놈들한테서 무얼 배우겠나요. 일본말을 배워 그들의 종살이나 하라는 교육을 받아서 뭘 하겠습니까"라고 단호하게 대답했다.[52]

매헌이 1년 동안 공부한 덕산공립보통학교는 덕산초등학교로 이름이 바뀌었을 뿐 지금도 그 자리에 있다. 교정에는 매헌의 동상이 세워져 있고, 학교의 역사관 입구에 학교를 빛낸 졸업생으로 매헌의 사진이 걸려 있다. 또한 강당을 '광현관(光顯舘)'이라 하여 매헌의 얼을 본받게 하고 있다.

제3절

조선의 전통 유학자가 세운 오치서숙(烏峙書塾)에서 공부하다

1 〈동아일보〉와 〈개벽〉을 읽으며 새 세계에 접하다

덕산공립보통학교를 자퇴한 뒤 매헌이 밟았던 길에 대해서는 크게 보아 두 개의 설명이 있다. 첫째, 윤남의는 매헌이 "집에서 한문 공부를 계속하다 … 최병대(崔秉大)라는 분한테 가서 잠깐 한문을 익혔으나 … 나이 차도 몇 살밖에 안 된 그로부터 종아리깨나 맞게 되자, '내가 이놈 새끼 밑에서는 다시는 안 배운다' 하고 나왔으며 … 매곡(梅谷) 성주록 선생의 오치서숙에서 공부를 계속했다"라고 썼다.[53] 같은 맥락에서, 임중빈은 매헌이 "시량리 솔밭 뒤 새뜰에 있는 최병대 선생의 글방에 다닌 적이 있다. 그런데 한번은 훈장으로부터 심한 모욕을 당하게 되어, 남에게 구차스럽게 고개를 숙이면서까지 글을 배우지는 않겠다는 생각으로 그 자리에서 서당을 나와버렸다"라고 썼다.[54] 윤주 역시 그 흐름을 받아들여 "매헌은 마을의 최병대 선생에게 잠시 한학을 배웠다"라고 쓴 데 이어 1921년에 성주록 선생의 오치서숙에 들어갔다고 썼다.[55]

대조적으로, 신호웅·이상재·윤규상 세 공저자는 매헌이 최은구라는 사람이 세운 서당에서 약 1년에 걸쳐 공부했으나 이 서당이 일제에 의해 폐쇄되는 바람에 성주록 선생의 오치서숙으로 옮겼다고 썼다.[56] 같은 맥락에서, 김상기 교수는 매헌이 "인근의 최은구가 설립한 서당에서 … 한학을 수학하였다"라고 쓴 뒤 총독부의 서당규칙령이 발표되면서 이 서당이 폐쇄되자 오치서숙으로 옮겼다고 썼다.[57] 이태복 박사는 새로운 설명을 제시했다. 그는 매헌이 여섯 살이 되던 해에 큰아버지 밑에서 한문을 배우며 동시에 최은구의 글방에서도 배웠다는 것이다.[58] 이에 대해, 윤주 부회장은 '최은구설'을 부인했다. '최병대서당'에 다닌 것은 이웃들에 의해서도 입증되는 반면에 '최은구서당'에 대해서는 전혀 증명되지 않는다는 것이다.

매헌이 덕산공립보통학교를 자퇴하고 잠시 최병대 선생의 서당을 거쳐 오치서숙에서 공부하기 직전인 1920년을 기해 조선총독부는 종래의 무단통치를 어느 정도 완화하는 외양을 보이면서 이른바 문화정치의 시대를 열었다. 3·1운동을 겪으면서 조선 민중의 거세고 뿌리 깊은 저항을 실감한 뒤 무단통치를 더 이상 계속할 수는 없다고 판단했기 때문이다. 이로써 일제 강점은 제2기에 들어섰다. 이 전환의 표시의 하나가 조선인의 신문과 잡지 출판 허용이었다. 이에 따라 일간신문으로는 3월 5일에 〈조선일보〉가 창간됐고 이어 4월 1일에 〈동아일보〉가 창간됐으며, 월간잡지로는 천도교의 〈개벽〉이 6월에 창간됐다.

특히 <개벽>에 대해 말한다면, 국한문 혼용체로 발행된 이 잡지는 동학의 혁명사상을 소개하고 사회주의에 관한 논설들을 적잖게 게재했다. 예컨대, 영국의 '공상적 사회주의자'이며 조합운동의 선구자로 미국으로 건너가 '뉴 하모니(New Harmony)'라는 이름의 협동사회를 시도한 로버트 오웬(Robert Owen)의 활동을 소개했다.[59]

어느 시점부터인지 확실하지 않으나, 매헌은 대체로 창간된 지 얼마 되지 않은 시점에 〈동아일보〉와 〈개벽〉을 읽기 시작했다. 이 사실과 관련해, 윤남의 선생은 다음과 같이 썼다: "(매헌은) 이들을 통하여 드높은 이상에 사로잡혔고, 감개에 찬 환희와 울분을 불러일으키게 됐다. 서당에 가서나 보통학교에 다니면서는 전혀 몰랐던 새 세계였다. 새로운 배움터, 큰 배움터였다. 행동하면 세상이 개혁된다는 생각을 품게 됐다."[60]

좀 더 구체적으로, 김상기 교수는 매헌이 〈개벽〉의 '혁신적 이념'의 영향을 받은 것으로 보인다고 썼다.[61]

2 성주록 선생의 오치서숙에서 공부하다

이렇게 지적으로 성장하던 매헌은 만 13세가 된 1921년에 성주록 선생이 세운 서당인 오치서숙에 들어갔다. '오치'는 매헌의 집에서 수암산 서쪽 기슭 방향으로 5리쯤 걸으면 나타나는 야트막한 고개인 '까마귀고개' 또는 '가막고개'를 한문으로 표시한 것이었다. 본관이 창녕인 성주록 선생은 1876년에 충청남도 당진에서 태어나 덕산의 둔리 지산마을에서 살며 덕산 향교에서 직원을 지내기도 한 유학자였다. 자(字)는 공진(公振), 호(號)는 매곡(梅谷), 본관은 경상남도 창녕이다. 그는 조선조 때 수양대군의 왕위 찬탈에 항거했다가 사형을 당한 만고충신 성삼문(成三問)의 아우 성승(成勝)의 15대손으로, 성삼문의 절의정신을 가학(家學)으로 이어받아 살았으며, 족형인 성주영(成周英)이 고종의 칙령을 받아 성삼문의 제사를 지내는 봉사손으로 책정된 것을 자랑스럽게 여겼다. 그리하여 그는 의병에 참여하지 않고 순수학문만을 고집한 간재(艮齋) 전우(田愚)의 문도를 매도하면서 홍주의병을 숭상했다. 이러한 높고 훌륭한 인품으로 인근 마을에 칭송이 자자했는데, 매헌은 그의 문하에서 성삼문의 절의정신과 홍주의병의 민족정신을 배웠다.[62]

여기서 잠시 우리는 김광 선생의 『윤봉길전』에 등장하는 이광운(李光雲)에 대해 살피기로 한다. 상해에서 매헌과 숙식을 같이했으며 매헌으로부터 많은 이야기를 들은 김광은 이 책에서 매헌이 성장하면서 영향을 받은 스승으로 이광운을 꼽으며 그에 대해 아주 길게 설명했다. 그러나 성주록에 대해서는 아무 말도 하지 않았다. '성주록'이라든가 '오치서숙'이라는 고유명사는 아예 등장하지 않았다.[63] 그런데 매헌의 고향

동네에서 이광운에 대해서는 알려진 것이 전혀 없다. 이 사실에 주목한 김희곤(金喜坤) 교수는 "그렇다면 이광운이 바로 성주록이 아닐까"라고 추측했다. "국내에 살고 있는 스승을 보호하기 위해 그렇게 위장 표현한 것은 아닐까 짐작하지만 구체적인 증거는 없다"라고 부연했다.[64]

매곡 문하로 들어가면서 매헌은 『대학(大學)』부터 다시 공부하여 사서삼경(四書三經)을 파들어가기 시작했다. 사서삼경은 유학의 최고 경서였으므로 그 학문적 깊이와 넓이는 한때 큰아버지로부터 배웠던 『천자문』이나 『소학』과는 비할 바가 아니었다. 재주와 기상을 고루 갖춘 제자에 대한 스승의 사랑은 각별했다. 어린 시절부터 청년 시절에 이르기까지 매헌에게 가장 큰 영향을 미친 사람이 바로 매곡 선생이었다. 그는 옛 문헌만을 뒤적이는 고루한 유학자가 아니라 시대의 흐름에도 깊은 통찰력을 지닌 지식인이었다.

그때 서숙은 숙식을 함께하며 공부하는 방식으로 운영됐기에, 매헌은 밤낮으로 가까이에서 매곡의 인품과 학문에 접할 수 있었다. 그러한 과정을 거쳐, 매곡의 가르침은 매헌의 인격 형성의 바탕을 이루었다. 이미 매헌의 가슴은 그 모든 높은 가르침을 충분히 받아들일 수 있을 만큼 넓고 깊었던 것이다. 비록 시골 고갯마루의 자그마한 서당이었지만 이곳이야말로 매헌에게는 큰 배움의 장(場)이었다. 학문뿐만 아니라 뛰어난 인격을 지닌 매곡의 가르침을 통해 인간의 고귀한 정신과 사람의 나아갈 길에 대해 깊은 깨달음을 얻을 수 있었다.

매헌의 향학열은 갈수록 뜨거워졌다. 당시 오치서숙에서 그와 함께 공부하던 친구들은 대개 그보다 나이가 위였지만 향학열과 문재(文才)에 있어서는 그가 한 걸음씩 앞서나갔다. 서숙에서는 한 달에 두 번씩 '강(講)'이라는 일종의 시험제도가 있었다. 훈장이 지정해주는 글을 암송하며 그 뜻을 풀이하는 것이었다. 물론 매헌은 이 강이 있을 때마다 전혀 막힘이 없었고 스승의 질문에 꼭 맞게 대답했다. 매헌이 자신보다 나이가 많은 친구들을 제치고 항상 접장을 맡은 것도 매곡이 그의 학문적 열의와 재주를 높게 평가했기 때문이다.

또, 봄가을에는 시회(詩會)를 열었다. 일정한 글자를 지정하여 운(韻)을 내주면 그 운을 시열에 배열하여 오언이나 칠언의 시를 짓는 것이다. 이 시회에는 인근 마을의 선비들까지 모두 참여하기 일쑤였다. 평생 글을 읽으며 학문을 닦아온 선비들도 적지 않게 눈에 띄었는데 장원은 언제나 매헌의 차지였다.

그가 16세 때 경치가 빼어난 수암산 기슭의 두엄바위에서 열린 중추절(추석) 시회에서 매헌은 골똘히 시상을 가다듬은 뒤 단숨에 붓을 휘날려 '학행(學行)'이라는 제목 아래 칠언절구를 써내려갔다.

불후의 이름 선비의 기개를 밝히고	不朽聲名士氣明
선비의 기개 밝고 밝아서 영원히 맑네.	士氣明明萬古晴
만고의 맑은 마음 모두가 학문에 있으니	萬古晴心都在學
모든 것이 배워 행함에 있으니 그 이름 영원히 빛나리라.	都在學行不朽聲[65]

가장 나이 어린 매헌이 제일 먼저 시작을 마치고 정성껏 두루마리로 말아 심사위원들이 앉아 있는 윗자리에 올렸다. 그때까지 붓에 먹조차 묻히지 못하고 끙끙대던 참가자들은 일찌감치 시를 올리는 매헌을 부러운 듯 쳐다보았다.

"역시 오늘의 장원도 윤봉길이구먼!" 하고 심사위원들은 혀를 내두르며 매헌의 시를 음미했다. 두말할 것도 없이 장원이었다. 그의 시는 단순히 글자의 조합만으로 이루어진 것이 아니었다. 성삼문의 충절과 기개를 밤마다 되새기며 스스로 갈고닦은 마음의 결정체였다. 한시에 능함은 물론 글씨 솜씨도 수준 이상을 넘어, 특히 내리쓰기 글씨는 일품이었다. 이 시절 매헌은 다음과 같은 시도 남겼다.

> 하늘과 땅은 몇 번이나 질서를 더했는가?
> 이름난 선비는 매양 그 기개를 맑은 가을같이 한다.[66]

매헌은 비오는 가을밤이면 신라 말기의 명현 고운(孤雲) 최치원(崔致遠)의 「추야우중(秋夜雨中)」을 읊조리곤 했다. 그 분위기에 젖어 매헌은 다음과 같은 시도 지었다.

목발이 시내 한 굽이 맑은 물로	沐溪一曲水
내 몸의 더러운 때 씻어버리고	滌吾身汚穢
수덕산 깊은 근원 샘솟는 물줄기여	修德源自流
천추를 흘러흘러 다함이 없으리	無盡格千秋

이 작품을 쓰고 나서도 마음의 울분을 가눌 길 없어 다시 붓을 들었다.

죽지 않고 구태여 오늘까지 살아왔는데	不死苟生今日下
소리 없이 통곡하는 이 사람들이여!	無聲痛哭比人間[67]

매헌, 일어를 자습하다

오치서숙에서 수학하던 때인 1923년에 매헌은 예산읍에 가서 『일어속성독본』이라는 책을 구입해 혼자 공부했다. 주변에서는 반대하는 사람도 나타났다. 그러나 매헌은 "적국인 일본을 알기 위해서는 그들의 말을 배워야 한다"라는 말로 그들을 설득했다. 김상기 교수의 연구에 따르면, "1년 동안 열심히 한 결과 회화가 가능한 수준이 되었다. 그가 이때 일본어를 공부한 결과 훗날 중국 청도에서 일본인이 운영하는 세탁소에 취직할 수 있었으며, 상해의거 때에는 일본인 복장으로 일본인 행세를 하며 입장할 수 있었다."[68]

다시 강조하지만 매헌이 일어를 배운 것은 철저히 적을 알기 위한 수단을 얻기 위해서였다. 그래서 아우 영의(英儀)가 일어를 사용하는 일제의 보통학교에 입학하게 되자 먼저 한글을 익히게 했다. 한글을 제대로 익힌 뒤에, 그래서 자신이 조선인이라는 사실을 명심한 뒤에 일어를 배워야 한다는 뜻이었다.[69]

3 | 결혼: 무뚝뚝하면서도 다정다감했던 신랑

매헌은 오치서숙에서 공부하던 때인 1922년 3월 22일에 열다섯 살의 나이로 성주 배씨 집안의 규수를 맞아 성관(成冠)을 했다. 규수의 이름은 용순(用順)으로, 매헌의 집에서 가까운 예산군 삽교면(揷橋面) 신리(新里) 뒷내마을 출신이다. 1남 2녀 가운데 둘째 딸로 태어나 어린 시절부터 밭과 들에 나가 일손을 도와야 했으며, 아홉 살 때 모친이 돌아가셨으므로 언니와 함께 가사를 책임져야 했다.[70]

신부는 매헌보다 한 살 위인 1907년 음력 8월 16일생이었다. 여기서 흥미로운 것은 집안에서는 8월 16일로 알고 오늘날까지도 그렇게 기록하고 있는데, 매헌은 「자서약력」에서 '8월 15일'로 썼다는 사실이다.[71] 왜적을 도륙하는 대사(大事) 그리고 그 뒤에 따를 처형을 앞둔 시점에서 너무 긴장해 잘못 쓴 것일 수도 있다. 실제로 그는 「자서약력」에서 자신의 생일이 음력 5월 23일(양력 6월 21일)인데도 5월 22일이라고 잘못 썼다. 역시 긴장의 탓이었을 것이다.[72] 비록 그렇다고 해도 '8월 15일'은 매우 인상적이다. 그때로부터 13년 뒤인 1945년 8월 15일에 일제는 패망하고 조선은 광복을 맞이할 수 있었기 때문이다.

천도교에 접하고 불교에 관심을 두다

신부의 아버지는 배성선(裵聖先)이었다. 배성선은 신실한 동학교도로, 동학 농민 봉기 때 홍성에서 관군으로부터 또는 일본군으로부터 총을 맞았다. 매헌이 장인을 처음 만났을 때, 그의 몸에는 그때 맞은 총의 흔적이 남아 있었다. 그 상흔도 그러했지만, 진한 눈썹 아래 두 눈에서 '번쩍이는 섬광'은 매헌에게 강렬한 인상을 주었다. 그는 또 충청도 동학의 대접주 춘암(春菴) 박인호(朴寅浩)의 측근이었는데, 박인호는 오늘날의 예산군 삽교읍 하포리(下浦里)에서 태어났으며, 충청남도에서 안쪽에 해당하는 지역, 곧 예산, 서산, 홍성, 당진 일대를 묶어 부르는 내포 지역의 도소(都所)가 있던 목소의 이웃마을에 살고 있었다. 박인호는 동학농민운동이 전개됐을 때 동학군의 한 부분을 통솔했으며, 손병희의 뒤를 이어 천도교의 제4대 교조로 활동하게 된다.[73]

이러한 배경의 배성선은 매일 아침 냉수를 떠놓고 '지기금지(至氣今至) 원위대강(願爲大降) 시천주(侍天主) 조화정(造化定) 영세불망(永世不忘) 만사지(萬事知)'라는 동학의 주문을 외웠다. 천도교 1대 교조 최제우가 도탄에 빠진 백성의 삶을 걱정하고 그들을 구해내는 방법을 찾기 위해 1860년 4월 5일에 기도하는 과정에서 신비스러운 종교 체험을 통해 깨달은 가르침으로, "하늘의 지극한 기운이 내게 이르렀으니, 한울님을 모신 나는 천주의 조화를 기다려 세상을 새로 정할 것이며, 평생 잊지 아니하고 하늘의 도에 맞도록 행하겠습니다"라는 뜻이다.[74]

주로 유학 교육에 익숙해 있던 매헌은 배성선과 박인호를 통해 동학에 눈을 뜨게 됐다. 특히 '척양척왜(斥洋斥倭)'를 부르짖으면서 '새 나라'를 세울 것을 다짐한 동학의 가르침이 자신이 걸어야 할 길이라고 생각하기에 이르렀다. 그러나 그가 정식으로 이제는 천도교라고 부른 이 신흥 종교에 입교했다는 기록은 없다. 이처럼 천도교에 접하면서 매헌은 불교에 대해서도 관심을 두었다. 매헌의 전기작가들이 공통적으로 지적한 것은 그가 오치서숙을 다니면서도 근처에 있는 수덕사를 자주 찾아 당대의 선사였으며 항일정신이 투철했던 주지 만공 스님으로부터 불법을 들었으며, 만공 스님의 도반인 만해 스님에 대해서도 잘 알게 됐다는 사실이다. 이 사실과 관련해, 김상기 교수는 "윤봉길의 일기장에 불기(佛紀) 연호가 나오는 것을 보면 그가 불교에도 심취했음을 짐작할 수 있다. 또한 그가 체포된 후 받은 신문조서에서 피고인의 종교는 무엇이냐고 묻자 '특별히 종교라고 할 정도는 아니지만 대체로 불교라고 생각한다'라고 하여 불교를 어느 정도 신봉하고 있었음을 알게 된다."[75]

매헌이 천도교와 불교 모두에 관심을 기울였다는 것은 한마디로 그가 그 종교 자체에 대해서보다는 그 종교가 보여주는 반외세의 항일 정신에 공감했음을 의미하는 것이었다. 일제강점기에 천도교와 불교 모두에서 부분적으로 '친일파'가 나왔지만, 그러나 큰 흐름으로 볼 때 항일의 자세에서 벗어나지는 않았다.

'나의 영원한 사람'

이제 부인으로 돌아가기로 한다. 부인은 자신의 생애, 특히 매헌과의 가정생활에 대해 회고록을 남기지 않았다. 다만 몇몇 잡지에 짧은 글을 남기거나 회견에 응한 것으로 그쳤다.[76] 이 글에서 부인은 매헌을 '나의 영원한 사람'이라고 부르면서, "그는 '살가지'로도 불리는 특이한 성미로 알려진 모양이었지만, 언제나 말이 드문 가운데 더운 정을 안으로 지닌 남편이었다"라고 회상했다.[77] 부인의 회상은 다음과 같이 이어졌다.

> (남편은) … 어디까지나 평범한 농촌의 아들이었다. 단지 좀 부지런하고 착실하며 다부진 성미라 무슨 일이든지 한번 시작하면 매듭을 짓고야 마는 사람이었다. 낮이면 들에 나가 농사를 거들고, 밤이면 사

랑방에서 책을 붙들고 날마다 밤늦도록 놓을 줄 모르던 사람, 새벽이면 또 어느새 사랑채에 나가 책과 씨름하던 농촌의 지식청년이었다. 말하자면 주경야독(晝耕夜讀)의 더없이 착실한 재래 선비였던 관계로, 가정에서의 일상적인 재미란 누려볼 겨를이 좀처럼 없었다.[78]

우리는 앞에서 오치서숙은 숙생이 침식을 함께하며 공부하는 곳이었음을 지적했다. 자연히 신혼이라고 해도 남편은 집이 아니라 서숙에서 생활했기에 다정하게 시간을 함께 보낼 여유가 없었다. 이와 관련해, 부인은 다음과 같이 회상했다.

오치서숙에서 배움의 길을 닦던 시절 4년은 가막고개가 있는 서당에 가서 숙식까지 하는 관계로, 이따금 옷을 갈아입으러 오는 그를 맞이할 수 있을 뿐이었고, 숙생 시절 서당에 가 있는 그이가 그리우면, 나는 잠시 하던 일손을 멈추고 우두커니 서서 동구 밖 가막고개가 있는 남녘을 바라보곤 했다. 그럴라치면 그날 저녁 무렵 흔히 옷 갈아입으러 집으로 돌아오곤 하는 남편이 신기했다. 20세도 채 안 된 10대의 신랑인 그가 엄친과 자친을 거느린 전통적 가풍의 맏이로서 나에게 정다운 말 한마디인들 던질 겨를조차 없었음이 사실이고 보면, 겉으로 보기엔 무미건조한 부부관계였던 것 같다.[79]

부인의 회상을 따라가다 보면 매헌은 무척 딱딱하기만 한 남편같이 느껴진다. 그러나 반드시 그러한 것만은 아니었다. 부인은 다음과 같이 회상했다.

> 그렇다고 해서 몰인정스럽다든가 매정스러운 남편은 아니었다. 집안에 재판 관계의 일이 있어 서울에 다녀오던 어느 날, 법단댕기를 사 오기도 한 일이 기억에 남는다. 그것도 아내인 나에게만 선물을 내놓기가 거북스러웠던지 누이동생한테도 꽃고무신 한 켤레를 사다 주었다. 숨은 애정을 표시하는 대범한 방법의 하나였던 것을 나는 돌이켜보곤 한다.

이 회상에 나오는 '재판 관계의 일'에 대해서는 제3절 제1항에서 자세히 설명하기로 한다.

매헌은 부인과 사이에 우선 1925년 12월 17일에 딸 안순(安淳)을 얻었다. 그러나 안순은 네 살 때인 1929년 6월 21일에 안질이 악화해 세상을 떴다. 1927년 11월 16일에 아들 모순(模淳)을 얻었다. 모순은 훗날 종(淙)으로 개명한다. 매헌은 부인이 차남 담(淡)을 회임했을 때 중국으로 망명하는데, 1930년 10월 15일에 유복자로 태어난 담은 1939년 11월 16일에 복막염으로 요절한다. 결국 장남 종(淙)만이 생존해 1984년 4월 22일에 별세한다.

윤종은 일제의 탄압과 훼방으로 학교를 제대로 다니기 어려워 전학을 거듭하다가 해방 이후 성균관대학교 경제학과를 졸업하고, 30세 때인 1957년 4월 13일에 강릉 김씨 김옥남(金玉南) 규수와 결혼했다. 오늘날에는 대한민국임시정부 수립일을 1919년 4월 11일로 공인하고 있지만 그때는 1919년 4월 13일로 받아들이고 있었기에 4월 13일로 택일한 것이다. 김옥남은 1932년 1월 25일생으로 강원도 강릉에서 성장하고 강릉고등여학교를 거쳐 이화여대 약학과를 결혼하면서 중퇴했다. 매헌의 맏며느리로 1남 6녀를 낳아 기르면서 일가를 이끌어왔다. 장남, 곧 매헌의 장손인 윤주웅(尹柱雄, 1974년생)은 고려대학교 대학원에서 공학박사 학위를 받고 현대자동차그룹 산하의 현대기아차 남양기술연구소 연구위원으로 활동하고 있으며, 장녀, 곧 매헌의 장손녀인 윤주경(尹柱卿, 1959년생)은 이화여자대학교 대학원 화학과에서 이학석사 학위를 받고 독립기념관 제10대 관장을 역임한 데 이어 국민의힘 당 비례대표 1번으로 제21대 국회의원으로 당선돼 국방위원회를 거쳐 정무위원회에서 활동하고 있다.

4 | 묘표 사건: “무지가 외침(外侵)보다 무섭다”

오치서숙에서 공부하던 때 매헌에게 또 한 번 인생의 중요한 의미가 담긴 작은 일이 일어났다.[80] 오치서숙에서 글을 읽다가 덕숭산의 산자락을 오갈 때였다. 한 시골 청년이 공동묘지에서 뽑아온 묘표를 한 아름 안은 채 다가와서 글을 전혀 모르는 자신을 위해 그 가운데 있을 아버지의 묘비를 찾아달라는 것이었다.

매헌은 “공동묘지에 있는 묘표들을 뽑다니…”라고 못마땅한 표정을 지으면서도 측은한 마음이 들어 선친의 성함을 물어보았다. “본관이 김해 김씨인 김선득(金先得)입니다”라는 대답을 듣고는 곧바로 찾아주었다. 젊은이는 이제 아버지의 산소를 찾게 됐다면서 감격에 넘쳐 눈물을 흘리기도 했다. 그러나 “이것을 뽑은 자리에 무슨 표시라도 해두었는가요? 그 자리의 산소에 표적이라도 해놓았느냐고요”라는 매헌의 질문에, 그 청년은 멍청한 표정을 짓더니 곧바로 땅바닥에 주저앉아서 울기 시작했다. "아이고 이를 어쩌나. 우리 아버지 산소도 영영 찾지 못하게 되고 남의 산소도 잃게 됐으니, 이를 어쩌면 좋아유. 아주 잃어버렸네. 아주 잃어버렸어!"라고 목놓아 서럽게 우는 것이었다.

매헌은 가슴이 무너지는 충격을 억제하지 못했다. "무지의 탓이구나! 무식이 한이로구나! 그것은 강도 일본 제국주의보다도 더욱 무서운 것이 아닌가!"라고 탄식하지 않을 수 없었다. 이때의 충격은, 우리가 제3장에서 보게 되듯, 매헌으로 하여금 문맹퇴치운동을 포함한 농촌계몽운동을 전개하게 만든다. 그리고 매헌은 훗날 야학당을 운영하면서 마을 사람들을 상대로 '월례강화(月例講話)'를 여는데, 이 사건을 첫 번째 강화의 주제로 삼는다. 그는 "이 이야기는 우리가 하루빨리 글을 배우고 사는 방법도 배워야 한다는 것을 일깨우고 있다"라고 역설한다.[81] 이렇게 볼 때, 이 묘표 사건은 매헌의 생애에서 큰 전환점이 됐다고 하겠다.

5 | 성주록 선생으로부터 매헌이라는 호를 얻다

매헌이 오치서숙에서의 수학을 마친 시점을 정확히 확인하기는 쉽지 않다. 매헌의 아우는 "형님의 나이 열아홉에 접어든 어느 날 오치서숙을 나왔다"라고 써서,[82] 지금까지 그 설명이 정설로 받아들여졌다. 성주록 선생이 "내가 이제 자네에게 가르칠 게 더 이상 없으니 떠나는 것이 좋겠다"라고 말하고, 그래도 매헌이 "선생님, 무슨 말씀을 그렇게 하십니까. 부디 고정하셔서 저를 계속 훈도해주십시오"라고 간청했으나, 스승은 물러서지 않으면서 "나보다 훨씬 더 학문이 깊은 노사(老師), 거유

(巨儒)를 초빙하여 배우도록 하게"라고 권유했다는 것이다. 그런데 우리가 앞에서 살핀 부인의 짧은 글은 매헌이 18세 때인 1925년에 수료했다고 설명했다. 그렇지만 아우가 말한 '열아홉 살'과 부인이 말한 '18세'는 사실상 같은 것으로 받아들일 수 있다.

그것보다 훨씬 중요한 것은 스승이 그를 보내면서 '매헌'이라는 호를 지어 선물로 주었다는 사실이다. 스승은 자신의 호인 '매곡'에서 '매' 자를 따고, 성삼문의 호인 '매죽헌'에서 '헌'자를 딴 것이다. 한겨울 추위를 잘 견뎌내는 매화의 고고한 기풍과 성삼문의 충의정신을 본받으라는 뜻이었다. 청년 윤봉길은 기쁜 마음으로 스승의 뜻을 가슴에 새기면서 이 선물을 받아들이고 그 정신으로 살아나가게 된다.[83]

매곡의 인도로 유교부식회에 가입하다

비록 오치서숙에서는 나왔지만 매곡과의 인연은 끊어지지 않았다. 매곡의 안내를 받아 이후 홍성에 조직된 유교부식회(儒教扶植會)에 가입한 것이다. 그러면 유교부식회는 어떠한 성격의 단체였나? 그것은 전형적인 위정척사 계열의 선비 김복한(金福漢)의 맏아들인 김은동(金殷東)이 김복한의 제자 전용욱(田溶彧) 등과 함께 1927년 5월 5일에 창립한 유교 진흥단체였다. 이 사실은 『전용욱문집』에 포함된 전용욱의 한시에 기록돼 있다. 전용욱은 "윤 군이 일찍이 유교부식회 회원이 되어 그의 스승 성주록을 따라 회관에 와서 강(講)하였기에 읊는다"라는 제목 아래 그를 높이 평가하는 한시를 쓴 것이다.[84] 그러나 윤주 부회장은 오랜 기간에 걸친 현지에서의 조사를 통해 매헌의 유교부식회 가입을 부인했다.[85]

성균관 대사성(大司成) 출신인 김복한은 구한말에 홍성에서 의병을 일으켰다가 일제에 의해 투옥됐으며 3·1운동 때는 유학자들이 파리에서 열린 1차대전 강화회의에 조선의 독립을 청원한 장서(長書), 이른바 파리장서에 서명함으로써 다시 일제에 의해 투옥됐다가 옥사한 애국지사였기 때문에 이 단체는 호응력이 컸다. 유교부식회는 〈인도(人道)〉라는 잡지를 내면서 때로는 항일적 성격의 강연회를 열기도 했다.

매헌의 시집으로 알려진 『옥타(玉唾)』에는 「지산(志山) 어른에 대한 만시(輓詩)」가 수록되어 있다.[86] '지산 어른,' 곧 김복한의 죽음을 슬퍼하는 이 만시는 "어진 사람들 가운데 다시 나의 어진 공(公)이 있어 전해오는 도(道)를 지녔고 덕성이 원만했네"로 시작해 김복한을 높이 평가했다. 이 만시는 이어 "(김복한 선생은) 오랑캐를 물리치고 중화를 높여 쇠미한 풍속을 일으켰네"라고 칭송하고, "티 없는 군은 절개를 천하에 보여준" 그의 죽음을 슬퍼했다. 이 만시를 매헌이 지은 것 같지는 않고, 스승 성주록이 지은 것 같다는 것이 학계의 정설이다.[87] 비록 그렇다고 해도 이 만시를 자신의 시집에 수록했다는 것은 김복한에 대한 매헌의 존경을 보여준다.

3

제3장

농촌계몽운동에 뛰어들다

: 야학을 열고 『농민독본』을 가르치면서 월진회를 조직하다

제1절

야학당을 열고 무장투쟁론을 설파하다

1 스스로 서당을 열었다가 동지들과 함께 야학을 시작하다

매헌은 오치서숙을 나온 뒤 몇몇 유학자들에게 배움을 청했다. 그러나 그들의 학문은 매헌을 가르치기에는 너무 낮았다. 그래서 매헌 스스로 물리치기도 하고 선생 스스로 물러나기도 했다. 이후 그는 사랑방에 서당을 열고 훈장이 되어 7~8세 어린이들에게 『천자문』과 더불어 한글을 가르쳤다. 훈장이 된 사실에 대해 매헌은 우리가 제2장 제2절 제2항에서 이미 살핀 자신의 「자서약력」에서, '훈장의 똥은 개도 먹지 않는다'라는 속담을 염두에 둔 듯, 자신이 "개도 아니 먹는 똥을 누는 사람이 되었다"라고 썼다.[1]

이태 뒤인 1926년 가을에, 매헌은 묘표 사건을 떠올리며 이민덕과 황종진(黃鍾震, 일명 황복성[黃卜成])을 비롯한 친구들과 그리고 사촌 형 윤순의와 함께 야학당을 열었다. 그때 조선인 가운데 8할 남짓이 문맹이었다. 동지들은 조선이 현재의 식민지 상황을 조금이라도 개선하려고 한다면 무엇보다 많은 동포들이 문맹에서 벗어나야 한다는 데 공감하고 있었다. 성인은 말할 것도 없고, 10대 소년·소녀라고 해도 낮에는 논밭에서 일해야 하는 만큼 밤에 공부할 수 있도록 하기 위해서는 야학당을 열어야 했던 것이다.

야학당을 연 곳에 대해, 집안에서는 매헌의 사랑방이었다고 기억했으나, 김광 선생은 "문을 닫은 지 오래된 옛날의 서당 터"라고 썼다.[2] 매헌의 회고는 훨씬 더 구체적이다. 그는 「자서약력」에서 "19세에는 피폐한 농촌의 개척을 목적하고 우선 집 사랑에서 아이들을 2년 동안 가르치다가 집은 협소하고 학생들은 늘어나므로 마을의 어른들과 상의하여 여섯 칸 강당을 세우고 돈이 없어 공부하지 못하는 아동을 모집하였다" 라고 썼다.

매헌이 동지들과 함께 야학당을 연 것은 당시 조선 내부에서 일어난 농촌계몽운동과 맥을 같이한 것이었다. 그때 종교단체와 신문·잡지사 등은 우선 농민 다수가 문맹임에 유의해 문맹퇴치운동을 전개하자는 논지를 펴고 있었고, 실제로 몇몇 농촌들에서 그러한 운동이 전개되고 있었다. 이러한 분위기는, 1928년과 1929년에 각각 〈동아일보〉와 〈조선일보〉가 '아는 것이 힘이다. 배워야 한다'라는 구호를 내걸고 전국적 차원에서 문맹퇴치운동을 전개하면서 활발해졌다. 1930년대에 들어가 이 운동은 〈동아일보〉가 1931년에 시작한 '브 나로드(인민 속으로)'운동에 의해 더욱 활발해진다. 이렇게 볼 때, 매헌의 농촌계몽운동은 글자 그대로 선구적인 것이었다. 그를 '선구적 농민운동가'라고 부르는 까닭이 거기에 있다.

야학당 개교 연설: 농촌계몽운동의 방향을 제시하다

야학당을 열면서, 매헌은 다음과 같은 내용의 개교 연설을 했다.

> 우리는 모두가 농민입니다. 농민의 아들딸로 가진 것이라곤 아무것도 없습니다. 우리는 가난하고 또 무식합니다. 가난해서 무식하고, 무식해서 가난한 형편입니다. 이 가난과 무식은 우리의 공적(公敵)입니다. 실력으로 우리는 이 적을 쳐부숩시다. 그렇습니다. 우리는 배워야 합니다. 우리의 형편과 처지를 한탄만 하지 말고, 스스로가 스스로의 길을 헤쳐나가야 할 때가 왔습니다. 낮이면 들에 나가 저마다 일에 열

중하고, 저녁이면 여기에 와서 밤늦도록 공부를 합시다. 저마다 배워서 힘을 기르고, 힘을 길러 살기 좋은 마을을 꾸며야 합니다. 여러분! 한 사람도 빠짐없이 배움의 대열에 나서야 할 때는 와 있습니다.[3]

이 연설은 매헌이 우리가 제1장 제3절 제3항에서 보았던 애국계몽운동가들이 제창한 실력배양론을 지지하고 있음을 보여주었다. 조선이 개국한 이래 언제나 직면했던 가난 문제에는 대다수 국민의, 특히 농민의 무지가 자리 잡고 있으며, 따라서 배움을 통해 무지를 극복하고 그 연장선 위에서 가난을 해결할 수 있다는 믿음으로 야학당을 열었음을 보여준 것이다.

야학당 운영을 위해 매헌은 마을의 유지들을 움직였고, 매헌의 열정에 감동한 유지들은 우선 경비를 분담했으며, 그 결과 가난한 농민의 아이들도 모두 공부할 수 있게 됐다. 매헌은 또 오늘날의 시대에는 남자에게는 물론이지만 여자에게도 배움이 중요하다고 강조함으로써 '남녀칠세부동석(男女七歲不同席)'이라는 유교적 규율에 묶여 서당에 나오지 못하던 여자들도 끌어낼 수 있게 됐다. 그동안 집에 갇혀 살다시피 했던 10대 소녀들의 기쁨은 이루 말할 수 없이 컸다. 그리하여 김광에 따르면, "며칠 안 되어 학생 수가 이미 40명(이 될 정도로 커졌다)."[4] 여기서 중요하게 상기돼야 할 것은, 이 야학당이 남녀공학을 실시했다는 사실이다. 그때만 하더라도 남녀공학은 보편적인 것이 아니었고 예외적이던 것이다.

야학당은 연령과 정도에 따라 갑과 을의 두 반으로 나누어 국어, 수학, 농업, 어학, 일어, 역사, 지리 등을 가르쳤다. 학생들의 인격 수양을 위해 매헌은 『명심보감(明心寶鑑)』을 베껴 필사본을 만들고 학생들에게 읽게 했다. 그러나 훗날 일본 경찰의 단속으로, 어느 다른 과목보다도 조선을 중심적 주제로 가르치게 되는 역사와 지리 수업은 폐지할 수밖에 없었다. 일제 중앙정부가 아직은 조선어를 공식적으로 금지할 단계는 아니었기에 현지의 일본 경찰은 야학당을 관찰하는 것으로 그쳤다. 매헌은 이 공간을 활용했다. 조선어시간에 조선의 명군현신(名君賢臣)들과 구국 영웅들에 대해 가르치면서 애국심을 고양한 것이다. 이와 관련해, 이 야학당에서 공부했던 이한규(李漢奎)는 "매헌은 세계 어느 나라를 가더라도 다 자기 나라 말을 쓰니, 우리도 우리 조선말을 써야 한다"고 역설하면서 "세종 임금 한글 펴니 스물여덟 글자, 사람마다 쉬 배워서 쓰기도 편해라"라는 노래도 가르쳤다고 회상했다.[5] 이 사실 하나만 보아도 매헌은 진정으로 용기 있는 사람이었고, '백세지사(百世之師)' 곧 '오랜 후세까지 모든 사람의 본보기가 될 스승'의 자질을 지닌 사람이었다.

매헌은 또 3절로 된 「시량리가」를 짓고, 윤극영(尹克榮)이 지은 「반달」이라는 노래의 곡조에 맞춰 부르게 했다. 그는 「자서약력」에 가사 전문을 써놓았는데, 오늘날의 철자법으로 옮기면 다음과 같다.

1. 조화신공(造化神功)의 가야산의 정기를 받고
절승경개(絶勝景槪) 수덕산의 정기를 모아
금수강산 삼천리 무궁화원에
길이길이 빛을 내는 우리 시량리
2. 가야산은 우리의 배경이고
온천들은 우리의 무대장이다.
두 팔 걷고 두 발 벗고 출연하여서
어서 바삐 자작자급 실현을 하자
3. 암흑동천(暗黑東天) 계명성(啓明星)이 돋아오나니

약육강식 잔인성을 내어버리고

상조상애(相助相愛) 넉 자를 철안(鐵案)에 삼아서

굳세게 단결하자 우리 시량리[6]

이 「시량리가」는 훗날 '시량리' 대신에 '월진회'를 넣어 「월진회가」로 불리기도 한다.

학생들은 물론이고 마을의 호응은 컸다. 매헌과 함께 야학당에서 가르쳤던 정종갑(鄭鍾甲)은 훗날 "처음에는 십수 명에 불과하던 야학생이 하루가 다르게 불어났다. 나중에는 아버지 연배쯤 되는 어른들도 무식을 면해보고자 우리들을 찾아왔다"라고 회상했다.[7]

야학당에서 보여준 매헌의 교육 방식은 상당히 엄했다. 이 사실에 관해, 김상기 교수는 "자기보다 나이가 많은 이들에게도 아낌없는 쓴소리를 했다. 자신의 부인과 동생들도 야학에 나오게 하여 가르쳤는데, 성격이 불같아서 여동생들도 많이 혼났다고 한다. 그런데 부인에게만은 관대하여 여동생들한테 불공평하다는 말을 듣기도 했다고 한다"라고 썼다.[8]

야학운동을 통한 교육의 결과는 아주 좋았다. 1927년 당시 목발이 마을 전체 49가구 가운데 13가구, 곧 전체 인구 181명 가운데 31명만이 문자 해독자였다. 이것은 36가구 150명은 문맹이었음을 의미했다. 그러나 이태 뒤인 1929년에 문맹 가구는 7가구로 줄어들었다.[9]

2 | 무장투쟁론으로 기울어지다

야학당이 감시를 당하는 제약 속에서도, 매헌은 학생들을 상대로 민족적, 애국적 내용의 강연을 열정적으로 이어나갔다. 이 강연은 강연 당시에는 기록으로 남겨지지 않았고 오로지 1933년에 출판된 김광 선생의 『윤봉길전』에만 실려 있어,[10] 얼마나 원래의 강연에 충실한 것인지 확인할 수 없다. 문인이었던 김광이 살을 붙인 것일 수 있다는 뜻이다.

"일제는 칼을 든 악마다"

이 점을 인정하면서, 200자 원고지로 약 30장 분량인 이 강연의 내용을 살피기로 한다. 우선 매헌은 일제를 '야수' 또는 '칼을 든 흉악한 모습의 악마'로 단정한 뒤, "그들이 가장 잔혹하고 잔인한 수법으로 우리의 자유를 통제하고 우리의 생명을 착취하고 있습니다. … 우리의 금수강산을 태우고 있습니다"라고 단죄했다. 이어 매헌은 "왜적은 우리 2천만 동포를 노예로 만들어 피를 빨고 있습니다"라고 성토하고, "일제는 총칼로 우리를 짓누르면서도 아편과 같은 교묘한 언설로 우리를 마취시켜 … 반항하지 못하게 하고 있습니다"라고 경고하면서, 우리 겨레가 거기에 '미혹'되지 말고 깨어나야 한다고 역설했다.

여기서 매헌이 말한 '아편과 같은 교묘한 언설'은 무엇을 의미했던 것일까? 우리는 제1장 제2절 제1항에서 일제가 진화론과 사회진화론을 전파하며 "문명국이 미개국을 지배하는 것은 당연하고, 일제의 목적은 조선을 문명으로 인도하려는 데 있다"라고 선전했고, 이 이론을 조선의 일부 지식인들이 받아들였음을 지적했다. 매헌은 그러한 현실을 비판했던 것으로 보인다. 또, 일제는 3·1운동을 겪은 뒤 자신이 조선에 대해 '문화정치'를 실시하고 있다고 선전했는데, 매헌은 '문화정치'라는 말에 동포들이 속고 있는 것이 아닌가 우려한 것으로 보인다.

"저항함으로써 강산을 탈환하자"

그러면 "압박을 당하고 있고 이미 미혹에 빠진 2천만 우리 동포들은 어떻게 해야 할 것인가?" 매헌의 대답은 '저항'이었다. "우리가 우리를 구하는 것은 저항이라고 나는 굳게 믿습니다. 우리 당장 칼을 들고 적을 향하여 선열들의 피가 흐른 가시밭 같은 길로 나아가 산을 넘고 바다를 건너 죽어도 변치 않는 의지로 싸워 … 왜적들을 섬멸하여 우리의 강산을 탈환하고 우리의 자유를 회복하며 새로운 찬란하고 위대한 나라를 개척합시다!"라고 외쳤다. 그것은 자유를 향한 하나의 절규였다. 마치 영국의 식민지로 남아 있던 13개 주들 가운데 12개 주가 영국을 상대로 독립전쟁을 개시하기 직전인 1775년 3월에 버지니아주 의회의 의원이던 패트릭 헨리(Patrick Henry) 변호사가 버지니아주 리치먼드시의 세인트 존 교회에서 "자유가 아니면 죽음을 달라(Give me liberty or death)"라고 외친 일을 연상시킨다.

총괄해, 매헌은 "꿈속에서 깨어나 … 무기를 들고 적과 싸울 준비를 합시다. … 횃불을 들고 일본 적에게 역공을 가하여 우리의 강산을 탈환하고, 우리의 자유를 회복하여 우리의 빛난 태극기를 다시 찬란한 햇살 속에 높이 휘날리게 합시다!"라고 외쳤다. "무쇠와 돌도 뚫을 수 있다는 두려움 없는 정신으로 싸우자"라고 호소하기도 했다. 이 강연 전체를 통해 매헌은 '강산 탈환'과 '자유 회복'을 각각 두 차례 그리고 '강산 회복'을 한 차례 쓰는 전투적인 모습을 보여주었다.

그때 독립운동가들 사이에서는 독립을 위한 방략으로 세 가지가 정립되고 전파되고 있었다. 첫째, 실력배양론이었다. 우리가 실력이 모자라 국권을 빼앗긴 만큼 뒤늦게라도 실력을 길러 일제에 대항해야 한다는 주장이었다. 우리가 이미 보았듯, 이 주장을 옹호하는 사람들은 애국계몽운동을 전개하면서 학교와 교회를 세우고 자라나는 세대를 교육하는 데 힘을 썼다. 둘째, 외교·선전론이었다. 강대국 권력정치에 의해 국권을 잃은 만큼 열강을 상대로, 특히 국제연맹을 상대로 조선=한국의 실상을 알리는 선전을 강화하고 외교를 잘해서 독립을 얻어야 한다는 주장이었다. 이승만과 김규식 등이 이 노선을 옹호했다. 셋째, 무장투쟁론이었다. 일제가 기본적으로 무력으로 우리를 정복한 만큼 우리도 무력으로 맞서 투쟁해 국권을 되찾아야 한다는 주장이었다. 이동휘, 김좌진, 김광서, 홍범도 등이 이 노선을 지지했다.

매헌은 애국계몽운동의 연장선 위에서의 실력배양론에서 출발했다. 그래서 스스로 야학당을 열고 다음 세대를 가르치고자 한 것이다. 그러나 앞의 강연은 그가 무장투쟁론으로 전환했음을 보여주었다. 실제로 그는 자신의 무장투쟁론에 입각해 1932년에 폭탄을 들어 일제 침략자들을 도륙한 것이다. 북한은 김일성이 19세 때인 1931년에 무장투쟁론을 처음 제시했다고 주장해왔다.[11] 이 주장을 그대로 받아들인다면, 매헌의 무장투쟁론은 김일성의 그것보다 서너 해 앞선 것이었다.

매헌의 '혁명적 낙관주의'

매헌은 무장투쟁론을 제창하면서 동시에 '혁명적 낙관주의'를 제시했다. 그는 이 강연에서 우리 민족의 장래에 대해 '비관'하지 말 것을 역설했다. "우리는 환경이 열악하고 앞길이 어둡다고 해서 비관하면 안 됩니다. 열악한 환경이 우리를 막을수록 우리는 더욱 우리를 막고 있는 악과 싸워야 합니다"라고 되풀이한 뒤, "비록 나라와 민족은 왜적에게 망했지만, 우리 2천만 위대한 불멸의 정신이 여전히 살아 있으므로 우리는 낙관하고 노력해야 합니다"라는 말로 학생들을 격려했다. 같은 취지에서, 그는 "여러분이 힘을 합쳐 적과 싸우면 비참한 국운은 곧 왕성해지고 노예처럼 부림을 당하는 2천만 민족은 반드시 자유롭게 해방될 날이 올 수 있을 것이라고 믿습니다"라고 역설했다.

여기서 매헌은 나폴레옹과 링컨을 모범으로 제시했다. 그들이 고생과 노력으로써 어려운 환경을 이겨내 마침내 역사적으로 큰일을 성공시켰다고 부연했다. 반딧불을 모아 그 빛을 이용해 책을 읽었다는 중국 동진(東晉)의 차윤(車胤), 그리고 달빛에 반사되는 눈의 빛을 이용해 책을 읽었다는 비슷한 시대의 손강(孫康)의 사례를 설명하고, 그들이 이러한 형설지공(螢雪之功)을 통해 역사에 큰 업적을 낳았음을 상기시켰다.

제2절

『농민독본』을 짓다⑴: 제1권과 제2권의 내용

매헌은 주로 야학당의 학생들을 가르치기 위해, 그리고 한 걸음 더 나아가 농민들을 가르치기 위해 19세 때이던 1927년에 『농민독본』을 지었다. 여기서 잠시 그가 이 책을 짓게 된 배경에 대해 살피기로 한다.

1 〈조선농민〉으로부터 자극을 받다

새삼 설명할 필요 없이, 조선은 개국 이래 오랜 세월 동안 농업국가였으며 그 주역은 농민이었다. 그러나 그들의 삶은 우리가 제1장 제1절 제1항에서 지적했듯, 가난 그 자체였으며 가난 때문에 배울 기회를 가질 수 없었기에 자연히 무지 그 자체였다. 이 상황은 일제강점기에도 계속돼 전체 인구의 약 90%를 차지한 농민의 삶은, 더구나 일제의 수탈이 겹쳐 더욱 피폐해졌다. 이러한 농민의 삶을 개선시키는 하나의 길잡이가 되겠다는 각오로, 3·1운동을 이끄는 데 앞장섰던 천도교는 1925년 12월에 조선농민사를 설립했으며, 천도교 이론가들인 이돈화(李敦化)와 이성환(李晟煥) 등은 천도교의 월간지 〈개벽〉과 제휴해 1925년 12월에 〈조선농민〉이라는 월간지를 발행하기 시작했다.

매헌은 〈조선농민〉을 읽으며 많은 가르침을 받았다. 특히 제2호(1926년 1월)에 수록된 권두사에 감명을 받았다. 그 내용을 될 수 있는 대로 원형을 살리면서 소개하면 다음과 같다.

> 반만년 동안을 짓밟히우고, 주물리우고, 눌리우고, 속히우고, 빨리워서 항상 큰 불안과 공포와 빈천에 결박되어 살아오던 전 조선 인

구의 그 9할이나 되는 농업대중의 인격적 해방을 위하야, 급전직하로 달음박질하야 황폐와 파멸의 밑바닥 구렁텅이에로 쓸려 들어가는 조선 농촌의 그 참담한 경제적 현상을 구제하기 위하야, 이제 우리나라의 역사상 새 기원으로 조선농민사가 세상에 나왔으며, 더욱 이 중대한 사명을 다하는 데에 그 '주춧돌'이 되며 또 기둥이 되는 전 조선 절대다수의 농업대중의 지식적 각성을 재촉하기 위하야, 또 이 큰 목적을 달하는 데 〈조선농민〉이라는 본지(本誌)가 그 진용을 차리고 이제 마두(馬頭)를 전선(戰線)에 내세웠습니다. 그리하여 우리들은 이 목적을 철두철미 관철하기까지 온갖 혈성과 열애를 바치어 싸우기를 굳게 맹세해둡니다. 창간에 다다라 사원 일동을 대표하여 이 몇 마디의 간단한 두사(頭辭)로써 창간사에 대(代)하나이다. 아, 만천하의 동포! 동포여….[12]

이처럼 창간의 취지를 밝히면서, 이성환은 「〈조선농민〉의 3대 제창」이라는 논설을 발표했다. "첫째, 우리 조선은 농민의 나라이다. 둘째, 모든 힘을 농민에게로 돌리자. 셋째, 우리 세상은 농민의 것이다"라는 표제 아래, 이성환은 〈조선농민〉이 지향할 방향을 제시했다. 셋째와 관련해 "우리 조선이 갑자기 상공업의 나라로 변하여 하루아침에 농업이 그 자취를 잃어버리게 되었다고 가정합시다"라고 쓴 뒤, "그래도 인간에게 필수불가결한 식량과 옷을 생산하는 농민이 가장 중요하기 때문에 '농자천하지대본'이라는 말은 억만년이 지나도 변하지 않을 것"이라고 역설했다.[13]

농촌에서 농민의 아들로 태어나 자라며 농민 생활의 어려운 실상에, 특히 일제 강점 이후 일제에 의한 수탈로 더욱 피폐해진 농촌의 비참한 생활에 분개하며 살던 매헌은 〈조선농민〉의 논지에 큰 자극을 받았다. 이에 대해 신호웅·이상재·윤규상 세 공저자는 "이 글을 읽는 동안 갈피를 잡지 못해 방황하던 윤 의사에게는 한 줄기 등댓불과 같은 영감이 스쳐지나갔다. 왜놈의 그림자만 보아도 벌벌 떨던 이 시국에 얼마나 신선한 글인가! 그는 몇 번이고 거듭하며 글을 읽어내려갔다"라고 썼다.[14]

매헌이 『농민독본』을 지은 데는 또 하나의 요인이 있었다. 그것은 그가 직접 겪었던 집안의 송사(訟事)였다. 정확히 어느 해인지는 특정하기 어려운데, 대체로 『농민독본』을 쓰기 직전으로 추정되는 시점에 덕산면 인근 지방의 2,000섬 지주 이재로(李在魯)가 매헌 집의 논 가운데 다섯 마지기를 상대로 소송을 제기한 것이다. 윤 의사 집안에서는 '수전노'로 유명한 이 영감이 이 논을 빼앗기 위해 흉계를 꾸민 것으로 보았다.[15] 따라서 대응하지 않을 수 없었고, 자연히 글을 아는 매헌이 나서 홍성지방법원 그리고 상급심인 경성복심원을 모두 합쳐 5년에 걸쳐 왕래해야 했다. 다행히도 송사는 1929년 10월에 매헌의 승소로 매듭지어졌지만,[16] 이 긴 과정에서 매헌은 법은커녕 글을 모르는 농민들이 악의를 가진 유력자에 의해 겪어야 하는 고통을 새삼 깨달을 수 있었다. 여기서 그는 자기 나름의 『농민독본』을 짓게 되었다.

2 | 『농민독본』의 내용

매헌에 관한 기존의 몇몇 저술은 『농민독본』을 매헌 혼자 지은 것으로 설명했다. 그러나 신호웅·이상재·윤규상 세 공저자를 비롯해 김상기 교수와 이태복 박사는 매헌의 독창적인 저술이 아니라 편저였다는 해석을 제시했다. 매헌이 〈조선농민〉에 수록된 글들을 참고하기도 하고, 그것들 가운데 일부를 인용하기도 했다는 것이다. "그렇다고 전부 〈조선농민〉이라는 잡지를 그대로 인용한 것도 아니다. … 예산의 농촌 현실에 맞게 여러 내용을 수정하고 보충하며 책을 펴낸 것이다."[17]

『농민독본』은 본래 세 권의 등사판 유인물이다. 국한문 혼용이지만, 한글을 훨씬 더 많이 쓴 것은 한자에 익숙하지 않은 농민들을 고려한 때문이었을 것이다. 한글의 경우, 물론 오늘날의 철자법이 아니라 그때의 철자법에 따랐다.

제1권은 「조선글 편」으로, 일제강점기에 완전히 없어진 것으로 알려졌었다. 그러나 대부분은 6·25전쟁 때 소실됐고 다행히도 나머지는 남아 있다가 2012년에 발견됐다. 제2권 「계몽 편」과 제3권 「농민의 앞길 편」은 모두 일부가 소실된 채 대부분이 원본 그대로 남아 윤 의사의 여타 유물과 함께 1972년 8월 18일에 국가에 의해 문화재 보물로 지정되어 매헌을 기리는 예산군 소재 충의사(忠義祠)에 소장되어 있다.[18]

세 권이라고 하지만, 양은 많지 않다. 제1권은 남아 있는 부분의 경우 대체로 200자 원고지로 10장이 안 된다. 제2권과 제3권은 각각 40장과 30장 안팎이다. 그러면 그 내용은 무엇이었나?

제1권

제1권은 '조선글'에 대한 해설이다. 일본어가 횡행하는 데 반해 모국어인 조선어는 일제에 의해 그 사용이 제약되고 있는 상황을 바라보면서, 매헌은 조선어의 연원을 밝힘과 동시에 조선어를 언제나 기억하게 해야겠다는 생각을 가졌던 것이다. 매헌은 우선 모음과 자음 및 중음(重音)에 대해 설명한 뒤, '나라 말씀이 중국에 달라'로 시작되는 「세종어제 훈민정음(世宗御製訓民正音)」을 원문 그대로 소개했다.

이어 「용비어천가(龍飛御天歌)」 가운데 앞부분 넉 줄, 곧 "불휘기픈 남간 바라매 아니 뮐세 / 곶됴코 여름하노니 / 새미기픈 므른 가마래 아니 그츨세 / 내해이러 바라래 가나니"를 소개했다. 이것을 오늘날의 우리말로 풀면 다음과 같다. "뿌리 깊은 나무는 바람에 흔들리지 않고 / 꽃피고 열매 열리니 / 샘이 깊은 물은 가뭄에 그치지 않고 / 내에 이르러 바다로 가니."

왜 「용비어천가」를 소개했을까? 우리가 잘 알고 있듯, 「용비어천가」는 조선왕조 태조 이성계(李成桂)와 3대 태종 이방원(李芳遠)을 포함해 세종의 6대조를 거슬러 올라가면서 그 뿌리와 근원을 자세히 설명한 뒤 이처럼 뿌리와 근원이 깊은 왕조는 오래오래 존속할 것이라는 뜻을 담았다. 매헌은 조선이 지금은 일제에 지배되고 있으나 결국 국권을 되찾아 앞으로도 오래오래 존속할 것이라는 뜻을 전하고 싶었을 것이다.

마지막으로, '마침법(맞춤법)'에 대해 설명한 뒤, '天'은 '텬'이 아니라 '천'으로, '地'는 '디'가 아니라 '지'로, '鳥'는 '죠'가 아니라 '조'로, '帝'는 '뎨'가 아니라 '제'로 읽어야 한다는 등 몇몇 자음에 대해 설명했다. 매헌 스스로 그러한 표현을 쓴 것은 아니지만, 우리 문법에서의 구개음화(口蓋音化) 법칙을 가르친 것이다.

제2권

제2권은 모두 8과(課)에 걸쳐 일반 상식을 가르치고 있다. 우선 제1

과는 '인사투'이다. 이 과에서는 동방예의지국이라 불리는 우리나라 전래의 인사법을 올바르게 깨닫고 사용하는 데 주안점을 두었다. 매헌은 예의란 "하늘과 땅 사이에 생장하는 만물 가운데 오직 사람이 제일 영리하여 제일 귀하니, 다른 물건보다 특별한 감각의 표정"이라고 정의하고, 새해의 인사, 회갑에 대한 인사, 상을 당했을 때의 인사를 가르치고 있다.

매헌은 아무것도 모르는 시골 아이들에게 깍듯한 인사법부터 가르치고자 한 것이다. 예의를 지키는 일로부터 인간 수업은 시작된다고 생각할 때, 인사법을 학습의 첫 단원으로 설정한 데서 매헌의 교육자다운 양식과 한국인으로서의 교양을 확인하게 한다. 그가 제시한 인사법의 사례를 소개하면 다음과 같다.

새해의 인사

새해에 안녕하십니까? – 어른에게

신구세 시봉(모시어 받듦) 편안하시오? – 동무에게

모시고 과세(설을 쇰) 태평히 하셨나? – 아랫사람에게

회갑에 대한 인사

춘당(남의 아버지) 회갑이 되시니 얼마나 기쁘십니까?

훤당(남의 어머니) 회갑이 되시니 얼마나 기쁘십니까?

감사합니다.

초상에 대한 인사

상사(사람이 죽은 사고)에 무슨 말씀 하오리까? – 손님

죄가 많습니다. – 상주

병환이 계시다는 말씀은 들었으나 이처럼 상사 나실 줄은 천만 꿈 밖이올시다. – 손님

불효막심합니다. – 상주

이와 같이 매헌은 가장 일상적인 생활에 착안하여 쉽고 간결하게 예의 절차와 인사법을 가르쳤다. 매헌은 닭 소 보듯, 소 닭 보듯 하는 폐습을 고치고 어떠한 때고 인사는 부족한 것보다 지나친 편이 더 나은 것이라는 점을 가르쳤던 것이다.

제2과는 '격어(속담, 격언)'로 구성됐는데, 다음과 같은 열두 사례를 지적했다.

ㄱ. 범에게 물려가도 정신을 잃지 말라.

ㄴ. 건강한 신체에 좋은 정신이 나느니라.

ㄷ. 세계를 움직이려거든 내 몸을 먼저 움직여라.

ㄹ. 때는 한 번 가고 두 번 다시 오지 않느니라.

ㅁ. 내일에 미루어 좋은 것은 가난밖에 없느니라.

ㅂ. 진실은 모든 위대함의 기초니라.

ㅅ. 종로에서 뺨을 맞고 한강에서 눈 흘긴다.

ㅇ. 단단한 땅에 물이 고인다.

ㅈ. 1전을 비웃는 자는 1전에 울 때가 있다.

ㅊ. 소 잃고 외양간 고친다.

ㅋ. 아는 도끼에 발등 찍힌다.

ㅌ. 동정 없는 눈에는 눈물이 없느니라.

여기에 무심히 넘겨버리기에는 중요한 정신교육의 뜻이 들어 있다. 우선 맨 앞에 내세운 '범에 물려가도 정신을 잃지 말라'는 것은 '우리가 지금 일제의 지배를 받고 있다고 해도 우리는 일본족이 아니라 조선민족이며 반드시 국권을 되찾아야 한다는 뜻을 잃지 말자'는 다짐이나 마찬가지였다. 이어 매헌은 '건강한 신체에 건강한 정신'을 강조했다. '건강한 신체에 건강한 정신'이라는 말은 고대 로마의 시인 유베날리스(Decimus Junius Juvenalis)가 처음 썼고, 고대올림픽을 부활시켜 1896년 4월에 근대올림픽을 시작하는 데 앞장섰던 프랑스의 쿠베르탱 남작(Baron de Coubertin)이 되살려 세계적으로 널리 쓰이기에 이르렀다. 우리나라에서는 이 말이 언제부터 쓰였는지 정확히 특정하기 어려운데, 매헌은 이 시점에서 이 말을 전파하면서 '체육'의 중요성을 가르치고자 한 것이다.

실제로 매헌은 농민계몽운동을 전개하면서 고향의 수암산 이름을 따서 수암체육회를 출범시켰다. 조선의 지도자들은 체육의 중요성을 강조하면서 1920년 7월에 서울에서 조선체육회를 발족시키고, 1920년 11월에 제1회 전조선야구대회를 열었으며, 1921년 2월에 제1회 전조선축구대회를 열었고, 1921년 10월에 전조선정구대회를 열었던 것이다. 그때 서울을 왕래했을 뿐만 아니라 〈동아일보〉를 구독하면서 조선체육회의 활동을 알고 있던 매헌은 여기에 자극을 받았던 것 같다. 수암체육회는 곧 운동장을 마련하기 위해 힘을 썼다. 매헌과 젊은이들의 노력에 감동된 마을 유지들의 도움을 받아 황무지를 확보한 다음에 그들 스스로 풀을 베고 돌을 치우며 땅을 다져 거기에 운동장을 마련할 수 있었다. 매헌은 곧바로 축구반을 만들고 홍백조(紅白組)를 편성해 축구 시합을 벌이기도 했다.[19]

매헌은 이어 '세계를 움직이려거든 내 몸을 먼저 움직여라'는 말로 적극성과 도전정신을 가르쳤다. 대단히 중요한 가르침이다. 어떤 학자들은 지난날 조선인의 성격적 특징들 가운데 하나로 '숙명적 성격'을 꼽았다. 정부의 탐학에 시달린 데다가, 나라가 망하기까지 하자 소수의 애국지사들을 제외하고는 대부분이 숙명론에 빠졌다는 것이다. 한때 유행했던 '엽전론'이 그 대표적 사례로, "우리 엽전들이 무얼 해본다고 한들 무슨 뾰족한 수가 나오던가?" 하는 자기모멸감이 주류를 형성했다는 것이다. 일제는 이것을 부추겼다. "조선놈들이 뭘 한다고 해봤자 서로 싸울 뿐 무엇 하나 제대로 하는 것 보았어?"라고 조롱하기 일쑤였다. 이러한 상황에서, 매헌은 과감히 숙명론에 도전해, '내 몸을 먼저 움직여 우리 운명을 개척하고 마침내 세계도 움직일 수 있다'라는 가르침을 제시한 것이다. 그의 이 가르침은 후대에 이르러 '세움내움'운동으로 계승되고 있다.

네 번째와 다섯 번째는 시간의 중요성을 가르쳤다. '시간은 생명이다. 오늘 할 일은 오늘 다 해치워야 하며, 내일이 있다고 핑계해서는 발전이 없다. 골수에 사무친 가난밖에는 뒷날에 미룰 것이 세상에 있지 않다'라는 가르침을 제시한 것으로, 미국의 독립운동가 가운데 한 사람이었던 벤저민 프랭클린(Benjamin Franklin)의 '시간은 돈이다. 오늘 할 일을 내일로 미루지 말라'라는 격언을 연상시킨다. '종로에서 뺨 맞고 한강에서 눈 흘긴다'란 말은 매헌에게 어떤 뜻이었을까? 일본에게 당했으니 일본을 상대로 싸워야지 일본은 내버려두고 우리 내부에서 서로 다투거나 싸우지 말자는 뜻을 전하고 싶었을 것이다. 그 밖의 격언들에 포함된 뜻은 다음과 같이 요약될 수 있을 것이다.

참을 배워 실천하도록 해야 한다. 진실을 떠나서는 어떠한 것도 결코 위대한 것이라고 할 수는 없다.

핑계 될 일은 결코 하지 않는 것이 좋다.

우리는 모두가 물이 고여 저수지가 될 수 있는 단단한 땅의 구실을 해야 큰 목표를 달성할 수 있다. 한 푼이라도 소홀히 여겨서는 안 되며 그렇게 했다가는 보복을 받는다. 그리고 미리 모든 일에 대책을 세운다. 일을 당한 다음에 아무리 애써본들 사전에 예방하느니만 못하다. 매사에 주의하고 유념해서 살아야 할 일이며, 동정할 줄 아는 사람만이 동정을 받게 될 것이다.

제2권은 또 「영웅의 야심」, 「낙심 말라」, 「백두산」, 「윷놀음」, 「됴션 디도」, 「구구법」 등을 담았다. 「영웅의 야심」은 마케도니아의 왕으로 서양 세계의 많은 지역을 정복했던 알렉산드로스—매헌은 '알렉산트'로 표기했다—의 야심을 짧게 소개하며, 조선 청년들도 야심을 갖도록 격려했다. 일제의 식민 지배에 주눅들어 살지 말고 독립을 향한 큰 꿈을 품으라는 뜻이었을 것이다. 비슷한 맥락에서, 매헌은 「낙심 말라」에서 우리 청년들에게 "이제는 다 틀렸다고 너무 낙심하지 말고 … 강개한 감정을 가지라"고 격려했다. 비슷한 시점인 1927년 7월 27일에 〈동아일보〉는 「야망을 가지자」라는 사설을 내보내면서 조선 청년들에게 현실에 안주하거나 비관하지 말고 대의를 생각하며 큰 꿈을 가질 것을 호소했다. 〈동아일보〉를 구독하던 매헌은 이 사설에서도 암시를 받았을 것이다.

「백두산」은 민족의 상징인 이 영산에 대한 매헌의 존경을 나타내고 있다. 그는 우선 "삼천리 반도 안에 생존하여 있는 2천만 동포의 한숨과 눈물과 번민과 고통 그 모든 잔인한 상태를 세세히 살펴 다소 동정하는 듯이 북단에 우뚝 솟아 있다"라고 묘사하고, "설한풍을 막아주듯이 건장하고도 엄연한 태도를 보이는 듯, (백두산의) 송림은 울울창창하다"라고 칭찬했다. 마지막 구절은 시적(詩的)이다. "백두산이 (자신의) 물 근원을 무슨 원한이 있어 눈물을 뿌리듯 흘려보내 200리 압록강으로 만들었다"라고 쓰고 "아, 백두산아! 너무나 낙루하지 마라. 그다지 약소한 내 조선이 아니다"라고 매듭지었다. 여기서도 매헌은 일제 강점 아래 눈물을 흘리며 사는 동포들을 염두에 두고 동포를 대신해 백두산이 '낙루' 하고 있다고 암시하고, 그러나 조선이 약소한 나라가 아님을 역설하면서 학생들과 농민들에게 자신감을 불어넣어주고자 한 것이다.

「됴션디도」는 물론 '조선 지도'를 의미한다. 조선 지도를 그리면서, 13도의 경계를 표시하고 그 이름을 하나하나 써 넣었고, 동해와 황해를 표시했으며, 섬으로서는 제주도를 그려 넣었고, 조선해협을 표시했다. 조선의 중심은 경기도로 서울이 그곳에 있고, 평안남도에 평양이 있고, 경상남도에 부산이 있으며, 강원도에 금강산이 있다고 부연했다. 매헌은 이 「됴션디도」를 통해, 우리가 비록 일제 강점 아래 놓여 있지만 우리의 조국은 조선임을 깨우쳐주고자 한 것이다.

여기서 한 가지 흥미로운 부분은 매헌이 이 지도에서 조선반도 위에 만주가 있음을 표시하고 이곳이 '청나라'의 땅이었음을 지적하면서도 일본은 전혀 그려 넣지 않았고 일본이라는 단어조차 써 넣지 않았다는 사실이다. 이 지도만 보아서는 일본은 존재하지 않는다. 매헌은 이러한 방식을 써서라도 일본을 부인하고 싶었을 것이다.

「구구법」은 학생들에게 구구단을 외우게 하려고 상자 모양의 그림 안에 넣어 소개했다. 이어 「긔경한 현대」에서는 '긔경한' 곧 '기경(奇驚)한' 기기(機器)들을 소개했다. 매헌은 우선 우리가 사는 이 20세기는 많은 발명이 이루어짐으로써 현대문명을 '대급행(大急行)'으로 몰아가고 있다고 지적하고 여기에 대해 우리가 많은 준비를 해야 한다고 제의했다. 이러한 문제의식에서, 매헌은 인쇄기, 사진술, 사진 필름, 활동사진기, 망원경, 기차, 증기선, 비행기, 방적기계, 전신, 무선전신, 전신기, 축음기, 전등, 화약, 기관차, 자동차 등을 그것들을 발명한 사람의 이름과 국적 그리고 발명한 시기와 함께 도표로 보여주었다. 예컨대, 기차는 영국의 스티븐슨이 1825년에, 인쇄기는 독일의 구텐베르크가 1840년에, 전신은 미국의 모스가 1844년에, 활동사진기는 미국의 에디슨이 1895년에, 비행기는 라이트 형제가 1903년에 발명했다고 설명한 것이다. 이 글을 통해, 매헌은 서양에서 발달한 과학기술의 실상을 가르치고 학생들을 자극하고자 했다.

제3절

『농민독본』을 짓다(2): 제3권의 내용

1 | 인간평등사상 및 자유사상을 담다

제3권은 현재 제1과로부터 제7과까지만 남아 있다. 제1권과 제2권보다 수준이 약간 높다.

제1과 「농민과 노동자」는 "나는 농부요, 너는 노동자다. 우리는 똑같은 사람이다. 높지도 낮지도 아니하다"로 시작한 데 이어 "나는 밭을 갈고, 너는 쇠를 다룬다. 우리들 세상이 잘되도록 쉬지 말고 일을 하라. 앞으로 앞으로 더욱더욱 앞으로"로 끝맺었다. 이 짧은 글은 이른바 신체시(新體詩)를 닮았다. 농민과 노동자를 대등한 지위의 사람으로 보면서, 열심히 일할 것을 권장했다.

제2과 「양반과 농민」은 제1과와 마찬가지로 신체시의 형태로 다음과 같이 썼다.

> 농민은 못난 사람이 아니다.
> 못난 사람은 농민이 아니다.
> 못난 사람이 아닌 농민이다.
> 농민은 양반이 아니다.
> 양반은 농민이 아니다.
> 양반이 아닌 농민이다.
> 농민은 양반이 아니다.
> 또 못난 사람도 아니다.

신분제도를 유지했던 조선왕조 시대에 농민은 양반계급과 중인계급 다음의 평민계급에 속했다. 자연히 상위 계급에, 특히 양반에 눌려 지냈다. 그런데 여기서 매헌은 농민이 절대로 못난 사람이 아니라고 역설하며, 본질적으로 모든 인간은 평등하다는 사상을 전파했다.

제3과 「자유」는 "인생은 자유의 세상을 찾는다. 사람에게는 천부의 자유가 있다"라고 선언한 뒤, "머리에 돌이 눌리우고 쇠사슬이 걸린 사람은 자유를 잃은 사람이다"라고 정의했다. 이어 "자유의 세상은 우리가 찾는다. 자유의 생각은 귀하다. 나에 대한 생각, 민중에 대한 생각, 개인의 자유는 민중의 자유에서 나아진다"라고 매듭지었다.

자유에 대한 매헌의 인식을 선명하게 보여주는 가장 대표적인 글이 바로 이 글이다. 그 핵심은 "사람에게는 천부의 자유가 있다"라는 선언이다. 그런데 여기서 주목되는 것은 매헌이 한 '개인의 자유'를 '민중의 자유'에 연결시켜 이해했다는 사실이다. 한 사회, 한 국가의 구성원 대다수가 자유로울 때 그 구성원의 일원인 한 개인도 자유로울 수 있다고 그는 인식했던 것이다.

매헌의 이 자유론은 결국 일제 강점으로부터의 조선의 자유를 부르짖은 것이다. "머리에 돌이 눌리우고 쇠사슬이 걸린 사람은 자유를 잃은 사람이다"라는 구절은 곧바로 그때 일제의 강점에 따라 '돌에 눌리고 쇠사슬에 걸린' 조선을 가리킨 것이었고, 거기서 해방된 '자유의 세상'은 '우리가 찾아야 한다'라고 매헌은 가르친 것이다.

제4과 「농민」은 이미 드러난 매헌의 농민관을 부연한 것이다. 핵심을 찌른 그의 이론은 세 부분으로 구성됐는데, 첫 부분의 전문은 다음과 같다.

우리 조선은 농민의 나라입니다. 과거 4천여 년 동안의 역사를 돌아볼 때 어느 때에 비록 하루라도 농업을 아니 하고 살아본 적은 없습니다. 역사의 첫머리부터 지금에 이르기까지 전혀 농민의 나라인 것은 감출 수 없는 사실입니다. 또, 현대를 살펴볼 때 전 조선 인구의 10분의 8이 논에 밭에 산에 나서고 있으니, 온 세계를 통틀어본다고 하더라도 우리 조선과 같이 철저한 농업국은 다시 없습니다. 오늘날 조선에 있어서 총생산 18억 원 가운데서 농산물이 13억 원을 차지하고 있어 이것 때문에 우리의 목숨이 살아 있는 것입니다. 이 모든 것이 어느 것 하나가 농민의 손과 발이 가지 아니하고 되는 것이 없습니다. 2천500만 인구가 논에서 밭에서 산에서 귀중한 땀을 철철 흘리면서 만들어내는 것입니다.

여기서 매헌은 조선이 역사적으로 농업국가임을 상기시키면서 그 주역은 농민이었고 그들이 피와 땀을 흘려 나라를 유지해왔음을 역설했다. 두 번째 부분의 전문은 다음과 같다.

조선에서 주인공인 농민은 이때까지 주인 대접을 못 받고 살아왔습니다. 그까짓 농군놈들, 촌놈들이라고 학대하고 멸시함이 정말 혹독하였습니다. 온 세상이 다 농민을 사람으로 여기지 아니하여 조금도 돌보지 아니하였습니다. 따라서 조선의 주인인 농민은 도리어 헐벗고 굶주리고 불쌍한 가난뱅이가 되었습니다. 주인이 못살면 다른 사람도 따라서 못사는 법입니다. 우리 조선에서 농민이 이처럼 가난하다는 것은 전 조선이 못살게 되는 것과 마찬가집니다. 그러므로 우리는 모든 힘을 농민에게 돌려야 합니다.

여기서 매헌은 농민이 조선의 주인이지만 주인으로서의 대접을 받지 못하고 천대받는 가운데 가난 속에 살아온 데 대해 동정과 연민을 표시했다. 세 번째 부분의 전문은 다음과 같다.

> 농사는 천하의 대본이라는 말은 결단코 묵은 문자가 아닙니다. 이것은 억만년을 가고 또 가도 변할 수 없는 대진리입니다. 사람이 먹고사는 식량품을 비롯하여 의복, 집의 자료는 말할 것도 없고 상업, 공업의 원료까지 하나도 농업 생산에 기대지 않는 것이 없느니만큼 농민은 세상 인류의 생명창고를 그 손에 잡고 있습니다. 우리 조선이 돌연히 상공업 나라로 변하여 하루아침에 농업은 그 자취를 잃어버렸다 하더라도, 이 변치 못할 생명창고의 열쇠는 의연히 지구상 어느 나라의 농민이 잡고 있을 것은 사실입니다. 그러므로 농민의 세상은 무궁무진합니다.
>
> 또 다른 의미로는 어떤 사회나 국가·민족이나 한 덩어리로 이루어질 때는 반드시 그 가운데에 절대 다수를 차지한 계급이 그 사회나 국가나 민족의 주춧돌이 되며 기둥이 되는 것이니 이것을 볼 때에 조선의 장래는 농민의 것이 안 될 수 없습니다. 다시 말하면 농민의 손으로써 농민을 본위로 한 정치와 경제와 문학과 예술과 교육이 존재하게 될 것입니다.

첫 번째 부분과 두 번째 부분도 그렇지만 특히 이 세 번째 부분은 우리가 앞에서 살폈던 〈조선농민〉 제2호에 실린 권두사 그리고 이성환의 「〈조선농민〉의 3대 제창」에 크게 영향받았음을 보여준다.

2 조선농촌개조론을 전개하다

제4과 「농민」에 나타난 매헌의 농민관은 제6과 「농민과 공동정신」에서 절정을 이룬다. 그는 우선 첫 부분에서 농민의 단결을 원론적 수준에서 강조하며 다음과 같이 썼다.

> 독립적 정신이 조선을 살리는 원동력인 것과 같이 농민의 공동정신이 또한 조선을 살리는 긴요한 하나입니다. 독불장군이라는 말과 같이 한 사람의 힘으로는 아무렇게 하여도 이기기 어려운 일을 여러 사람이 공동으로 하면 넉넉히 이기는 것입니다. 천 가지 만 가지로 낡고 물들고 더럽고 못생긴 것을 무찔러버리고, 새롭고 순수하고 깨끗하고 아름다운 것으로 만들어놓지 않으면 안 될 조선에 있어서, 또 더욱 남달리 가진 힘이 빈약한 조선의 농민으로서도 무엇보다도 경우와 이해를 같이하는 사람끼리 일치공동의 필요를 절실히 느낍니다.

매헌의 이 글 가운데 주목되는 부분은 우리 농촌을 '새롭고 순수하고 깨끗하고 아름다운 것'으로 개조하자는 제의다. 이것은 조선 사회를 새로운 사회로 개조하자는 뜻이었다. 그때 조선 사회에서는 이상사회론이 토론되고 있었다. 그 대표적인 제창자는 도산 안창호였다. 그는 '신생활운동'을 바탕으로 '이상촌'을 세울 것을 제의한 것이다.

그러면 도산의 제의와 매헌의 제의에는 어떤 공통점이 있고 어떤 차이점이 있는가? 이 물음에 대해 박상준(朴商駿) 교수는 우선 도산과 매헌 모두 농촌부흥운동을 통해 농민을 구제하고 나아가 민족중흥을

꾀했다고 보면서도 그들 사이에는 차이가 있다고 지적했다.

> 도산의 주장은 농촌을 도시화하자는 데 있었다. 즉 환경 미화와 아울러 위생적이고도 검소한 분위기 조성으로 농촌의 외면을 정리하자는 데 있었다. 그러나 매헌은 농민들을 교육하고 애향애린(愛鄕愛隣)의 공동 생활정신을 함양함으로써 농촌의 내부 구조를 개혁하자는 것이었다. … 도산의 계획이 지식인의 농촌 개량으로 '위로부터의 운동'이라면, 매헌의 그것은 농민 자체의 농촌 부흥으로 '아래로부터의 운동'이라고 보아서 무리가 없을 듯하다.[20]

그러면 매헌의 조선농촌개조론은 어디에서 나온 것일까? 물론 매헌 자신의 농촌 생활 체험으로부터 우러나온 것일 수 있다. 동시에 덴마크로부터 암시를 받았을 수도 있다. 이것은 그가 행한 한 강연을 보면 알 수 있다. 한 책에 따르면, 그는 다음과 같이 강의했다.

> 덴마크는 구라파의 독일과 영국 근처에 있는 나라인데, 국토는 우리 조선의 3분의 1이 되고 인구는 5분의 1쯤 되는 나라이다. 흙은 가벼워서 바람이 불면 날아가기 쉽고, 거기다 또 짙은 안개가 끼어서 1년 중 40여 일은 해를 볼까 말까 한다. 이처럼 자연의 이점을 갖지 못한 덴마크가 오늘날 세계 제일의 이상국가로 되어 있다는 사실은 우리가 배워야 할 점이다. 지금 덴마크를 보는 사람들의 눈에 얼른 떠오르는 것이 있으니, 그것은 심산유곡일망정 동네마다 있는 고등공민학교요, 농촌협동조합이 발달되어 있고, 관개사업이 잘되어 있으며, 목축사업이 잘되어 있는 것이다.

이 나라 농민들은 과학적 상식이 발달하였고, 일하는 것에 굳은 신념을 품고 있다. 아침에 일하러 나갈 때, 또 저녁에 집으로 돌아올 때 그들은 꽃에 입을 맞추고 인생을 즐긴다. 이 나라에는 대지주가 없고 소작인도 없으며 대개는 자작농이다. 그뿐만 아니라 교육이 고루 발달하여 국민 정신이 공동일치하고 있다. 이것이 덴마크의 아름다움을 가꾸는 요소이다. 덴마크의 청년들이 용맹스럽게 노래를 부르고, 조국의 역사와 자연을 사랑하며, 현실 생활의 개척과 향상을 위하여 협심·노력하는 것은 어느 나라 사람이고 본받을 일이다.[21]

그러면 매헌은 어떠한 배경에서 또는 어떠한 경로를 통해 덴마크에 대한 위와 같은 지식을 얻게 됐을까? 이 물음에 대해 정확히 대답하기는 어렵다. 다만 일본의 무교회주의자 우치무라 간조(內村鑑三)가 1911년에 출판한 소책자 『덴마크 이야기』가 덴마크의 농촌부흥운동을 상세히 소개했는데, 이 책이 우치무라 간조를 존경하고 그의 가르침에 따라 일제강점기의 조선에서 무교회주의운동을 전개한 김교신(金教臣)에 의해 조선의 지식인들 사이에 소개됐음을 생각한다면, 아마도 그들의 저서나 강연을 통해 매헌에게도 전해진 것이 아닌가 추정해본다.

매헌은 이어 제6과 「농민과 공동정신」의 두 번째 부분에서 농민의 단결을 위한 구체적 방안을 제시하고, 우리가 다음 제4절에서 보듯, 실제로 이 운동을 전개한다. 그것은 공동경작 또는 공동조합 등으로, 그는 다음과 같이 썼다.

크게는 그만두고 사소하게 본다 하더라도 공동경작이라든가, 또는 농사에 대한 각종 결함이라든가, 또는 상공업자가 벌이고 있는 상리(商利)의 그물을 벗어나는 소비·판매에 대한 조합과 같은 것도 또한 그러하여, 농민의 일치공동이 아니고는 될 수가 없는 것입니다.

농업자의 사이에는 다른 경쟁이 없습니다. 이 경쟁심이 박약하니 만치 일에 대한 공동이 잘되지 아니하였지마는 오늘과 같이 농촌이 말 못 되게 거칠어지고, 농민의 살림살이가 극도로 글러져서 전 민중의 생명이 뿌리로부터 뒤흔들리게 된 이때를 당하여, 경우가 같고 이해가 같은 사람들은 이에 대한 대책으로 일치공동의 정신을 가져야 될 것입니다.

매헌은 마지막으로 세 번째 부분에서 농민의 일치단결을 거듭 역설하며 시베리아 말들의 예까지 들었다.

우리는 내 밭만이 잘 다스려져서 농사가 잘된다 하여 다른 사람의 밭은 거칠어지건 말건 그까짓 일은 상관할 것 없다고 하여서는 안 됩니다. 내 한 몸을 잘살게 하기 위하여는 내 사는 농촌을 바로잡아야 되고, 내 사는 농촌을 바로잡기 위하여는 마을에 있는 같은 경우의 사람들의 단합이 아니고는 안 될 것이니, 서로 미약하나마 있는 힘을 다하여 끝끝내 나아가는 것밖에는 없습니다. 묶어놓은 화살단은 풀어놓은 외대 살보다는 강하고, 시베리아 넓은 벌판에 있는 굴레 벗은 말들은 이리의 침해를 막기 위해 떼를 지어 다닌다 합니다.

제4과와 제6과 사이에 제5과 「소금과 사탕」이 있다. 여기서 매헌은 소금과 사탕의 기능과 제조 방법을 소개하면서, 특히 조선에서 소금을 만들어내는 곳에 대해 자세히 설명했다. 그 과정에서, 그는 "가장 풍성

한 소금을 고는 도(道)는 전라남도올시다. 조선서 나는 소금의 3분의 1 이상은 이 도에서 나고, 그중에서는 나주 소금이 제일 유명합니다. 그다음은 경기도가 되고 남양 소금도 매우 유명합니다"라고 부연했다.

제7과 「린컨의 고학」은 "린컨은 아메리카합중국(米國)의 열여섯 번째 대통령 옳이다. 린컨은 지금으로붙어 백여 년 전에 미국 캔터키주에서 시골 한구석 구차한 집에 태어났읍니다. 린컨이 일곱 살 되던 해에 안듸아나주"라는 데까지 남아 있고, 뒷부분은 소실됐다. '안듸아나'는 '인디애나'를 가리킨 것이다.

전문을 찾을 수는 없지만, 우리는 매헌이 링컨이 가난한 환경 속에서 어떻게 자신의 운명을 개척해 위대한 인물이 되었는가를 가르치고자 했을 것이다. 특히 그가 노예해방을 실현한 정치가였음을 강조해 조선의 청년들 가운데 앞으로 노예 상태에서 생활하는 조선 민족의 해방을 시도하고 실현할 정치가가 출현하도록 고취하고자 했을 것이다.

제4절

목계농민회 조직으로부터 월진회 출범으로까지

매헌의 농촌계몽운동은 강의와 저술에 한정되지 않았다. 그는 조선의 국내에서 일어나는 항일운동의 흐름에 주목하면서 동시에 자신이 『농민독본』에서 제시했던 여러 방안을 실천으로 옮겼다.

1 목계농민회를 조직하다

그 첫째가 목계농민회 조직이었다. 목계는, 제2장 제1절 제3항에서 보았듯, 예산의 가야산에서 발원하여 덕산으로 흘러내려오는 시내를 말하는데, 매헌은 1927년 3월에 동지들과 함께 이 시내 이름을 딴 농민회를 출범시킨 것이다. 목계에 대한 매헌의 사랑은 그가 지은 한시 「수심(修心)」에서 읽을 수 있다.

목계일곡수(沐溪一曲水) 목발이에 굽이굽이 흐르는 한 줄기 시냇물
수덕원자류(修德源自流) 수덕산 심산계곡에서 샘솟아 흘러흘러
척오신오예(滌吾身汚穢) 내 몸의 더러운 때 깨끗이 씻어내리고
무진격천추(無盡格千秋) 그 시냇물 마르지 않고 영원히 흐르리.[22]

목계농민회는 실천 목표로 다섯 가지를 제시했다.[23] 첫째, 증산운동이다. 농토를 늘리고 농업 방식을 개량해서 한 알의 곡식이라도 더 생산되도록 힘쓴다는 것이 첫 번째 목표였다. 어느 모로 보나 그것은 우리 농촌의 가장 절실한 과제였다. 그때 농촌이 가난했던 원인은 무엇보다도 낮은 생산성에 있었다. 죽도록 열심히 일을 해도 겨우 입에 풀칠할 정도

의 결과밖에 얻지 못하는 것이 현실이었다.

둘째, 마을 공동의 구매조합을 설립한다는 것이다. 이 계획은 이미 매헌이 자신의 저서 『농민독본』에 밝힌 것으로, 농촌의 공동체 작업을 이루려는 기초작업으로 가장 적절한 계획들 가운데 하나로 평가될 만하다. 협동이란 그저 생각과 말만으로 이루어지는 것이 아니다. 매헌은 마을 공동의 구매조합을 만들어 생산물은 될 수 있는 대로 비싼 값에 내다 팔고, 농민들의 일용품과 영농에 필요한 비료와 농약 등은 싼값에 사들이고자 했다. 우리 농촌에서의 전통적인 상호부조 정신인 두레 정신의 발현으로, 김상기는 "목계농민회의 농민운동은 우리나라 근대 농업협동조합운동의 효시로 평가할 수 있다"라고 그 의미를 부여했다.[24]

셋째, 국산품애용운동의 전개다. 그때 일제는 정치적, 군사적 침략뿐만 아니라 경제적 침략까지 하고 있었다. 매헌과 그의 동지들은 일제의 이 경제 침략에 맞서는 방편으로 국산품애용운동을 전개하고자 한 것으로, 조선 사람은 조선 사람이 만든 물건을 애용해서 조선 사람의 단합된 힘을 보이고 민족자본을 형성해야만 한다는 뜻이었다. 비록 일본 상품이 좋다고 해서 일본 상품을 사들이면 마침내 조선 사람은 경제적으로도 일본 사람의 노예 신세로 떨어진다고 그들은 생각했던 것이다.

이 운동은 그때 평양에서 시작돼 서울로 확산되면서 1923년 이후 전국적으로 일어난 물산장려운동에서 자극을 받은 것이라고 할 수 있다. 이 운동은 '조선 사람 조선으로!,' '우리 것으로만 살자!' 등의 구호를 제창했는데, 매헌과 그의 동지들은 여기에 공감했을 것이다.[25]

넷째, 부업의 장려다. 농업의 생산량은 무한정 느는 게 아니어서, 아무리 영농 기술을 개발한다고 해도 생산량의 증가에는 한계가 있게 마련이고 자연히 농민의 소득은 늘 제자리걸음이었다. 그 한계를 극복하기 위해서는 농사 하나에만 매달릴 것이 아니라 부업을 통해 수입원, 곧 농외소득을 올릴 필요가 컸다. 특히 겨울철이 되면 모두가 일손을 놓아버리는 농촌의 현실에 비추어 부업의 개발은 절실한 과제였다. 여기서 매헌은 양계나 양돈, 또는 양잠이나 양봉 같은 것을 부업의 대표적인 사례로 제시하면서 농민들을 독려했다. 매헌 스스로 양봉강습소에 나가 벌 치는 법을 배워 마을 사람들에게 가르쳤고, 닭을 치되 횃대를 매어 닭똥을 제대로 모아 유기비료로 쓰도록 지도했다.[26]

다섯째, 생활 환경의 개선이다. 낙후된 농촌 환경의 개선은 가장 짧은 시일 안에 눈에 보이는 효과를 거둘 수 있는 농촌운동 가운데 하나다. 매헌과 그의 동지들은 우선 여기에 손을 대기로 결정했다.

이처럼 목계농민회를 중심으로 활동하던 때의 모습은 부인의 다음과 같은 회상에 부분적으로 묘사됐다.

> 농촌운동을 전개하기에 이른 그이는 동네에는 제일 먼저 고구마 싹을 가꾸는 온상을 시작한 사람이기도 했다. 도중도로 건너가는 냇가의 아래 밭터 200평에 개량농의 시범으로 고구마 싹을 퍼뜨린 것 같은데, 그만 저장이 잘 안 되어 처음부터 성과를 거두지 못했다.
>
> 우리 아낙네들은 늘 가사에 얽매여 있는 데다가 밤을 낮 삼아 길쌈을 해야 하는 나날이어서, 그 시절 밖에서 그분 일행이 하는 일에 이렇다 할 도움을 드릴 수가 없었다. 지금 와서 생각할수록 안타까운 노릇이다. 인근의 시골 아이들뿐만 아니라, 아버지 연배의 어른들까지 가르치는 20세 갓 넘은 남편을 둔 것이 마음속으로 대견스럽기도 했지만, 그 짧은 8년의 세월을 왜 많이 도와드리지 못했던가 한스럽기 이를 데 없다.[27]

2 신간회에 관심을 갖다

이처럼 매헌이 농촌계몽운동 또는 농촌부흥운동에 전념하고 있던 때인 1926년에 6·10 만세운동이 일어났다. 조선왕조의 마지막 군주 순종이 승하하자, 마치 고종의 승하를 계기로 1919년에 3·1운동이 일어난 것처럼, 전국적 차원에서 만세운동이 일어난 것이다. 비록 그 규모와 열기는 3·1운동에 미치지 못했으나 이 운동은 다시 조선의 독립에 대한 열망을 자극하는 데 일정하게 기여했다. 그 결과 1927년 2월 15일에 식민지 조선에서의 민족유일당으로 신간회(新幹會)가 서울 중앙기독교청년회관에서 창립됐다. 민족주의자들과 그리고 공산주의자들을 포함한 사회주의자들이 제휴해 이룩한 민족협동전선의 산물이었다. 회장과 부회장에는 각각 민족 진영의 이상재(李商在)와 권동진(權東鎭)이 선출됐다.[28]

일제에 대한 비타협적 항일운동을 지향한 신간회는 전 민족적 호응 속에 곧 경성지회를 비롯한 지회를 전국 곳곳에 세웠다. 예산지회도 1927년 11월 14일에 설립됐다. 매헌은 깊은 관심을 보였다. 그러나 19세의 젊은 나이였기에 지도부에 진출할 수는 없었다. 그렇지만 예산지회 설립은 농촌부흥운동을 전개하던 매헌과 그의 동지들에게 '크나큰 활력소'가 됐다.[29] 신간회는 일제의 탄압과 그리고 국내의 공산주의자들에게 영향을 주던 코민테른, 곧 국제공산주의자운동기구의 노선 변경에 따른 해산 지시가 겹쳐, 매헌이 중국으로 망명한 뒤인 1931년 5월에 해산된다.

3 | 윤독회와 위친계를 시작하다

농촌계몽운동의 하나로 매헌은 책을 돌려 읽는 운동, 곧 윤독회 운동을 시작했다. 그때는 읽을 책도 넉넉하지 않았지만 가난한 농민으로서는 한 권이라도 사서 보기가 어려웠다. 이 사실을 직시하고 매헌은 각자가 갖고 있는 책을 다른 사람에게 빌려주어 돌려 읽게 하는 운동을 시작한 것이다. 스스로 호주머니를 털어 여러 책을 사들였는데, 거기에는 조선왕조 후기의 고전 『춘향전』을 비롯해 역시 조선왕조 후기에 남영로(南永魯)가 썼다고 전해지는 『옥루몽(玉樓夢)』, 그리고 일제강점기에 한용운(韓龍雲)이 쓴 『명사십리(明沙十里)』와 역시 일제강점기에 최관식(崔寬植)이 쓴 『이순신 실기』 등이 포함됐다.

거기서 한 걸음 더 나아가, 매헌은 각 마을에 한 사람씩 책을 읽어주는 사람을 엄선해 고정 배치했다. 사람들은 그들을 '이야기 왕'이라고 불렀다. 그들이 '아주 생동적이고 실감 있게' 낭독함에 따라, "듣는 사람들은 때로는 작품 속의 경지에 흡인되어 하던 일을 그만두고 이야기에 정신을 팔기도 하였으며, 어떤 사람은 눈물을 흘리기도 했다."[30] 세월이 흐르면서, 독서회 또는 윤독회는 이곳 농민들의 생활 속에 자리를 잡았다. 그들의 독서력을 크게 신장시켰고, 생활 습관 그 자체의 개선에도 도움을 주었다.[31]

매헌은 곧 정종갑과 윤순의, 황종진, 이태경(李泰敬), 이민덕 등 5명의 동지들과 함께 1929년 2월 22일에 시량리 이태경 집에서 '위친계(爲親契)'를 설립했다. '어버이들을 위한 계'라는 뜻의 이 조직은 효와 상례를 극진히 하는 데 목적을 두었다. 위친계 취지서 스스로 "사람이 이 세상에 나서 어버이 봉양으로부터 장사까지를 진심으로 극진히 해야 자식 된 도리를 다했다 할 수 있다. 예의에도 행동과 물질이 따르지 않으면 성사가 되지 않는다"고 밝혔다. 마을의 청년들이 대부분 여기에 가입했는데, '출자금'으로 5원씩을 내게 했다.[32]

4 | 부흥원을 설립하다

목계농민회 회원들은 더욱 효과적으로 활동하기 위해서는, 그리고 농민들이 마음 편하게 모일 수 있기 하기 위해서는 회관의 설립이 긴요하다고 느꼈다. 다행히 마을 유지 윤주봉(尹柱鳳)이 장소를 희사하자 문진교(文鎭教)를 비롯한 동지들이 대패 일을 비롯해 목수 일과 토목 일을 나누어 맡았다. 이러한 공동의 노력 끝에 마침내 대들보를 올리는 상량식을 열기에 이르렀다. 건물의 상량식에 매헌은 다음과 같이 썼다.

> 龍 朝鮮開國 四千貳百六拾壹年 戊辰閏貳月 貳拾五日 午時 入住 上樑 子坐 龜
> (이것을 한글로 표기하면 다음과 같다: '용 조선개국 사천이백육십일년 무진윤이월 이십오일 오시 입주 상량 자좌 구')

여기서 주목되는 부분은 매헌이 그때 일본의 연호를 쓰던 관행을 철저히 무시하고 우리의 연호인 단기를 썼다는 사실이다. 매헌은 단군왕검이 개국한 때로부터 계산한 4261년을 내세웠는데, 이것은 간지로는 무진년에 해당하고 서기로는 1928년에 해당한다. 그는 여기서도 우리가 모두 우리 겨레의 시원(始原)국가로 전해진 단군조선을 세운 단군왕검의 후손이라는 사실을 일깨워주고 싶었던 것이다. 상량식을 거행한 날은 음력으로 2월 25일이었으며, 이것은 양력으로 3월 16일이 된다. 이 대들보는 현재 충의사에 보관되어 있다. 이 과정을 거쳐 '부흥원(復興院)'이라고 명명된 회관이 1929년 3월 하순에 완공됐다.[33]

5 | '반일적' 학예회 개최로 경찰의 주목을 받다

부흥원 완공을 기념하기 위해, 매헌은 3월 28일에 야학생들의 학예회를 열었다. 이 행사에 대해, 그는 자신의 일기에서 "야학 아동 학예회를 개최한바, 내빈이 다수 왕림하여 모두 칭찬하였다"라고 짧게 썼다.[34] 그러나 그때 학예회를 직접 관람했던 매헌의 아우는 이 학예회에 대해 자세히 회고했다. 이 회고를 요약하면 다음과 같다.

우선 이솝우화를 모방한 짧은 연극 「토끼와 여우」를 공연했다. 무대는 깊은 산속이었다. 같이 가던 토끼와 거북이가 길에서 빵 조각 하나를 주워들고 같이 나누어 먹으려고 하는데, 갑자기 힘이 센 여우 한 마리가 나타나 싱글벙글 웃으며 접근했다. "빵을 이리 내라. 내가 똑같이 반씩 나눠주겠다"고 말하면서, 곧바로 달려들어 빵을 두 조각으로 나눴다. 여우는 한쪽이 더 크다고 말하더니 다른 쪽과 똑같이 만들겠다고 큰 쪽에서 한 입 베어 먹었다. 그렇게 하고 나서는 저 쪽이 더 크다면서 또 한 입 떼어 먹었다. 이러한 식으로 여우는 이 빵 전부를 먹어치우고는, "거 참 맛있다"고 말한 뒤 싱글벙글 웃으면서 사라졌다. 이것은 일제를 교활한 여우로, 조선을 당하기만 하는 토끼와 거북이로 풍자한 것이었다.

이 촌극에 이어 사촌 누이동생이 나와서 「독일 여성의 주부생활」을 읽었다. 근면과 절약을 생명으로 여기며 한순간도 쉬지 않고 일하는 독일 주부를 우리의 스승으로 삼아 따라가야 한다고 역설한 것이다. 이어 농무가 공연됐다. 조선 농촌의 전통적인 춤인 농무를 보여줌으로써 우리 전통의 중요성을 각인시킨 것이다.[35]

일제 경찰의 덕산주재소는 이 학예회의 의미를 놓치지 않았다. 바로 그다음 날 덕산주재소는 매헌을 소환해 왜 그런 연극을 했느냐고 힐난했다. 매헌이 그것은 아이들의 단순한 촌극이었다고 둘러대자 경찰도 문제를 더 키우고 싶지 않아 경고하는 것으로 그쳤다. 김상기 교수는 "이 일을 겪고 나서 (매헌은) 식민지 백성으로 살기 힘든 현실을 새삼 깨달았으며, 농민의 계몽운동이 성공하려면 민족의 독립이 선행되어야 한다는 것을 뼈저리게 느꼈다"라고 썼다.[36]

6 | 월진회를 출범시키다

시련을 겪으면서도 매헌은 1929년 4월 3일에 목계농민회 회원들 그리고 야학당 학생들과 함께 나무를 심었다. 목계 냇가에 회원 1인당 50

그루씩 부담해 포플러—매헌의 표기로는 '뽀뿌라'— 6,000그루를 심었다. 또 산에는 1,000그루의 밤나무를 심었다. 모두 마을의 목돈을 마련하기 위한 장기적 계획의 일환이었다.[37]

매헌의 이러한 일련의 활동은 월진회(月進會)의 조직으로 이어졌다. 그의 일기에 따르면, 매헌은 1929년 양력 4월 23일에 부흥원에서 월진회를 발족시켰고 회장에 선출됐다. 이사에는 정종갑과 정종호(鄭鍾浩), 그리고 고문에는 윤창의(尹昌儀) 등이 선임됐다.[38]

월진회는 문맹 퇴치와 농촌 부흥 그리고 애국사상 고취 등을 활동 목표로 삼았다. 「월진회 약사(略史)」는 그 구체적 내용을 다음과 같이 설명했다.

> 첫째, 야학을 통한 문맹퇴치운동 전개
>
> 둘째, 강연회를 통한 애국사상 고취
>
> 셋째, 공동 경작과 공동 식수를 통한 농촌 경제 향상
>
> 넷째, 축산 등 농가 부업과 소비조합을 통한 농가의 경제 생활 향상
>
> 다섯째, 위생보건사업과 청소년의 체력 단련을 통한 체력 향상[39]

「월진회 약사」와는 별도로, 김광 선생은 월진회가 다음과 같은 네 개 항의 '종지(宗旨)'를 지향했다고 썼다.

> 1. 야학교를 조직하여 빈곤 아동에게 무상의 교육 기회를 제공함
> 2. 농민강습소를 개설하여 무지한 농민들에게 과학적, 합리적 농업의 상식을 촉진하여 진부한 농업 생산 방식을 개량함
> 3. 민중강연회를 개설하여 국내외 사정을 알리고 토론하며 공중

과 개인의 위생 등을 강연하여 지식보급화를 촉진함

4. 상호 친선·친목의 미덕을 길러 민중 단결의 힘을 공고히 함[40]

이것은 「월진회 약사」의 내용과 비슷하나, 빈곤 아동에게 무상교육의 기회를 준다거나, 민중강연회 또는 민중 단결 등을 강조하고 있는 점이 주목된다.[41]

매헌은 월진회의 기(旗)를 제작했다. 흰색 바탕에 석 줄의 청색 그리고 가운데에 무궁화꽃을 넣었는데, 흰색은 백의민족을, 석 줄의 청색은 삼천리금수강산을, 무궁화는 무궁하게 발전한다는 뜻을 담았다.

월진회의 주요 사업은 농촌부흥운동이었다. 이를 위해, 목계농민회에서 실시하던 농가 부업 장려와 공동판매 등의 사업을 계속했다. 회원들에게 어린 돼지를 한 마리씩 나눠주어 기르게 했으며, 양계에도 힘을 써 소득을 올리게 했다. 매헌은 월진회를 통해 농촌을 잘사는 마을로 부흥시키고자 한 것이다.

월진회에서는 저축증대사업도 전개했다. 월진회의 규약에 따르면, 매월 14일 오후 7시에 정기총회를 개최했다. 회원은 40여 명에 이르렀는데, 회원은 매월 10전씩 저금을 해야 했다. 매월 정기적으로 저금할 것을 강조하면서 만일 매월 납부하지 않을 경우에는 그동안의 저축액을 무효로 한다고 했다. 또 저축은 본인이 해야 하나 부득이한 경우에는 자식이나 조카가 대신해서 납부할 수 있게 했다. 그렇게 하지 않고 타인으로 하여금 납부하게 하면 처벌한다고 했다. 납부한 회비는 고덕금융조합 삽교출장소에 저금했다.

매헌은 조선 민족의 8할이 되는 농민이 단결하여 나아가면 농촌의 부흥과 민족의 부흥이 반드시 이루어진다는 것을 농민들이 확신하게끔

하고 싶었다. 그래서 그는 「월진회 금언(金言)」을 만들고, 그 글자풀이를 외우게 하여 월진회 운동의 민족적 사명감과 역할을 되새기게 했다.

월(月): 월지광(月之光)으로 일락지암(日落之暗)을 다시 밝힐 수 있다.

진(進): 진행곡에 발맞추어 한마음 한뜻으로 전진하자.

회(會): 회(會)의 준분(準分)을 간폐(肝肺)에 굳세게 각(刻)하자.

금(金): 금과 같이 당당한 만중(萬衆)의 숭배물이 되자.

언(言): 언약불수(言約不守)면 불신이요, 불신이면 비인(非人)이다.

여기서 가장 중요한 것은 첫 구절이다. "해가 진 뒤의 어둠을 달빛으로 다시 밝힐 수 있다"라는 뜻의 이 구절은 "지금 나라가 망해 어둠의 시대가 왔으나 우리 월진회의 활동을 통해 그 어둠을 밝힐 수 있다"라는 포부를 밝힌 것이다.

제5절

광주학생항일의거 등에 감동해 학생들에게 '항일전선'에 나서도록 격동시키다

매헌이 만 21세의 청년으로 부흥원 회관을 완공시키고 위친계와 월진회를 출범시킨 1929년 그해에 미국 뉴욕의 금융가에서 주가 폭락 파동이 일어나면서 이후 약 10년에 걸쳐 지속되는 '대공황'이 시작됐다. 이것은 미국 경제를 위기에 빠뜨렸고, 그 여파가 일본을 포함한 많은 나라들에 파급되면서 세계경제를 휘청거리게 했다. 일제는 자신의 활로를 식민지 조선에 대한 수탈 강화 그리고 만주로의 침략 확대에서 찾았다. 자연히 조선의 경제는 더욱 어려워졌고 농민의 삶은 더욱 피폐해졌다. 이것은 일제에 대한 저항을 다시 불러일으켰으며, 그리하여 조선 국내에서는 역사적으로 유명한 원산 총파업을 비롯해 일제에 대한 저항운동이 곳곳에서 잇따라 일어났다.

1 일기를 쓰기 시작하다

바로 이 중요한 전환의 시점에 매헌은 일기를 쓰기 시작했다. 이 일기는 음력으로 1929년 1월 1일부터 시작해 역시 음력으로 1930년 1월 하순까지 이어졌다. 만 1년의 일기로, 이것을 『매헌일기』라고 부르거나 1929년이 기사년임에 유의해 『기사년일기』라고 부른다. 이 일기는 20대에 들어선 청년 매헌의 내적 세계가 어떻게 형성되고 발전되는지를 부분적이나마 보여준다.

매헌이 모필로 쓴 「일기」—매헌의 자필로 '日記'로 표기됐다—는 '檀君 四貳六貳年'(단군 4262년)이라는 문구로 시작한 사실이 주목된다. 역사서에서는 '단군'은 '檀君' 또는 '壇君'으로 표기됐는데, 매헌은 오늘날 우리가 널리 쓰고 있는 '檀'으로 표기한 것이다. 이어 '개국 538년'을 써 넣었다. 그것은 조선왕조가 개국한 때로부터 계산해 538년이 됐다는 뜻이다. 비록 지금은 일제 강점 아래 놓여 있다고 해도, 조선은 사라진 것이 아니라 계속되고 있으며 그 뿌리는 단군조선이었다는 믿음을 보여준다. 매헌은 이어 그해가 '서력(西曆)'으로 1929년이고, '불기(佛紀)'로 2957년이며, 공자 이후 2480년임을 써 넣었다.

매헌은 곧 「서언」을 썼다. 한자와 한문식 표현이 많이 들어간 이 「서언」을 오늘날의 표기 방식으로 옮기면 다음과 같다.

> 가도 막지 못하는 것은 세월이다. 60초가 1분, 60분으로 1시간, 24시간이 하루이다. 자전을 마치고 사정없이 핑핑 돌아가는 지구가 어느덧 3만6,000의 자전을 마친다. 이것이 한 사람의 일생이다.
>
> 아! 그러면 무정한 저 광음이 인생을 얼마나 희생하였는가. 생각이 여기에 도달하여 한 줄기 동정하는 눈물을 금치 못하였노라.
>
> 묻노니 이러한 짧은 기간에 겪어 보내는 것이 무엇인가.
>
> 참, 붓으로 기록할 수 없는 고통, 번민, 노력, 온갖 일로 바삐 보내다가 한꺼번에 시간이 흘러가는 즐거움으로 일생을 보내는 이 인생이다. 이로 논하건대 이 인간은 눈물로 되었구나. 눈물로 된 인간이여, 아! 나의 마음을 억제할 수 없구나!
>
> 앞의 인생론은 맑은 하늘 한 장 종이에 다 기록할 수 없다. 금년의 행사나 기록하여보자.[42]

일기의 주된 내용

매헌의 일기는 대체로 다음과 같은 내용을 담았다. 첫째, 그날의 날씨를 자세하게 그리고 빠짐없이 기록했다. 인근의 어느 산에서 불이 난 일도, 그래서 연기가 자욱했던 일도 써놓았다. 아마 날씨에 직접적 영향을 받는 농촌에서 성장하고 생활하는 그에게 이것만큼 중요한 것은 없었을 것이다.

둘째, 집안의 크고 작은 일들이다. 할머니의 회갑연, 아버지가 삽교금융조합에서 대출을 받은 일, 비료 그리고 자신이 신을 고무신을 산 일, 보리밭에 비료를 쓰고 모를 낼 못자리를 만든 일, 밤 내내 논에 물을 댄 일, 담배 모종을 옮겨 심은 일, 김을 매어 잡초를 제거한 일 등이 그것들이다. 또 절에 다녀온 일에 대해서도 기록했다.

가사와 관련해, 이제 겨우 두 살인 맏딸 안순의 안질과 죽음에 대해 여러 차례 썼다. 삽교역전의 태창병원에서 진찰을 받았으나 '별로 신통한 효험이 없자' 예산읍의 해동병원에 입원시켰지만 거기서도 같은 진단을 받고서는 자신은 '불쌍한 마음에 소리 없이 옷깃을 적(시고…),' 아내는 아예 몸져누워 일어나지 못한 일이 포함됐다. 딸이 고통스러워하는 모습을 보면서, "맛있는 음식이 있으나 가슴에 맺힌 근심은 해결되지 않는구나"라고 쓴 구절, "저 인생은 나의 가슴을 찌르는 날카로운 칼날이 되어 늘 쉬지 않고 움직인다"라고 쓴 구절, 그리고 정월 대보름 날에 "한숨 끝날 날이 없구나. 가절(佳節)을 당하니! 달아 달아, 정월 15일에 둥근 달아, 묻노니 너의 힘이 그것뿐이냐. 저 인생에게는 비추어주지 못하나"라고 쓴 구절 등은 병마 앞에 무기력할 수밖에 없는 한 인간, 한 아버지로서의 착한 심성을 그대로 보여준다.

셋째, 주변 친구들과의 왕래다. 우리가 앞에서 살핀 위친계와 월진회 회원들과의 만남을 자세히 썼다. 음력 정월 초하루에 윤세희(尹世熙)의 집을 방문하고 『토정비결』을 보았더니 "八五三掛(853괘)의 入山擒虎死生難輯[43](입산금호사생난집, 호랑이를 사로잡기 위하여 산으로 들어가니 죽고 삶이 어렵고 어렵구나)가 나왔다"고 썼다. 돌이켜 생각하면, 『토정비결』의 이 괘는 왜적을 도륙하기 위해 상해로 들어가 거사한 뒤 순국하는 매헌의 미래를 예언한 것 같다.

넷째, 국가적, 민족적 일에 대한 고뇌 또는 감상이다. 음력 1월 2일(양력 2월 11일)의 일기에서 예산군 사회주사(主事) 이홍로(李弘魯)가 "1927년도 2천만 동포의 채무를 조사한 결과 남녀노소를 물론하고 한 사람당 평균이 150원(袁, 화폐단위를 '元'이나 '圓'이 아니라 '袁'으로 표기했다)이다"라고 말했다고 쓰고, 이 말은 자신의 귀를 놀라게 했다고 덧붙였다.

그는 그 원인의 하나를 우리 겨레의 '나태'에서 찾고, '근면은 값을 따질 수 없는 보물이다'라는 『명심보감』의 구절을 상기하면서, 그러나 우리가 근검하게 생활한다고 해서 언제 그 채무에서 벗어날 수 있겠느냐고 탄식했다.

이 밖에도 매헌은 임진왜란의 구국 영웅 충무공 이순신에 대해서도 썼다. 도요토미 히데요시(豊臣秀吉)의 조선 침략을 지적하면서 원균(元均)이 왜군을 물리치지 못한 사실, 그리고 이순신이 한때 억울하게 파면됐던 사실을 짧게 언급했다. 또 도요토미 히데요시의 뒤를 이어 막부를 세워 일본을 통치한 도쿠가와 이에야스(德川家康)를 저주하는 취지를 짧게 썼다.

2 | 광주학생운동과 매헌의 격정적인 연설 그리고 피검

1929년 11월 3일에 전라남도 광주에서 광주고등보통학교 학생들을 비롯한 조선인 학생들을 중심으로 항일운동이 일어났다. 시민들의 성원이 뒤따르는 가운데 이 소식은 곧바로 전국으로 전해졌다. 매헌도 이 소식에 접했다. 그는 12월 5일에 "광주고보 민족 충돌"이라고 짧게 썼다. 일주일 뒤 서울의 중동고등보통학교에 다니던 사촌 동생 윤신득(尹申得, 일명 윤은의[尹殷儀])이 귀향했다. 매헌은 이 사실도 짧게 써놓았다.

이틀 뒤에는, "경성 보성 만세 3창. 1. 일본제국 타파 만세! 2. 약소민족 해방 만세! 3. 노예적 교육 철폐 만세!"라고 썼다. 서울의 보성고등보통학교 학생들이 항일운동을 전개한 사실을 기록한 것이다. 12월 16일에는 "함흥수리조합 일본자(日本者)가 선인(鮮人) 3명 타살. 아! 가엾서라. 이 압박 어느 날 갚을런지"라고 썼다. 매헌은 일제에 대한 적개심에 불타고 있었던 것이다.

이러한 일련의 상황 전개를 바라보며, 매헌은 자신의 야학당에서 학생들을 모아놓고 대담한 연설을 했다. "여러분, 만약 당신들에게 아직도 흐르는 피가 뛰고 있고, 아직도 순환하는 기운이 흐르고 있다면, 일본 제국주의의 참혹한 압제 아래에 있는 2천만 동포의 통곡을 귀기울여 들어보시오! 만약 당신들에게 아직도 마음의 불이 타고 있고, 살아갈 의지가 있다면 당신들의 밝은 눈으로 일본 제국주의의 번뜩이는 칼날 아래 민족과 나라를 위해 희생한 학생들의 원한 맺힌 참상을 좀 보시오!"라고 말한 뒤, 우리가 가만히 있을 수는 없다면서 다음과 같은 연설로 학생들을 격동시켰다.

> 사랑하는 여러분, 이들 탄복을 자아내는 학생들은 대중과 조국을 위하여 이미 자신들을 희생했습니다. 그러므로 똑같은 피압박 환경 속에 있고, 똑같은 일본 제국주의의 지배와 유린하에 있는 우리는 이런 대중과 조국을 위한 정신과 책임을 가지고 그들처럼 투쟁해야 합니다. 그러자면 여러분도 그들과 똑같은 열렬한 정신을 품고, 오늘부터 웅장한 뜻을 견고하게 갖고, 각자 자신의 임무를 맡아 그들과 더불어 같은 전선에서 온 강산을 탈환할 책임과 2천만 민족정신을 회복하기 위하여 우리의 큰 적인 일본 제국주의를 파멸시켜 새로이 위대한 나라와 민족을 건설합시다![44]

이렇게 말했다고 해서, 매헌이 모든 학생들에게 '전선'에 나가서 '생명을 바쳐' '투쟁'할 것을 역설한 것은 아니었다. 각자 자신의 '장점'을 살려 '나라에 충성할 것'을 요구한 것이었다. 이 점에 대해, 그는 "교육을 잘하는 사람이 있으면 애국 교육의 임무를 맡아 노력하고, 정치에 재능이 있는 사람은 정치로써 나라를 구해야 합니다"라고 말했다.

그렇지 않아도 매헌을 감시하고 있던 일제 경찰당국은 그의 강연을 포착하자 곧바로 '구속'하고 야학당을 폐교하라는 명령을 내렸다. 다행히 지역사회의 유지들이 교섭한 결과 폐교 명령은 취소됐지만, 매헌의 '구속'은 취소되지 않았다. 3주가 지나서야 그는 풀려날 수 있었다. 이 사실은 일제의 기록에는 나오지 않는다. 매헌이 상해에서 의거한 뒤 체포됐을 때 일제의 상해주둔군 군법회의는 그가 '최근에 받은 형(刑)'을 기록해놓았는데 거기에는 그가 이전에 아무런 형벌을 받은 사실이 없는 것처럼 공란으로 처리되어 있다.[45] 또 그는 군법회의에서 법무관이 "형벌에 처해진 적이 없는가?"라고 물었을 때 "없다"라고 대답했다.[46] 그러나 앞의 경우 징역형만 기록해놓은 것 같아 그가 예산에서 받았던 처벌은 징역형이 아닌 구류처분이었던 것으로 짐작된다. 뒤의 경우에도, 자신이 받았던 3주의 '구속'은 형벌이 아니라 '구류' 정도의 처분이었던 것 같다.

비록 구류는 풀렸지만 학교는 떠나야 했다. 학생들은 송별회를 열어 '산보다 높고 바다보다 깊은 은혜와 힘을 보여준 선생님'을 보내면서 자신들이 앞으로 '각자 책임을 지고 열심히 노력할 것'을 다짐했다. 매헌은 그들에게 '부디 중대한 임무를 포기하지도 말고 잊지도 말고 … 나라를 해방시킬 것'을 당부했다.[47]

4

제4장

중국으로 망명하다

:: 청도에서의 1년 생활 뒤 상해로

제1절

"사나이가 집을 나섰으니 살아서는 돌아오지 않으리"

1 자유와 생명의 이상향에 대한 꿈을 담은 이향시(離鄕詩)를 남기다

우리는 바로 앞 제3장 제5절 제2항에서 매헌이 야학당을 떠나며 학생들에게 한 연설을 들었다. 오늘날의 시점에서 다시 들어보면, 그 연설에는 그가 이 시점에 이미 해외 망명을 결심하고 있었음을 암시하는 문구들이 있었다. "우리들이 하늘 아래 다른 곳에 있더라도 (나라를 사랑하고 동포를 사랑하는 …) 우리의 피와 사랑의 의식이 영원히 한곳에서 뭉치게 될 것"이라는 구절, 그리고 "… 저 하늘가와 저 땅끝에 있는 나를 생각(하기) 바랍니다"라는 구절 등이 그것들이다. 또 그 연설에는 그가 왜적을 도륙하려는 계획을 지니고 있었음을 암시하는 문구가 있었다. "우리에게 팽배한 뜨거운 피로 적과 싸우고, 모든 악마와 장애물을 제거하며 계속 정진하여 적의 진영을 부수어 횡포한 왜적을 모두 죽이고 승리의 깃발을 손에 들어 우리나라 만세를 크게 외칩시다!"라는 구절이 그것이다.[1]

매헌은 우리가 제2장 제2절 제2항에서 살핀 「자서약력」에서 자신의 망명 동기와 망명지에 대해서도 썼다. 오늘날의 철자법으로 옮기면, 그것은 우선 "날이 가고 해가 갈수록 우리가 받는 압박과 우리의 고통은 증가할 따름이다. 나는 여기에 한 가지 각오가 있었다"로 시작했다. 그는 이어 "솔직히 말하자면 뻣뻣이 말라가는 삼천리금수강산을 보고만 있을 수 없었다. 수화(水火)에 빠진 사람을 보고 그대로 태연히 앉아서 볼 수는 없었다"라고 썼다.

매헌이 지적한 대로, 일제의 수탈로 이미 피폐해진 조선의 농촌은 특히 1929~1930년에 이르러 심각한 고통으로 시달리고 있었다. 무엇보다 일본에서 쌀 농사가 풍년을 맞이해 예년과는 달리 조선에서 쌀을 수입할 필요가 없어지게 되자 판로가 크게 줄어든 조선에서는 쌀이 남아돌게 되어 값이 폭락했기 때문이었다. 자연히 농민의 삶에는 깊은 시름이 드리워지고 있었다.[2]

이러한 비극적 상황에서, 어떻게 하겠다는 것일까? 매헌의 대답은 "나의 철권으로 적을 즉각으로 부수려 한 것이다"로 압축됐다. 이어 그는 "이 철권은 널(관, 棺) 속에 들어가면 소용이 없다. 늙어지면 소용이 없다"라고 부연했다. 마지막으로, 그는 자신의 목적지가 '상해 가정부(假政府)'임을 분명하게 밝혔다. 그때 국내 신문들에는 대한민국임시정부를 폄훼하려는 일제의 강압에 따라 '가정부,' 곧 '가짜정부'로 표기됐기에, 그 역시 자신이 국내 신문을 통해 알게 된 그 이름을 쓴 것이다. 그는 "철권으로 적을 즉각으로 부수려는 각오로 상해를 목적으로 사랑하는 부모·형제와 아내와 사랑하는 자식 그리고 따뜻한 고향 산천을 버리고 쓰라린 가슴을 부여잡고 압록강을 건넜다"라고 썼다.[3]

매헌은 거사 직후 체포돼 상해 일본파견군 군법회의에서 예심관인 육군 법무관 하라 겐지(原憲治)로부터 신문을 받을 때도 "나는 조선의 독립운동을 하기 위해서, 상해에 독립운동 본거지가 있다고 들었기 때문에 이곳에 왔다"라고 대답했다. 우리가 제3장 제1절 제2항에서 이미 보았듯, 매헌은 망명 이전에 독립운동의 방편으로 무장투쟁론을 포지하고 있었는데, 이 대답은 그가 자신의 그 신념을 행동으로 옮기기 위해 상해로 왔음을 분명히 보여주었다.

매헌은 이처럼 비장한 각오로 가족과 고향을 떠나면서 한 편의 시를 지었다. 「이향시」로 명명된 이 시는 매헌을 연구하는 데 매우 중요한 의미를 지닌다. 그렇기에 그 전문을 오늘날의 철자법에 맞게 옮기면 다음과 같다.

슬프다 내 고향아
자유의 백성 몰아 지옥 보내고
푸른 풀 붉은 흙엔 백골만 남네
고향아 네 운명이
내가 어렸을 때는
쾌락한 봄 동산이었고
자유의 노래터였네

지금의 고향은
귀 막힌 벙어리만 남아
답답하기 짝이 없구나
동포야 네 목엔 칼이 씌우고
입 눈엔 튼튼한 쇠가 잠겼네
고향아 옛날의 자유 쾌락이
이제는 어데 있는가?

악마야 간다. 나는 간다
인생의 길로 정의의 길로
어디를 가느냐고 물으면
유랑의 가는 길은
저 지평선 가리켜
오로지 사람다운 인류세계의

분주한 일꾼 되려네

갈 곳이 생기거든 나를 부르오
도로가 울툭불툭 험하거든
자유의 불꽃이 피려거든
생명의 근원이 흐르려거든
이곳이 나의 갈 곳이라네

떠나는 기구한 길
산 넘고 바다 건너
구렁을 넘어 뛰고
가시밭 밟아 가네
잘 있거라 정들인 고국강산아

1930년 봄[4]

이 시를 김광 선생은 '流浪離鄕的人(유랑이향적인)'으로 번역했다. 중국어의 구어체를 '백화(白話)'라고 말하고 이것을 글로 표기한 것을 '백화문'이라고 부르는데, 그는 매헌의 「이향시」를 백화문으로 옮겼고, 이것을 서울대학교 문리대 중국어중국문학과 차주환(車柱煥) 교수는 다음과 같이 우리말로 옮겼다. 지금은 고인인 차 교수는 중국에서 항일독립운동에 참가했었기에, 매헌에게 관심을 갖고 이 시를 번역한 것이다.

고향을 떠나 유랑하는 사람

도깨비가 고향을 점령하고 있으면서
자유로운 사람들을 다 불지옥 속으로 밀어 넣어버렸다
남은 것이라고는 단지 잿빛의 옛 땅과 히끄므레한
일그러진 뼈다구뿐이다
고향이여, 너의 운명!

기억하거니와 나의 어릴 적에
현재의 이 고향은
즐거운 봄 기분으로 가득 차 있었고
자유로운 노래 소리가 넘쳐 흐르고 있었다
지금의 이 고향은
서럽게 신음하는 숨소리가 진동하여 고막을 마비시키고
휘날려 뿌려지는 붉은 피가 잿빛의 땅에 그득히 흐르고
사람들의 몸과 목에는 다 부자유의 멍에가 씌어져 있고
입과 귀에는 부자유의 봉함이 붙여져 있으니
고향이여! 지난날의 모든 것
자유, 즐거움.
다 어디로 가버렸는가

지금 나는 마귀한테 쫓겨나와버렸고
인생의 나그네 길에 오르려 한다
머뭇거리며 길에서 방황하는데

어디로 향해 가나. 오!
어느 곳이 나의 귀착지인가

아무래도 괜찮다
떠돌아다니다 어느 곳에 밀려간들
바라기는 하늘 끝이건 바다 귀퉁이건
다만 인류가 동정하는 돌아갈 곳이 있기만 하면 된다
꼭 그곳으로 달려간다

보라! 귀착지가 나를 향해 오라고 손짓을 한다
험한 길 막다른 데에
자유의 불꽃이 피어 있고
생명의 샘물이 흐르고 있다
그곳이 곧 인류의 귀착지이다

나는 서둘러 이 험한 길에 올라섰다
산을 넘어가고 바다를 건너가고
깊은 골짝을 뛰어넘고 가시밭을 달려 지나가
나를 향해 오라고 손짓하는 '인류가 귀착'하는 곳으로!

-1930년 봄에[5]

두 시 사이에는 약간의 차이가 있다. 그러나 그 기본 성격은 동일하다. 이 시는 우선 그때 조선을 강점한 일제의 본질과 일제 강점 아래 있는 조선의 현실을 적실하게 묘사했다. 우선 일제를 '자유로운 사람들을 다 불지옥 속으로 밀어넣는 악마' 또는 '마귀' 또는 '도깨비'로 단정했으며, 조선을 '서럽게 신음하는 숨소리가 진동하는' 땅 또는 '자유가 완전히 박탈된' 곳, 또는 '즐거움이 다 사라진' 땅 또는 '붉은 피가 흐르는 잿빛의' 땅으로 그렸다. 이렇게 조국의 현실에 분노하고 동포의 역경에 동정하면서, 매헌은 일제 타도를 자신의 목표로 설정했다.

그렇다고 해서, 매헌이 자신의 목표를 일제 타도 하나에 한정한 것 같지는 않다. 그는 일제 타도를 넘어서서 '자유의 불꽃이 피어 있고 생명의 샘물이 흐르는' 이상향의 건설을 지향하고 있었다. 그는 그러한 곳이야말로 조선뿐만이 아니라 인류 사회가 지향하는 '귀착지'로 보았다. 우리가 제3장 제1절 제2항에서 살폈던 그의 강연을 저자는 '자유를 향한 하나의 절규'라고 정의했었는데, 이 시 역시 자유에 대한 매헌의 열망을 잘 나타낸 것이다.

2 | 집을 떠나다: 중국 형가와의 비교

매헌은 마침내 1930년 3월 6일 아침에 집을 떠났다. 음력으로 2월 7일로, 경오년 새해 설을 지내고 비교적 한가로운 때였다. 그는 우선 먹글씨로 '丈夫出家生不還(장부출가생불환)' 일곱 자를 써 자신의 결의를 다졌다. 이 점을 두고, 김상기 교수는 "마치 (촉[蜀]의) 제갈공명이 (위[魏]를) 정벌하기 위해 떠날 때 출사표를 썼듯이, 그는 일제를 몰아내어 해방의 날이 오기 전에는 결코 돌아오지 않겠다는 뜻의 출사표를 쓴 것이다"라고 논평한 데 이어, 그것을 그의 '유서'로 보았다.[6] 적절한 비유다.

이 대목에서 춘추전국시대의 후반부에 해당하는 전국시대의 일곱 나라 가운데 하나였던 연(燕)나라의 의협심 강한 검객 형가(荊軻)가 떠오른다. 형가는 중국을 통일하려는 목표를 세우고 주변 나라들을 하나씩 격파해나가던 진(秦)의 왕―그는 훗날 중국을 통일하고 나서 시황제(始皇帝)로 불린다―을 암살하기 위해 연나라를 떠나 황하 북쪽을 흐르는 강인 역수(易水)를 건너면서, "風蕭蕭兮易水寒(풍소소혜역수한, 바람은 쓸쓸하고 역수 물은 차구나) 壯士一去兮不復還(장사일거혜불부환, 장사가 한 번 가면 돌아오지 못하리)"라고 노래했다. 여기서 '兮'는 아무런 뜻이 없는 어조사이기 때문에 생략해도 된다. 이 글귀를 흔히 「역수가(易水歌)」라고 부른다.

형가는 진왕 영정이 원하던 진나라의 망명장군 번오기(樊於期: '번어기'로 읽지 않고 '번오기'로 읽는다)의 머리와 진나라가 연나라를 침공하기 위해 반드시 필요한 연나라 지도를 미끼로 삼아 갖고 찾아갔기에 진의 수도 함양(咸陽)으로 들어가 영정을 만나는 데까지는 성공했다. 그러나 형가는 진왕 암살에 실패하고 현장에서 여러 사람에게 칼에 찔려 죽었다. 그렇지만, 전한(前漢)의 사마천(司馬遷)이 쓴 『사기(史記)』에 소개된 형가의 노래를[7] 오늘날까지도 사람들은 부르며 의협의 높은 뜻을 기리고 있다.

매헌의 '장부출가생불환'은 형가의 '장사일거불부환'이 보여준 '죽음을 무릅쓰고 거사를 감행하겠다는 결연한 의지'의 표현이었다.[8] '악'으로 상징된 대상을 죽이기 위해 한번 집을 떠난 뒤 살아서는 다시 돌아오지 않겠다는 의협심과 비장함에 공통점이 있다. 그러나 형가는 실패했지만 매헌은 성공했으며, 그 성공의 역사적 의미는 우리가 앞으로 제7장에서 보게 되듯 참으로 컸다.

매헌의 의지를 암시한 또 하나의 자료가 있다. 그의 시집인 『옥타』에 포함된 두 편의 글이다. 뒤 표지에 행서로 쓰여 읽히지 못했던 이 글들에 주목한 김상기 교수는 우선 왼편에 세로로 쓰인 글을 다음과 같이 풀이 했다.

毛遂非如自薦	모수(毛遂)가 만일 스스로 자신을 추천하지 않았다면
豈可穎脫	어찌 재능을 드러낼 수 있었겠는가.
卞玉如非自售	변화(卞和)가 만일 옥을 스스로 팔지 않았다면
竟止爲石	끝내 돌에 그쳤으리라.

『通鑑(통감)』 卷3(권3) 尹禹儀(윤우의)

「모수자천」은 사마천의 『사기』 가운데 「평원군열전(平原君列傳)」에 나오는 말로, 전국시대에 진(秦)이 조(趙)를 쳐들어왔을 때 조나라 사람 모수가 자신을 스스로 사신으로 추천해 초(楚)에 가서 조와 초의 합종(合從)을 성사시켰다는 고사이다. '화씨지벽(和氏之璧)'은 『한비자(韓非子)』의 「화씨편(和氏篇)」에 포함된 글귀로 '화씨의 구슬'이라는 뜻이다. 역시 전국시대에 초의 변화씨(卞和氏)가 형산(荊山)에서 옥의 원석을 발견해 초나라의 려왕(厲王)에게 바쳤으나 평범한 돌로 임금을 속였다는 혐의를 받아 발뒤꿈치가 잘리는 월형(刖刑)에 처해졌다. 변화는 려왕의 후계자인 무왕(武王)에게 다시 바쳤으나 그 역시 받아들이지 않았다. 그렇지만 무왕의 후계자인 문왕이 비로소 명옥임을 깨닫고 그에게 상을 내림과 동시에 그 구슬을 '화씨지벽'으로 명명했던 것이다. 김상기 교수는 다음과 같이 논평했다.

> 윤봉길은 위 시에서 "모수가 스스로를 추천하지 않았다면 어찌 자신의 재능을 드러낼 수 있었겠는가"라면서 모수처럼 자신도 몸을 일으켜 나라를 위해 일할 뜻을 밝혔다. 이러한 정신으로 그는 상해로 망명길을 떠났으며, 김구를 찾아가 상해의거를 자원했던 것이다. 그는 또한 "변화(卞和)와 같은 고초를 겪었지만, 자신을 팔아 나라를 위해 몸을 바치겠다는 결연한 의지를 시로써 표현한 것임을 알 수 있겠다. … 위 시의 끝부분에 '『통감』 권3 윤우의'라고 쓴 것으로 보아 이 글은 그가 (송나라의 학자 사마광[司馬光]이 쓴) 『자치통감(資治通鑑)』 권3을 읽다가 느낀 바가 있어 결연한 의지를 시로 읊은 것으로 보인다.
>
> 『통감』 권3에는 장량(張良)이 (이제는 중국을 통일하고 황제가 된) 진시황을 박랑사(博浪沙)에서 살해하려 한 고사가 있으며, 권2에는 형가가 진의 왕 영정을 살해하려는 고사가 자세히 실려 있다. 그리고 '모수자천'과 '화씨지벽'의 고사는 사마광의 『자치통감』을 강지(江贄)가 요약한 『통감절요』 권1에 있다. 이로 보아 위 모수자천가(毛遂自薦歌) 끝부분에 『통감』 권1에 나오는 모수자천과 화씨지벽의 고사성어로 자신의 의지를 시로 읊은 것으로 보인다.[9]

이처럼 큰 뜻을 세운 매헌이 망명길에 오른다는 것을 아버지는 몰랐다. 그 무렵 매헌의 누이동생 용분(龍分)의 혼담이 오고가던 터라 매부 선보러 가는 줄 알고 이것저것 의논을 나누기도 했다.[10] 아버지에게 출가를 알리지 않고 떠나는 것을 죄송스럽게 생각하며, 매헌은 아내가 준비한 아침 밥상을 받았다. 이것은 물론 집에서의 마지막 밥상이었다.

그는 곧 무명 베에 검은 염색을 한 학생복 비슷한 낡은 양복을 입고 그 때 유행하던 모자를 납작 눌러쓴 뒤, 이제 겨우 만 두 살을 갓 넘긴 아들 모순을 안고 볼에 입을 맞춰줬다. 얼마 전 친정에 가셔서 계시지 않은 어머니의 방 안을 둘러본 뒤 부엌에 가 아내를 보았다. "물 좀 한 그릇 주오"라고 말하자 아내는, 매헌 스스로의 표현으로, '빙긋 웃으며' 물 한 대접을 내밀었다.

시아버지가 그러했듯, 아내 역시 남편이 망명길에 오른다는 것을 전혀 눈치채지 못하고 있었다. 아내는 훗날 "떠나간다는 말 한마디 남기지 않고 남편은 영영 고향을 등졌다. 떠나가는 길이 머나먼 망명이며 큰 거사를 위한 장도임을 모르던 나는 그이가 남기고 간 '丈夫出家生不還'의 웅대한 뜻을 믿으려 하지 않았다"라고 쓴 데 이어, "하지만 농촌 활동을 통하여 더 이상 큰 뜻을 펼치기 어렵게 된 그이로서는 무거운 짐을 지고 중국 상해를 향하여 당당한 발걸음을 옮겼을 것이다"라고 매듭지었다.[11]

신호웅·이상재·윤규상 세 공저자에 따르면, 매헌은 아내에 대한 미안함과 애틋함을 느껴 이태 전에 결혼할 때 지은 다음과 같은 시를 떠올렸다.

나래 가진 족속 3천 중에서
네 가장 깨끗하고 맑은 것
맑은 강에 더 있기도 하지만
또 넓은 호수에도 내려와 앉는다
옆에 자도 알기 어려움
형용이 돌같이 희어서이고
분간하기 어려운 것 주먹만 한 것

모래 위에 서 있어 환한 까닭일세

옥이 물 위에 떠 있는 것
기이하게 보이렴이 아니었고
눈이 한여름에 날리니
때 아닌데 놀랐다
서로 친해지고 서로 가까워져
고기 노는 것 보는데
같이 지내자던 맹세
잊지 말고 한평생 지내고져[12]

제2절

선천경찰서에서 고초를 겪은 뒤 동지들을 만나다

1 | 서울을 거쳐 신의주로

그 뒤 매헌이 걸었던 망명길은 그가 평안북도 선천에서 어머니에게 보낸 편지 「자식 사랑하시는 어머니에게」(1930년 3월 20일) 그리고 중국 청도에서 어머니에게 보낸 편지 「사랑하시는 어머니에게 올님」(1930년 10월 18일)에 자세히 나와 있다. 거기서 옮기도록 하자.

매헌은 우선 어머니에게 죄송함을 표시했다. "어머니! 부르기는 하였으나 죄송하와 무엇이라고 여쭈울 말씀이 갑자기 나오지 아니합니다" 라고 시작한 뒤, "(어머니의 친정이 있는 곳인) '갈뫼'를 안녕히 다녀오셨어요? 매제간선(妹弟看選)하러 멀리 왔으나, 매부는 고를 수 없읍니다. 하…, 어머니가 이 소리를 들으면 웃음 반 울음 반 가슴이 답답하실 것이올시다. 외람되게 다른 사상을 갖고 집을 떠난 이 자식은 고향이 그리워 멀리 창창한 남천(南天)을 바라보고 저의 가는 길(목적지)을 중지하였습니다" 라고 썼다. 이어 "어처구니없어 … 남아의 이지(理智)로 목적지를 당도하지 못하오니 얼굴 빨개져서 쓰고 있는 연필이 바르르 떨리며 놓겠습니다"라고 쓰고, 자신이 걸어온 길을 자세히 알렸다.

여기에 따르면, 집을 나온 매헌은 인근의 삽교역에 이르러 오늘날의 장항선의 모체인 경남선(京南線) 열차를 타고 서울로 향했다. 이때 주머니에는 60원이 있었다. 앞산의 땅을 팔자고 졸랐으나 아버지가 허락하지 않았기에 현금이 없어서 달리 여비를 마련하지 못한 그는 급한 대로 월진회 공금을 쓴 것이다.[13] 우리가 앞으로 보게 되듯, 그는 중국 청도에서 돈을 벌게 되자 우선 국내로 송금해 갚게 한다.

그러나 일제 내무성 보안과가 1932년 7월에 작성한 「상해에서의 윤봉길 폭탄사건 전말」은 매헌이 '몰래 아버지의 소지금 40원을 갖고' 가출했다고 썼다.[14] 매헌을 폄훼하려고 그러한 표현을 썼다고 볼 수 있다.

매헌은 서울역에 도착하자 서울에서 중동고등보통학교를 다니던 사촌 동생 윤신득을 찾아갔다. 그때 윤신득은 학교에 가까운 종로구 봉익동에서 하숙 생활을 하고 있었다. 매헌은 그에게 자신의 결심과 계획을 말해주고 그를 통해 자신의 출가에 걱정하고 있을 가족에게 알려주고 싶었지만, 그는 집에 없었다. 그래서 다시 서울역으로 돌아와 신의주를 바라보며 경의선으로 갈아탔다.

2 | 불심검문 때도 일본 경찰관에게 덤벼들다

신의주행 열차가 평양을 지나 3월 8일 아침 9시께 평안북도 선천역에 도착할 즈음 매헌은 열차 안에서 월진회 활동을 같이한 황종진에게 다음과 같은 내용의 편지를 썼다.

> 하루가 여삼추(如三秋)라는 말이 있듯이 어제 하루는 제(第)에게 있어 정말 삼추와 같이 오랜 세월이 흐른 감이 있습니다. 형은 아마도 제의 이 편지를 받으면 크게 경악하리라 믿습니다. 제는 가정과 사업과 동지를 다 버리고 거대한 ○○사업을 하기 위하여 고향을 떠났습니다. 잃은 독립을 찾고 경제를 찾는 현하 청년의 할 사업은 이것이겠지요. 그러므로 제는 넓고 넓은 만주 벌판에 자유스럽게 뛰어놀려 합니다.[15]

편지 쓰기를 마치기 전에 불심검문을 위해 형사가 올라와 검표를 하다가 매헌의 차표를 보고 얼굴을 보더니 "신의주에 뭘 하러 가느냐?" 라고 물었다. 이후에 벌어진 일을 매헌은 자신의 일기에 썼다. 그는 이 부분을 「자식 사랑하시는 어머니에게」에 그대로 옮기면서 자신의 행로를 어머니에게 보고했는데, 오늘날의 표현으로 옮기면 다음과 같다.

> 나는 어름어름 친척의 집에 간다고 하였다. 친척의 성명이 무엇이냐, 어느 동에 있느냐고 묻는다. 나는 거짓말로 성명은 윤천의(尹天儀), 거주는 신의부라고 하였다. 신의부라면 무슨 정(町)이냐 하였다. 이 말에 이르러 처음 오는 나로서는 정을 알 수 있나. 어름어름 할 즈음에 몸수색을 한다. 그 편지가 튀어나왔다. 형사는 급히 달려들어 따귀를 부친다. 주소, 직업을 기록한다. 나는 반항을 아니 할 수 없다. 때리기는 왜 때리느냐, 조사도 확실히 아니 하고 사람을 왜 때리느냐, 이게 무슨 무리한 경관의 행동이냐. 형사는 또 따귀를 긋는다.[16]

이 대목에서도 우리는 부당한 처사에 조금도 굽히지 않는 매헌의 담대한 성격을 보게 된다. 중국으로의 망명이라는 더 큰 목적을 달성하기 위해, 일시적으로라도 굽혀서 위기를 모면해야 할 형편에서, "조선인들은 일본 순사라면 말만 들어도 벌벌 떨었다"라던 시대에 일본 경찰관에게 당당히 덤벼들면서 논리적으로 따졌다는 것은 보통 사람으로서는 생각하기 어려운 일이었다.

열차가 선천역에 도착하자 형사는 매헌을 끌어내리고 선천경찰서로 연행해 취조를 했다. 여기서 우리는 선천의 지역적, 역사적 특성을 잠시 생각하기로 하자. 조선왕조 말기에도 그러했지만 일제강점기에도 평안도는 기독교, 특히 장로교의 영향이 큰 곳이었다. 장로교는 다른 교단에 비해 일제에 대한 저항이 적극적이었으며, 훗날 일제가 강요한 신사참배에 대해서도 끝까지 저항해 여러 순교자를 배출했다. 평안도에서 배일(排日)의 중심지 가운데 하나가 일제강점기에 무려 50개 이상의 교회가 세워져 있었던 선천이었다. 특히 이곳에 장로교단이 세운 '신성학교'는 평양의 숭실학당 그리고 그의 후신인 숭실전문학교와 마찬가지로 배일운동을 이끌었다. 3·1운동 때 선천에서는 군민 대다수가 참여했다는 사실이 선천의 성격을 잘 말해주었다. 자연히 3·1운동 이후에도 선천 출신 가운데 적지 않은 사람들이 중국으로 건너가 항일운동에 참여했다. 이러한 배경에서, 선천경찰서는 매헌을 굳이 열차에서 끌어내려 연행하고 조사했던 것이다.

매헌이 선천경찰서에 갇혀 있었던 기일에 대해 '1개월여'의 세월이라는 설명으로부터 그저 '상당한 시간'이었다는 설명에 이르기까지 여러 설명이 있다.[17] 그러나 여러 자료를 면밀히 살핀 김상기 교수는 열흘 정도로 보았다.[18] 비록 열흘 정도라고 해도 그 고초는 심했다. 노련하고 교활한 일제 경찰은 협박하기도 하고 회유하기도 하면서 매헌이 어느 특정인들과의 연락을 통해 움직이고 있는지 파악하고자 한 것이다. 매헌은 "일개 시골 청년으로 잠깐 나들이하려고 나섰을 뿐이다"라는 일관된 진술로 어려운 고비를 넘길 수 있었다.

3 김태식·선우옥·한일진 등과 독립운동에 대해 토론하다

다행히 풀려난 매헌은 곧 선천에 있는 정주여관에 유숙했다. 여기서 윤신득에게 편지를 써서 자신이 집을 나온 이후의 사정을 설명하고, 예산의 야학당과 월진회를 걱정하면서 중동고등보통학교를 졸업한 뒤 귀향하는 경우 자신을 대신해 야학당과 월진회를 보아주기를 부탁했다. 마지막으로, 헌 옷가지라도 보내라고 했다. 매헌에게는 집에서 나올 때 입었던 옷 한 벌밖에 없었는데, 그 옷으로 선천경찰서 유치장에서 열흘 정도 보냈기에 갈아입을 다른 옷이 필요했기 때문이다.

매헌은 곧 이 여관에서 유숙하던 김태식(金泰植)을 만나 인사를 나눴고 곧 정이 들었다. 매헌에 따르면, 김태식은 '대학 졸업생'으로 '支那(지나)'로 가는 길이었다. 그때 일본인들은 중국을 '支那'로 표기하고 있었고 그 표기는 조선에서도 통용됐는데, 매헌은 이 표기를 그대로 따른 것이었다. 김태식은 자기에게 별도로 남아 있던 '의복 한 벌'을 주었다. 매헌은 그가 자신에 대해서뿐만 아니라 '많은 사람에게' 동정을 베풀었다고 덧붙였다. 김태식은 매헌에게서 계획을 듣고 중국의 국내 사정과 상해의 한인 독립운동단체 등에 대해 설명한 데 이어, 매헌의 계획에 대해서는 공감하면서도 '남의 장자(長子)로' 큰 희생을 요구하는 길을 걸어서는 안 된다며 만류했다.

매헌은 또 김태식의 소개로 이 여관에 유숙하던 한일진(韓一眞)과 선우옥(鮮于鈺)을 알게 되었다. 한일진에 대해 매헌은 한마디도 말한 일이 없다. 정주여관에서 김태식을 통해 선우옥을 알게 됐다고 쓰면서도 한일진에 대해서는 그의 성명 석 자조차 써놓지 않았다. 그렇지만 우리가 앞으로 보게 되듯, 매헌이 한일진과 친교를 맺었음은 사실이다. 윤주 부회장은 한일진이 '선교사 계통의 학교에 다녀 영어에 능통했다'라고 덧붙였다.[19]

대조적으로, 매헌은 선우옥에 대해서는 자세히 써놓았다. 이 기록에 따르면, '40세의 부가자(富家者)'인 선우옥은 선천에 집성촌을 이루고 생활하던 '선우' 씨의 일원으로, 매헌에게 자신의 동족은 100여 가구라고 설명했다. 선우옥은 매헌으로부터 앞날의 계획을 듣더니 김태식과 마찬가지로 그 뜻에 대해서는 공명하면서도 그가 선조의 제사를 떠받들고 부모를 봉양하며 아우들을 보살펴야 할 책임을 진 장남임을 일깨우며 집으로 돌아갈 것을 권유했다. 여러 차례 권유를 받자, 매헌 역시 영웅이기에 앞서 인간이기에 잠시, 매헌 스스로의 표현으로, "가정이 그리워졌다." 그러나 매헌은 곧 마음을 다잡았다.

이에 선우옥은 계속해서 매헌에게 취직을 권유하면서 신의주에 있는 '평안북도산업조합'에 '서기'로 들어가라는 구체적 방안까지 제시했다. 자신의 친구가 조합장으로 있어서 자신이 추천하면 취직이 가능하다고 덧붙였다. 매헌은 "이것은 나의 소원이 아니다"라고 거듭 거절했으나 선우옥은 이렇게 아무것도 하지 않으면서 생활하는 것은 바람직하지 않다고 말하며 자신이 취직을 도와줄 것이라고 약속했다.

매헌은 스스로의 표현으로, "마지못하여 승낙하였다." 그리하여 매헌은 조합에서 요구하는 여러 서류를 마련하기 위해 집에 편지를 썼다. 아버지의 승낙서, 호적초본, 토지대장등본 등이 필요한데, 신용을 얻기 위해 토지가 많은 것처럼 해도 좋겠고 큰아버지 명의로 해도 좋겠다는 의견도 제시했다. 자신의 성명을 ('윤우의'가 아니라) '윤봉길'로 써달라고 요청하면서, 일이 순조롭게 진행되는 경우 4월 1일부터 출근이 가능할 것 같고 월급은 '최상 40원 최하 20원'이 될 것 같다고 덧붙였다. 매헌의 편지에 따르면, 이때 그는 고향 친구들에게 편지 한 장 보낼 우표값이 없을 정도로 빈궁했다. 그래서 조합에서 받을 수 있는 월급액까지 쓰며 기대를 걸었던 것 같다. 그러나 그는 자신이 그렇게 쓴 것을 '우습다'고 느꼈다.

신호웅·이상재·윤규상 등 세 공저자는 매헌이 예정대로 4월 1일에 그 조합에 취직했고, 조합원들을 통해 만주와 중국에서의 조선독립운동에 대해 부분적으로 알게 됐으며 자신의 목적지인 상해로 가는 노정에 대해서도 자세히 알게 됐다고 썼다. 그 공저자는 매헌이 조합에서 6개월 정도 일하다가 청도로 간 것으로 설명했다.[20] 그러나 김상기 교수는 그렇게 보지 않았다. 그는 다음과 같이 썼다.

> 산업조합은 일제강점기 민간의 협동조합운동을 포섭·통합하여 식민지 지배를 강화하기 위해 각 지방에 조직한 일종의 협동조합이다. 따라서 경찰의 조사를 받은 그가 평안북도산업조합의 정식 서기로 취직되기는 어려웠을 것이다. 임시정부만을 마음속으로 되뇌던 윤봉길이 이러한 식민지 관료나 마찬가지인 서기의 일을 한다는 것은 용납되지 않았을 것이다. 또 윤봉길의 다른 편지나 자필 이력서에도 선천에서의 일에 대하여는 일절 언급이 없는 것으로 보아 그가 이곳에서 근무했다고 볼 수는 없을 것 같다.[21]

저자는 이 엇갈리는 의견 가운데 후자를 받아들이고자 한다. 매헌의 상해의거 직후 상해 주재 일본총영사관을 비롯해 일제 관헌이 작성한 여러 기록들에 매헌이 3월 31일에 청도로 떠난 사실이 명기되어 있기 때문이다.[22] 이 날짜와 관련해 덧붙일 것이 있다. 몇몇 책은 매헌이 청도로 가기 이전에 몇 달에 걸쳐 만주를 여행하며 그곳의 독립운동단체들을 찾았다는 취지로 썼는데, 그것은 이 기록들에 부합되지 않는 설명이다.

제3절

청도에서의 생활: 조국을 향한 '강의(剛毅)한 사랑'을 다짐하다

1 자신은 빈궁하면서도 동지에게는 노자를 나눠주다

매헌은 곧 선천을 떠나 신의주에 당도한 뒤 압록강을 건너 오늘날 단동으로 불리는 안동(安東)으로 들어갔다. 그때 국경 경비는 매우 엄중했다. 일제의 이동경찰은 특히 만주나 중국 본토로 망명하려는 조선인, 그들의 표현으로는 '불령선인(不逞鮮人)'을 잡으려고 혈안이 되어 있었다. 그러한 그들이 "무사히 넘지 못하는 것이 아닌가" 하며 걱정하던 매헌을 놓칠 일이 없었다. 매헌이 자신의 일기에서 "이 별놈들 머리 깎은 걸 다 말한다"라고 짧게 쓴 데 보이듯, 이동경찰은 그의 두발까지 트집 잡았던 것 같다. 그러나 다행히도 더 이상 시비를 걸지 않았다.

바로 앞(제2절 제3항)에서 지적했듯, 상해 주재 일본총영사관이 1932년 5월 3일 자로 본국의 외무대신에게 보낸 보고에 따르면, 매헌이 단동에 도착한 시점은 1930년 3월 31일이었다. 이 보고에는 나오지 않지만, 몇몇 책에 따르면 이때 매헌은 김태식, 선우옥, 한일진과 동행했다. 그러나 김태식은 단동에서 '만주 일대의 독립군부대'를 찾아가는 길을 택했고, 매헌은 3월 31일에 단동에서 일본 기선 광리환(廣利丸)을 타고 청도로 향했다.[23] 몇몇 책에 따르면, 매헌은 한일진과 동행했다. 김태식과 선우옥의 이후 향방에 대해서는 어떠한 기록에도 등장하지 않는다.

다시 상해 주재 일본총영사관의 보고에 따르면, 매헌은 1930년 4월 초에 청도에 도착했다. 청도는 산동성(山東省)의 한 어촌이었으나 1897년에 독일이 조차지로 빼앗아 독일식으로 키우면서 항구도시로 크게 성장했다. 현재 약 800만이 사는 산동성 제2의 도시이면서 국제적 무역항인 이 도시에는 오늘날에도 독일식 건물이 많이 남아 있어 '중국 안의 독일'이라고도 불린다. 독일은 제1차 세계대전이 시작된 1914년에 독일에 대항하는 연합국에 가담한 일본에 이 도시를 포함한 산동성을 빼앗기기에 이르렀다. 그러나 1919년 5월 4일에 시작된 이른바 5·4운동에서 표출된 중국 국민의 격렬한 반대로 이 지역은 1922년에 중국에 반환된다. 이러한 역사적 배경에서, 매헌이 이 도시에 도착했을 때는 강한 독일풍에 일본풍과 중국풍이 공존하는 모습을 보이고 있었다.

김광 선생은 "윤 의사는 청도를 그리 동경하지는 않았다"라고 증언했다.[24] 이 증언 그대로, 매헌은 상해로 가기 위해 우선 이곳으로 왔을 뿐이었다. 비슷하게, 한일진 역시 청도를 목적지로 삼고 온 것이 아니라 미국으로 가기 위해 온 것이었다. 한일진이 어떤 배경에서 미국으로 가려고 했는지는 전혀 알 수 없다. 다만 돈을 벌어 독립운동가들을 후원하겠다는 뜻을 갖고 있었다는 아주 짤막한 증언이 있을 뿐이다.[25] 어떻든 한일진은 여비를 마련하지 못해 떠나지를 못했다. 매헌이 상해로 가기 위해 갖고 있던 돈에서 일부를 떼어주자, 그는 "이 은혜를 평생 잊지 않겠다"라고 말한 뒤 미국으로 떠났다.

한일진은 그때로부터 2년 뒤에 매헌이 상해에서 의거한 사실을 알게 되자 매헌의 예산 집으로 편지와 함께 25달러를 보낸다. 1932년 12월 19일의 편지에서 한일진은 자신이 현재 켄터키주에 살고 있음을 밝힌 뒤 매헌으로부터 받았던 돈 전액을 갚지 못해 미안하다고 쓰고, 우선 우편으로 25달러를 보내지만 나머지는 앞으로 형편이 되는 대로 갚겠다고 약속한다. 이 편지와 돈을 받은 매헌의 예산 집에서는 그가 이후 150달러를 더 보내주었다고 회상했다.[26] 이것으로 미뤄 매헌이 그에게 빌려준 돈은 175달러였던 것으로 추정된다.

부인 배용순 여사는 훗날 자신의 짧은 회고록에서 한일진이 보내온 돈으로 "새 재봉틀도 사서 살림에 재미를 붙이며 모든 것을 잊으려 했지만, 눈을 감으나 꿈속에서나 떠오르는 윤 의사의 모습을 지울 도리가 없었다"라고 썼다.[27] 그러나 그 액수를 밝히지는 않았다.

한일진에게 노자를 보태주었다는 일화에서 우리는 자신 역시 아주 궁핍하지만 다른 사람에 대한 배려를 앞세운 매헌의 따뜻한 인간적 품성을 다시 느끼게 된다. 그때 매헌에게 돈이 넉넉한 것도, 일정한 수입이 있는 것도, 그렇다고 직장이 약속되어 있는 것도 아니었다. 일가친척이라고는 전혀 없을 뿐만 아니라, 말도 제대로 통하지 않는 낯선 외지에서 매일매일의 숙식을 걱정해야 할 형편이었다. 그런데도 외지에서 만나 오래 사귀지도 않은 한 동포 청년에게 그때 형편으로는 적잖은 돈을 선뜻 내주었다는 사실은 매헌이 역시 대인이었음을 말해준다. 다른 한편으로, 한일진이 자신이 청도에서 빌렸던 돈을 미국에서 벌어 갚았다는 사실은 그의 정직하고 성실한 인품을 보여준다.

2 "굶주림과 추위 속에 유랑하다"

한일진과 헤어진 뒤 매헌은 '굶주림과 추위 속에서 거리를 유랑하는' 생활을 하게 되었다. 이때의 매헌의 모습을 김광 선생은 다음과 같이 묘사했다.

> 낯선 나라에서 다른 말을 쓰고 다른 옷을 입은 사람들이 그의 앞에서 혹은 저 멀리서 오가고는 있지만, 그들이 무엇을 말하는지 전

혀 알아들을 수 없었다. 단지 그들이 말을 하고 있다는 사실만 알 수 있을 뿐이었다.

생활의 원천은 이미 끊어지고 게다가 낯설고 물선 이국 타향이었으니 이제야 고생이 실감났다! 굶주림과 추위 속에서 그는 거리를 유랑하게 되었다. 모진 사람들로부터 자주 욕을 먹거나 모욕을 당하였지만, 살아남기 위해서는 참을 수밖에 없었다.[28]

이처럼 비참한 상황 속에서, 매헌은 우선 숙식을 해결할 수 있는 직장을 얻기 위해 여기저기 찾아다녔다. 앞에서 인용한 상해 주재 일본총영사관의 보고에 따르면, 매헌은 어느 날 우연히 조선인이 운영하는 음식점 '송죽당'을 발견하게 됐고, 그 조선인의 도움으로 봉천로(奉天路)에 있는 일본인 나카하라 겐타로(中原兼太郎)의 세탁소에서 '직공'으로 일할 수 있게 됐다. 이 세탁소는 세탁에 염색을 겸하는 곳으로, 매헌이 취직하는 데는 예산에서 일본어를 익힌 것이 도움이 된 것 같다.

매헌이 일본인 세탁소에 취직했던 일을, 다른 나라 사람도 아닌 일본인에게서 봉급을 받은 일을 탓할 사람은 아무도 없다. 그런데도 굳이 변호하는 사람들이 있다. 한 보기는 매헌을 존경해 그의 약전을 쓴 이두산(李斗山)이다. 그는 "청도에 머무는 동안 윤 의사는 적들의 감시를 피하고 생계를 위해" 그렇게 했다고 쓰고, "오호라! 어느 누가 이 남루한 차림의 세탁소 종업원이 자방(子房)이나 형가와 같은 큰 뜻을 품고 있는 줄 알았으랴! 어느 누가 장차 이 청년이 온 세상을 놀라게 한 장거를 이룰 줄 알았으랴!"라고 격찬했다.[29]

'형가'에 대해서는 우리가 이 제4장 제1절 제2항에서 이미 살폈다. 그러면 '자방'은 누구인가? 그는 물론 전한(前漢)의 사마천이 『사기(史

記)』「유후세가(留侯世家)」에, 그리고 송(宋)의 사마광(司馬光)이 『자치통감(資治通鑑)』에 썼듯, 박랑사(博浪沙)에서 창해역사를 시켜 전국을 순행하던 진시황을 암살하려다가 실패하자 재빨리 몸을 감추었다가 유방(劉邦)을 도와 진(秦)을 무너뜨리고 한(漢)을 세우는 데 큰 역할을 한 장량(張良)이다. 거듭 말하지만, 상대방을 암살하는 데 형가와 장자방은 실패했으나 매헌은 성공한다.

고정적인 월급을 받아 저축을 하게 되자, 매헌은 청도에 도착한 때로부터 약 6개월이 지난 1930년 10월의 어느 날 고향으로 편지와 함께 일정한 금액을 보냈다. 제1항에서 인용한 「상해에서의 윤봉길 폭탄사건 전말」에 따르면, 매헌은 청도에서 아버지 앞으로 '수해위문금 50원을 송부'했다.[30] 그러나 매헌은 그 액수가 60원이었고 그 돈으로 자신이 갖고 나온 월진회 공금을 갚게 했다고 말했다. 이 사실에서도 공과 사를 엄격히 구별하는 매헌의 생활 자세가 드러난다.

3 어머니와 편지를 주고받다: "나 개인보다 조선 전체가 중요하다"

매헌의 편지를 받아보고 어머니는 곧바로 다음과 같은 내용의 답장을 보냈다.

이 못난 아버지와 어머니는 말할 것도 없고, 가련한 네 아내 그리고 불쌍한 모순이 애타게 기다리고 있다. 모순이는 이웃 두순이에게 "너는 아버지가 있으니까 좋겠구나"라고 부러워하고 있단다. 이 말을 듣는 나나 네 아내는 가슴이 찢어질 것 같구나. 봉길아! 네가 하는 일이 다 옳을 줄 안다만, 제발 한 번만이라도 어미 곁을 다녀갈 수는 없겠느냐.[31]

이 편지를 받고 매헌은 곧바로 답장을 썼다. 국한문을 섞어 위에서 아래로 내려 쓴 이 편지는 '사랑하시는 어머니에게 올님'으로 시작한다. 오늘날의 철자법으로 소개하면, 이 편지는 곧 "가을바람에 떨어지는 단풍잎을 바라보며 지난 일을 회고하니 새삼스럽게 세월이 빠른 것을 느끼게 됩니다"로 이어졌다. 매헌은 "어머니께서 주신 편지의 구구절절에서 훈계하신 말씀을 봉독하자 전신에 소름이 끼치고 뼈끝까지 아르르 하여지는 것을 느꼈다." 그의 눈에서는 '때아닌 낙숫물이 뚝뚝뚝뚝' 떨어졌다. 그는 자신이 "어린아이가 비틀걸음을 걷듯, 불구자가 덜펑질펑 되는 대로 행동하듯, 부모를 떠나온 것이 아니(라고)" 쓴 뒤, 만일 자신이 그렇게 했다면 "죄인 중에도 죄인이 될 것"이라고 덧붙이고, 자신의 '이친(離親)'은 오랜 기간에 걸친 생각의 결론이었다고 말했다.

매헌은 이어 자신의 생각을 다음과 같은 평어체로 다듬어 어머니에게 보내는 편지 안에 써 넣었다.

천사만려(千思萬慮)해보았으나 현대 경제 고통은 점점 커가는 반면에 우리 가사(家事)는 점점 작아진다. 이것이 어느 놈의 행동인가. 나는 여기에 역경을 채용하기로 결심했다.

두 주먹으로 방바닥을 두드려가며 혼자 부르짖기를, 사람은 왜 사느냐? 이상을 이루기 위하여 산다. 이상은 무엇이냐? 목적의 성공자이다. 보라, 풀은 꽃이 피고 나무는 열매를 맺는다. 만물주가 되는 나도 이상의 꽃을 피우고 목적의 열매가 맺기를 자신하였다. 그리고 우리 청년 시대는 부모의 사랑보다 처자의 사랑보다 일층 더 강의(剛毅)한 사랑이 있을 것을 각오하였다. 나는 우로(雨露)와 나의 강산과 나의 부모를 버리고라도 이 길을 가야 한다는 결심이었다.[32]

여기서 '강의한'은 무슨 뜻인가? 우리말 사전에 따르면, 그것은 '강직하고 굳세어 굽히지 않는다'는 뜻이다. 그는 조국에 대한 사랑이 부모에 대한 사랑과 처자에 대한 사랑보다 더 크며, 그리하여 그 사랑이야말로 '강직하고 굳세어 굽히지 않는 사랑'임을 확인한 것이었다. 그리고 '나의 부모를 버리고라도' 조국에 대한 사랑을 실천함으로써 자신의 이상을 실현하겠다고 다짐했다. 바로 이 다짐이 결국 의거와 순국으로 이어지게 된다.

이렇게 자신의 심경을 밝힌 뒤, 매헌은 어머니가 권유한 '귀성'을 할 수 없다고 대답했다. 그의 편지는, 오늘날의 철자법으로 정리한다면 다음과 같이 이어졌다.

어머니, 제가 귀성한다고 해야 할 일이 무엇이겠습니까. 아무리 생각해보아도 할 일이 없을 것 같습니다. 저도 객지에 나와 다소 곤란을 겪었습니다. 이러저러한 농촌에 많은 동경이 있습니다. 그러나 우리 집에는 전답이 있고 또한 머슴 하나 두고 있으니 아버지께서 넉넉히 하실 수 있을 것입니다. 우리 집뿐만 아니라 경제적 살기(殺氣)가 다각적으로 비치는 우리 조선인의 생활 안정을 누가 할 수 있을까요.[33]

매헌이 썼듯, 그때 예산 집의 경제 형편은 주변 사람들의 그것에 비해 괜찮은 쪽에 속했다. 그에 대한 일제 관헌의 기록에 따르면, “논 약 20마지기, 밭 약 4마지기, 그 밖에 산림 약 1만 평이 있었다.” 매헌 스스로 자신을 신문하는 일제 법무관에게 “생활은 윤택하지는 않지만, 먹고사는 데는 지장이 없다”고 대답했다.[34] 그러나 그에게 심각하게 제기됐던 문제는 자신의 집안의 경제 형편이 아니라 일제가 조선을 상대로 뿜어내는 ‘경제적 살기’였다.

한마디로 요약해, 매헌은 자기 집안의 생활 안정이 아니라 조선인 전체의 생활 안정을 위한 길을 걷고자 한다고 썼다. 이 구절 하나만으로도 그때 만 22세에 지나지 않았던 매헌의 포부가 얼마나 대국적이었는지 알 수 있다. 그에게는 자신의 집안 하나가 아니라 조선 전체가 훨씬 더 중요했고, 그것을 위해 목숨을 바칠 결의가 되어 있었던 것이다. 그렇지만 어머니를 편안하게 만들어드리기 위해 “모든 것은 운명에 맡기시고 안심하시기를 엎드려 비옵니다”라는 구절로써 편지를 마쳤다.

이렇게 썼다고 해서, 매헌이 운명론자는 아니었다. 편지에서 그는 “과거의 역사를 보아 운명론을 전적으로 부인할 수는 없다”라고 쓰면서도, “사람은 역경을 상대로 분투함으로써 역경을 이겨내고, 새 국면을 열어나갈 수 있다는 ‘비(非)운명론’을 주장한다”라고 매듭지은 것이다. 이 구절에서도 우리는 자신의 신념에 따라 어떠한 고난이 닥쳐와도 맞서 싸워 이겨내겠다는 항일독립투사로서의 굳센 의지를 확인하게 된다.

4 어린 아들에게 편지를 쓰다: "자식은 부모의 소유물이 아니다"

매헌은 이때 어린 아들 모순에게도 편지를 썼다. 이 편지에는 자신이 두고 나온 아들에 대한 아버지로서의 사랑이 철철 넘쳐흐를 뿐만 아니라 그가 가졌던 사회 인식 그리고 구국을 위한 결의가 담겨 있기에, 그 전문을 검토하기로 한다. '모순에게'로 시작한 이 편지에서, 매헌은 "모순아, 재주 많이 하고 사랑 많이 받아라. 네가 정말 (사촌 형제인) 두순에 대하여 너는 아버지 있으니까 좋겠다고 하였니. 아직 어린 해동(孩童)으로 그러한 감(感)이 있다면 그야말로 동정 많은 부답생초(不踏生草) 기린아(麒麟兒)요 감각 많은 신동아(新童兒)이다"라고 쓰면서, 어린 아들을 추켜세워주었다. 편지는 다음으로 이어졌다.

> 사회, 경제, 정치 이것은 발생학적 순서이다. 그러나 현실적 통제관계에 있어서 이 순서는 전도되었다. 경제는 사회에서 나서 사회를 떠나 사회 위에서 사회를 지배하고, 정치는 경제에서 나서 경제를 떠나 경제 위에서 경제를 지배하고 있다.
>
> 따라서 현대 인생의 변환도 그러하다. 부모의 혈계로 나서 부모를 떠나서 부모를 위하여 노력함이 허언이 아니다. 사실상 부모는 자식의 소유주가 아니요, 자식은 부모의 소유물이 못 되는 것은 현대 자유계의 요구하는 바이다.
>
> 모순아! 너는 아비가 없음이 아니다. 너의 아비가 이상의 열매를 따기 위하여 잠시적 역행을 하는 것이지 몇 년 세월로 영구적 전전(轉展)을 하려는 것이 아니다. 그리고 모순이는 눈물이 있으면 그 눈물을,

피가 있으면 그 피를 흘리고 뿌리어가며 불변성의 의지력으로 훈련과 교양을 시킬 어머니가 있지 아니하느냐? 어머니의 교양으로 성공한 이를 보건대 서양으로 만고영웅 나푸레옹과 고명(高名)의 발명가 에듸손, 동양으로 문학가 맹가(孟軻)가 있다. 후일에 따뜻한 악수와 따뜻한 '키스'로 만나자.

이 편지에 나오는 '나푸레옹'과 '에듸손'은 물론 '나폴레옹'과 '에디슨'이며, '맹가'는 맹자의 본명이다. 매헌이 '키스'라는 영어 단어를 쓴 것이 이채롭다.

이러한 것들보다 훨씬 더 중요하게, 이 편지는 매헌의 선진적 사회의식을 보여주었다. 첫째, 매헌이 '사회'를 '경제'와 '정치'에 앞서 '발생'한 것으로 보았다는 사실이다. 현재의 지식으로, 그러한 관념은 새로운 것은 아니다. 그러나 아직 사회과학이 발달하지 않았던 그 시대에, 특히 '국가'를 앞세워 '국가'가 '사회'를 지배할 수 있다는 전체주의적 발상이 우세하던 일제 때, '사회'가 먼저 생기고 그것에 이어 '경제'와 '정치'가 생긴 것으로 보았다는 것은 평가를 받기에 충분하다.

둘째, 매헌이 "부모는 자식을 소유한 주인이 아니고, 자식은 부모의 소유물이 아니다"라는 인식을 지니고 있었다는 사실이다. 이러한 현대적 인식은 그때 이미 조선의 지식인 사회 일각에서 받아들여져 있었지만, 전통적인 유교 사회의 부모·자식 간 관계에 대해 교육받으며 성장한 매헌이 이러한 인식에 도달하고 있었다는 사실은 역시 그가 새 시대 새 사조의 흐름을 빠르게 수용하고 있었음을 말해준다.

어린 아들에게는 편지를 쓰면서도, 아내에게는 쓰지 않았다. 어머니와 아들에게 쓴 편지 가운데 아내의 안부를 묻는 구절도 없었다. 아내로서는 야속하기도 하고 섭섭하기도 했을 것이다. 그러나 아들에게 "너에게는 변하지 않을 의지로써 너를 키워줄 어머니가 있으니 아버지가 없다고 서러워하지 말라"라고 말한 구절로써 위안을 삼을 수 있었을 것이다. 실제로 어머니는 남편의 뜻에 따라 아들이 아비 없는 자식이라는 소리를 듣지 않도록 하기 위해 아들 사랑과 교육에 성심을 더욱 기울였다. 훗날 아들이 커서 아버지를 보고 싶다고 하면, 어머니는 이 편지를 장롱 속에서 꺼내 읽어주곤 했다.[35]

이 무렵 배씨부인은 차남 담(淡)을 회임하고 있었다. 부인은 매헌이 청도에서 생활하던 때인 1930년 9월 5일에 담을 출산한다. 그러나 태어났을 때부터 병약했던 담은 오래 살지 못한다. 다만 형과 함께 찍은 사진이 남아 있어 다정했던 형제애를 확인할 수 있다.

매헌은 세탁소에서 신임을 받아 회계원으로 일하기에 이르렀다. 어느 날 세탁소의 물건을 사러 갔다가 30원을 소매치기당했다. 매헌은 "세상에 나보다 더 급한 놈도 다 있구나. 내가 이렇게 키가 작은 몸집의 청년이지만, 돈 30원에 어디 눈 하나 깜빡일 것 같으냐!"라면서 웃고 그 길로 자신의 겨울 옷가지를 전당포에 잡혀 30원을 받아 물건을 사서 갖고 갔다.[36]

세탁소에서 일한 때로부터 1년이 지났다. 착실히 저축을 했기에 상해로 갈 노자가 넉넉히 마련됐다. 그래서 세탁소를 떠나겠다고 말하자, 매헌을 좋게 보고 있던 주인은 봉급이 적어 떠나려는 것으로 알고 더 올려주겠다고 말하며 붙들었다. 그러나 그는 고맙다고 대꾸하면서 이 집을 떠났다. 그의 목적지는 어디까지나 상해였던 것이다.

제4절

상해에서의 생활⑴: 대한민국임시정부와의 접촉 그리고 노동자 생활에 초점을 맞춰

매헌은 1931년 5월 3일(양력 6월 18일)에 기선을 타고 청도를 떠나 5월 8일(양력 6월 23일)에 상해에 도착했다. 조국 광복에 헌신하겠다는 큰 뜻을 품고 집을 떠난 때로부터 1년 3개월이 지난 시점이었다. 김광 선생은 문인답게 매헌의 상해 여정을 문학적으로 다음과 같이 묘사했다.

> 파도가 물결치는 넓고 푸른 바다는 파란 하늘과 입을 맞추고, 은빛 갈매기는 하늘을 날아 오른다. 이 모두가 사람의 넋을 빠지게 한다. 좁쌀같이 작은 외로운 배가 파도에 흔들리며 앞으로 가니, 푸른 물결 가장자리에 저 멀리 반원형의 수평선을 그린다. 아름다운 햇살이 봄 바다 속에 목욕을 하니 황금색 진주 빛 같은 찬란한 빛이 반짝거린다. 모든 것이 봄날에 취하여 아름다운 정경을 그린 듯했다. 이때 갑판 한구석에 이 아름다운 정경을 감상하고 있는 한 젊은이가 서 있었다. 그가 바로 윤봉길 의사였다. … 배는 천천히 오송(吳淞) 항구로 들어갔다. 바다를 비추는 등대가 우뚝 솟아 있었다. 회색 군함과 노란 상선들이 각기 바쁘게 움직이고 있었다. 그는 이것이 바로 위대한 도시 상해의 특징일 것이라고 생각했다.[37]

상해는 중국인들이 장강(長江)이라고 부르는 양자강(揚子江)의 한 지류인 오송강 하류에 있다. 그래서 상해로 입항하는 배는 오송항으로 들어가게 되어 있다. 자신이 탄 배가 입항하던 때 자신이 가졌던 소회를 매헌은 다음과 같이 회상했다. "내가 전부터 동경해온 대본영(大本營)이 있는 곳에 도착했다. 비록 부두에 나와 맞이하는 사람은 없지만 마음속으로 매우 기뻐했다."[38] 여기에 나오는 '대본영'은 물론 '대한독립운동의 대본영'인 대한민국임시정부를 의미했다.

매헌은 상해에 도착한 때로부터 10개월 뒤인 1932년 4월 29일에 의거를 감행해 성공시킨다. 그리고 곧바로 상해 주둔 일본군에 체포돼 군법회의에서 사형을 선고받은 뒤 11월 18일에 일본으로 이송됐다가 12월 19일에 순국한다. 매헌의 거사 이전의 이 10개월을 두 부분으로 나눠 살피기로 한다. 첫 부분은 이 제4절로 매헌이 주로 김구와 안공근을 비롯한 대한민국임시정부 요인들을 만나 독립운동의 방향에 대해 의견을 나눔과 동시에 생계를 위해 노동에 종사한 데 초점을 맞추기로 한다. 두 번째 부분은 제5절로 매헌에게 거사하도록 직접적 자극을 준 일제 만주 침략의 전초 공작인 만보산사건 그리고 만주사변에 초점을 맞추기로 한다.

1 | 일제 당국의 수사를 교란하기 위해 엇갈리게 진술하다

매헌이 상해로 온 목적은, 새삼스러운 설명이 필요 없듯, 대한민국임시정부에 참여하기 위해서였다. 이 점은 매헌의 의거로부터 닷새 뒤에 상해 주둔 일본군 군법회의 소속 법무관이 작성한 「피고인 신문조서」에서 기록됐듯, 법무관이 "피고인이 상해에 온 이유는 무엇인가?"라고 물었을 때, "나는 조선의 독립운동을 하기 위하여 상해에 독립운동 본거지가 있다고 들었기 때문에 이곳에 왔다"라고 대답한 데서 다시 확인된다.[39]

그러면 왜 독립운동을 지향하게 됐던가? 매헌의 대답은 다음과 같았다.

> 처음에 17, 8세 때 신문과 책 등을 보고 조선에 일본인이 와서 조

선을 통치하는 것은 왜일까 하는 생각이 들었고, 그 후 우리나라는 우리가 다스리는 것이 좋다고 생각했다. … 남이 아무리 귀여워해도 자기 집이 좋다고 생각하는 것과 마찬가지로, 다른 나라의 통치를 받아서 행복한 생활이 가능하다 해도 역시 우리나라는 우리가 통치하고 싶은 것이 인정이다. 조선에는 조선 고유의 언어와 문자와 풍속습관이 있는데, 어째서 일본에 복종하지 않으면 안 되는가? 세계의 문명이 발달한 오늘날, 다른 나라에 병합되어 있는 것은 조선인으로서 수치스러운 일이라는 생각을 가지게 되었다.[40]

매헌은 일제가 조선인을 일본인과 차별해서 '취급'하는 것에 대해서도 '분개'했다고 진술했다. 법무관이 일제가 조선인을 '차별 취급'한 일이 있었으냐고 물었을 때, 매헌은 이렇게 응수했다. "차별 취급이 있는지 없는지 나는 일본인과 그다지 접촉한 일이 없으므로 모른다. 오히려 당신 쪽이 잘 알고 있을 것이다. 요컨대 자기의 것이 타인의 권한 내로 들어간다는 것은 누구라도 분개하리라고 생각한다."[41]

그러면 상해에 도착한 직후 매헌은 어떤 길을 걸었던가? 이 물음에 대해, 매헌은 서로 엇갈리는 진술을 했다. 5월 4일의 진술에서, 처음에는 "상륙 후 얼마 지나지 않아 5월 중순에 한국교민단 사무소로 가서 신고수속을 했다"라고 진술했다.[42] 그러나 수사관이 다시 추궁하자 "지금까지 말한 것은 사실과 상당히 다른 점이 있다"라고 말한 뒤, "나는 상해로 와서 곧바로 인력거꾼에게 한국교민단으로 가달라고 부탁했고, 인력거를 타고 교민단 사무소에 갔다"라고 대답했다.[43] 매헌이 이렇게 엇갈리는 진술을 한 까닭은 수사당국을 교란하려는 데 있었다. 무엇보다 자신의 배후에 김구가 있다는 사실을 감추려고 하는 데 있었다.

이때 한국교민단 사무소는 프랑스 조계 마랑로(馬浪路) 보경리(寶慶里) 4호에 있었다. 이 주소는 물론 대한민국임시정부의 주소로, 두 기관은 같은 청사를 썼다. 매헌의 설명으로는, 상해의 프랑스 조계에는 약 2,000명의 조선인이 살고 있었으며, 누구든지 처음 상해로 왔을 때는 "반드시 민단 사무소에 출두하여 신고를 해야 한다." 그들은 매년 두 차례 '세금'을 내야 하는데, 1931년에는 1인당 2~3달러였던 것이 1932년에는 1달러 이상 15달러가 됐다. 그렇다고 강제적인 것은 아니었다. 다시 매헌의 표현으로, "돈이 없으면 내지 않아도 되었다."[44]

매헌의 외양은 초라했다. 조소앙(趙素昻) 대한민국임시정부 외무부장은 이렇게 썼다. "공(公)은 처음 상해에 도착했을 때 언뜻 보면 마치 구원을 구하는 난민처럼 보였다. 등나무상자 하나를 지니고 의복은 남루한 채 형용은 초췌했다." 그러나 "두 눈 사이에는 굳건한 기상을 띠고 있었다."[45]

매헌은 자신이 한국교민단 사무소에 도착했을 때의 상황을 다음과 같이 회상했다.

> 민단 사무소에는 그 당시 단장인 김구(金九)와 간사 김동우(金東宇)가 있었고, 내가 인사를 하자 두 사람 모두 자신은 김구, 김동우라고 하면서 인사를 나누었다. 그러고 나서 나에게 상해에 온 이유를 물었는데, 당신들과 함께 일하기 위해서 왔다고 대답했다. 그러자 웃으면서, 그러면 조선에서 무언가 독립운동을 위하여 활동했던 것이 있는지 물었는데, 나는 지금까지 그러한 생각은 가지고 있었지만 실제로 아무것도 한 일은 없다고 대답했다.[46]

이때 김구는 대한민국임시정부 재무부장이면서 한국교민단 단장을 겸하고 있었다. 그러면 김동우는 어떤 사람이었을까? 그에 대한 자료는 보잘것없어 알기 어렵다. 상해 주재 일본총영사관이 매헌의 의거 직후인 1932년 5월 3일에 본국 외무성에 보낸 보고에 '한국의용군 간부, 38세 … 체포하려고 하는 12명 가운데 한 사람'으로 기록된 것으로 미루어 독립운동계에서 중요한 역할을 수행하고 있었던 것으로 보인다. 이때 그는 체포를 모면했던 것이 확실하다. 어떤 다른 자료에 따르면, 그는 매헌의 상해의거 이후 '맹혈단'을 조직해 일제를 상대로 '테러'를 감행하기도 했고, 흥사단 단원이기도 했다.[47]

다시 매헌이 김구와 나눈 대화로 돌아가기로 하자. 김구와 대화하고 있을 당시의 김구의 인상에 대해 법무관이 묻자, 매헌은 "김구는 신장이 5척 8, 9촌이고 두발은 상고머리에 수염을 길렀고 광대뼈가 나왔으며 살집이 좋고, 특히 한눈에 봐도 김구라고 알 수 있는 것은 얼굴 전체에 천연두 자국이 있다"라고 대답했다.[48] '5척 8, 9촌'이라면 1m 74cm 또는 77cm에 해당한다.

매헌이 김구와 대화하던 때 안명기(安明錤)가 와서 서로 인사를 나눈 뒤, 매헌에게 숙소를 정했느냐고 물었다. 말도 통하지 않아 여관을 정하지 못했다고 대답하고는 "아직까지 아침도 먹지 못했다"라고 덧붙였다. 여기서 우리가 주목해야 할 대목은 "아직까지 아침도 먹지 못했다"라는 매헌의 진술이다. 매헌도 그러했지만 그때 상해에서 독립운동에 종사하던 한인들은 하루에 세 끼는커녕 한 끼도 제대로 먹지 못하는 경우가 허다했다. 김구 스스로 "잠은 (임시정부) 정청(政廳)에서 자고 밥은 직업 있는 동포들 집에서 얻어먹으며 지내니, 나는 거지 중에 상거지였다"라고 회상했다.[49] 그만큼 그들은 조국의 독립이라는 대의를 위해 글자 그대로 굶주림에 시달리며 생활했던 것이다.

매헌은 안명기가 "이미 두 명의 학생을 하숙생으로 받아들였는데 매헌까지 함께 있으면 각자가 부담할 방세가 줄어들 것인 만큼 하비로(霞飛路) 화합방(和合坊)에 있는 우리 집으로 가자"라고 권해 그를 따라갔다.[50] 안명기에 대한 자료는 더 이상 찾을 수 없다. 윤주 부회장은 그를 '안명진(安明鎭)'으로 표기했다.[51] 일제 관헌의 체포 대상자 명단에 등장하지 않는다. 그러나 김구를 쉽게 만날 수 있는 사람이었던 것으로 미루어 임정에서 일정한 역할을 수행하고 있었음은 확실하고, 안중근 의사의 동생으로 김구를 도우며 임정에 깊이 관여한 안공근(安恭根)의 주소 역시 하비로 화합방에 있었음에 미루어[52] 안명기는 안공근의 집안 식구였던 것 같다.

2 | 안공근과 깊은 대화를 나누다

매헌은 김구와 인사를 나누었으나 자주 만나지는 못했다. 그 대신에 안공근과 자주 만났다. 그런데 매헌과 안공근 사이의 만남이나 대화에 대한 자료는 거의 없다시피 하다. 형의 상해에서의 행적에 밝았던 아우는 "형님이 상해에 도착한 직후 일정한 기간에 안공근의 집에서 기거했다"라고 썼을 뿐,[53] 더 이상 아무 말도 하지 않았다. 역시 매헌의 상해에서의 행적에 밝았던 김광 선생은 안공근 자체에 대해 아무 말도 하지 않았다. 김구 역시 『백범일지』에서 안공근에 대해 여러 차례 말하면서도 그 주제에 대해서는 전혀 말하지 않았다. 매헌 스스로도 거사 직후 체포된 상태에서 상해 주둔 일본군 군법회의 법무관에게 김구와 안창호를 비롯한 임정의 다른 지도자들에 대해서는 말하고, 특히 이유필과는 '매월 2회 내지 3회가량' 대화했다고 말하면서도,[54] 안공근에 대해서는 전혀 말하지 않았다.

예외적으로 신호웅·이상재·윤규상 세 공저자만이 매헌과 안공근의 대화에 대해 자세히 설명했다. 출전이 전혀 소개되지 않은 이 설명을 받아들이기는 조심스럽다. 그러나 일단 그대로 받아들이고, 그 내용을 살피기로 한다. 그 공저자에 따르면, 매헌은 안공근을 통해 김구를 만날 수 있었으며, 안공근과의 만남이 잦아짐에 따라 "두 사람 사이의 화제는 신변잡담에서 광복운동에 이르기까지 폭넓게 확대되어갔다." 이 과정에서 매헌은 대한제국의 고위 관리로 망국을 앞두고 중국으로 망명해온 김택영(金澤榮)이 안중근 의사의 순국을 슬퍼하며 지은 시 한 수를 외웠다.[55]

평안장사 눈을 휩쓰니	平安壯士目雙張
양새끼 잡듯 나라 원수 갚았네	快殺邦讐以殺羊
죽기 전에 좋은 소식 들으니	未死得聞消息好
국화꽃 앞에서 춤을 추었네	狂歌亂舞菊花傍
해삼위 하늘에 맴돌던 독수리	海參威里鷲摩空
하얼빈역에 날벼락 터뜨렸네	哈爾濱頭薛素紅
육주의 호객들이여	多少之洲好運客
광풍에 문득 수저 떨어졌네	一時匙著落秋風
어찌 나라가 흥망이 없겠느냐	從故何當國不亡
금성탕지에 좀도둑 들었구나	纖兒一倒壤金湯

하늘을 떠받칠 기둥 얻었네 但令得此撑天手
망하는 세상에 한 줄기 섬광이 번쩍이누나 却是亡時也有光

매헌은 이 시를 읊고 끝머리 구절인 "망하는 세상에 한 줄기 섬광이 번쩍이누나"를 다시 읊은 뒤, "사내대장부 한평생의 삶이 이에서 더함이 없노라"라는 주(註)를 달았다. 안공근은 감회에 젖어 형 안중근의 유작시로써 화답했다.[56]

동양대세 아득하고 어둡구나 東洋大勢杳玄暗
뜻있는 장부 어찌 잠이 오는가 有志男兒豈安眠
평화로움 못 이루어 이 마음 슬픈데 和國未成猶慷慨
못된 계략 고치지 않으니 불쌍하구나 政略不改眞可憐

매헌의 화답이 뒤따랐다.[57]

타 죽으나 물에 빠져 죽으나 모두가 좋기에 焚木沈羅兩可宣
시체가 어찌 슬프게 동국으로 가겠나 屍體何事悲東還
삼천리금수강산이 돌돌 말려가는데 江土三天如席捲
아무리 생각하여도 묻힐 곳이 없구나 商量無地葬君山

이것은 안 의사에 대한 만사의 하나로, 항일구국을 향한 결의를 잘 표현했다. 세 공저자에 따르면, "윤 의사는 이때의 생활이 가장 즐거웠다. 이제 그는 혁명전선의 최일선에 서 있음을 스스로 느끼게 되었다."[58]

3 인삼 행상을 거쳐 모자공장에서 일하다가 그만두다

독립운동을 위한 결의를 다지며 행동의 기회를 찾고자 했지만 우선 당면한 과제는 직장을 얻는 일이었다. 그때의 상해에서 더구나 중국말을 익히지 못한 외국인이 일자리를 얻기는 정말 어려웠다. 얼마 동안은 주변 동포들의 도움으로 그럭저럭 지낼 수 있었으나 그 기간은 잠시일 뿐이었다.

매헌은 청도에서 초기에 겪었던 궁핍한 생활을 여기서도 겪지 않을 수 없었다. 우리가 앞에서 살폈던 「상해에서의 윤봉길 폭탄사건 전말」에 따르면, 매헌은 이때 '자신의 처지를 비관하는 취지를 기술한 편지'를 고향집으로 보냈다고 한다. 그가 영웅의 자질을 갖고 있었음은 사실이지만, 영웅도 때때로 인간적 고뇌에 빠질 수 있는 것이 아니었겠는가. 아주 작은 한 예를 들어보자. 중국의 춘추전국시대 전반부인 춘추시대 영웅들 가운데 한 사람으로 꼽히던 초(楚)의 오자서(伍子胥)도 큰 뜻을 이루기 위해 초나라를 탈출하고 오(吳)나라로 들어가고자 초나라의 마지막 관문인 소관(昭關)을 통과하려고 할 때 혹시 거기서 잡히는 것이 아닌가 하여 얼마나 노심초사했던가.[59]

궁핍에 시달리던 매헌에게 한 친구가 중국인들에게 인기 있는 인삼을 팔아보도록 권했다. 인삼 장사는 밑천이 많이 없어도 할 수 있고, 장사가 잘되면 생활 유지에는 문제가 없다는 말로 용기를 북돋워주었다. 매헌은 곧바로 시작했다. 이곳저곳 집집마다 돌아다니면서 파는 행상이었다. 그러나 몇 달 만에 끝을 내게 됐다. 김광 선생이 적절히 지적했듯, "그의 천성은 고집스러웠고 과묵하여 고객의 마음을 사지 못하였고, 다른 한편으로 중국어도 서툴러서 고객으로부터 오해를 살 때가 종종 있었다. … 문지기들로부터 업신여김만 당했다."[60]

다시 곤궁한 실업자 생활이 시작됐다. 이때의 심경은 "남의 주머니에 금이 들었는지 똥이 들었는지 누가 알리오. 와서 보니 또 닥치는 금전 곤란이다"라는 매헌의 「자서약력」에 잘 나타나 있다.[61] 그러나 얼마 뒤 안명기의 주선으로 교포 정안립(鄭安立)과 동업으로 모자공장 미리공사(美利公司)를 열었다. 그렇지만 개업 직후에, 우리가 앞으로 자세히 살필 만보산사건이 일어나 중국인의 반한 감정이 고조되는 바람에 모자가 팔리지 않아 더 이상 유지할 수 없었다.

그래서 프랑스 조계에서 조선인 박진(朴震)이 한 중국인과 합작해 세운 중국종품공사(中國鬃品公社)에 넘기고, 말총(말의 갈기 또는 꼬리의 털)을 재료로 모자를 만드는 이 회사의 '직공'으로 취직했다.[62] 이때 매헌은 거주지를 프랑스 조계 하비로 1013동 27호로부터 망지로(望志路) 북영길리(北永吉里) 18호로 옮긴 것 같다.[63]

모자를 만드는 기술은 쉽지 않았다. 그런데도 매헌은 취업한 지 한 달도 되지 않아 능숙한 기술자가 됐다. 다른 사람은 하루에 두 개밖에 만들지 못했으나 그는 서너 개를 만들어냈다. 그래서 일급으로 다른 사람은 1원 20전을 벌었지만 그는 1원 50전을 벌 수 있었다. 생활 형편은 어느 정도 나아졌다. 매헌 스스로의 표현으로, "그날그날의 생활은 족했다."[64]

매헌은 동료들 사이에 다툼이나 싸움이 잦은 사실에 주목하고, 그들이 워낙 교육 수준이 낮아 상황에 대한 이해가 부족한 탓에 별것 아닌 것에 대해서도 화를 내고 주먹을 휘두른다고 판단했다. 그래서 직공들 가운데 한인 직공 17명 전원을 설득해 한인공우친목회(韓人工友親睦

會)를 만들고 회비의 일부로 신문과 잡지를 구독해 지식을 늘리게 했으며, 전반적으로 그들 사이의 단결력을 높여갔다. 매헌 스스로 넉넉하지 못한 자신의 수입 가운데 일부를 떼어 어려운 동료들을 돕기도 했다. 이러한 일은 자연히 그에 대한 신뢰를 높여주었다.[65] 여기서도 우리는 계몽과 조직에 익숙한 매헌의 자질을 다시 확인하게 된다. 예산에서 목계농민회와 월진회를 조직하고 야학당을 세워 청소년들과 농민들을 계몽했던 지도력이 다시 발휘된 것으로, 이제 그는 농민운동가에서 노동운동가로 새로운 면모를 보여주기에 이르렀다.

회사의 분위기가 이렇게 개선되자 생산성이 높아져, 모든 직공이 하루에 다섯 개 이상의 모자를 만들게 됐다. 공장주들은 이것을 격려하는 쪽이 아니라 임금을 '착취'하는 쪽으로 악용해, 임금을 낮추기로 결정했다. 그들은 그러한 결정의 이유로 내부의 충돌에 외부의 불안이 겹쳐 회사 경영이 어렵게 됐음을 내세웠다. 매헌은 몇몇 동지들과 함께 그 주장이 근거가 있는 것인지 알아보고 거짓말이라는 것을 알아냈다.

당연히 분노한 매헌은 동료들과 손을 잡고 집단 항의로 맞섰다. 매헌의 지도 아래 직공들은 "공장주 쪽의 분쟁으로 직공들이 놀게 될 때는 공장주 쪽에서 이전과 같은 봉급을 지불할 것, 그리고 새로 들어온 견습공이 직공이 될 때까지 공장주 쪽에서 적당한 돈을 빌려주어 생활이 가능하도록 보장할 것" 등을 요구했다.[66]

당황한 회사는 매헌과 그에 동조한 서상석(徐相錫)을 해고했다. 직공들은 두 사람의 복직과 임금 인하의 취소를 요구하며 파업에 들어갔다. 이때 상해에서 흥사단을 이끌면서 대한민국임시정부에도 참여한 안창호 그리고 김구의 뒤를 이어 한국교민단 단장이 된 이춘산(李春山, 본명 이유필[李裕弼]) 등이 개입해 조정을 시도했다. 공장주들이 불응하자,

특히 박진과 '사소한 감정' 문제가 발생하자, 매헌은 1932년 2월께 서상석과 함께 회사를 떠났다.[67]

모자회사를 떠났으나 생계를 위해 일을 하지 않을 수 없었다. 때로는 상해 안에서의 공동조계인 홍구의 한 채소가게에서 흥사단원 계춘건(桂春建)과 함께 일하기도 하고, 때로는 공동조계 안의 통주로(通州路)에 있는 한인 경영의 신공양행(信恭洋行)에서 쌀가루와 밀가루를 도매로 받아 홍구에서 소매로 팔기도 했다. 이때 매헌의 주소는 프랑스 조계 마랑로 보경리 23호였다.[68]

매헌이 채소가게에서 일한 것과 관련해 중요하면서도 흥미로운 증언이 있다. 그때 상해에서 항일독립운동단체에 관여하며 김구, 매헌과도 가까웠던 이화림(李華林) 여사는 "윤봉길은 매일같이 일본 군정 요인 집에 채소를 배달했다. 이렇게 해서 홍구 일본조계지 군정 요인의 활동 상황과 군사시설 등의 정보를 수집했다. (그리고 그 결과를) 한인애국단에 제공했다"라고 회고한 것이다.[69]

4 | 잠시 미국행을 생각하다

이렇게 온갖 어려움을 겪으면서도, 매헌은 자신이 상해로 온 목적이 대한민국임시정부의 일원이 되어 독립운동에 헌신한다는 데 있음을 결코 잊지 않았다. 그렇지만 임정은 지난날과는 달리 상당히 위축되어 있어서, 매헌이 동경하던 임정이 아니었다. 김광 선생의 표현으로, "혁명지사들은 대부분 소극적인 자세였으며, 혁명의 시기는 아직은 도래하지 않은 것 같았다." 임정 국무위원이던 김구 스스로의 표현으로 "임정은 무정부 상태에 빠져 있었고, … 청사 가옥세가 불과 30원, 고용인 월급이 20원을 넘지 않았으나 집세 문제로 집주인에게 종종 소송을 당하는 (형편이었다.)" 김구의 회상은 다음과 같이 이어진다.

> (임정이 수립된) 원년(1919)에서 3~4년을 지내고 보니 열렬하던 독립운동자 가운데 하나둘씩 왜놈에게 투항하거나 귀국하는 자들이 생겨났다. … 처음에는 열성으로 큰 뜻을 품고 상해에 온 청년들도 점점 경제난으로 말미암아 취직하거나 행상에 종사하였다. 이 때문에 한때 상해에는 우리 독립운동자의 수가 1,000여 명이었던 것이, 차차 줄어들어 겨우 수십 명에 불과하였다. 그러니 최고기관인 임시정부의 현상을 족히 짐작하고도 남음이 있다. … 그것은 마치 명성이 쟁쟁하던 인가(人家)가 몰락하여, 그 고대광실이 걸인의 소굴이 된 것과 흡사한 형편이었다.[70]

그때 상해에서 김구와 가깝게 지내면서도 남화(南華)한인청년연맹이라는 자신의 조직을 이끌고 항일독립운동에 참여했던 아나키스트 정화암(鄭華岩)도 비슷한 내용으로 다음과 같이 회고했다.

> 임정은 재정적으로 정말 비참했어요. 변변하지 못한 임정 청사의 월세도 대지 못해 백범이 늘 쩔쩔맸으니까요. 그때 임정에 빵천이라는 중국인 하인이 하나 있었는데, 그렇게 충성스러운 하인이 없었어요. 이런 충복에게 몇 푼 안 되는 월급을 몇 년 동안 주지 못했어요. 빵천의 부인이 해산할 때 돈이 없어 밀린 월급의 일부만이라도 달라는 호

소조차 들어주지 못할 정도였습니다.[71]

우리가 앞에서 보았듯, 매헌이 처음 임정을 찾았을 때, 임정 산하에 '군대를 교육하는 기관'이나 '군대 조직'이 있는 것으로 믿었고 그래서 '군대에 들어가려는 생각'을 갖고 있었다.[72] 임정은 훗날 산하에 '한국광복군'을 창설하지만, 이 시점에서는 어떠한 형태의 '군대 조직'을 갖고 있지 못했기에 매헌은 실망하게 됐다.

이때의 심정은 그가 고향의 아우에게 보낸 편지에 잘 나타나 있다. 당시에 통용되던 한문식 표현을 많이 쓴 이 편지를 오늘날의 방식으로 풀어보자. 그는 우선 "떠돌이 생활 2년에 쌓이고 쌓인 감회는 … 입으로 표현하기 어렵고 글로 쓰기 어렵다"라고 시작한 뒤, "대세의 풍조와 세상을 살아가는 환경이 천변만화로 변천됨을 측량하기 불가능하다"라고 이어갔다. 그는 "이러한 때에 먹고사는 문제 자체가 어려운 미미한 우리 인생은 해외로 흩어져 유랑하고 있구나"라고 한탄하면서, "과연 그 앞길이 행일까 불행일까?"라는 표현으로 자신의 불만족스러우면서도 답답한 심정을 토로했다.[73]

매헌은 자연히 자신의 행로를 다시 생각하지 않을 수 없었다. 다시 김광 선생에 따르면, 매헌은 "미국으로 가서 몇 년 동안 미래의 혁명사업의 기초지식을 다지기로 결심했고, 그래서 낮에 더욱 열심히 일해 여비를 준비하는 한편, 밤에는 (영어학원을 다니며) 영어를 배웠다."[74] 매헌이 미국행을 계획했다는 얘기는 이 책에서만 나오고 어떤 책들에도 나오지 않는다. 따라서 매헌이 애초의 결심을 바꾼 이유를 정확히 알기는 어렵다. 다만 매헌의 동지 한일진이 청도에서 매헌의 도움을 받아 미국으로 떠난 사실을 떠올리며 추측하건대, 매헌은 그때 한일진으로부터 미국에 대한 얘기를 들었던 것 같고, 그 영향이 살아나면서 미국행에 착안했던 것 같다.

달리 생각하면, 한일진보다는 일찍이 미국에서 공부했으며 독립운동을 이끌다가 상해로 온 안창호의 가르침을 받았던 것 같다. 매헌의 도미 유학 계획을 유일하게 밝힌 김광 선생은 흥사단 명단에 고영선(高榮善)이라는 본명으로 올라 있는 열렬한 흥사단원이었던 만큼 흥사단 단장이었던 안창호가 매헌에게 미국 유학을 권고하는 것을 알았을 것이다. 이 점과 관련해, 이태복 박사는 김광의 회상에 주목하면서 다음과 같이 썼다.

> "세계 정세와 독립운동의 현실에서 전도유망한 윤봉길 의사의 자질을 아까워한 도산이 자신의 미국 생활을 들려준 것이 아닐까. 도산이 노동을 하면서 얼마든지 공부할 수 있는 곳이 미국이니 세계가 어떻게 돌아가고 있는지 공부를 하고 독립전쟁에 뛰어들라고 권유했을 것이다."[75]

제5절

상해에서의 생활⑵: 만보산사건과 만주사변에 분노하다

1 매헌, 만보산사건의 본질을 꿰뚫어보다

매헌이 상해에 도착한 때로부터 2개월이 채 지나지 않은 때인(아마도 모자공장에서 일하던 때인) 1931년 7월 2일에 중국 길림성 장춘현(長春縣) 향삼구(鄕三區)의 만보산 지역에서 조선 농민들과 중국 농민들이 다투는 일이 일어났다. 이 다툼은 1931년 초에 일제 관동군이 중국인 학영덕(郝永德)을 매수해 장춘에 장농도전공사(長農稻田公司)를 세우고 그를 이 회사의 지배인으로 임명한 때부터 시작됐다. 학영덕은 이 회사의 이름으로 4월 16일에 만보산 지역에 있는 삼성보(三姓堡) 일대의 토지를 10년 동안 조차한다는 계약을 해당 지주와 맺었는데, 계약에는 현청의 승인이 없으면 무효라는 규정이 있었지만, 현청의 승인을 받지 않은 채 이 토지를 한인 농민 이승훈(李昇薰) 등과 계약하고 한인 농민 188명을 이주시켜 개척에 착수하게 했다.

한인 농민들이 보를 막고 수로를 파는 작업에 들어가자 중국 농민들은 그 과정에서 한인 농민들이 자신들의 땅을 침범했다고 주장하며 공사의 진행을 막았다. 이승훈 쪽에서는 장춘에 있는 일본영사관에 진정을 했고, 이에 따라 출동한 일본 경찰을 사이에 두고 양쪽이 맞서기에 이르렀다. 그러나 충돌은 없었다.

그런데도 국내에 "삼성보에 있는 200여 명의 동포와 중국 관민 800여 명이 충돌해 조선 농민 다수가 살상됐다"라고 진상과는 아주 다르게 잘못 알려졌다. 자신이 만주를 침략하기에 앞서 조선인과 중국인 사이의 감정을 악화시켜 서로 대립하게 하는 분위기를 조성함으로써 앞으로 있을 자신들의 만주 침략에 대한 두 민족의 공동 협력을 막기 위해 일제가 치밀하게 보도 내용을 조작한 결과였다. 그러한 배경을 몰랐던 국내의 조선인들은 곧바로 '배화운동(排華運動),' 곧 화교배척운동에 들어갔다. 주로 상업에 종사하던 화교에 대한 반대운동은 인천에서 시작돼 서울과 원산, 평양 등 전국의 주요 도시들로 번지면서 화교를 박해하거나 심지어 폭행하는 사태로 이어졌다.

이 과정에서 다수의 중국인이 살상됐는데, 그 정확한 숫자는 연구자에 따라 다르다. 그렇지만 대체로 142명이 죽고, 541명이 부상했으며, 91명이 행방불명됐고, 가옥 404동이 파괴됐으며, 어떤 화교들은 본국으로 돌아갔다는 것이 통설이다.[76] 이 소식을 접한 중국에서는 특히 만주지역을 중심으로 조선인에 대한 보복이 폭력을 동반한 채 확대됐으며, 본토에서도 조선인에 대한 감정이 빠르게 악화됐다. 이때 중국인들 사이에서는 본국에서 만주로 이주한 조선인들을 '일제의 앞잡이'로 여기는 경향이 있어서 그들에 대한 반감이 컸던 터에 이 소식은 그 반감을 부채질한 것이다. 사람들은 이 사건을 흔히 만보산사건이라고 불렀다.[77]

〈동아일보〉는 문제의 심각성을 간파하고 곧바로 특파원을 현장으로 파견해 진상을 파악하게 했다.[78] 그 결과 이 사건이 만주지역에서 중국인과 조선인을 이간시키려는 일제의 간계에서 비롯된 것이라는 결론을 내렸고, 7월 5일에는 「(만보산사건에 대하여) 냉정한 태도를 취하라」라는 제목의 사설을 내보낸 데 이어, 7월 7일에는 1면에 「2천만 동포에게 고합니다. 민족적 이해를 타산하여 허무한 선전에 속지 말자」라는 제목의 머리기사를 내보냈다.[79] 이렇게 조선인들에 대해서는 물론 중국인들에 대해서도 자제를 호소함으로써 문제의 확대를 예방하고자 시도한 것이다.

상해에서 이 사건에 관한 일련의 보도를 접하며, 매헌은 일제에 대한 반감을 더욱 굳혔다. 그는 1931년 8월 15일에 고향의 아우에게 보낸 편지에서, "이번 만보산과 삼성보의 사건을 보라"라고 화두를 연 뒤, 이 사건의 원인으로 두 가지를 지적했다. 첫째가 "(동포들이) 점점 말라가는 삼천리강산에서 생활의 고통과 경제의 구축(驅逐)으로 밀리어 (만주로) 나오게 된 것"이고, 둘째가 '민족 차별의 관념'이었다.[80] 매헌은 자신의 이 편지를 일제 당국이 검열할 것이며 자신이 일제를 심하게 비난하면 가족이 박해를 받은 것을 염려해 노골적인 표현을 자제했다. 그래서 "XXX의 내용은 절필"이라고만 썼다. 이렇게 생각할 때, 그가 쓴 '민족 차별의 관념'은 조선인과 중국인 모두에 대한, 특히 조선인에 대한 일제의 '민족 차별'을 의미했을 것이다.

매헌은 동시에 자신의 심정을 다음과 같은 한시로 표현했다.

임리통음한성월(淋漓痛飮漢城月)
강개비가호시추(慷慨悲歌滬市秋)[81]

일찍이 서울의 달빛 아래 흠뻑 술에 취했는데
지금 상해의 가을 아래 울분에 젖어 슬픈 노래를 부르네

새삼스러운 설명이 필요 없듯, 이 한시에는 일제의 식민 정책 아래 시달리는 동포들의 비참한 삶에 대한 매헌의 비분강개가 그대로 담겨 있다.

2 | 일제가 만주사변을 일으키는 것을 보고 임정이 '한인애국단'을 결성하다

일제는 만보산사건을 일으킨 때로부터 2개월 뒤인 1931년 9월 18일에 역사적으로 악명 높은 만주사변 또는 9·18 사변을 일으켰다. 그때는 봉천(奉天)이라는 이름으로 더 널리 알려진 심양(瀋陽) 북쪽 교외에 위치한 류조호(柳條湖) 또는 류조구(柳條溝) 부근의 남만주철도 일부를 폭파하고 만주군을 의미하는 동북군에 사격한 것이다. 이 범죄는 분명히 관동군이 저질렀다. 그러나 관동군은 범죄의 책임을 동북군에 돌리면서, 심양과 그 일대를 공격해 어렵지 않게 점령한 데 이어 침략의 발길을 넓혀나갔다.[82]

상황이 이렇게 전개되는데도, 그때 남경(南京)에 수도를 두고 있던 장개석의 중화민국정부는 '부저항'으로 일관했다. "우선 공산당을 소탕해 국내를 안정시키고 그다음에 외부의 적에 대항한다"라는 취지의 '양외필선안내(攘外必先安內)' 또는 '선안내후양외(先安內後攘外)' 정책을 내걸고, 만주 일대를 장악한 봉천군벌 장학량(張學良)이 이끄는 동북군에 저항하지 말도록 지시했다. 새삼스러운 설명이 필요 없듯, 장학량은 일제 관동군에 의해 폭사한 장작림의 아들로 일제에 대한 적개심이 컸기에 장개석의 지시가 내심으로는 불만이었지만 장개석정부와의 관계를 좋게 유지하고 싶었던 까닭으로 이 지시를 따랐을 뿐만 아니라 만주를 떠나 대륙으로 들어갔다.

대조적으로, 중국공산당은 자신보다 훨씬 강력한 무력을 보유하고 있던 장개석정부군에 쫓기면서도 '중국 인민의 거국적 항전'을 부르짖었다. 1931년 9월 20일에 발표된 「일본 제국주의의 만주 강점사건에 대한 선언」 및 9월 22일에 발표된 「일본 제국주의의 만주 강점에 관한 결의」, 그리고 중국공산당 만주성위원회의 이름으로 9월 21일에 발표된 「일본 제국주의의 만주 무장 점거와 당의 긴급 임무에 관한 결의」 등이 그 대표적 사례였다. 일제의 만주 침략에 분개하면서 장개석정부의 '부저항'에 불만을 품던 중국 국민의 민심은 이 일을 계기로 중국공산당을 지지하는 쪽으로 빠르게 옮겨간다.

다른 한편으로, 서구 열강은 장개석정부와 마찬가지로 미온적인 태도를 보였다. 겉으로는 일제의 행위를 비난했으나 실제로는 일제와 타협했다. 이 점은 특히 미국과 영국 및 프랑스의 경우에 두드러졌다. 만주사변은 동북아시아의 국제관계를 안정시키기 위해 1921년에 미국 워싱턴에서 일본을 포함한 열강 사이에 합의된 '워싱턴체제'를 위협하는 것이었는데도, 만주에서 일제와 이해를 같이하던 이 나라들은 일제의 만주 침략을 기정사실로 받아들였을 뿐만 아니라 일제가 만주 침략의 발길을 소련으로까지 확대하도록 은근히 부채질했다.

국제연맹의 경우도 비슷했다. 국제연맹은 장개석정부의 제소를 받아들여 영국의 리튼(Lytton) 경을 위원장으로 하는 조사위원회를 구성해 1932년 2월부터 7월까지 현지로 파견했다. 그러나 이 위원회가 발표한 보고서, 이른바 리튼보고서는, 일제가 만주를 침략했다는 사실을 인정하고 만주국은 중국의 영토임을 확인했으나, 일제의 만주 침략을 강하게 비난하지 않았으며 만주에서 행한 일제의 군사작전이 궁극적으로 만주의 공산화를 방지하는 데 목적이 있었다고 덧붙임으로써 일제의 만주 침략을 어느 정도 합리화시킨 인상을 남겼다. 국제연맹 총회는 1933년 2월에 이 보고서를 채택하며, 1개월 뒤 일제는 그것에 항의해 국제연맹을 탈퇴한다.[83]

만주사변으로 만주에서의 한인 항일독립운동은 큰 장벽에 직면했으며, 본토에서의 그것 역시 점점 어려워졌다. 그렇지만 임정으로서는 아무리 위축되어 있다고 해도 앉아서 보기만 할 수 없었다. 김구는 긴급 대책으로 임정 국무회의의 승인을 받아 1931년 11월에 '한인애국단'을 결성하고 '암살·파괴' 등의 특무공작을 추진하기로 결정했다. 임정 국무회의는 공작에 사용하는 돈과 인물의 출처에 대해서는 모든 권한을 김구에게 위임하되 성공과 실패의 결과만을 보고하도록 결정했다. 이 결정과 관련해, 김구는 다음과 같이 회고했다.

> (1931년부터) 우리 임시정부에서는 (항일독립)운동이 매우 침체한즉, 군사공작을 못 한다면 테러공작이라고 하는 것이 절대 필요하게 되었다. 그런데 왜놈이 중·한 두 민족의 감정을 악화시키기 위해 이른바 만보산사건을 날조하여, 조선과 중국에서 대학살 사건이 일어나게 되었다. 또한 만주에서는 1931년 왜가 9·18 만주사변을 일으켜 중국이 굴욕적으로 왜와 강화하였다. 이 전쟁 중에 한인 부랑자들이 왜의 권세를 빌려 중국인에게 극단의 악행을 저질렀기 때문에, 종국의 무식계급은 물론이고 유식계급 인사들마저도 우리 민족에 대해 종종 민족 감정을 말하는 자를 보게 되었다. 상해의 길거리에서도 중·한 노동자들 사이에 종종 충돌이 일어(났다.) 이때 나는 정부 국무회의에서 한인애국단을 조직하여 암살·파괴 등의 공작을 실행하게 되었다.[84]

임정을 포위하고 정밀한 첩보활동을 하고 있던 일제 정보당국은 '한국임시정부 국무원 회의'가 '특무공작'에 관한 조직으로 '특무대라는 기관'을 세운 사실을 파악하고 상부에 보고했다. 그들은 그 기관의 이름이 한인애국단이라는 사실은 파악하지 못했던 것 같다. 그러나 그 '특무대'의 '대장'이 김구이고, '한국임시정부 국무원 회의'가 우선 곧 북경을 방문할 것으로 발표된 남만주철도주식회사 우치다 야스야(內田康哉) 총재를 암살하기로 결정했으며, 그 계획을 실행하기 위해 임정 수입의 절반을 '특무대'에 지급하기로 결정했다고 보고했다.[85] 우치다 암살 계획은 우치다가 북경 방문 계획을 취소함에 따라 실현될 수 없었다.

만주사변과 한인애국단 발족에 대해 매헌은 어떻게 생각했을까? 만주사변에 대해서는 보도를 통해, 그리고 그것에 분개해 중국인들이 상해를 비롯한 전국의 주요 도시에서 벌인 대규모 항의운동을 통해 접했을 것이고, 그 역시 분노했을 것이다. 그 분노를 기록으로 남긴 것은 없지만, 우리가 다음 장(章)에서 보게 되듯, 한인애국단 출범은 매헌의 의거에 결정적 영향을 준다.

5

제5장

윤봉길 의사, 마침내 왜적 수뇌부에 폭탄을 던져 응징하다

제1절

이봉창 의사 의거에 큰 자극을 받다

1 한인애국단, 해외 동포의 지원을 받아 활동자금을 마련하다

확실히 9·18 만주사변 그리고 그것에 뒤따른 일제의 만주 장악은 대한민국임시정부를 비롯한 중국 안에서의 한인 독립운동가들에게 큰 타격을 주었다. 우선 만주의 경우, 한인 독립운동가들 가운데 일정한 그룹은 만주를 떠나 대륙, 그들의 표현으로는 '관내(關內)'로 들어갔으며, 양세봉(梁世奉)이 이끄는 조선혁명군과 공산주의자들이 중국공산당 만주성위원회가 주도한 동북인민혁명군과 그 후신인 동북항일연군에 가담해 투쟁했을 뿐이다. 중국 본토의 경우, 장개석의 국민정부는 일제와의 직접적 무력 대결을 자제하고 일제의 침략 확대를 정지시키기 위한 협정을 체결하는 것으로 만족했기에 한인 독립운동가들의 사기는 떨어지게 됐다.

그렇지만, 다른 한편으로 만주사변은 중국의 한인 독립운동가들에게 새로운 활로를 찾게 만들었다. 1919년 3·1운동 직후 만주 길림성에서 조선의열단을 조직하고 무장투쟁 또는 의열투쟁을 활발하게 전개해온 조선의열단 단장 김원봉(金元鳳)은 1931년 10월에 북경에서 조선의열단 임시대표회의를 열고, 일제의 만주 점령이라는 새로운 상황에 대처하기 위해 장개석이 영도하는 중국국민당 정부와 협력하기로 결정한 뒤 1932년 초 그 정부가 있는 남경으로 이동했다.[1] 다른 한편으로, 김구는 우리가 바로 앞(제4장 제5절 제2항)에서 보았듯, 대한민국임시정부 국무회의의 의결을 거쳐 한인애국단을 발족시키고 단원들로 하여금 일제에 대해 암살과 파괴 활동을 벌이게 하는 것으로써 돌파구를 열고자 했다.

『백범일지』에 따르면, 한인애국단 발족을 전후해 김구는, 그의 표현으로 '편지정책'을 전개했다. 해외 동포들에게, 특히 '미주, 하와이, 멕시코, 쿠바에 살고 있는 1만여 명의 동포들에게 임정의 사정을 알리고 정부에 성금을 바치게' 하는 편지를 보낸 것이다. 다행히도 "회답하는 동포들이 점차 늘어났다." 미국 본토와 하와이에서 항일독립운동을 전개하던 이승만 지지자들의 동지회 계통에서도, 그리고 샌프란시스코와 로스앤젤레스 일대에서 항일독립운동을 전개하던 안창호 지지자들의 국민회 계통에서도 모두 돈을 보내왔다. 김구는, 스스로의 표현으로, "그 돈을 받아서 거지 복색인 전대 속에 몰래 감추어두고 예전 그대로 걸식 생활을 계속"하였다. 그러나 자신 이외엔 "아무도 허름한 옷 속에 천여 원의 거액이 있다는 사실을 알지 못했다."[2]

한인애국단의 성격: '극단적 공포정책' 노선을 지향하다

자금이 확보되면서, 김구는 한인애국단을 구성하기 시작했다. 우리가 곧 보게 되듯, 윤봉길 의사는 이 한인애국단의 단원이 되어 상해에서 의로운 기개를 떨쳤기 때문에, 우리는 이 단체에 대해 자세히 알 필요가 있다.

한인애국단은 극비의 조직이어서 그 실체가 전혀 알려지지 않았다. 한인애국단이 윤 의사의 의거가 성공한 때로부터 열흘 뒤인 1932년 5월 9일에 상해의 외국 및 중국 신문을 상대로 영문으로 'The Truth of the Hongkew Park(홍구공원 폭탄사건의 진상)'을 발표함으로써 비로소 그 실체의 윤곽이 알려지게 됐다. 역사적으로 의미가 큰 이 단체에 관한 1차 자료로 거의 유일하기에 그 전문을 소개하면 다음과 같다.

한인애국단이란 내가 애국자만으로 조직하고 또 폭력을 써서 한국의 구제를 촉진하려는 목적으로 지휘하는 단체인데, 지고(至高)한 희생을 감수하는 자만이 단원이 될 수가 있다. 단원은 오로지 나만이 이를 지명하고 또 이를 용인하는 것으로, 단원은 서로 이름조차도 알지 못한다. 또한 어떠한 회합도 하지 않는다. 우리의 일은 절대로 비밀리에 거행된다. 우리는 적의 중요 인물을 암살하는 동시에 적의 집정기관을 파괴함으로써 우리나라의 독립을 회복시키고자 하는 것이다. 우리는 상해출정군 사령관 백천(白川)과 싸울 수 있는 돈도 군대도 가지지 못했지만 그러나 일본인의 불가침 경비선을 돌파하여 그를 죽일 수 있도록 준비하고 또 훈련된 '인간'을 가지고 있다.[3]

한인애국단의 이름 아래 우리말로 발표된 「홍구공원 폭탄사건의 진상」은 '애국단은 어떠한 것인가'라는 항(項)에서, 앞의 발표문보다 훨씬 더 자세하게 자신을 설명했다. "애국단은 한국 민족주의자의 조국 광복을 위하여 성립된 절대 비밀단체이니 이것은 파괴·암살 등 극단의 공포정책을 집행하고 있는 일종의 별동대다"라고 시작한 이 발표문은 "우리 단의 신조는 공포정책을 집행하지 아니하고는 한국의 영원한 해방을 구할 수 없다는 것이다. 예리한 무기와 넉넉한 경비를 가지지 못한 혁명자의 성공의 길은 오직 이것뿐이라 한다"라는 말로 자신의 신조를 합리화했다.

이 발표문은 "그러므로 강한(强悍)한 일본 군대도, 거대한 일본의 재정도, 예리한 일본의 병기도, 그 외의 어떠한 강력(强力)도 '애국단'에게는 털끝만큼의 위엄이 없다. (애국단은) 그와 같이 간핍(艱乏)한 중에서 다수한 단원을 내·외국에 배치하고 침략주의 일본의 거두를 도살함에 전심전력을 다한다"라고 선언했다. 이어 1932년 1월 8일에 도쿄에서 일왕에게 폭탄을 던진 이봉창 의사가 '애국단의 일원'이었음을 밝히고, "한국이 독립되기 전까지는 앞으로 허다한 이봉창, 윤봉길이 있을 것"임을 경고하면서, "만일 그들에게 거대한 금전을 가지게 한다면 그들은 1년 이내에 일본의 제국주의를 몰락시키겠다고 주저하지 아니하고 단언한다"라고 다짐했다.

이 발표문은 이어 "이 단의 단원이 되는 자는 오직 그 수령 1인과 일종의 굳은 선서를 행하고 이 단의 종지(宗旨)와 명령에 절대 복종하겠다는 것을 약속함을 요하며 단원 자체 간에서도 누가 단원임을 알지 못하게 된다"라고 설명한 뒤, 다음과 같은 노선의 천명으로 끝을 맺었다.

> 백척간두에 진일보를 거듭한 한인에게는 강장한 군대를 양성하고 거대한 군비를 준비하여서 일본과 싸우고자 함은 턱없는 공상이다. 언제 비행기와 군함을 제조하랴. 제조할 수 있다 한들 누가 그것을 쓰겠느냐. 이 시기에 있어서는 폭탄과 단포(短砲)로 적의 진영 속으로 깊이 들어가서 수괴를 암살하며 기관을 파괴하는 것이 한인의 최후 승리를 얻는 유일한 길이라 하는 것이 애국단의 정신이다. 과연 그러하다. 비폭력주의의 인도는 아직 독립할 길을 얻지 못하나 암살파괴주의의 애란(愛蘭, 아일랜드)은 영원한 자유를 획득할 광명한 길로 점점 향하여 간다.[4]

한인애국단의 성격과 노선을 짧으면서도 선명하게 밝힌 이 발표문의 특징은 무엇인가? 새삼스러운 부연 설명은 췌언이 될 것이지만, 그래도 그 중요성에 비추어 행간까지 읽어보기로 하자.

우선 대한민국임시정부를 중심으로 하는 한인 독립운동가들의 절박한 심정이 느껴진다. 국내에서는 신간회를 중심으로 전개되던 좌우합작운동과 그것에 바탕을 둔 민족 유일당 창당 및 유지 노력이 신간회의 '해산'으로 종결되고, 국외에서는 임정의 세는 위축될 대로 위축된 형편에 일제가 만주사변을 일으키고 만주 전역을 점령한 데 이어 중국 본토까지 넘보면서 '욱일승천(旭日昇天)'하는 것 같은 위세를 과시하자 한인 독립운동가들은 절망적인 위기에 몰렸다고 판단했을 것이다.

그러나 다른 한편으로, 이 발표문에서 절체절명의 위기에 직면했으면서도 굽히지 않고 정면 돌파하겠다는 그들의 비장한 결심과 자세가 느껴진다. 목숨을 버릴 각오로 "적의 진영 속으로 깊이 들어가 수괴를 암살하며 기관을 파괴하겠다"라는 다짐이 바로 그것이다.

종합적으로, 이 발표문은 한인애국단의 표현으로 '극단의 공포정책'을 선언했다. 군대를 조직할 여건도, 비행기와 군함을 만들 여건도 마련되지 않은 형편에 인도의 간디가 부르짖는 '비폭동주의'의 길을 걸을 수 없고, 아일랜드가 채택한 '암살파괴주의'의 길을 걸음으로써 조국 광복을 성취할 것임을 국내외에 천명한 것이다.

2 | 한인애국단의 첫 사업, 이봉창 의사 의거: 윤봉길 의사를 격동시키다

이봉창 의사, 김구를 만나 대사를 논하다

김구가 임정을 되살리기 위해 노력하던, 그러나 한인애국단이 조직되기 이전의 시점인 1931년 1월의 어느 날, 동포 청년 한 사람이 상해의 한국교민단 사무소로 찾아와 김구에게 자신은 일본에서 노동을 하다가 독립운동을 하고 싶어 임정을 찾아왔다고 말했다. 그가 바로 이봉창(李奉昌)이다.[5] 이때 김구는 자신을 '백정선(白貞善)'이라고 소개했다. 일제의 경찰관들과 밀정들이 김구를 포함한 임정 요인들을 잡아내려고 혈안이 된 상황에서, 친숙해지지 않은 사람에게는 자신을 감추기 위해서였다. 결국 이봉창은 김구와 손을 잡고 도쿄에서 거사를 결행하기로 뜻을 모으게 되는데, 그의 의거는 윤봉길에게 직접적이면서 즉각적 영향을 준다는 맥락에서 자세히 검토할 필요가 있다.

이봉창은 1901년 8월에 오늘날의 서울특별시 용산구 원효로 2가에서 태어났다. 가정형편이 어려웠기에 4년제 초등학교만 겨우 졸업하고 소년 시절부터 여러 일본인 상점을 오가며 점원으로 일했고 일제의 철도국에서 견습생으로 일하다가 1925년에 오사카로 건너가 일본인 상점이나 부두 등에서 막일을 하며 살았다. 그 과정에서, 그가 훗날 도쿄에서 의거한 뒤 그를 신문하고 재판한 일제 당국이 인정했듯, 일본어에 아주 능숙해져 일본인과 다름없이 일본어를 유창하게 구사했으며, 한때 기노시다 세이조(木下昌藏, 어떤 책들에는 '기노시다 쇼조'로 표기됐다)라는 일본인 이름으로 행세했다. 도쿄로 올라와서도 막노동이나 날품팔이 등을 하며 생활했다. 그 과정에서 차차 일본인의 차별대우를 받으며 민족의식을 갖게 돼 상해를 찾아와 여러 사람에게 묻고 물어 겨우 김구를 만날 수 있었다.

이봉창은 자신이 도쿄에서 우연히 '천황'의 능행(陵行)에 직면했을 때, 행인들은 모두 엎드리라고 해서 엎드린 채 보다가 "나에게 총이나 폭탄이 있으면 천황을 죽일 수 있을 터인데"라고 아쉬워했다고 말했다. 이 말에 주목한 김구가 며칠 뒤 흉금을 털어놓고 대화를 나누니, 그는 “제 나이가 31세입니다. 앞으로 다시 31년을 더 산다 해도 과거 반생에서 맛본 방랑 생활에 비한다면 늙은 생활에 무슨 취미가 있겠습니까? 인생의 목적이 쾌락이라면 31년 동안 인생의 쾌락은 대강 맛보았습니다. 그런 까닭에 이제는 영원한 쾌락을 얻기 위하여 우리 독립사업에 헌신하고자 상해에 왔습니다”라고 속을 털어놓았다.[6]

김구는 이봉창이 ‘의기남아’라고 직감하고 몇 차례 더 만났다. 김구가 이봉창에게 누구를 죽이는 것이 좋다고 생각하느냐고 묻자, 이봉창은 “천황은 신(神)과 함께 있는 장식물에 불과하므로 그를 죽인다 해도 도움이 안 된다고 생각하며, 그보다 오히려 총리대신이나 그밖에 한국에 대해 호감을 갖고 있지 않은 고관을 죽이는 편이 효과 있는 것이 아니겠느냐”라고 대답했다. 그러나 김구는 “한국 독립을 위해서는 천황을 죽이는 것이 훨씬 효과가 있고 또 세계 각국에도 강한 영향을 준다”라고 강조했다. 이봉창은 곧바로 동의했다.[7] 두 사람은 이렇게 의기투합하여 가까워졌다.

주변에서는 이봉창이 대화에서 일본어를 자주 쓰고 함께 어울려 술을 마실 때 일본 노래를 자주 부르며 일본 옷에 일본식 신발을 즐겨 입기에 ‘일본영감’이라는 별명을 붙여주면서 불신하는 경향이 컸다. 그를 관찰한 김구는 그에 대해 “주(酒)는 무량(無量)이고 색(色)은 무제(無制)였다. 더구나 일본 가곡은 무불능통(無不能通)이었다”라고 썼는데, 그것은 과장이 아니었다. 김구가 보기에, 일본어가 일본 사람처럼 유창하며 호방하게 놀기 좋아하는 그의 성품은 상해의 여러 계층의 일본인들에게, 특히 일부 일본 여성들에게, 심지어 일부 일본인 관리들에게조차 무척 매력적이었다.[8]

주변은 경계했지만, 김구는 이봉창의 진심을 확신해 사명을 주고 싶었다. 다만 이봉창의 뜻을 실현시켜줄 수 있는 준비가 되어 있지 않아 기다리라고만 말했다. 그는 상황을 충분히 이해한다고 대답한 뒤 일본인 철공소에 직공으로 들어가 일하며 한때는 꽤 높은 임금을 받았다. 그는 그 돈으로 술과 고기를 사들고 임정 청사를 찾아와 직원들을 대접하곤 했다.

이봉창 의사, 김구와 '천황'을 도륙하기로 합의하다

마침내 1931년 11월에 임정 국무회의가 '특무대'로 한인애국단을 발족시키기로 의결하고 김구를 '대장'으로 임명한 데다가, 이봉창의 의거를 준비하기 위해 자금 지원을 요청한 자신의 편지에 응해 하와이 동포들이 '몇백 달러의 미화'를 보내오자, 김구는 거사를 준비하기 시작했다. 김구는 장개석 중국국민혁명군의 중교(中校, 중령)로 상해병공창(上海兵工廠) 병기주임으로 봉직하던 한인 왕웅(王雄, 본명 김홍일[金弘壹])과[9] 그리고 김현(金鉉)을 통해 각각 수류탄을 한 개씩 구입한 뒤, 1931년 12월 12일에 이봉창을 다시 만나 돈과 수류탄이 준비됐음을 알려주었다. 도쿄로 가서 하나로 일왕을 죽이고 다른 하나는 자살용으로 쓰라면서 폭탄 쓰는 방법을 가르쳐준 뒤, "자살이 실패해 체포될 때를 대비해 신문에 응할 문구까지 지시했다."[10]

이봉창 의사가 의거 직후 일제 당국의 신문을 받을 때 작성된 신문조서를 면밀히 검토한 홍인근(洪仁根) 전 동아일보 편집국장의 연구에 따르면, "이봉창 의사는 사전에 이 수류탄의 성능을 시험해보자고 요청했지만 김구는 자기를 믿어달라면서 거절했다." 홍인근은 그 이유로 "수류탄의 추가 입수가 어렵고 마땅한 시험장소도 없었기 때문이 아닌가 여겨진다"라고 덧붙였다. 만일 이때 수류탄의 성능을 시험해보고 부실함이 드러나 그렇지 않은 것을 확보했더라면 결과는 달라졌을지 모른다.

김구는 이튿날 이봉창을 데리고 안공근의 집에 가서 한인애국단 입단 선서식을 거행했다. 여기서 이봉창은 우선 「선서문」을 낭독했다. 그 전문을 원문의 철자법 그대로 옮기면 다음과 같다.

선서문

나는 적성(赤誠)으로써 조국의 독립과 자유를 회복하기 위하야 한인애국단의 일원이 되야 적국의 수괴를 도륙하기로 맹서하나이다.

— 대한민국 십삼년 십이월 십삼일
선서인 이봉창
한인애국단 앞

'대한민국 십삼년'은 대한민국임시정부가 수립된 1919년을 원년으로 삼아 계산한 해를 말한다.

선서식을 마치고 김구는 이봉창에게 폭탄 두 개와 일본돈 약 150원에 해당되는 중국돈 300원을 주었다. 두 사람은 곧바로 사진관으로 갔다. 이봉창은 자신의 형 이범태(李範泰)에게 기념으로 남길 사진으로 독사진을 찍은 데 이어, 태극기를 배경으로 가슴에 「선서문」을 걸치고 두 손에 수류탄 하나씩을 든 상태로 웃으면서 선 채로 사진을 찍었다. 이로써 이봉창은 한인애국단 제1호 단원이 됐다. 선서식이 끝나자 이봉창은 김구에게 머리를 숙여 마지막 경례를 하고 떠났으며, 고베와 오사카를 거쳐 1931년 12월 17일에 도쿄에 도착했다.

이봉창 의사, '천황'을 향해 수류탄을 던졌으나 불발하다

1931년 12월 25일에 일왕은 국회 개원식에 참석하기로 예정되어 있었다. 김구가 이 행사 때 거사하는 것이 어떻겠느냐고 제의해 이봉창도 생각해보았으나 아직 돈이 마련되지도 않았고, 그곳은 적합한 곳이 아니라고 생각해 그만두었다. 사흘 뒤 이봉창은 〈아사히신문〉을 통해 1932년 1월 8일에 도쿄의 요요기(代代木)에 있는 연병장에서 육군의 시관병식(始觀兵式)이 거행되며 일왕이 여기에 참석할 예정이라는 사실을 알게 됐다. 바로 앞의 해에 만주사변을 일으킨 육군의 사기를 올려주기 위해 일왕이 직접 참석하는 것이었다. 이봉창은 이 행사 때 거사하기로 결심하고 전보로 "1932년 1월 8일에 물품을 방매할 것이니 안심하라"라고 알렸다. 이 문구의 뜻을 곧바로 파악한 김구는 다시 일본돈 100원에 해당하는 돈을 은행을 통해 보내주고 임정 국무원에 그간의 경과를 보고했다.

이봉창은 1월 6일에 연병장을 찾아가 예행연습을 보았다. 그는 연병장이 너무 넓어 여기서 거사하기는 어려운 만큼, 일왕이 연병장으로 오고가는 연도에서 거사하기로 결심했다. 1월 8일 당일에 일찍 일어난 그는 일왕의 행선지를 추적하다가 결국 일왕이 환궁하는 길에 거사하기로 마음먹고 황궁에 가까이 있으며 사쿠라다몽(櫻田門) 부근인 경시청 본청 정문 앞 잔디밭으로 갔다. 거기에는 일왕의 환궁 행렬을 보려는 사람들로 붐비고 있었다.

마침 마차 두 대가 나타났다. 이봉창은 뒤의 마차에 일왕이 있다고 믿고 수류탄을 던졌다. 터지는 소리는 크게 났으나 일왕은 앞의 마차에 있었기에 무사했고, 뒤의 마차도 큰 탈이 없었다. 거리가 멀었고 수류탄의 위력이 약해 실패로 끝난 것이다. 이때가 1932년 1월 8일 오전 11시

44~45분경이었다.

이봉창은 어수선해진 분위기 속에서 "내가 던졌다"라고 스스로 밝힌 채 경찰관들과 헌병들에게 태연히 잡혀 경시청으로 연행됐다. 『도왜실기(屠倭實記)』는 이 의사가 거사 직후 가슴속에서 태극기를 꺼내 흔들며 '대한독립 만세'를 세 차례 불렀다고 썼으며[11] 이후 여러 책은 이것을 그대로 인용했다. 다시 홍인근의 연구에 따르면, 그것은 전혀 사실이 아니다. 또 어떤 다른 책은 '만주국 황제' 푸이(溥儀)가 이 시관병식에 참석했으며 일왕이 탄 마차에 함께 탔다고 썼는데, 역시 홍인근의 연구에 따르면 그것도 전혀 사실이 아니다. 푸이가 '만주국 황제'가 된 것은 1934년이며 그가 일본을 방문한 것은 1935년 4월이다.[12]

굳이 이봉창 의사 의거와 유사한 역사적 전례를 찾는다면, 우리가 제4장 제3절 제2항에서 보았던 장자방과 창해역사의 진시황 암살 시도를 꼽을 수 있겠다. 진시황은 지방 순행 때 자신을 겨냥하는 암살자가 자신이 어떤 마차를 타고 있는지를 알지 못하게 하려고 여러 대의 마차를 함께 끌고 다녔는데, 장자방이 가장 화려하게 꾸며진 마차에 탄 것 같다고 말해 창해역사는 120근의 쇠몽둥이로 그 마차를 부쉈으나 진시황은 거기에 없어 뜻을 이루지 못한 채 도주하는 것으로 끝났다.

이봉창 의사 의거, 일제를 충격 속에 빠뜨리면서 중국을 동요시키다

일본의 충격은 엄청났다. '대역(大逆)사건' 또는 '불경(不敬)사건'이 발생했다는 대대적인 보도 속에서 이누카이 쓰요시(犬養毅)를 총리대신으로 한 내각은 사퇴할 뜻을 일왕에게 전달했다. 그러나 일왕은 마치 그 일이 아무 일도 아닌 것처럼 위장하기 위해 '태연함'을 과시하면서 사표를 반려했다. 그 대신에 군부와 경찰에서 경호·경비에 관련된 사람들이 줄줄이 물러났다. 여기에 나타났듯, 이봉창 의사의 의거는 비록 원래의 뜻을 이루지는 못했다고 해도 특히 조선=한민족에게는 큰 의미를 지녔다. 우선 조선=한민족이 일제의 식민 통치를 받아들이고 있다는 일제의 그릇된 선전을 정면으로 부인한 것이었다. 게다가 다른 곳도 아니고 일제의 심장인 도쿄에서, 특히 도쿄의 치안을 책임지고 있는 경시청 현관 앞에서, 그것도 일본인들이 신처럼 떠받들며 신성불가침의 대상으로 섬기는 '천황'을 조선인이 겨냥했다는 점에서 조선=한국독립운동사에서 높은 위치를 차지한다.

조선인들은 크게 고무됐다. 국내에서는 동포들이 겉으로는 발언을 자제하고 있었으나 속으로는 기뻐했고, 해외에서는 동포들이 흥분해 임정으로 격려 편지와 돈을 보내왔다. 흥분하기는 중국인들도 마찬가지였다. 중국국민당 기관지인 상해의 〈민국일보〉는 1월 9일에 '韓人 李奉昌 狙擊 日皇 不幸不中'이라고 큰 활자로 보도했다. '한인 이봉창이 일본 천황을 저격하였으나 불행히도 명중하지 않았다'라는 뜻이다. 같은 날, 남경의 〈중앙일보〉는 이봉창 의사를 '지사(志士)'라고 부르면서 그의 의거를 보도했으며, 역시 같은 날 천진(天津)의 〈익세보(益世報)〉는 이봉창 의사를 '지사'라고 부르고 그의 의거를 '용감한 행위'라고 칭찬했다. 청도의 〈민국일보〉는 이봉창을 '의사'로 존칭하면서, 그의 의거는 한국이 망하지 않았음을 증명한다고 보도했다. 복주(福州)와 장사(長沙)를 비롯한 여러 도시의 신문도 비슷한 표현을 쓰면서 이 의사의 의거를 널리 알렸다.

체면이 깎이고 자존심이 상한 일본인들은 각지에서 신문사를 습격해 기물을 파괴했으며, 상해의 경우 시장 오철성(吳鐵城)에게 사과와 신문사의 폐쇄를 압박해 굴복시켰다. 다른 도시에서도 비슷한 일들이 일어났다.

이봉창 의사, 순국하다

의거 직후 현장에서 체포돼 곧바로 경시청으로 끌려가 조사를 받은 이봉창 의사는 다음 날 도쿄에 있는 도요타마(豊多摩)형무소에 수감됐다. 그에게 적용된 죄는 '천황'을 포함한 황실의 핵심 7인에게 '위해'를 가하거나 가하려 한 행위를 다스리는 대역죄였다. 이 죄를 저지른 사람은 지방법원과 고등법원을 거치지 않고 곧바로 대심원의 단심에 의해 형이 확정되며 그 형은 사형 하나로 규정되어 있었다. 그는 곧 아홉 차례에 걸친 예심을 받았다. 어떤 책들은 그가 예심도 받지 못했다고 썼지만, 그것은 사실이 아니다. 이 모든 과정을 통해 그는 일관되게 의연한 자세를 유지하는 가운데 김구와 협의한 사실 하나만 인정했다.

이봉창 의사는 1932년 9월 16일에 열린 첫 번째 공판에서 사형을 구형받고 1932년 9월 30일에 열린 두 번째 공판에서 사형을 선고받았다. 이때의 법원 기록에는 그가 마지막 예심에서 자신의 '잘못'을 인정하고 '뉘우친 것'으로 나타났다. 그러나 그것은 조작이었음이 확실하다. 앞에서 말했듯, 그는 예심 때부터 온갖 고문을 받으면서도 전혀 흔들림 없이 자신의 대의를 천명했고 사형을 각오하고 있다고 진술했다. 김구는 우리가 곧 살필 「동경작안(東京炸案)의 진상」에서 이봉창 의사가 수사관들에게 "나는 너희들의 임금을 상대로 하는 사람인데, 너희들 쥐새끼 같은 놈들이 왜 나에게 무례한 짓을 하는 거냐?"라고 호령했다고 썼다.[13] 이것이 일제의 기록에는 나오지 않는다. 그러나 일제 수사당국의 한 기록에 포함된 "이와 같은 중대한 범행을 감히 저지른 데 대해 자책의 관념이 추호도 없는 듯했다"라는 구절에 미루어, 그는 자신의 행위를 떳떳한 것으로 자부하고 있었음이 확실하다.

도요타마형무소에는 사형 집행시설이 없었다. 그래서 그는 그러한 시설이 있는 도쿄의 이치가야(市ケ谷)형무소로 옮겨졌으며, 이곳에서 1932년 10월 10일 오전 9시 2분에 순국했다. 그 자리에는 형무소 소장을 비롯해 담당 검사와 서기 및 교회사(教誨師) 그리고 그의 죽음을 확인할 보건기사 등이 입회했다. 그의 유해는 도쿄 서북쪽으로 멀지 않은 사이타마(埼玉)현 우라와(浦和)시의 우라와형무소 묘지에 매장됐다. 이 묘지는 이봉창 의사처럼 연고자가 전혀 없는 사형수의 사체를 매장하는 곳이었다.

김구 국무령, 「동경작안의 진상」을 발표하다

그동안 임정에 대해 호의적으로 대한 프랑스 조계의 공무국(公務局)은 김구에게 '일본의 천황을 살해하려고 했던 만큼 일본 정부의 항의와 압력이 커질 것이며 범인을 인도하라고 청구하는 경우 더 이상 보호해 주기 어렵다'라는 뜻을 조용히 알려왔다. 실제로 일제는 여러 외교 통로를 활용해 프랑스 정부에 김구를 인도해줄 것을 강력히 요구하고 있었다. 이 소식을 들은 임정의 동지들도 김구에게 붙잡히지 않도록 조심하며 은신할 것을 당부했다. 그래서 그는, 그의 표현대로, "낮에는 행동을 쉬고, 밤중에는 동지들의 집이나 창기(娼妓)의 집에서 잤다. 식사는 동포의 집으로 찾아가면 누구나 단사호장(簞食壺漿)으로 정성껏 대접하였다."[14] '단사호장'은 『맹자(孟子)』에 나오는 말로, '대나무로 만든 그릇에 밥을 담고, 항아리에 장을 넣어' 손님을 성의를 다해 대접한다는 뜻이다.

이봉창 의사의 사형이 선고되기 이틀 전인 9월 28일에 김구는 「동경작안의 진상」을 각각 한국어와 중국어로 작성했으며, 순국이 보도된 때로부터 이틀 뒤인 10월 12일에 상해의 우체국을 통해 중국전신사로 보냈다. 중국전신사는 10월 13일에 중국어 원고를 상해의 중국어 일간지 〈신강일보(申江日報)〉를 비롯한 몇몇 신문사들에 보냈으며, 이에 따라 〈신강일보〉 그리고 남경의 〈중앙일보〉는 똑같이 10월 15일에 요지를 보도했다.[15]

이 꽤 긴 글에서, 김구는 이봉창의 생애를 자세히 소개하고 이봉창이 자신을 찾아온 배경과 과정 그리고 자신과 이봉창이 '천황 도륙'을 계획한 과정 역시 상세히 설명했다. 김구는 "대판(大阪)으로 향할 때의 이 의사는 벌써 역발산기개세(力拔山氣蓋世)의 당당한 철혈남아요, 진로를 찾고자 방황하는 일개 무명소년은 아니었다. 그는 '불입호혈(不入虎穴)이면 언득호자(焉得虎子)리오' 하는 각오로써 도일하였다"라고 칭찬한 뒤, "그 소질은 영웅"이라고 부연했다.

'역발산기개세'는 물론 중국 초나라의 영웅 항우(項羽)가 한나라의 영웅 유방(劉邦)과 안휘성(安徽省) 해하(垓下)에서 벌인 마지막 결전에서 패배를 예견하며 자살하기에 앞서 애인 우미인(虞美人, 또는 우희[虞姬]) 앞에서 스스로에 대해 "힘은 산을 뽑아내고 기운은 세상은 덮도다"라고 읊었던 「해하가(垓下歌)」의 첫 구절로, 사마천의 『사기』에 등장한다. '불입호혈이면 언득호자리오'는 중국 후한의 장군 반초(班超)가 흉노족의 부대를 공격하기에 앞서 부하들을 격동시키고자 "호랑이 굴에 들어가지 않고서 어찌 호랑이 새끼를 잡을 수 있으리오"라고 외쳤던 구절로, 범엽(范曄)의 『후한서(後漢書)』에 등장한다. 반초는 결국 작전에 성공해 큰 공을 세웠다.

제2절

일제,
상해사변을 일으킨 데 이어
괴뢰국 '만주국'을 세우다

1 | 계략을 꾸민 뒤 상해사변을 일으키다

일제는 이봉창 의사 의거에 관한 일련의 보도를 트집 잡으며 중국의 신문사들에 대해 폭력으로 대응함과 동시에 국민정부에 압박을 가하는 가운데 자신의 괴뢰국 '만주국'을 세우려는 계획을 은밀하게 진행하고 있었다. 1931년 9월 18일에 일으킨 만주사변은 그러한 계획의 일환이었으며, 이것이 성공했다고 판단하면서 거기서 한 걸음 더 나아간 구체안을 마련했다. 그것은 청제국의 마지막 황제였던 푸이를 수반으로 하고 장춘을 수도로 삼으며 첫 단계로 봉천성, 요녕성, 길림성, 흑룡강성 등 4개 성을 관할구역으로 하되, 만주사변을 조사하기 위해 국제연맹이 파견하기로 결정한 리튼위원단이 도착하기 이전인 2월 중순에 '건국'을 선언한다는 내용을 뼈대로 삼았다.

일제는 자신들의 이 계획이 밖으로 알려지는 경우 중국은 물론이고 국제사회의 반발이 거세질 것으로 예견하면서, 그들의 관심을 돌려놓기 위해 상해사변을 준비했다. 1932년 1월 18일에 몇몇 중국인 불량배를 매수해 상해의 일본인 승려 다섯 명을 구타하게 하고, 1월 20일에 상해 거주 일본인들로 하여금 거기에 항의하는 폭동을 일으키게 한 것이다. 이 과정에서 중국인이 일본인에게 살해되고 거꾸로 일본인이 중국인에게 살해되는 참사가 벌어졌다.

여기에 발을 맞춰, 상해 주둔 일본 해군은 상해시장의 사과, 항일구국회를 비롯한 항일단체들의 해산, 그리고 일본 승려 구타사건 범인들에 대한 처벌을 요구했다. 1월 28일에 상해시장이 국민정부의 지시에 따라 그 요구를 받아들이겠다는 뜻을 밝혔는데도, 해군의 육전대는 일본인 거류민에 대한 보호가 필요하다는 명분을 내걸고 갑북(閘北)을 포함한 상해 국제공동조계에 대한 군사 공격을 개시했다. 이로써 상해사변이 시작됐다. 중국인들은 '1·28 사건'이라고 부르거나 상해의 옛 이름 송호를 따서 송호전쟁(淞扈戰爭)이라고 부른다. 국제사회에서는 '상해사변'이라고 부르고 일본에서는 '제1차 상해사변'이라고 부른다.

국민정부 산하이지만 장개석의 직계가 아닌 채진개(蔡進鎧) 사령관이 이끄는 제19로군과 국민정부 직할로 장치중(張治中) 군장이 이끄는 제5군, 그리고 많은 시민의용군들은 완강히 저항했다. 상해의 조선인 항일단체들도 저항에 참여했으며 조선인 민간단체들도 중국의 저항군을 원조했다.

그러나 본국으로부터 2개 사단을 증파받았을 뿐만 아니라 우세한 화력을 확보한 일본군은 3월 초에 상해 전역을 점령할 수 있었다. 그 과정에서 일본군은 무고한 중국인들을 남녀노소 가리지 않은 채 무수하게 살상했으며 가옥과 건물을 방화·파괴했다.[16]

만주사변 때 '부저항' 정책을 수행함으로써 국내에서 비판을 받았던 장개석의 국민정부는 이번에는 '일면 교섭 일면 저항'이라는 좀 더 적극적인 정책을 채택했다. 그러나 일본군의 상해 점령을 막을 수 없었을 뿐만 아니라 일본군의 위세를 감안할 때 자신의 본거지인 남경의 안전도 위협받을 수 있다고 판단한 국민정부는 협상에 더욱 힘을 쏟게 됐다. 그리하여 3월 14일에 시작된 협상은 5월 5일에 중·일 송호(淞扈)정전협정의 체결로 매듭지어지는데, 여기에는 중국 안에서의 항일운동을 중국이 단속한다는 조항이 포함돼 중국인과 한인 모두를 실망시킨다.

상해사변에 대한 매헌의 관찰

그러면 그때 상해에서 생활하던 매헌은 상해사변을 어떻게 보고 있었나? 이 물음에 대해 대답하는 자료는 그가 1월 31일에 써서 고향의 어머니에게 보낸 '어머니 전상서'로 시작되는 편지 하나뿐이다. 우선 이 편지의 내용을 매헌의 철자법과 표현을 부분적으로 살리면서 오늘날의 철자법에 맞게 옮기도록 하자.

매헌은 우선 "놀라지 마십시오. 너머나 념녀하지 마십시오"라는 문장으로 시작했다. 그는 이어 "아세아 하늘에 바야흐로 몽롱한 검은 구름이 널리 퍼져 세계도시인 상해에도 덮였습니다. 29일 오전에서부터 어지러웠습니다. 고요히 잠자던 콜콜—코불무 소리는 어이어이 하는 울음소리로 변하였습니다. 비행기 소리는 우루룽, 대포 소리는 꽝꽝, 기관총 소리는 호도독 호도독 콩 볶습니다"라는 표현으로써 상해의 전황을 알렸다.

매헌은 또 "이것은 민족의 힘의 발현이다. 민족의 힘과 힘이 마주치는 소리입니다. 이것은 민족의 힘의 발현입니다"라고 썼다. 편지는 다음으로 이어지면서 그때의 상해 상황을 알려드렸다.

> 30일 오후부터 오늘까지는 휴전 상태이나 오전에 또다시 교전이 될 모양입니다. 비행기 열네 대가 공중을 울리며 시위를 하고 있습니다. 그리고 각국 태도도 점점 긴장되는 모양. 29일 싸움 결과는 일본 비행기 다섯 대 떨어지고 철갑차 세 대 뺏기고 기관총 몇 대 뺏긴 모양이며 병대 800여 명이 죽고, 중국 측은 갑북지방은 불로 거의 다 태워지고 민중의 사상자는 무수한 모양. 공공조계와 법조계 내에는

아직 아무 념려 없습니다. 29일 아침 법조계에도 폭탄 다섯 개나 떨어져 사상자가 10인가량.

남경정부는 락양(洛陽)으로 옮기였고, 일본에서는 구원대가 많이 건너왔으니 불가불 조석으로 충돌될 모양. 진작 편지를 올리려 하였으나 한편으로는 승리의 결과와 쌍방의 해결을 보고자 하는 마음으로 지금껏 있었으나 쌍방의 해결은 고사하고 점점 흉악하여집니다.

매헌은 "이후로 또 간간이 통지 올리겠사오니 너머나 념려 마십시오. 조계 내에는 각 경계선마다 철망을 늘어놓고 패잔병이 못 들어오게 방어하고 있습니다. 이만 마치옵니다"라면서 편지를 끝냈다.

그러면 이 편지의 내용을, 어머니를 안심시키는 부분을 제외하고 그 나머지에 초점을 맞춰 분석하기로 하자. 우선 매헌은 자신으로서는 처음으로 목격하는 전쟁의 전황을 예리하게 관찰하면서 그것이 어떠한 형태로 종결될 것인가에 대한 관심을 버리지 않았다. 그러나 훨씬 주목되는 것은 중국과 일본을 상대로 '중립적' 시각을 나타냈다는 사실이다. 어느 한쪽에 대해서도 책임을 묻거나 적대감을 드러내지 않았다. 매헌은 "이것은 민족의 힘의 발현이다. 민족의 힘과 힘이 마주치는 소리입니다. 이것은 민족의 힘의 발현입니다"라는 구절에서 보이듯, 이 사변을 거시적 안목에서 접근하고 있었던 것이다.

풀어 말해, 이 사변을 중국 민족의 힘과 일본 민족의 힘이 충돌해 발생했다고 파악함으로써 국가 대 국가의 관계를 개인적 애증(愛憎)의 차원을 뛰어넘어 국력의 대항이라는 객관적 차원에서 이해한 것이다. 이것은 국제관계를 바라보는 매헌의 사고방식이 훨씬 더 냉철해졌다는 해석을 가능하게 한다.

2 일제, ‘만주국 건국’을 선언하다

일제는 국제사회의 관심을 상해로 돌려놓고는 원래의 복안대로 ‘만주국 건국’을 빠르게 추진했다. 우리가 이 제2절의 제1항에서 살폈던 계획안에 발을 맞춰, 리튼조사단이 도착하기 이전인 2월 18일에 친일적 만주지도자 장경혜(張景惠)를 수반으로 하는 동북행정위원회를 발족시키고 이것에 기초해 3월 1일에 ‘만주국 건국’을 선언했다. 푸이는 수반인 집정(執政)에 취임했고(그는 1934년에 황제로 즉위한다), 수도 장춘을 신경(新京)으로 개칭하면서 그 지위를 ‘특별시’로 격상시켰다. 중국의 국민정부는 ‘만주국’을 ‘반란기관’으로 단죄했으며, 국민정부와 함께 국민들은 그것을 ‘위(僞)만주국’ 곧 ‘가짜만주국’으로 불렀다.[17]

‘만주국 건국’에 대해 매헌이 어떤 반응을 보였는지를 말해주는 자료는 김광 선생의 『윤봉길전』 하나뿐이다. 이 시점에서도 매헌과 숙식을 같이했던 김광은 대체로 이 무렵에 매헌이 “오랫동안 동경해온 도미계획을 포기하는 한편 여러 애국 동지들과 위대한 계획을 세웠다”라고 쓴데 이어 “그래서 3월 하순에 홍구시장에서 가게 하나를 빌려 혁명활동 계획을 다시 진행하였다”라고 부연했다.[18] 그는 만보산사건 직후 상해사변에 이르기까지 4개월이라는 짧은 기간에 빠른 속도로 전개된 일제 중국정책의 본질을 예견하면서, 자신이 기의할 때가 임박했다고 판단한 것이다.

제3절

김구 국무령과 긴밀하게 협의하며 상해의거를 준비하다

윤봉길 의사의 상해의거는 이러한 배경에서 성취된 것이었다. 이제 그 준비 과정을 살피기로 한다.

1 | 탄약창고 파괴계획에 참가하다

그 시점을 정확히 특정하기는 어려우나, 대체로 '만주국 건국'이 성사되고 상해사변을 둘러싼 협상이 진행되던 무렵의 어느 시점에, 그리고 매헌이 모자공장에서 나와 홍구시장에서 채소 장사를 하며 일본군에 관한 정보를 수집하던 시점에, 김구와 김홍일은 상해에 있는 일본군의 탄약창고를 폭파하려는 계획을 추진했다. 이 계획에 대해 김구는 『백범일지』에서 회고하면서도 매헌의 이름을 명시적으로 적시하지는 않았다. 반면에 김홍일은 이 계획을 회고하면서 매헌의 이름을 명시했다. 매헌이 얼마 뒤인 4월 29일에 성사시킨 상해의거와 관련해서도 김구의 회고와 김홍일의 회고는 매우 중요하기 때문에 그것들을 비교하기로 하되 김홍일의 회고를 먼저 들어보기로 하자.[19]

그때 '왕웅'이라는 중국 이름을 쓰던 김홍일은 상해사변이 일어나면서 중국국민당군 제19로군의 후방정보국장을 겸하게 되자 우선 사변 직후 일제가 상해에 세운 일본군 작전사령부의 위치를 파악하려고 노력한 끝에 그것이 상해 황포강에 정박해 있는 출운호(出雲號) 안에 있다는 정보를 입수할 수 있었다. 그는 곧 김구와 협의해 이 군함을 폭파하기로 결정했으며, 김구는 큰돈을 써서 중국인 잠수부 두 명을 고용했으나 워낙 어려운 과제였던 데다가 기술이 부족해 실패했다.

김홍일은 다시 김구와 협의해, 상해의 일본군 비행장 격납고 그리고 부두의 무기·탄약창고를 폭파하는 계획을 세웠다. 그런데 비행장은 외부인 출입을 철저히 금지했기에 그 계획은 포기하고 부두의 무기·탄약창고를 폭파하는 쪽으로 결정했다. 김홍일은 이후의 일을 다음과 같이 회고했다.

> 그곳에 휴대하고 갈 수 있는 도시락과 수통 모형의 폭탄을 제조하고 애국 동지인 윤봉길 의사와 몇 사람을 부두노동자로 침투시켰다. 시한폭탄을 만드느라고 시간이 걸리고 성능 실험에도 시일이 지연되어 미처 거사하기도 전에 그만 3월 초의 전투정지령이 내려 무기고에 접근할 수 있는 기회를 잃게 되었다. 백범 선생 등은 일이 틀어짐에 몹시 안타까워했고 윤 의사는 불평을 터뜨렸다.[20]

여기서 주의를 기울일 부분은 두 가지이다. 첫째, 노동자들이 도시락과 물통은 갖고 들어갈 수 있었다는 대목이다. 창고에 들어갈 때 몸수색을 철저히 하면서, 도시락과 물통만은 제외됐고, 그래서 도시락형과 물통형의 폭탄을 만들고자 했다는 것이다. 둘째, '3월 초의 전투정지령'이다. 이것은 3월 14일에 정전협상이 개시되는 것을 계기로 '전투정지령'이 내려진 사실을 의미했으며, 한 걸음 더 나아가 폭파계획에 대한 참가는 그 이전 시기에 이뤄졌음을 의미했다.

그러면 김구는 어떤 내용으로 회고했던가? "상해사변을 계기로, 우리 민족에게 영광될 만한 사업을 해보려는 (한인) 지사들도 있었다"라고 시작된 김구의 회고는 다음으로 이어졌다.

이들은 왜군이 우리 한인 노동자를 채용하는 것을 계기로, 몇 명의 청년들과 결탁하여 홍구 방면으로 가서 일본군 부역노동자가 되었다. 이들 중 몇 명은 일본군 군용창고에 일본인 노동자와 같이 어렵지 않게 출입할 수 있게 되었다. 이들은 폭탄창고와 비행기 격납고를 조사하고 그곳에 연소탄(燃燒彈)을 장치하기로 계획을 세웠다. 그리하여 왕웅에게 부탁하여 상해 병공창에 교섭하여 연소탄을 제조하기로 하고 날마다 그 실행을 재촉하였다. 그러던 차에 중·일 간에 송호협정이 조인되는 바람에 그 계획은 무산되고 말았다.

김구의 회고는 다음으로 이어졌다.

그 일을 몹시 한탄하고 있던 차에 열혈 청년들이 비밀리에 나를 내방하여 나라 일에 헌신할 터이니 알맞은 일감을 달라고 간청하였다. 동경 사건을 보고 청년들은 생각하기를 '김구의 머릿속에는 부단히 무슨 연구가 있을 것'이라고 생각한 모양이다. 그리하여 이덕주(李德柱), 유진식(兪鎭植)에게는 왜 총독 암살을 명하여 선발·파견하여 입국하게 하고 유상근(柳相根), 최흥식(崔興植)은 만주의 관동군사령관 혼조 시게루(本臧番) 등의 암살을 명하여 기회를 보아 진행하고자 하였다.[21]

중요한 것은 결코 아니지만, 혼조 시게루는 한자로 本庄繁이지 本臧番이 아니다. 혼조 시게루(1876~1945)는 일본 육군사관학교를 졸업하고 10사단장을 거쳐 관동군사령관을 역임했으며 이 과정에서 일제의 만주 침략 및 중국 침략의 선봉에 섰다. '천황'의 시종무관장을 역임한 육군 대장으로 일제가 패망한 뒤 일본을 점령한 연합국 태평양지역최고사령부에 의해 A급 전범으로 체포되게 되자 할복 자살했다.

앞에서 이미 지적했듯, 이 회고 어디에도 매헌의 이름은 등장하지 않았다. 이 회고에서 매헌의 이름이 등장하는 것은 바로 앞의 회고 다음으로 이어진 부분에서다. 그 부분은 다음과 같다.

> 그러던 어느 날 … 윤봉길 군이 홍구시장에서 채소 장사를 하다가 조용히 나를 찾아왔다. "제가 채소 바구니를 등 뒤에 메고 날마다 홍구 방면으로 다니는 것은 큰 뜻을 품고 천신만고 끝에 상해에 온 목적을 달성하기 위해서입니다. 그런데 (상해사변도) 중국에서 굴욕적으로 정전협정이 성립되는 형세인즉, 아무리 생각해보아도 마땅히 죽을 자리를 구할 수 없습니다. 그렇지만 선생님께는 동경 사건과 같은 경륜이 계실 줄 믿습니다. 저를 믿으시고 지도하여주시면 은혜는 죽어도 잊지 못할 것입니다."[22]

김구는 매헌이 종품공장에서 노동자로 일하던 때 보고는 그저 "진실한 청년 노동자로 학식은 있으나 생활을 위해 노동을 하고 있다"라고만 생각했었다. 그런데 이 이야기를 듣고 나서는 그가 '자신의 몸을 바쳐 큰 뜻을 이룰 의로운 대장부'임을 깨닫고 감복해, "유지자 사경성(有志者 事竟成)이라고 했으니 안심하시오"라고 대답했다. "뜻을 품으면 마침내 이룬다"라는 말로 앞으로 자신이 맡길 일이 있을 것임을 다짐한 것이다.

실제로 김구는 구체적으로, "내가 요사이 연구하는 바가 있으나 마땅한 사람을 구하지 못해 번민하던 참이었소. 전쟁 중에 연구·실행코자

한 일이 있었으나 준비 부족으로 실패하였소. 그런데 지금 신문을 보니 왜놈이 전쟁에 이긴 위세를 업고 4월 29일에 홍구공원에서 이른바 천황의 (생일을 기리는 행사인) 천장절(天長節) 경축식을 성대하게 거행하며 군사적 위세를 크게 과시할 모양이오. 그러니 군은 일생의 대목적을 이날에 달성해봄이 어떠하오?"라고 말했다. 다시 김구에 따르면, "이에 윤 군은 쾌히 응낙하며 말하기를, '저는 이제부터 가슴에 한 점 번민이 없어지고 마음이 편해집니다. 준비해주십시오' 하고 자기 숙소로 돌아갔다."[23]

그러면 김구의 이 회고에 담긴 내용은 김홍일이 제시한 내용과 어떻게 대비되는가? 첫째, 앞에서 이미 지적했듯, 김홍일과 함께 세운 일련의 계획과 관련해 김구는 매헌에 대해서는 전혀 언급하지 않았다. 둘째, 김구의 회고 가운데 "전쟁 중에 연구·실행코자 한 일이 있었으나 준비 부족으로 실패하였소"라는 구절은 바로 무기·탄약창고 폭파계획이 실패했다는 사실을 의미하는데, 매헌이 그 계획에 참여했다면 김구가 매헌에게 그러한 식으로 말할 수 있었을까? 또 매헌이 그 계획에 참여했다면, 김구가 이 말을 꺼냈을 때 매헌은 뭐라고 한마디 하지 않았을까?

이러한 의문은 『이화림 회고록』에서 풀렸다. 그녀는 다음과 같이 회상했다.

> 1·28 사변 이후 김구 선생은 나와 윤봉길을 홍구지역과 황포강변의 부두에 보내 일본 군대의 군용창고를 정탐하고 적당한 시기에 폭파하도록 했다. 나와 윤봉길은 어떻게 이번 임무를 완수할 것인가에 대해 여러 차례 논의했다. 이후 (중국과 일본 사이에) 정전회담을 하게 되어, 이 계획은 행동으로 옮기지는 못했다.[24]

2 | 홍구의거를 준비하다

김구의 회고 가운데 매헌이 김구에게 "(송호)전쟁도 중국에서 굴욕적으로 정전협정이 성립되는 형세인즉…"이라고 말한 대목이다. 정전협정이 3월 14일에 시작돼 5월 5일에 성립됐음을 상기한다면, 김구와 매헌이 위와 같은 내용으로 대화한 시점은 3월 14일 이후 그리고 상해의거가 성사된 4월 29일 이전의 어느 시점인 것으로 짐작된다. 매헌이 의거 직후 체포됐을 때 일제 관헌당국이 작성한 신문조서 그리고 당시 매헌의 활동을 잘 알고 있던 김광 선생의 『윤봉길전』은 '4월 중순 어느 날' 이후로 그 시점을 특정했다.[25] 이것은 매헌이 상해 도착 직후가 아니라 이 시점에 와서야 김구를 처음 만났을 것이라는 해석을 가능하게 한다. 이 점을 염두에 두면서, 홍구의거가 준비되는 과정을 살피기로 한다.

상해 점령을 끝낸 일본군은 승리에 취해 상해 전승 경축식을 일왕의 생일 경축행사와 겸해 4월 29일에 홍구공원에서 거행할 예정이라고 발표했다. 경축식과 동시에 관병식이 있는데, 이번에는 장내에 매점을 설치하지 않을 것이므로 일본인 거류민들은 각자 일장기와 함께 도시락과 물통을 휴대하고 참석하도록 상해에서 발행되는 일본 신문을 통해 알렸다. 이 행사 때 시라카와 사령관을 비롯한 상해 주둔 일본군사령부의 수뇌를 도살하는 특공작전을 벌이기로 합의한 뒤 김구는 윤봉길과 숙식을 같이했다. 잠은 그때 박스호텔(Box Hotel)이라고 불리던 하급 여관에서 잤다. '박스' 곧 상자처럼 만들어놓은 곳에서 한 사람씩 자는데, 1인당 10원 정도였다. 식사는 '양춘면(陽春麵)이라는 5원짜리 또는 10원짜리 국수 한 그릇씩'으로 때웠다.[26]

김구는 폭탄을 제조하는 일에 착수했다. 다시 김홍일을 만나 물통폭탄과 도시락폭탄을 만들어줄 것을 당부했다. 김홍일은 김구에게 왕백수(王伯修)가 이끄는 기술자들이 제조를 끝냈다고 알려오면서 김구를 시험장으로 안내했다. 시험은 성공적이었다. 김구는 물통폭탄 한 개와 도시락폭탄 한 개를 프랑스 조계 안의 '친한 동포들의 집'으로 운반하고, "주인도 몰라보도록 '귀한 약품이니 불만 조심하게'라고 부탁하고 까마귀 떡 감추듯 하였다."[27] 매헌과 거사에 대한 합의가 이뤄진 데다가 폭탄도 마련되자 김구는 국무령의 자격으로 4월 26일에 임정 국무회의를 열고 윤 의사 의거를 승인받으면서, 국무위원들에게 자신의 연락을 받으면 피신할 것을 권유했다.

중국 국민정부의 지원이 있었던 것은 아니었을까?

여기서 검토해야 할 주제가 있다. 그것은 중국 학자들 가운데 일부가 제기한 '중국국민당정부 배후'설이다. 그 대표적 사례가 목도(沐濤)와 손과지(孫科志)의 공저이다. 이 책은 당시 상해에서 '암살대왕으로 불리던 왕아초(王亞樵)가 국민정부 행정원장이면서 남경과 상해 일대의 경비를 담당하는 경호(京滬)경비사령관을 겸한 진명추(陳銘樞)의 부탁을 받고 안창호에 이어 김구와 접촉해 합의한 결과 윤 의사의 의거가 일어났다는 논지를 전개했다. 이듬해 발표된 화영정(華永正)의 논문 역시 같은 논지를 전개했다.[28] 김광재(金光載) 박사와 배경한 교수는 그들의 저술을 면밀히 살핀 뒤 그들의 논지에 의문을 나타냈다.[29]

다른 한편, 서상문 교수는 신중성을 유지하면서 이 주제에 접근했다. 당시 중국국민당정부의 여러 문건을 면밀히 살핀 그는 다음과 같이 썼다.

> (중령 계급의) 왕웅이 상부의 보고와 허락을 득(得)하지 않고 혼자서 임의로 (폭탄을) 제조할 수 있었을까? … 중령 계급으로는 독자적으로 폭탄을 제조할 수 있는 경우가 아니라고 보는 게 합리적인 의심이 아닐까? 또 왕웅의 부탁을 받은 왕백수와 상해병기창 창장 송식표(宋式驫) 장군 역시 상부의 허락 없이 이 같은 폭탄 제조와 실험을 할 수 있게 하는 지위와 권한이 있었을까? … 정식으로는 수도 남경의 군사위원회 위원장(장개석)의 허락을 받든가 아니면 최소한 그 하부의 병참총감부 혹은 상해 현지의 제19로군 사령관의 허락을 요하는 일이었다고 보는 게 맞지 않을까? 이 말은 곧 상해의거의 배후 주모자가 김구 외에 중국도 관련돼 있지 않았을까 하는 점을 상상하게 만든다.[30]

서상문 교수는 여기서 장개석의 비서를 지낸 장영오(張英澳)의 회고록과 그리고 중국의 몇몇 자료를 바탕으로 흥미로운 설명을 조심스럽게 제시했다. 그것은 다음과 같이 요약될 수 있다.

> 상해사변을 당하고도 장개석정부가 미온적이고 소극적으로 대응하는 데 대해 중국인들은 큰 불만을 품었으며, 그것은 극도의 분노로까지 확대됐다. 심지어 장개석의 정적으로 장개석의 대일정책을 비판하던 왕정위(汪精衛)는 장개석정부의 행정원장직에서 물러나 해외로 떠났다. 이러한 상황을 어느 정도 개선하기 위해 민심을 가라앉게 하는 방안으로 우선 중국 정규군의 반격이 고려됐으나 확전을 바라

지 않던 장개석의 기본 입장을 생각할 때 채택할 수 없었다. 그래서 노동자들과 학생들로 하여금 식장에 돌입하게 하는 방안을 검토했는데 홍구공원이 일본의 세력권 안에 들어 있음을 고려할 때 적합하지 않았다. 마지막으로, 홍구공원에서의 행사를 폭탄 투척으로 파탄시키기로 결정하고, 행정원장 진명추가 1932년 4월의 어느 날 남경에서 상해로 가서 왕아초를 비밀리에 만났다. 이 밀실회담에서 진명추의 제의를 받아들인 왕아초는 안창호와 접촉해 긍정적인 대답을 들었다. 안창호는 다시 심사숙고한 뒤 이 일은 담략이 큰 김구에게 맡기는 것이 좋겠다고 회답했고, 결과적으로 김구가 책임을 맡았다.[31]

서상문 교수는 여기서 한 걸음 더 나아가 안창호가 수행한 역할을 다시 검토했다. 이 주제는 중요하게 검토될 만하다. 왜냐면 학계 일각에서는 홍구공원 의거 배후에 안창호가 깊이 개입되어 있었기에 훗날 김구가 이 일은 자신이 단독으로 결정하고 지원한 것이라는 성명을 발표할 때 안공근이 발표 자체에 반대했다는 해석이 제기됐기 때문이다.[32]

한인애국단에 가입하다

그 배후가 어찌 되었든 거사를 사흘 앞둔 1932년 4월 26일에 매헌은 김구 앞에서 "나는 적성(赤誠)으로써 조국의 독립과 자유를 회복하기 위하야 한인애국단의 일원이 되야 중국을 침략하는 적의 장교를 도륙하기로 맹서하나이다. 대한민국 14년 4월 26일. 선서인 윤봉길. 한인애국단 앞"이라는 내용의 「선서문」을 썼다.[33] 이 선서문의 내용은 이봉창 의사가 썼던 선서문의 내용과 비슷하지만 한 가지 차이가 있다. 이봉창 의사의 경우 "적국의 수괴를 도륙하기로 맹서하나이다"라고 썼는 데 비해, 윤봉길 의사의 경우 "중국을 침략하는 적의 장교를 도륙하기로 맹서하나이다"라고 써서 도륙의 대상을 특정한 것이다. 사진 촬영도 할 예정이었으나 날씨가 좋지 않아 촬영은 다음 날로 연기했다.

김구는 매헌에게 프랑스 조계 패륵로(貝勒路)에 있는 호텔 동방공우(東方公寓)에 유숙하도록 하고, 일본군 시라카와 대장과 제9사단장 우에다 겐키치(植田謙吉) 중장의 사진을 구해 얼굴을 익히도록 했으며, 일본 보자기 한 장을 사두도록 했다.[34] 시라카와 대장은 1868년생으로 일본 육군사관학교와 일본 육군대학을 졸업했으며 일본 육군사관학교 교장에 이어 관동군사령관을 역임했으며, 육군대신에 재직하던 때인 1928년 6월에 관동군이 만주에서 군림하던 봉천군벌의 수뇌 장작림(張作霖)을 폭사시킨 데 대한 책임을 지고 퇴역했다. 그러나 일제가 상해 침공을 계획하면서 그를 현역으로 복귀시키고 상해파견군사령관으로 임명했다. 우에다 중장은 1875년생으로 일본 육군사관학교와 일본 육군대학을 졸업한 뒤 육군본부와 일선 사단에서 경력을 쌓아올렸다.

4월 27일에 매헌은 경축식전 현장을 답사했다. 자신의 발에 밟힌 풀들이 어떤 것은 다시 일어나지 못하나 어떤 것은 다시 일어서는 것을 들여다보며 감회가 깊어 다음과 같은 유촉시(遺囑詩)를 썼다.

27일, 신공원(新公園)에서 답청(踏靑)하며

처처(萋萋)한 방초(芳草)여
명년에 춘색(春色)이 일으거든
왕손(王孫)으로 더불어 같이 오게

청청(靑靑)한 방초여
명년에 춘색이 일으거든
고려강산에도 다녀가오
다정(多情)한 방초여
방포일성(放砲一聲)으로 맹서하세[35]

제목의 '신공원'은 홍구공원의 당시 명칭이다. 봄을 맞이해 피어난 풀들을 밟으며 쓴 이 시에서 주목되는 단어는 '명년'과 '춘색', '왕손' 그리고 '고려강산'이다. '왕손'은 전국시대 때 일곱 나라 가운데 하나인 초나라의 애국자 굴원(屈原)이 쓴 『초사(楚辭)』에 등장하는 주나라 왕실의 후예를 말한다. 주나라가 망한 이래 왕손은 불안한 현실 속에서 밝아올 미래를 염원하는 인물로 묘사되었으며 당송 시대에는 그리운 '님'과 같은 의미로 널리 쓰였다.[36] 매헌은 '앞날'에 '조국'에는 '왕손'이 '봄빛'처럼 오듯 곧 광복이 있을 것이라는 염원을 나타낸 것이다.

매헌이 현장 답사를 할 때, 25세의 나이로 1930년에 상해로 망명해 한인애국단에 가입한 조선인 여성 이춘실(李春實, 별명 이화림[李華林])이 매헌의 부인인 것처럼 위장하고 함께 갔다. 그녀의 회고에 따르면, 자신도 매헌과 함께 의거에 참가하는 것으로 알고 있었다. 그러나 의거 당일에 김구는 앞으로 의거가 또 있을 것인 만큼 인적 자원을 아낀다는 배려에서 제외했다.[37]

매헌은 현장 답사를 마치고 공동조계 오송로(吳淞路)의 일본인 상점에 가서 일본 보자기 한 장을 사고 김구가 지정한 동방공우로 가서 20호에 투숙했다. 숙박부에 자신의 이름을 이남산(李南山), 국적을 한국, 나이를 25세라고 적었다. 저녁 7시 30분경 김구가 동방공우로 찾아왔다. 매헌은 김구에게 "오늘 홍구에 가서 식장 설비를 구경하는데 시라카와 놈도 왔습니다. 제가 그놈 곁에 섰을 때 '어떻게 내일까지 기다리나. 오늘 폭탄을 가졌더라면 이 자리에서 당장 쳐죽일 텐데' 하는 생각이 문득 들었습니다"라고 말했다.

김구가 곧바로 "여보, 그것이 무슨 말이오? 포수가 꿩을 쏠 때에도 날게 하고 쏘아 떨어뜨리고, 숲속에서 자고 있는 사슴은 달리게 한 후 쏘는 것이 사냥의 진정한 맛이오. 군이 지금 그러는 것은 내일 거사에 성공할 자신감이 미약하기 때문이 아니오?"라고 묻자, 매헌은 "아닙니다. 그놈이 내 곁에 선 것을 보았을 때 홀연히 그런 생각이 나더란 말입니다"라고 대답했다. 김구는 매헌을 안심시키기 위해 다음과 같은 말을 건네주었다.

> 나는 이번 거사가 확실히 성공할 것을 미리 알고 있소. 군이 일전에 하던 말씀 중 이제는 가슴의 번민이 그치고 편안해진다는 것은 성공의 확실한 증거라 믿소. 돌이켜보면 내가 치하포에서 쓰치다 조스케(土田讓亮)를 죽이려 했을 때 가슴이 몹시 울렁거렸지만, 고능선(高能善) 선생이 가르쳐주신 '득수반지부족기(得樹攀枝不足奇) 현애살수장부아(懸崖撒手丈夫兒)'란 구절을 떠올리니 마음이 가라앉았소. 군과 내가 거사하는 심정은 서로 같은 것 아니겠소?[38]

중국 남송시대 도천선사(道川禪師)의 시 가운데 한 부분인 위의 한문 문구는 "가지 잡고 나무를 오르는 것은 기이한 일이 아니나, 벼랑에 매달려 잡은 손을 놓는 것은 가히 장부로다"라는 뜻이다. 후반부가 핵심이다. 위기에 몰렸을 때 살려고 구차스럽게 아등바등거리지 않고 사생결단의 자세로 처신하는 것이 장부임을 강조하는 가르침이다.

김구는 곧바로 매헌과 함께 패륵로 신천상리(新天祥里) 202호에 있는 안공근의 집으로 갔다. 거기서 매헌은 사진 석 장을 찍었다. 상반신을 찍은 단신 사진 한 장, 「선서문」을 어깨에 걸어 가슴으로 내려오게 한 뒤 오른손에 권총 왼손에 폭탄 하나씩 든 채 찍은 사진 한 장, 김구와 둘이서 찍은 사진 한 장 등이 그것들이다.

매헌은 이튿날 김구와 중국기독교청년회관에서 점심 식사를 같이 하고 일본인 상점에 가서 시라카와 사령관과 우에다 사단장의 사진 한 장씩과 일장기 하나를 구입했다. 대체로 이 시점에, 김홍일은 '홍구공원 앞에 있는 어느 중국집 2층'에 올라가 일본군의 예행연습을 살펴보았다. 그렇게 한 뒤, 김홍일의 회고에 따르면, "우리는 윤봉길 의사의 거사 과정을 다음과 같이 결정했다."

> 식이 끝날 무렵에는 자연적으로 경비원들의 긴장감이 풀리는 데다가 동시에 경계심이 좀 해이해지게 마련인지라, 윤 의사는 그때를 이용하여 식단 후면으로 쏜살같이 달려들어 단상을 향하여 제1탄을 내던진 후에 제2탄을 가지곤 자폭을 하기로 순서를 짰다. 자폭을 하되 폭탄은 얼굴 가까이에 대고 폭발시킴으로써 범인이 누구인지 그 인상을 알아보지 못하도록 하자는 데 의견을 모았다.[39]

그러면 왜 범인이 누구인지 알아보지 못하도록 하자는 것이었나? 김홍일은 다음과 같이 회고했다.

> 필경 일군은 그 범인을 중국인으로 착각하든가 아니면 고의적

> 으로라도 중국인이 한 짓이라고 억지를 부릴 것이 뻔하다고 여겨졌다. 일군들은 그 보복책으로 느닷없이 남경을 공격하게 될지도 모르며 그리 되면 제아무리 일본과의 전쟁을 피하려는 중국이라 하더라도 체면상 가만히 있지는 못할 것이니, 필경엔 중일전쟁이 터지고야 말 것이라는 것이 우리의 판단이었다. 우리는 무슨 방법을 써서라도 중일전쟁을 일으켜서 본격적으로 일군과 싸우는 것이 목적이었던 것이다.[40]

이 회고에서 궁금한 부분은 이러한 결정을 내린 '우리는'이 누구를 말하는가이다. 김홍일은 자신이 '중국집 2층에' 갈 때 매헌과 함께 갔다는 말을 하지 않았다. 그곳에 간 사람을 '나' 곧 김홍일 한 사람으로 특정했다. 김구의 『백범일지』에도 이 부분에 대한 언급은 없다. 궁금증은 「상해 홍구공원에서의 폭탄 투척사건 관련 상해총영사 보고」에서 풀린다. 의거 직후 상해파견군 헌병대에서 조사를 받은 윤 의사는 자신이 "4월 28일 오후 2시경에 홍구공원에 가서 오후 5시경까지 현지를 여러 가지로 조사했다"라고 진술한 것으로,[41] 윤 의사는 김홍일과 함께 현장을 보고 돌아와 김구와 함께 상의했던 것이다.

두 아들에게 남기는 유서 등을 쓰다

저녁이 되자 김구가 다시 찾아와 매헌에게 후일을 위해 자신의 이력서와 유서를 쓰도록 권유했다. 매헌은 네 편의 글을 썼다. 우선 자신의 「자서약력」이다. 이 글에서 매헌은 자신의 가족의 성명을 기록하며 그들을 모두 자신의 '유족'이라고 썼다. 이미 죽음을 각오하고 있었기에 그들을 자신의 '가족'이라고 쓰지 않고 '유족'이라고 쓴 것이다. 그것에 이어 두 아들에게 남기는 유서 한 편, 조국의 청년들에게 남기는 수필 한 편, 그리고 김구를 기리는 시 한 편 등을 썼다. 「자서약력」은 우리가 앞의 장(章)들에서 여러 차례 소개했기에 여기서는 되풀이하지 않기로 한다. 나머지 셋은 그 중요성에 비추어 차례로 매헌의 철자법 그대로 전문을 소개하기로 한다.

첫째, 모순과 담 두 아들에게 남긴 편지, 사실상 유서다.

강보에 싸인 두 병정에게- 모순, 담

너이도 만일 피가 있고 뼈가 있다면 반드시
조선을 위하여 용감한 투사가 되여라
태극에 깃발을 높이 드날리고 나의
빈 무덤 앞에 찾어와 한 잔
술을 부으노으라
그리고 너의들은 아비 업슴을 슬퍼하지 말어라
사랑하는 어머니가 있으니 어머니의 교양으로 성공자를
동서양 역사상 보건대
동양으로 문학가 맹가가 있고
서양으로 불란서 혁명가 나푸레옹이 있고
미국에 발명가 에듸손이 있다
바라건대 너의 어머니는 그의 어머니가 되고
너의들은 그 사람이 되여라[42]

이 유서의 뒷부분은 매헌이 1930년 10월에 청도에서 큰 아들 모순에게 보냈던 편지의 내용과 일치한다.

둘째, 조국의 청년들에게 보낸 편지다.

피끓는 청년제군들은 아는가
무궁화 삼천리 우리 강산에
왜놈들이 왜 와서 왜걸대나
피끓는 청년제군들은 모르는가
되놈 되와서 되가는데
왜놈은 와서 왜 아니 가나
피끓는 청년제군들은 잠 자는가
동천(東天)에 서색(曙色)은 점점 밝아오는데
종용한 아침이나 광풍이 일어날 듯
피끓는 청년제군들아 준비하세
군복 입고 총 메이고 칼 들며
군악 나팔에 발맞추어 행진하세[43]

셋째, 김구를 칭송하는 한시다.

巍巍青山兮載育萬物(외외청산혜재육만물)
높고 웅장한 청산이며 만물을 품어 기르는도다
杳杳蒼松兮不變四時(묘묘창송혜불변사시)
저 멀리 우뚝 선 푸른 소나무여 사시장철 변함이 없도다

濯濯鳳翔兮高飛千刃(탁탁봉상혜고비천인)

번쩍번쩍 빛나는 봉황의 날음이여 천 길이나 드높게 날아오르도다

擧世皆濁兮先生獨淸(거세개탁혜선생독청)

온 세상이 모두 흐림이여 선생만은 홀로 맑아 있도다

老當益莊兮先生義氣(노당익장혜선생의기)

늙을수록 더욱 강건해짐이여 오직 선생의 의기뿐이로다

臥薪嘗膽兮先生赤誠(와신상담혜선생적성)

참고 견디며 원수 갚을 날을 기다림이여 선생의 붉은 정성이로다[44]

매헌은 두 시간 반 정도 걸려 이 글들을 쓰고 김구에게 주었다. 김구는 "군은 참으로 소양이 있구나"라고 칭찬한 뒤 그를 데리고 프랑스 조계 화룡로(華龍路) 원창리(元昌里) 13호에 있는 김해산(金海山)의 집으로 갔다. 의거 직후 매헌이 일제의 상해파견군 헌병대에서 진술한 기록에 따르면, 김구는 여기서 매헌에게 폭탄 사용과 관련해 "끈을 당기고 나면 약 4초 후에 폭발하니 끈을 세게 당기고 곧 세게 던지도록 하라고 가르치고 끈을 당기는 방법을 실제로 조금 당기며 가르쳐주었다."[45]

김구는 매헌에게 폭탄을 29일 아침에 전달할 것이라고 알려주었다. 김구는 김해산에게 "윤봉길 군에게 중대한 임무를 맡겨 동북3성으로 파견할 계획인 만큼 소고기를 사다가 내일 새벽에 식사를 할 수 있도록 준비하라"라고 당부했다.

제4절

물통폭탄으로 침략군 수뇌부를 도륙하다

1 홍구공원에 입장하기까지: 김구와 윤봉길의 감동적인 작별

마침내 거사일이 밝았다. 매헌은 김구와 함께 김해산의 집으로 가서 아침 식사를 함께했다. 김구는 다음과 같이 회상했다. "윤 군의 기색을 살피니 태연자약한 모습이었다. 농부가 논밭일을 나가기 위해 일찍 일어나, 자던 입에 일부러 밥 먹는 것을 보면 할 일이 얼마나 힘든 것인가를 알 수 있다."[46]

이 구절에 대해, 도진순(都珍淳) 교수는 "농부가 힘든 일 나갈 때 아침밥을 잘 먹듯이, 윤봉길도 대사를 앞두고 태연히 잘 먹는 것을 비유한 말이다"라고 주해했다.[47] 이때 김해산은 김구에게 "선생님, 지금 상해는 우리의 행동이 있어야 민족적 체면을 보전할 수 있는 상황인데, 하필이면 왜 이런 중요한 때 윤 군을 구태여 다른 곳으로 파견하십니까?"라고 물었다. 김구는 사실대로 말할 수가 없어서 적당히 둘러댔다.

일곱 시가 됐다. 이제 매헌은 거사를 위해 현장으로 떠나야 했다. 매헌과 헤어질 때의 역사적 장면을 김구는 다음과 같이 회상했다.

> 때마침 7시를 치는 종소리가 들렸다. 윤 군은 자기 시계를 꺼내 내 시계와 교환하자고 하였다.
>
> "제 시계는 어제 선서식 후 선생님의 말씀에 따라 6원을 주고 구입한 것인데, 선생님 시계는 불과 2원짜리입니다. 저는 이제 1시간밖에 더 소용없습니다."
>
> 나는 기념품으로 그의 시계를 받고, 내 시계를 그에게 주었다.
>
> 윤 군은 마지막 길을 떠나기 전, 자동차를 타면서 가지고 있던

돈을 꺼내 내 손에 쥐어주었다.

"약간의 돈을 가지는 것이 무슨 방해가 되겠소?"

"아닙니다. 자동차 요금을 주고도 5~6원은 남겠습니다."

그러는 사이 자동차는 서서히 움직이기 시작하였다. 나는 목 메인 소리로 마지막 작별의 말을 건네었다.

"후일 지하에서 만납시다."

윤 군이 차창으로 나를 향하여 머리를 숙이자, 무심한 자동차는 경적 소리를 울리며 천하영웅 윤봉길을 싣고 홍구공원으로 질주하였다.[48]

이 장면은 『도왜실기』에서 다음과 같이 묘사됐다.

늙은 공인(工人)은 비장한 어조로 청년에게 말하되

"그대의 목숨은 머지않아 이 세상을 떠날 것이다. 나는 조국의 광복과 민족의 자유를 위하여 위대한 희생자가 되려는 군에게 혁혁한 성공이 길이길이 군과 함께 머물러 있기를 충심으로 비는 바이다. 단지 최후로 군에게 한마디 하고 싶은 것은 우리의 적은 왜놈뿐이니 오늘 이 일을 실행함에 있어서는 어데까지나 신중히 해야 할 것이고 결코 왜놈 이외의 외국 인사에게 해를 가하지 않도록 해달라는 것이다. 자! 폭탄을 두 개 주니 한 개로는 적장을 거꾸러뜨리고 또 한 개로는 그대의 목숨을 끊으라."

청년이 대답하여 말하되, "삼가 가르침을 준수하겠나이다. 바라옵건대 선생께서는 나라를 위하여 몸을 삼가시고 끝까지 분투하옵소서."

늙은 공인은 또다시 말을 이어, "군이여! 군과 나는 다시 지하에서 만나세!"

이에 두 사람은 악수를 마치고 서로 갈리니 뜨거운 눈물이 하염없이 쏟아질 뿐이었다. 아! 이날! 이 비장한 장면을 본 사람이 또 누구이랴?[49]

여기서 주목되는 것은 김구가 매헌에게 "왜놈 이외에는 어떠한 외국인에 대해서도 가해하지 말라"라고 한 당부였다. 한 명의 외국인이라도 해를 입으면 국제 여론이 나빠지게 될 것을 우려해 예방하려고 한 세심한 배려를 읽을 수 있다. 그러나 그것보다 더 중요하게, 김구는 침략자 일본제국만이 우리 민족의 적인 만큼, 적이 아닌 외국인에게 가해하는 것은 인도주의와 국제평화주의의 원칙에도 어긋나는 것임을 알고 있었던 것이다.

2 | 일본 국가가 합창될 때 수류탄을 던지다

이날 일본군의 현장 경비는 엄중했다. 상해에서 생활했던 김광 선생은 다음과 같이 실감 나게 묘사했다.

전과 달리 탱크, 비행기, 철갑차, 대포, 기관총, 전기망 등의 무기를 홍구지역에 펼쳐놓았다. 갑북(閘北)과 강만(江灣) 일대는 모두 경비선 내에 포함되어 수많은 무장 군경들이 걷거나 말을 타고 공원 내외를 물샐 틈 없이 지키고 있었다. 중국인, 한국인은 말할 것도 없고, 외국인도 출입증이 없으면 들어갈 수 없었다. 그 기세는 마치 철로 만든 담처럼 견고하고 장성처럼 높았다고 비유해도 모자랄 지경이었다.[50]

매헌은 그 무렵 일본인들 사이에서 유행하던 양복과 스프링코트를 입었고, 일본 보자기로 싼 도시락과 일본 물통을 메었다. 누구에게나 일본인으로 보이게 하기 위해서였다. 7시 50분경에 홍구공원 입구에서 하차하면서 곧바로 공원 정문으로 갔다. 이른 시간에는 일본인이 아니라 중국인이 수위로 경비한다는 사실을 미리 파악하고 있었기에 서둘러 갔던 것이다. 실제로 수위는 중국인이었다. 그가 입장권을 보자고 하자, 매헌은 자신이 일본인임을 내세우며 입장권을 왜 보자고 하느냐고 일갈하고 그대로 입장했다.[51] 우리가 바로 앞에서 살핀 경비망을 생각할 때 참으로 놀라운 일이었다. 김광 선생은 "아! 세계 일등 강국의 대군벌의 권위로도 한 젊은이의 위대한 정신을 막을 수 없었다는 것은 역시 기이한 일이 아닐까?"라면서 경이로움을 나타냈다.[52]

이때 의거에 동참하기로 예정됐으나 다음 기회로 연기된 이화림은 매헌이 제대로 입장할 수 있는 것인지 염려되어 '공원 입구에서 좀 떨어진 곳'으로 갔다. 거기서 매헌이 입장에 성공해 "의젓하게 일본 사람들 가운데 서 있는 것을 보고 돌아왔다."[53]

상해 승전과 천장절을 기리는 '관민 합동의 축하식'에는 상해에 거주하는 일본인 1만 명, 상해 파견 일본군 제9사단과 해군 병력 1만2,000명, 그리고 각국의 외교사절과 각계 초청자를 합해 모두 3만여 명이 참석했다. 식은 제1부 천장절 기념식, 제2부 열병식, 제3부 관민 결연회, 곧 관민 합동 축하식으로 나뉘어 진행됐다.[54]

제1부 천장절 기념식이 개최되기에 앞서 오전 8시 30분부터 약 1만 명의 군인들이 입장했으며, 상해파견군 사령관 시라카와 요시노리 육군 대장을 비롯해, 제9사단장 우에다 겐키치 육군 중장, 제3함대사령관 노무라 기치사부로(野村吉三郎) 해군 중장, 주중공사 시게미쓰 마모루(重光葵), 상해총영사 무라이 구라마쓰(村井倉松), 상해거류민단장 가와바타 사다쓰구(河端貞次), 상해거류민단 서기장 도모노 모리(友野盛) 등 7명이 흔히 식단(式壇)이라고 부른 사령대에 올라 일자형으로 도열했다. 본 행사는 9시에 시작됐으며, 일왕 생일을 경축하는 군악대의 주악이 끝난 뒤, 시라카와 사령관을 비롯한 주요 인사들이 차례로 연설했다. 연설이 끝나자 10시 30분부터 제2부 열병식이 시작돼 11시 20분경에 끝났다.

제3부가 뒤따랐다. 그때부터 비가 내리기 시작했다. 가와바타 민단장과 무라이 총영사의 축사 봉독이 끝나 참석자 모두 일본 국가 기미가요를 부르기 시작했는데 제2절의 마지막 소절을 부를 때, 식단에서 약 19m 떨어진 곳에 위치한 일반 관람석의 앞쪽에 자리를 잡고 있던 매헌이 식단을 향해 두 칸(3.63m 거리) 정도 앞으로 뛰어나갔다. 식단 뒤에서 경계하던 기마병 두 명이 수상히 여기고 검문하려고 말에서 내린 순간 매헌은 도시락형 폭탄을 땅에 내려놓고 물통형 폭탄을 어깨에서 내려 오른손에 들고 왼손으로 안전핀을 잡아당긴 뒤 식단을 향해 던졌다. 이때가 오전 11시 50분경이었다. 폭탄은 정확하게 단상 위의 중앙 가와바타와 시게미쓰 사이에 떨어졌다.

이때의 상황을 본국 외무성 외무대신에게 발신한 상해총영사의 보고에 따르면, "그것은 동시에 일대 음향과 더불어 작렬하였으므로 단상의 7명은 모두 그 파편에 의해 부상하게 되었고 행사장은 아수라장이 됐다."[55] 이 행사에 참석했던 상해 육군병참병원장 가메이 이치로(龜井一

郞)는 훗날 발표한 회고담에서 "조선인은 무엇보다도 돌팔매질에 뛰어나다고 한다. 그것도 근거리라면 맨손으로 물건을 건져올리듯이 던지면 명중한다고 한다. 윤봉길은 그 방법을 이용하여 손쉽게 성공한 것이다"라고 논평했다.[56] 여기서 우리는 오늘날 팔레스타인에 해당하는 블레셋의 장군 골리앗이 대군을 거느리고 이스라엘왕국을 침공했을 때 목동이었던 다윗이 물맷돌을 이용해 돌을 던져 골리앗을 쓰러뜨림으로써 침략군을 물리친 고사를 연상하게 된다.

중국의 나관중(羅貫中)이 쓴 『삼국지연의(三國志演義)』를 보면 촉(蜀)의 제갈량이 자신의 경쟁자인 위(衛)의 사마의와 그의 군대를 화공(火攻)으로 죽이기 위해 함정으로 유인하는 데까지는 성공했으나 결정적인 순간에 비가 내려 불이 타오르지 않아 뜻을 이루지 못하는 장면이 나온다. 이때 제갈량은 '모사재인(謀事在人) 성사재천(成事在天)'이라는 유명한 말을 남기며 탄식했다. "일은 사람이 꾸미지만 그것을 이루어주는 것은 하늘에 달렸다"라는 뜻이다. 대조적으로 윤 의사는 비가 쏟아졌는데도 폭탄이 식단에 명중해 폭발하면서 왜적들에게 불벼락을 내렸으니 글자 그대로 하늘도 도운 것이다.

윤 의사, 현장에서 연행되다

다시 상해총영사의 보고에 따르면, 윤 의사는 물통형 폭탄을 던진 뒤 도시락형 폭탄을 "집어 올리려고 할 때, 부근에 있던 (일본군) 육전대 1등병조 고모토 다케히코(後本武彦)와 상해총영사관 경찰서원 다카야나기 기치에(高柳吉衛) 등에 의해 체포됐다." 거의 동시에 "(일본인) 군중이 그를 포위하고 구타하여 졸도시키게 되었으나 군헌(軍憲)의 힘에 의해 곧 공원의 (일본) 헌병 제1분대에 인치했다."[57] 고모토 다케히코는 육전대 지휘관 우에마쓰(植松)의 호위병으로 연단의 뒤에 서 있다가 "갑자기 머리 위를 슛! 하고 날아가는 것을 보고 무엇인가 일이 일어났다고 생각하는 순간 짙은 다색의 양복을 입은 남자가 달아나려고 해서 순간 잡아서 내동댕이치고 팔을 비틀어 엎어 눌렀다"라고 회상했다.[58] 그는 이 '공로'로 훈장을 받는다.

이때 중국의 몇몇 신문은 목격자들을 인용하면서 윤 의사가 체포 직전에 "대한독립 만세"를 외치고 일본 제국주의를 비난하는 연설을 했을 뿐만 아니라 자신을 잡으려는 일본 경찰들을 향해 총과 단도를 꺼내 위협했다고 보도했다.[59] 이 보도들에 근거해 김구의 측근 엄항섭은 「윤봉길 의사의 백천작탄안(白川炸彈案) 진상」에서[60] 비슷한 내용으로 소개했으며, 이것들에 바탕을 두고 국내의 어떤 책들은 윤 의사가 자신이 던진 폭탄이 정확하게 적중하는 것을 보고 "조선독립 만세" 또는 "대한독립 만세"를 외쳤다고 썼고, 연변의 한 책은 "일본 제국주의를 타도하자"라고 외쳤다고 썼다.[61]

그러나 이것은 어떠한 자료에도 등장하지 않는다. 그때의 상황을 자세하게 보도한 서양의 어느 매체에도 등장하지 않으며, 윤 의사에 대한 수사·재판 기록에도 등장하지 않는다. 그렇지만 윤 의사가 잡히지만 않았더라면 자신의 꿈인 조선=대한의 독립과 일제의 타도를 크게 외쳤을 것이다.

'연행 사진'은 조작된 것인가?

윤 의사가 현장에서 연행되는 장면은 1932년 4월 30일 자 중국

〈*North China Daily News*〉와 1932년 5월 1일 자 일본 〈오사카아사히신문〉 호외판의 사진으로 보도됐다. 그가 연행되는 사진을 흔히 '연행 사진'이라고 부르는데, 연행 사진과 관련해 위의 두 사진이 대표적이다. 〈오사카아사히신문〉 호외판에 게재된 사진에 대해, 상해 주재 대한민국총영사관 강효백(姜孝伯) 총영사는 일제가 윤 의사의 이미지를 훼손하기 위해 흉한의 모습으로 조작했다는 해석을 제시했다.[62] 이에 대해, 윤 의사 집안에서는 그 사진 속의 윤 의사가 바로 윤 의사라고 반론했으며, 몇몇 학자들은 그 반론을 지지했다.[63]

우선 김상기 교수는 윤 의사가 훗날 일본으로 연행되는 과정에서 고베항에 도착했을 때의 모습을 묘사한 〈오사카아사히신문〉의 보도에 주목했다. 김 교수는 다음과 같이 썼다.

> 위 보도 내용 중에서 눈길을 끄는 것이 윤봉길의 복장에 대한 부분이다. "여름의 메리야쓰 셔츠 위에 얇은 갈색의 양복에 춘추복 외투를 입었고, 쥐색의 중절모를 썼다"는 것이다. 이는 윤봉길이 상해에서 거사를 하고 체포될 때 〈오사카아사히신문〉에 게재된 연행 사진의 모습과 정확히 일치한다.[64]

이어 한국 언론사 분야의 정상급 학자인 정진석 교수는 매우 치밀한 연구를 통해 조작설을 허구라고 단언했다. 그는 자신의 논지 근거로 여섯 가지를 제시한 뒤 "결론적으로 윤 의사 사진이 조작되었다는 주장은 전혀 타당성이 없으며, 사진을 보도한 언론의 속성을 무시하고 일본 군부가 언론을 통제하는 방법에 관해서도 무지를 드러내는 주장을 나열하고 있다"라고 썼다.[65]

폭탄을 맞은 왜적들의 운명

그러면 폭탄을 맞은 사람들은 어떻게 됐나? 원래 직업이 의사인 가와바타 상해거류민단장은 워낙 상처가 커서 이튿날 죽었다. 시라카와 사령관은 5월 26일에 죽었다. 규슈대학 의학부 외과 과장이면서 육군 군의감(육군 소장)을 겸했으며 전장에서 군의관 생활을 했기에 전상병 진료에 최고 권위라는 평가를 받던 고토 시치로(後藤七郎) 박사가 본국으로부터 상해로 급송된 뒤 극진히 보살폈으나 사망한 것이다. 우에다 사단장은 왼쪽 다리를 잘라내야 했고, 시게미쓰는 오른쪽 다리가 날아가 죽을 때까지 10kg에 이르는 의족을 달고 지팡이를 짚은 채 다녀야 했으며, 노무라 사령관은 오른쪽 눈을 빼내야 했고, 무라이 총영사와 도모노 서기장은 중상을 입었으니, 어느 한 사람도 무사하지 않았다. 윤 의사의 의거가 큰 성공을 거둔 것이다.

그들 가운데 노무라는 국제적으로 널리 통용되던 '동해(東海)'를 1929년에 모나코에서 열린 국제수로회의(International Hydrographic Conference, IHC)에서 '일본해(日本海)'로 표준화시키는 데 주도적 역할을 수행한 장본인이었다. 해군 중장으로 개명을 이끌었던 그의 작전 결과 모나코에 본부를 둔 국제수로기구(International Hydrographic Organization, IHO)는 그 회의의 결정을 받아들여 1929년에 국제수로기구의 채색지도에 '일본해'를 공식 용어로 정착시켰던 것인데, 그때로부터 3년 뒤 윤 의사의 응징을 받은 것이다.

그는 1939년에 외무상으로 임명되며 1941년에 주미대사로 임명되고, 1943년 이후 관직을 맡지 않은 채 쉬었다. 그리하여 그는 일제 패망 직후 맥아더사령부가 전범을 가려낼 때 포함되지 않았으며 훗날 참의원으로 활동하게 된다. 시게미쓰는 1943년에 외무대신으로 임명되고 1944년에 대동아대신을 겸임하게 되며 A급 전범으로 투옥됐다가 가석방으로 풀려나온 뒤 다시 외무상을 맡게 된다.

김구와 별도로 의거를 준비했던 정화암의 회고

마지막으로, 이때 김구와 별도로 의거를 준비했던 항일운동가의 회고를 들어보기로 하자. 남화한인청년연맹을 이끌던 정화암은 거사를 자원한 열혈 애국 청년 백정기(白貞基)에게 폭탄을 구해주고, 비선(秘線)을 통해 약속받은 공식 출입증이 도착하기를 함께 기다리다가 뜻을 이루지 못했다고 아쉬워했다. 그는 이렇게 회상했다.

> 그러나 4월 29일 아침이 되고 열 시가 되어도 (우리에게 전달되기로 약속된) 공식 출입증이 옵니까. … 조금만 조금만 하면서 폭탄을 갖고 안달복달하는 백정기를 달래고 있는데, (우리와 기맥을 통하고 있던) 일본인 종군기자가 비를 맞고 뛰어들어오면서 "너희 성공했다. 너희 성공했다" 하는 겁니다. "뭣이 성공했느냐?"라고 했더니, "터졌다. 터졌어. 상해 방면 최고사령관 시라카와 요시노리 대장은 폭사하고, 제3함대사령관 노무라 기치사부로는 눈알이 빠지고, 제9사단장 우에다 겐키치와 중국 주재 일본공사 시게미쓰 마모루 등이 중상을 입고 큰 난리가 터졌는데 실행자는 거기서 붙들려갔다. 내가 거기까지 보고 달려왔다"라는 겁니다. 이 친구는 일본인 종군기자이면서도 은근히 우리 계획을 눈치채고 성공을 바랐던 것입니다. 그래 그 거사가 우리의 작품인 것으로 알고 축하해준다고 뛰어왔던 겁니다. 그 친구뿐만 아니

라 남화구락부의 청년들은 물론이고 심지어는 백범의 아들까지도 꼭 우리가 한 것으로 알았다고 해요. 며칠 뒤 백범이 "이 일은 내가 한 것이다"라는 성명을 각 통신사에 주어서 비로소 진상을 안 것이지요. 어떻든 기쁘면서도 솔직히 말해 나는 맥이 빠집디다. 기가 막힙디다.[66]

백정기는 1년 뒤인 1933년 3월 17일에 원심창(元心昌), 이강훈(李康勳) 등과 함께 상해에 상주하던 주중 일본공사 아리요시 아키라(有吉明)를 상해의 요정 육삼정(六三亭)에서 암살하는 계획, 이른바 육삼정의거에 참여했다가 체포돼 일본의 나가사키형무소에서 1934년에 38세의 나이로 옥사한다. 무기징역형을 선고받고 복역하던 원심창 그리고 15년형을 선고받고 복역하던 이강훈은 일제가 패망한 직후인 1945년 10월에 모두 도쿄 후추(府中)형무소에서 출소한다.

제5절

일제의 한인 독립운동가 검거 선풍 속에 임정이 피난길에 오르다

1 | 동북아시아 3개국 그리고 서방세계에 큰 충격을 주다

윤봉길 의사의 의거는 일본과 중국 그리고 한국 모두를 서로 다른 성격에서의 충격 속에 빠뜨렸다. 상해 점령과 일왕 생일을 축하하기 위해 열린 행사에서 폭탄 세례를 맞았기에 체면이 너무나 깎인 일본의 경우, 정부는 우선 상해주둔군으로 하여금 상해에 비상계엄령을 선포하게 했다. 신문들은 피격 당사자들과 그 가족들에게 최대의 동정심을 표하면서, 반면에 윤 의사에 대해서는 "대국(大局)을 좌우하는 위대성이 없이, 단순히 범행자의 광폭욕(狂暴慾)을 만족시킴에 그치는 것이 슬프다"라는 식으로 비하했다. 또 국제연맹의 지도자들과 영국의 외상을 비롯한 각국 대표들이 위문했다는 소식을 전하면서, 일본이 우방국들의 지지를 받고 있는 것처럼 선전했다.[67]

중국의 경우는 달랐다. 만보산사건으로 한인을 괄시하던 중국인들의 반한 감정은 이봉창 의사의 의거로 어느 정도 가라앉았는데, 윤봉길 의사의 의거로 더욱더 가라앉게 됐다. 이 주제에 대해서는 우리가 제7장 제1절에서 자세히 살피기로 하겠다.

서방세계 역시 높은 관심을 보였다. 미국과 영국은 물론이고 프랑스와 스위스를 비롯한 유럽 여러 나라의 신문은 이 사건을 보도하면서 논평을 곁들였다. 미국의 신문들은 유럽의 신문들에 비해 상대적으로 한인에 대한 이해를 더 많이 보였다. 특히 〈뉴욕타임스〉는 당일로부터 꾸준히 보도를 이어가는 가운데, 김구의 발표문에 대한 해설도 포함했다. 두드러진 것은 윤 의사를 '테러리스트'로 표현하지 않은 사실이다.[68] 상해의 대표적 영문 주간지 〈밀라드평론보(*Millard's Review*)〉는 "일본군은 선전포고 없이 상해를 폭격해 무고한 중국인들을 죽였으나 한인은 포악한 행동을 했던 일본 정부의 정책에 관련된 요인들만 죽였다"라는 취지로 논평해, 윤 의사의 의거가 정당한 것이었음을 알려주었다.[69]

영국의 경우는 신문에 따라 편차를 보였다. 한인이 일본의 통치를 반대하고 있으며 일본에 동화되지 않았음을 보여주었다는 논평도, 그리고 적극적으로는 상황의 악화를 막기 위해 일군의 중국으로부터의 철수가 필요하다는 논평도 뒤따랐으나, 윤 의사를 '테러리스트'로 단정하면서 비난하는 경향을 보이기도 했다. 특히 영국의 신문들은 미국과 영국 등 상해에 공사관 또는 총영사관을 둔 열강의 중재로 진행되던 중국과 일본 사이의 정전협상이 이 사건으로 말미암아 결렬되는 것이 아닌가에 관심을 보였다.[70]

프랑스의 경우, 파리에서 고려통신사를 세운 항일독립운동가 서영해(徐嶺海)가 윤 의사의 의거를 파리의 주요 신문사들에 자세히 알렸고 또 프랑스 정부 요인들에게도 알리면서 일본이 상해의 프랑스 조계를 침범하지 못하도록 힘써줄 것을 요청했다. 그는 프랑스의 언론 상황을 해외의 한인 독립운동단체들에 알리기도 했다.[71]

조선에서는 두 신문이 의거 당일에 주로 입전(入電)된 외신 보도를 중심으로 호외를 발행했다. 가장 적극적인 신문은 〈동아일보〉였다. 〈동아일보〉는 4월 29일 당일에만 두 차례에 걸쳐 호외를 발행했는데, 첫 번째 호외는 폭탄을 던진 사람이 조선인임을 적시했으나 윤봉길의 이름은 밝히지 못했다. 이 시점까지는 윤 의사의 신원이 공개되지 않았기 때문이다. 두 번째 호외는 제목에 큰 글씨로 '조선인 윤봉길'이 폭탄을 던졌다고 보도했다. 이어 4월 30일과 5월 1일에 각각 한 차례 호외를 발행했으며, 5월 1일부터 본지에서 윤 의사의 의거와 윤 의사 개인에 대한 보도를 이어갔다. 조선총독부의 기관지였던 〈경성일보〉 역시 당일에 호외를 발행했으며 다음 날에도 보도를 이어갔다. 그러나 이 신문은 피폭자들의 상황을 집중적으로 보도했다. 5월 1일에는 〈조선일보〉 역시 윤 의사의 의거를 보도했다. 이러한 보도에 접하면서 대부분의 조선인들은 마음속으로 쾌재를 불렀다.

2 김구, 가흥으로 피신하다

국내외적으로 큰 타격을 입은 일제는 상해총영사관을 중심으로 4월 29일 오후 5시부터 관계자회의를 열었다. 육군에서 2명, 해군에서 2명, 공사관에서 1명, 총영사관에서 3명이 참석했다. 이 회의는 "이 기회를 이용하여 한국독립운동에 일대 타격을 줄 방침을 세우고 일제 검거를 프랑스 측에 요구하기로 결정했다." 이 회의는 "한인(지도자들)은 아마 대부분은 도피하여 소재를 감췄을 것으로 사료되며 설령 일제 검거를 행해도 그 효과를 얻는 바는 거의 없을 것"이라고 정확히 내다보았다. 그러나 "우리의 위력을 보이고 프랑스 조계가 반드시 안전지대가 아님을 알게 하여 그 운동의 근거를 동요케 하는 이익이 있음"에 유의해, 경찰관과 헌병 등 도합 70명을 출동시켜, 4월 30일 오전 3시부터 상해의 한인 독립운동가들을 대대적으로 수색하기 시작했다. 지난날과는 달리, 일본 정부의 강력한 영향 아래 프랑스 조계 공무국이 굴복해 자신의 경찰대를 참가시켰다.[72]

체포 대상자는 김구, 이유필, 이동녕, 조소앙 등 임정 국무위원들을 비롯해 김철(金澈), 박창세(朴昌世), 엄항섭, 최석순(崔錫淳), 차이석(車利錫), 백기준(白基俊), 김석(金晳), 김동우 등 모두 12명이었다. 그러나 그들은 이미 피신했기에 어느 한 사람도 체포하지 못했다. 이후 임정의 요인들인 윤기섭(尹琦燮)과 김붕준(金朋濬)도 체포하려고 했으나 실패했다. 그들 대신에 김철의 조카인 18세 소년 김덕근(金德根)을 포함한 11명을 체포했고, 이후 장현근(張鉉瑾, 일명 송진표[宋鎭杓]) 역시 체포했으며, 당일 아침에 김구가 피신하라고 써서 인편으로 보낸 짧은 편지를 채 받지 못해 이유필의 집을 방문했던 안창호도 체포했다.

안창호는 자신이 '晏彰昊'라는 이름으로 중화민국에 귀화한 증서를 제시했으나 조선 국적을 이탈하지 않았기에 여전히 조선인이라는 이유로 체포됐다.[73] 상해의 여러 신문과 외국인은 그의 체포는 부당하며 석방해야 한다는 주장을 꾸준히 제기했으나, 상해총영사관은 안창호를 비롯해 장현근과 김덕근 셋만을 조선으로 압송하고, 나머지는 모두 이 사건과 무관함이 입증됐다면서 석방했다.[74] 위대한 교육자이면서 항일 독립운동가인 안창호는 서대문형무소로 투옥됐다가 대전형무소로 이감됐고 질병의 악화로 거기에서 가출옥했다. 그러나 1937년에 수양동우회 사건으로 서대문형무소에 다시 수감됐고 병보석으로 석방돼 경성제국대학 부속병원에서 치료를 받다가 1938년 3월에 향년 만 59세 4월로 별세한다.

김구는 곧바로 김철, 안공근, 엄항섭을 대동하고 상해의 미국인 개신교 선교사 조지 애시모어 피치(George Ashmore Fitch)의 집으로 피신했다.[75] 피치 선교사는 역시 개신교 선교사로 중국에서 사역해온 아버지가 한인 독립운동가들을 돕는 것을 보며 자랐기에 거기에 영향을 받아 아버지보다도 더 적극적으로 한인 독립운동가들을 도왔다. 이 집에서 김구는 5월 8일에 우리가 제5장 제1절 제1항에서 살펴보았던 「홍구공원 폭탄사건의 진상(한인애국단)」을 작성해 5월 9일에 발표했다. 영문 번역은 피치 부인이 맡아주었다. 상해의 주요 신문들에 게재된 이 유명한 발표문을 통해 김구는 자기 자신과 윤봉길 그리고 한인애국단을 상세히 설명하는 가운데 일제의 죄상을 규탄하면서 조선 독립의 당위성과 열망을 밝혔으며, 이봉창 의사의 의거도 자신의 지휘 아래 이뤄졌음을 공개했다.

피치 부부는 일제가 패망한 뒤인 1947년 7월 9일에 인천에 도착했으며, 곧 서울에서 주로 미국인 교인들과 기독교청년회(YMCA)를 활성화하는 방안을 논의했다. 김구는 곧바로 피치 부부를 방문했으며, 이 부부를 환영하는 모임에 두 차례 참석했고, 7월 27일에 경교장으로 초청했다. 이때 김구는 부부를 모시고 경교장에서 사진을 찍었는데, 이 사진을 보면 이승만의 부인 프란체스카, 이승만의 비서 이기붕, 김구의 측근 조완구와 엄항섭 및 선우진, 그리고 안중근 의사의 조카들인 안낙생과 안미생 및 안우생 등이 포함됐다. 대한민국 정부는 피치에게 1952년에 문화공로훈장을 수여하고 1968년에는 건국훈장 독립장을 수여한다.[76]

상해 주재 일본총영사관은 김구에게 일화 20만 원의 현상금을 걸었다. 그래도 체포하지 못하게 되자 이번에는 현상금을 올려, 일본 외무성, 조선총독부, 상해주둔군사령부는 합동으로 일화 60만 원의 현상금을 걸었다. 도진순 교수는 "당시 일반 노동자의 급여가 일당 1원, 한 달 30원 정도였다는 것을 고려하면 엄청난 금액이다"라고 보았고, 김상기 교수는 당시 60만 원은 2013년 현재의 돈으로 환산하면 약 200억 원에 이르는 거액이라고 보았다.[77] 그렇지만 김구는 체포를 피할 수 있었다.

김구는 피치 선교사 집에서 20여 일을 더 유숙하다가 일제 관헌이 이 집에 대한 감시망을 좁혀오자 더 안전한 피난처가 확보된 절강성(浙江省) 가흥현(嘉興縣)으로 안공근과 함께 탈출할 수 있었다. 당시 중국국민당 중앙조직부의 젊은 요원이었던 소쟁(蕭錚)은 자신이 장개석의 극소수 심복들 가운데 한 사람인 진과부(陳果夫)로부터 '김구 선생이 상해에서 극히 위험한 상황에 처해 있으니 절강성으로 모셔가도록 하라'는 부탁을 받고 그 일을 성공적으로 수행했다고 회상했다. 소쟁은 자신이 잘 알고 있던 손문의 혁명 동지였으며 절강성 주석을 역임한 저보성(褚輔成)을 만나 상의했고, 그 결과 절강성 가흥에서 대규모의 방직공장을 경영하던 그의 아들 저봉장(楮鳳章)의 저택으로 김구와 그의 몇몇 동지들을 안전하게 피신시킬 수 있었다고 부연했다.[78] 주소는 매만가(梅灣街) 76호였다. 이때부터 김구는 자신의 외가 성인 장(張)을 따서 장진구(張震球) 또는 장진(張震)이라는 가명을 썼다.[79]

김구를 비롯해 상해 탈출에 성공한 이동녕과 이시영 등 임정 요인들은 1932년 5월에 절강성 수도인 항주(杭州)에서 임정판공처를 설치했고 이로써 대한민국임시정부는 명맥을 이어나갈 수 있었다. 임정은 곧 강소(江蘇)성 진강(鎭江)으로 옮겨갔다. 이후 임정은 호남(湖南)성 장사(長沙), 광동(廣東)성 광주(廣州), 광서장족자치구(廣西壯族自治區) 유주(柳州), 사천(四川)성 중경(重慶) 안에 있는 기강(綦江) 등 내륙으로 이동했으며 1940년 9월에 중경시에 정착했다. 이 모든 이동은 장개석정부의 이동을 뒤따른 것이었다.

6

제6장

순국한 뒤 암장됐으나 일제 패망 이후 거족적 환영을 받으며 유해가 봉환되다

제1절

혹독한 수사를 거쳐 사형을 선고받다

1 헌병대에서 신문을 받다

윤봉길 의사는 현장에서 곧바로 상해파견군 헌병대 제1헌병분대로 연행됐다. 그 사무실은 강만로(江灣路) 위, 홍구공원에서 도보로 10분도 안 되는 거리에 있었다. 윤 의사는 육군 헌병 대위로 사법경찰관 역할을 수행한 오이시 마사유키(大石正幸)로부터 10시간에 걸쳐 신문을 받았다. 일제 당국은 의거 직후부터 보도를 통제했기에 이러한 기초적 사실도 정확히 보도되지 않았다. 다만 상해의 중국 신문 〈시사신보(時事新報)〉와 〈대만보(大晩報)〉는 윤 의사가 일본 헌병사령부에 감금되어 '혹독한 신문'을 받고 있는데도 그 태도가 '태연자약'하다고 보도했다.

4월 29일 당일에 작성된 「피고인 신문조서」는 오이시 수사관이 주로 수류탄을 입수한 과정, 수류탄을 던졌을 때의 상황, 거사를 계획한 시기와 동기 등에 대해 물었음을 보여주었는데, 윤 의사 대답의 구체적 내용은 우리가 제5장에서 이미 살핀 것과 같다. 그것을 되풀이하지 않고 두드러지게 나타난 점에 한정해 적시하면 다음과 같다.

첫째, 윤 의사에 대한 수사는 '혹독한 고문' 아래 진행됐다. 이 사실과 관련해, 대한민국임시정부 초대 대통령 이승만이 미국의 수도 워싱턴에 본부를 설치하고 이끌던 대한민국임시정부 구미위원부는 의거 닷새 후인 1932년 5월 4일에 워싱턴 주재 프랑스대사에게 보낸 공문에서 「윤 의사는 함구불언(緘口不言)」이라는 제목 아래 다음과 같이 주장했다.

> 다른 동지에게 화를 끼치지 않기 위하여 현장에서 자살하려다 미수하고 함구불언. 윤봉길 의사는 거사 후 현장에서 곧 자살하려다

가 왜적에게 잡혀 그 뜻을 이루지 못하고 헌병대로 끌려가서 혹독한 고문을 당하면서도 입을 다물고 대답하지 아니하며 다만 대한독립을 위하여 자기 단독 의사로 실행함이라고 시종 주장했다.[1]

같은 맥락에서, 김상기 교수는 이렇게 썼다.

> 윤봉길은 자신의 행위임을 시인한 외에는 어떤 말도 하지 않았다. 다급해진 일본 헌병은 입을 열게 하려고 온갖 가혹한 고문을 모두 동원하여 윤봉길은 만신창이가 되었다. 밤낮으로 이어지는 고문으로 이미 사망한 것으로 알려지기까지 하였다.[2]

둘째, 매우 강압적 분위기 속에서 진행된 이 신문에서, 윤 의사는 김구와 한인애국단에 대해서는 전혀 말하지 않았다. 윤 의사는 거사를 함께 논의했고 현장을 사전에 함께 답사했으며 자신에게 수류탄을 준 사람은 '이춘산(李春山)' 한 사람이라고 일관되게 진술했다. 그러나 이춘산의 현주소, 본명, 직업에 관련된 질문에 대해서는 이춘산을 보호하기 위해 '모른다'는 대답으로 일관했다. 그렇기에 상해 주재 일본총영사는 5월 3일에 본국 외무대신에게 윤 의사의 '이춘산에 대한 진술이 극히 애매하며'라고 보고한 것이다. 그러나 상해에서의 한인 독립운동가들을 끈질기게 추적해온 상해의 일제 수사기관과 총영사관은 즉시 이춘산이 이유필과 동일인임을 파악하고 체포하고자 했지만 이미 피신했기에 실패했다.

셋째, 이춘산에 대해서는 '극히 애매하게' 진술했지만 거사의 동기에 대해서는 명백하게 진술했다. 윤 의사는 "조선독립운동의 본부가 상해에 있다고 들었으므로 상해로 왔으며 곧 한국독립당에 가입했다"라고 당당히 말한 데 이어 "조선이 일본에 병합되어 있는 것은 우리들이 참기 어려운 고통이라 독립을 도모하려고 결행했다"라고 부연한 것이다. 이 대답에서 윤 의사가 말한 '한국독립당'은 김구가 이끌던 한국독립당을 가리킨 것이다.

넷째, 윤 의사는 투척의 핵심적 대상으로 시라카와를 잡고 있었다고 진술했다.[3] 시라카와가 상해를 침략하고 상해의 많은 무고한 시민들을 학살한 장본인이라고 정확히 생각했을 뿐만 아니라 상해 침략의 수괴인 그를 죽일 때 상해 침략 그 자체를 응징하는 효과를 극대화할 수 있다고 판단했음을 보여준 것이다.

오이시 수사관의 신문은 4월 30일로 이어졌다. 이때에도 윤 의사는 김구에 대해서는 전혀 말하지 않고 오로지 이춘산에 대해서만, 역시 '극히 애매하게' 진술했다. 제1회 신문이 끝나자 헌병대는 총영사관과 협의하고 윤 의사를 군법회의법에 따라 처리하기로 결정한 뒤 양수포(楊樹浦)에 있는 군사령부 구치소에 수감했다.[4]

윤 의사를 군사재판에 회부한 논리는 무엇이었나? 일제는 윤 의사의 공격 대상이 군의 주요 인사들이었으므로 군에 대한 범죄라고 단정했으며, 특히 사건 직후 상해 일원에 비상계엄령이 내려졌기에 상해파견군 군법회의에 회부되는 것이 마땅하다고 주장했다. 거기에 비상계엄 아래서의 군사재판은 단심으로 종결되기 때문에, 이 사건을 속전속결로 처리할 수 있다는 계산이 작용했을 것이다.[5]

군사재판 회부로 결정이 내려지면서, 헌병대가 진행한 제2회 신문에서는 다음과 같은 문답이 오갔다.

문: 시라카와 대장과 우에다 장군을 살해하면 조선 독립이 된다고 생각했는가.

답: 가능하다고는 생각지 않았다. 그러나 같은 황색인종이면서 지금 일본이 세력이 있다고 해서 조선을 병탄하고 또 지금 내가 있는 상해까지도 병탄하고 있으므로 얼마만큼은 의사가 통할 것이라 생각하고 있다.

문: 그러면 너는 일본군이 상해로 출정한 이유를 알고 있었느냐.

답: 그것은 모른다.

문: 아무튼 어느 것이 정당한지의 판별도 없이 단지 일본이 상해까지 병탄한 것으로 잘못 알고 이러한 행위를 한 너는 지금 어떻게 생각하고 있느냐.

답: 그 선악에 대해서는 내가 지금 말하지 않더라도 판단이 될 줄 생각한다. 그러나 요컨대 이것이 나의 목적이다.[6]

이 문답에서, 헌병 수사관 오이시는 일본군의 상해 침공을 '상해 출정'으로 정당화하면서, 윤 의사가 그 의미를 제대로 파악하지 못한 채 폭탄을 투척한 것이 잘못인 것처럼 비난했다. 그러나 윤 의사는 그것을 '상해 병탄'으로 단정하고, 자신의 행동이 비록 조선의 독립을 가능하게 하는 것은 아니지만 '얼마만큼은' 영향을 줄 수 있을 것이라는 기대를 나타냈다. 윤 의사에 대한 수사가 진행되던 때인 1932년 5월 9일과 10일에 상해의 신문들은, 우리가 제5장 제1절 제1항에서 살핀 한인애국단의 발표문을 크게 보도했다. 그 발표문은 윤 의사 의거가 김구가 이끈 한인애국단에 의해 계획되고 지원됐음을 분명하게 밝혔다. 윤 의사는 그때부터 자신의 의거가 '김구의 주모에 의한 것'임을 시인했는데, 이 사실을

상해주둔군 군법회의 예심관이 윤 의사에게 알려주자 더 이상 가릴 필요가 없다고 판단했을 것이다.[7]

그런데 이 제2회 신문조서 가운데 우리가 짚고 넘어가야 할 대목이 있다. 수사관 오이시가 "금후에도 또 이 같은 행위를 속행할 생각인가 어떤가?"라고 묻자, 윤 의사가 "금후는 이러한 일을 할 생각은 없다"라고 대답한 대목, 그리고 오이시가 이어 "그러면 이번 행위는 나쁘다는 것을 알고 후회하고 있는가?"라고 묻자 윤 의사가 "그렇다"라고 아주 짧게 대답한 대목이다.

이러한 문답은 이봉창 의사에 대한 신문에서 이 의사가 행한 대답을 연상시킨다. 일제는 이 의사와 마찬가지로 윤 의사도 자신의 의거를 후회하고 있는 것처럼 조서를 꾸몄을 것이다. 이 문답이 오간 뒤 윤 의사는 조선이 일제의 강점 아래 들어간 것을 빗대어 "자기의 것이 타인 권한 내로 들어간다는 것은 누구라도 분개하리라고 생각한다"라고 진술해, 일제의 조선 강점에 반대한다는 뜻을 다시 명백히 밝혔다.

일제 당국은 윤 의사를 고문 속에 수사하면서 동시에 윤 의사의 고향 가족들을 괴롭혔다. 부인 배용순 여사는 이렇게 회고했다.

이제나 저제나 하고 기다림에 사무쳐 있던 나는, 남편이 청도에서 상해로 건너간 뒤 1년도 채 못 되어서 세상이 뒤집히는 듯한 큰 소식을 전해 듣게 되었다. 상해의거의 낭보가 전해진 그날이었다. 집을 떠난 지 만 2년, 남편 윤 의사는 대장부만이 할 수 있는 대의거에 성공하였다. 이른바 상해사건이 천지를 진동하게 되자, 우리 집은 그날로 일본 군경의 사나운 눈초리가 쏠리는 반역자의 집이 된 듯하였다. 아버님이 부당한 문책을 받으며 경찰들에 의한 시달림을 받을 때, 나

는 마음속에 흘러내리는 한스러운 눈물을 감추기 어려웠다.[8]

괴롭힘은 거기서 끝나지 않았다. 어린 아들 종(淙)이 학교에 갔다가 일본인 교사로부터 '조선에서 제일 나쁜 사람의 아들'이라고 조롱을 당하고 울며 집으로 돌아왔을 때 어머니 배 여사의 가슴은 찢어질 것만 같았다. 경찰의 감시로 출입이 어려워지자 밥 지을 쌀을 구하지 못했던 경우도 한두 차례가 아니었다. 그래도 마을 사람들, 특히 윤 의사와 함께 마을 일을 했던 젊은이들이 은근히 윤 의사의 장거를 칭찬하며 크고 작은 뒷바라지를 해주어 힘을 얻었다.

2 | 군법회의에서 재판을 받다

헌병대는 5월 2일에 군법회의에 예심을 청구했다. 군법회의 예심관 하라 겐지(原憲治)는 육군 녹사(錄事) 마에무라 진쿠라(前村仁藏)를 입회시킨 채 5월 4일부터 예심을 시작했으며, 5월 6일 오후 3시에 상해 주재 일본총영사관이 사건의 개요를 발표하는 것을 시발로 일주일에 걸쳤던 보도 통제를 해제했다.

그 발표는 윤 의사의 신원, 피폭자의 상황, 그리고 이후의 조치 등에 대한 기본적 정보 제공에 한정됐다. 예심관 하라 겐지는 그 이후 다섯 번에 걸쳐 예심을 계속했으며, 5월 19일에 예심을 종결하고 5월 20일에 군법회의에 기소했다. 혐의는 살인, 살인미수, 폭발물단속벌칙 위반이었다.[9] 이때 일제 수사·사법당국은 "이 사건에 관하여 김구가 교사한 것이

판명된 이상 이 심리는 김구를 체포하지 않으면 완결할 수 없는 형편이지만, 김구는 지난번 이봉창 불경 사건의 교사범인으로서 이미 대심원에서 기소되어 있는 자이므로 그를 상해 군법회의에서 심리할 수 없다"는 결론을 내렸다. 그 결과 윤 의사를 '김구로부터 분리하여 단독 심리하기로' 결정했다.[10]

기소장에는 「피고인 신문조서」가 포함됐다. 주요한 내용은 우리가 제5장에서 이미 살폈기에 되풀이하지 않기로 하고 새로운 진술에 국한해 논의하기로 한다.

첫째, 예심관은 "한국 독립을 위해 활동해보고 싶어 상해로 왔다"는 윤 의사에 대해 "피고인 개인으로서는 어떻게 하면 조선이 독립을 할 수 있다고 생각하는가?"라고 물었다. 윤 의사는 "현재로서는 조선이 실력이 없기 때문에 적극적으로 일본에 반항하여 독립하는 것은 불가능하다고 생각한다"라고 대답을 시작한 뒤, 다음과 같이 부연했다.

> 세계에 커다란 전쟁이라도 일어나서 강대국이 피폐하면 그때 각국민이 독립을 할 수 있다고 생각한다. 예를 들면, 유럽대전 후 세르비아, 폴란드 등 각국이 대국으로부터 해방된 것과 같이 조선도 독립할 수 있을 것이라고 생각한다.

윤 의사의 이 대답에서 우리는 그때 독립 방략에 관해 항일운동가들이 지녔던 생각의 일단을 읽을 수 있다. 첫째, 그들은 "현재로서는 조선은 실력이 없기 때문에 적극적으로 일본에 반항하여 독립하는 것은 불가능하다"고 생각했다. 이러한 생각은 우리가 이미 살핀 한인애국단의 발표문 「홍구공원 폭탄사건의 진상」 안에 포함된 '애국단은 어떠한 것인가'에 적절히 나타났다. 여기서 한번 먹은 마음이 흔들리지 않고 굽힘이 없는 강인한 항일운동가들조차 일제를 상대로 적극적으로 투쟁해 독립하려고 생각하는 것을 '턱없는 공상'이라고 단정하며 오로지 일제의 수괴와 기관에 대한 폭력·파괴 행위만이 '최후 승리의 유일한 길'이라고 주장하지 않았던가.

둘째, 그들은 "세계대전을 계기로 강대국들이 몰락하게 되면 강대국들에 예속됐던 약소국들이 독립을 얻을 수 있다"고 생각했다. 실제로 제1차 세계대전은 유럽에서 오스트리아·헝가리제국(합스부르크 황실)과 러시아제국(로마노프 황실), 독일제국(호헨촐레른 황실) 등 세 제국의 패망과 세 황실의 몰락을 가져왔으며, 중동에서는 오스만제국의 붕괴를 가져왔다. 이에 따라 그 제국들에 예속됐던 여러 약소국이 독립을 얻을 수 있었다.

예컨대, 오스트리아·헝가리제국이 붕괴하면서 우선 그동안 이 제국에 강제로 합병된 채 끌려다녔던 헝가리가 독립했다. 또 보헤미아, 모라비아, 슬로바키아가 독립해 통일국가로서의 체코슬로바키아를 탄생시킬 수 있었고 세르비아, 크로아티아, 보스니아, 헤르체고비나, 슬로베니아 등 발칸반도의 나라들이 독립을 얻어 통합국가로서의 유고슬라비아 왕국을 탄생시킬 수 있었다.

제정러시아가 붕괴하면서 리투아니아, 라트비아, 에스토니아 등 발트3국을 비롯해 핀란드와 우크라이나 등이 독립할 수 있었다. 오스트리아·헝가리제국과 러시아제국이 붕괴하면서 독일제국 역시 붕괴하자 이 세 제국의 합의에 따라 분할된 채 세 제국에 각각 편입됐던 폴란드가 해방되어 통일독립국가로 새롭게 출발할 수 있었다. 오스만제국이 붕괴하면서 터키공화국이 탄생할 수 있었고, 시리아와 레바논 등 주변의 여러 작은 나라들이 오스만제국의 가혹한 통치에서 벗어날 수 있었다. 제1차 세계대전이 끝나면서 확실히 유럽과 중동에는 많은 독립국이 출현했으며, 그로써 이 지역의 지도가 달라졌다.

한인 독립운동가들은 이 역사적 전례가 되풀이되기를 기대했다. 이 점은 우리가 제5장 제3절 제2항에서 보았던 김홍일의 회고에서도 확인된다. 중국과 일본 사이에 전쟁이 일어나는 것을 시발로 열강 사이에 대전이 일어날 때 조선 독립의 기회가 확보된다고 그는 믿지 않았던가. 윤 의사의 생각도 같았다. 그래서 그는 예심관의 질문에 대해 "(대전쟁이 일어나면) 현재의 강대국도 나뭇잎과 마찬가지로 자연스럽게 쇠락한다고 생각한다"고 대답했던 것이다. 훗날 역사의 전개 과정을 돌이켜보면, 한인 독립운동가들의 생각 그리고 윤 의사의 생각이 정확했음을 인정할 수 있다. 실제로 강대국 사이의 제2차 세계대전에서 독일과 이탈리아, 일본이 패망하면서 특히 일본이 패망하면서 조선=한국의 해방이 실현됐기 때문이다.

예심관의 신문은 끈질겨서 "이번에 피고인이 행한 것과 같은 일을 해도 독립운동이라는 의미에서 말하자면 효과가 별로 없는 것으로 보는데 어떻게 생각하는가?"라고 물었다. 윤 의사는 "물론 한두 명의 상급 군인을 죽여서 독립이 쉽게 될 것이라고는 생각하지 않는다"라고 대답한 뒤 다음과 같이 부연했다.

> 이번의 폭탄 투척이 독립에 직접적인 효과는 없지만, 단지 조선의 각성을 촉구하고 더 나아가 세계 사람들에게 조선의 존재를 명료하게 알리기 위해서이다. 지금 이대로는 타국('지도'의 오기)을 봐도 조선은 일본과 같은 색으로 칠해져 세계 사람은 조선의 존재를 인정해주

지 않기 때문에, 이때 조선이라는 관념을 세계 사람들의 머리에 새겨 두는 것도 독립운동에 도움이 된다고 생각한다.

이 대목에서 윤 의사는 "같은 황색인인 일본이 세력을 믿고 조선을 침략하고 더욱이 중국마저 침략하려는 것이 너무 추악하다고 생각했다"라는 말을 되풀이함으로써 일제의 조선 침략과 중국 침략을 거듭 비난했다. 이어 윤 의사는 자신이 일제의 그러한 행위에 '분개'했다고 밝히면서, '분개'의 표현으로 '침략의 선봉인 육군의 대표자를 살해하기에 이른 것'이라고 부연했다.[11]

3 | 시라카와 죽음에 대한 보복으로 사형선고를 앞당기다

당시 군법회의법에 따르면, 공소장은 최소한 재판이 시작되기 닷새 전까지 피고인에게 송달돼야 한다. 바로 그 닷새가 된 날인 5월 25일에 군법회의는 재판을 개시하고 곧바로 종결했다. 가족들에게 알려주지도 않은 채, 그리고 방청인이나 기자의 출입이 허용되지 않은 상태에서였다. 한마디로 말해, 철저한 비공개재판이었다. 검찰관인 육군 법무관 미요시 지타로(三好次太郎)가 사형을 구형하고 육군 공병 중좌 핫토리 교타로(服部曉太郎) 재판장, 육군 법무관 오쓰카 미사오(大塚操) 재판관, 육군 치중병 대위 마치다 이사무(町田勇) 재판관 등 3인으로 구성된 재판부는 사형을 '언도'했다(당시에는 오늘날 우리가 쓰는 '선고' 대신에 '언도'라는 단어를 썼다). '판결문' 필기는 육군 녹사 후쿠다 데쓰오(福田哲三)가 담당했

다.[12]

윤 의사가 폭탄을 던졌을 때부터 27일 만의 시점에서 사형을 선고했다는 것은 무척 이례적이었다. 아니 불법적이었다. 이에 대해 박준광(朴焌洸) 변호사는 "당시의 문명국이나 형사법 체계에서는 아무리 전시에 준한 계엄하 군사재판이라 하더라도 공개재판을 하도록 되어 있었으나, 일본은 막무가내로 재판부, 군 검찰, 법정서기 외에 피고인을 호송한 헌병들 일부만 참여시킨 채 실질적인 비밀재판 형식으로 윤 의사 사건을 속전속결 처리한 불법을 자행했다"고 논평했다.[13]

이봉창 의사의 경우, 8개월이 지난 시점에서 사형을 선고했다. 두 사례를 비교한 뒤, 한시준 교수는 "윤봉길 의사의 사형선고는 전격적이라 할 수 있다. 군법회의였다고는 하지만, 신문이나 조서 등 재판을 위한 절차나 과정이 크게 단축된 사형선고였다"라고 논평했다. 한 교수는 이어 "사형을 선고한 일자도 보복성이란 생각을 갖게 한다"라고 지적한 뒤, 다음과 같이 부연했다.

> 사형을 선고한 5월 25일은 백천(白川)의 사망이 임박한 때였다. 백천은 5월 20일 저녁부터 혼수상태에 빠졌고, 중국의 신문들은 그의 사망설을 보도하고 있었다. 일본 측도 사망할 것으로 보았다. 5월 23일 일황이 백천에게 사주(賜酒), 작위(爵位), 조서(詔書) 등을 내린 것이 그것을 말해준다. 백천은 결국 5월 26일 사망하였다. 백천이 죽기 전에 윤봉길 의사에게 사형을 선고한 것이라고 생각할 수밖에 없다.[14]

시라카와에게 내려진 술은 백포도주였고, 작위는 남작이었으며, 조서는 "상해파견군사령관으로 임무를 완수한 노고를 가상히 여긴다"라는 내용이었다. 이것 이외에 욱일대훈장(旭日大勳章)도 수여했다. 일왕의 배려는 계속됐다. 사망이 발표되면서, 왕과 왕후는 조전을 가족에게 보냈고, 그의 시신을 운구할 군함 용전함(龍田艦)을 상해로 보냈다. 5월 27일에 도착한 이 배는 이튿날 아침 상해를 떠났다. 이때 몇몇 매체는 일제 당국이 시라카와의 시체와 함께 윤 의사를 승선시켜 일본으로 보냈다고 보도했는데,[15] 그것은 전혀 사실이 아니다.

용전함은 5월 31일 정오경에 도쿄의 요코스카(橫須賀)항에 도착했고,[16] 시라카와의 영구는 부두로 옮겨진 뒤 특별 군용열차 편으로 도쿄역에 도착했다. 거기서 일왕을 대신한 시종무관장의 조사에 이어 육해군 장성들의 거수경례를 받은 뒤 사사키(佐佐木)에 위치한 그의 자택으로 옮겨졌고, 6월 2일에 도쿄의 아오야마영원(靑山靈園)에서 육군장으로 장례식을 치른 뒤 그곳에 묻혔다.

그의 죽음은 군인의 죽음으로서는 최상급에 해당하는 '전상사(戰傷死)'로 처리됐다. "상해 전장(戰場)에서의 우리 군 수뇌의 살해를 목적으로 하며 중국군 및 중국 항일암살단과 맥을 같이하는 적국 암살단이 활약하는 중에 발생했다"라는 것이 그 주된 이유였다. 이처럼 그를 '전상사'로 처리한 것은, 김상기 교수가 이미 지적했듯, "윤봉길 의사의 의거가 '테러'가 아닌 독립운동임을 일제가 스스로 입증한 셈이다."[17]

여기서 판결문을 살펴보면, 윤 의사의 수류탄 투척에 중상을 입었거나 죽음을 당한 7인의 병상(病狀)이 상세히 기록됐다. 윤 의사에게 '살인죄'와 '살인미수죄'를 적용하기 위한 절차였다. 그리고 윤 의사와 김구의 여러 차례에 걸쳤던 회합과 그 자리에서의 대화를 기록한 뒤 윤 의사가 김구에 의해 '교묘히 종용됐다'고 기록해 김구를 '주범'으로 몰아가고 자기 나름의 인식과 구상에 따라 김구의 협조를 받아 거사를 일으킨 윤 의사를 그의 단순한 '하수인'으로 폄훼하려는 의도를 나타냈다.

사형선고로부터 사흘 뒤인 5월 28일에 상해 파견 헌병대장 하기네다케 유키스케(萩根丈之助)는 조선과 상해의 여러 헌병대에 윤 의사의 사진 1장을 발송했다.[18] 이 사진은 윤 의사가 순국할 때의 사진으로, 따라서 생전의 마지막 사진으로 오랫동안 국내외에 알려졌고 여러 책에 그렇게 소개됐지만, 그것이 아니었다. 우리가 앞으로 보게 되듯, 순국할 때의 사진은 따로 있다.

이 무렵 김구가 밀파한 암살단원 최흥식(崔興植), 유진만(兪鎭萬)·이덕주(李德柱), 유상근(柳相根) 등은 각각 서울, 황해도, 강원도에서 체포됐다. 군법회의는 그들 모두 윤 의사와 마찬가지로 김구와 연결되어 있음에 유의해 '판결문'을 경성의 헌병대장에게 통지했으며, 경성 헌병대장은 6월 4일과 7일에 조선의 예하부대 그리고 경성지방법원 검사국, 황해도지방법원 검사국, 강원도지방법원 검사국 등에 각각 통첩했다.

4 일제 내무성, 「사건의 전말」을 정리하다

이렇게 각종 행정조치를 끝내고 나자 본국 정부의 내무성 보안국은 7월에 「상해에서의 윤봉길 폭탄사건 전말」이라는 제목 아래 윤 의사 의거의 전말을 최종적으로 정리했다.[19] 이 보고서는 다음과 같이 구성됐다.

1. 개요
2. 범행 상황

(1) 관민 합동 축하회장의 상황

(2) 폭발에 의한 부상자 피해 정도

(3) 식장의 경비 정황과 폭탄 투척 정황

3. 범인의 성명 및 이력 행동

(1) 본적, 출생지, 성명, 연령

(2) 성행(性行) 및 그 동정 개요

4. 가족관계 및 통신관계

(1) 가족 상황

(2) 통신관계

5. 상해 도항 동기

6. 범행까지의 경위

(1) 상해 도항 후 범행 전일까지의 상황

(2) 범행 당일의 상황

(3) 기타 윤봉길 공술 중 참고할 만한 사항

7. 범인 윤봉길의 처리

8. 범인이 사용한 폭탄

(1) 휴대방법 및 구조

※ (2)는 없음

이 보고서는 윤 의사 개인과 의거에 관한 모든 정보를 담았는데, 그 가운데 많은 부분은 우리가 제2장부터 제5장까지의 여러 곳에서 이미 소개했다. 그 부분을 제외하고 세 가지 특징을 소개하면 다음과 같다.

첫째, 김구를 이봉창 의사 의거와 윤봉길 의사 의거를 기획하고 후원한 '원흉(元兇)'으로, 두 의사를 '흉한(兇漢)'으로, 두 의사의 의거를 '흉행(兇行)'으로 기록했다. 또 윤 의사가 항일독립운동에 참여하기 위해 고향을 떠난 것도 '가업인 농사가 싫어서'로, 떠날 때 소지한 돈도 아버지의 돈을 '몰래 갖고 나온 것'으로 폄훼했다.

둘째, 김구를 체포하기 위해 엄청난 노력을 기울이고 있지만 아직 체포하지 못했음을 분하게 생각하면서 각 방면으로 추적을 계속하고 있음을 보여주었다. 셋째, 수류탄 등 폭발물 제조가 어렵지 않다는 사실에 새삼 주목하고 "앞으로 이러한 종류의 범죄 단속에 관하여 다대한 관심을 기울일 필요가 있다"라고 건의했다.

제2절

김구 체포를 유도하기 위해 윤 의사의 사형 집행을 연기하다

1 왜 연기했을까?

우리는 제5장 제2절 제1항에서 상해를 침공한 일본군과 항전한 중국군 사이에 1932년 3월 14일부터 정전협상이 시작된 사실을 지적했다. 이 협상은 윤 의사가 구금되어 있던 때인 5월 5일에 협정 체결로 이어졌다. 이에 따라 일본군이 본국으로 철수하게 되자, 일제는 철병에 앞서 윤 의사의 사형을 집행하려고 했다. 그러나 상해파견군사령부 사령관대리는 5월 28일에 사형 집행을 당분간 연기하도록 명령했다. 상해파견군사령관 시라카와가 사망함에 따라 우에다 사단장이 대리를 맡았던 것이다.[20]

그 까닭은 이 사건의 '기획자'이며 '교사자'인 김구를 체포하기 위해서는 윤 의사의 협력이 필요하다는 데 있었다. 이 사실은 이시이 이타로(石射猪太郞) 상해 주재 일본총영사가 우치다 고사이(內田康哉) 외무대신에게 1932년 9월 21일에 보낸 공문에서 드러났다. 이 공문에서 이시이 총영사는 "철수 전에 윤봉길의 사형을 집행하는 것은 오늘에도 계속하여 김구 체포에 예의 노력하고 있는 것과 관련하여 당관(當館)으로서는 찬동하기 어려우며 또한 지금 당장 이를 집행하는 것은 오늘까지 연기해온 의의를 잃는 것이라고 하지 않을 수 없음"이라고 주장한 것이다.

이 공문은 이어 윤 의사의 일본으로의 '이송'을 건의했다. "신병을 당관에 구금해두는 것은 규정상 곤란할 뿐만 아니라 유치장의 설비가 불완전하여 만전을 기하기가 어려우며 또한 윤(尹)의 구금 사실이 누설될 우려도 있다"라고 밝히면서, "오히려 윤을 내지(內地)로 이송하여 적절하게 구금하도록 요청함"이라고 건의한 것이다.[21]

이시이 총영사(1887~1954)는 일본인으로서는 특이하게 상해의 명문 대학인 동아동문서원(東亞同文書院)을 졸업하고 남만주철도주식회사에서 근무하다가 28세 때인 1915년에 외교관·영사관시험을 거쳐 외무성에 들어가 광동에 이어 천진에서 영사로 일했고, 샌프란시스코총영사관과 워싱턴대사관 및 멕시코대사관 등에서도 일해 서방세계에 눈을 떴으며, 1929년 초에 상해총영사로 임명돼 다시 중국으로 돌아왔다. 일본 외교관으로서는 드물게 중국어에 능통했을 뿐만 아니라 중국의 형편과 민심에 밝아 일제가 군부의 주도로 만주사변을 일으키고 '만주국'을 세우는 것에 반대했으며, 1937년에 중국과 개전하는 것에 대해서도 반대했다.

그는 막상 전쟁이 일어났을 때 본부의 동아국장으로 승진해 주로 중국 문제를 다루면서 중국과의 평화를 유도하기 위해 힘을 썼다. 이후 네덜란드공사를 거쳐 태국대사와 브라질대사 및 버마대사를 역임했다. 2차 세계대전이 끝나면서 미국이 일본을 점령한 직후 맥아더사령부에 의해 공직 추방 대상자에 포함되자 자신을 변호하는 원고를 썼다. 아들은 이 원고를 1950년에 아버지의 이름으로 『외교관의 일생: 대(對)중국 외교의 회상』(요미우리신문사)이란 책으로 출판했다. 1972년에 같은 제목으로 도쿄의 다이헤이슈판샤(太平出版社)가 이 책을 다시 출판했으며, 도쿄의 주오코론샤(中央公論社)는 1986년에 같은 제목으로 출판한다.[22]

이렇게 윤 의사의 사형 집행이 연기된 상태에서, 윤 의사가 거사 직전에 김구에게 써준 「자서약력」과 유서 등이 김구에 의해 등사판으로 인쇄되어 한인 사회에 배포됐다. 이것을 두고, 헌병대 소속 육군 사법경찰관 육군 헌병군조 스도 데이치로(須藤貞一郎)는 10월 11일에 윤 의사를 취조하면서, 주로 윤 의사가 김구와 마지막으로 만난 날의 행적 그리고 김구에게 써준 「자서약력」과 유서 등에 대해 꼬치꼬치 물은 뒤 「청취서」라는 문서를 남겼다. 10월 19일에 상해총영사는 「청취서」에 대해 외무대신에게 보고했다.[23]

2 | 일제, 김구 국무령 추적을 계속하다

윤봉길 의사의 사형 집행을 연기해놓고, 일제는 김구 국무령에 대한 추적을 계속했다. 상해 주재 일본총영사는 의거로부터 6개월 남짓 걸친 추적의 결과를 종합해 1932년 11월 10일에 본국 정부의 외무대신에게 「폭탄사건 후 김구 일파의 기타 동정」이라는 보고서를 보냈는데,[24] 이 보고서는 당시 임정에 관한 일제 수사기관 및 총영사관의 관찰 결과와 새로운 정보를 담고 있어 거기에 편견과 잘못된 인식 그리고 잘못된 표현이 있다고 해도 살펴볼 가치가 있다.

이 보고서는 우선 "김구는 엄항섭과 함께 홍구공원사건 보름 전인 4월 16일부터 환용로(環龍路) 118롱(弄) 19호의 아스타호프(Mrs. Astahoff) 집 뒤편 2층의 1실을 빌려 살다가, 김구는 사건 직전에 이 집을 떠났고, 엄항섭은 5월 2일에 이 집을 떠났다"라고 썼는데, 이 사실은 사건 직후 체포된 김덕근이 5월 2일에 진술해 이미 밝혀졌다.[25] 이 보고서는 이어 "프랑스 조계 경찰당국은 홍구공원사건이 일어날 것을 사전에 알고 있었던 것 같다"라고 썼다. 1932년 5월 1일에 중국 주재 프랑스전권공사가 본국 외무장관에게 보낸 「홍구사건 요지」를 보면, 상해 주재 프랑스총영사는 상해 안의 프랑스 조계에서 생활하는 한인이 '일본 정부에 대한 음모를 꾸민다'는 명백한 증거가 발견되기 전에는 일본 당국에 알리지 않고 체포에 협력하지 않는다는 원칙을 지켰던 것 같다.[26]

이 사실 밖에, 「요지」의 내용을 소개하면 다음과 같다.

첫째, 김구는 임정 국무위원들에게 극비밀리에 4월 29일에 의거가 있을 것임을 예고하고 피난 여비로 각자에게 60달러를, 비서에게 30달러를 주었다. 김구가 피치 선교사의 집으로 피신할 수 있도록 주선한 사람은 상해 교통대학 체육교사 신국권(申國權)으로, 그는 중국 국적을 취득한 조선인이다.

둘째, 임정 요인들을 포함한 상해 한인 지도자들은 김구파, 김철파, 이유필파의 세 파로 나뉘어 있다. 김구의 심복으로는 안공근, 안경근, 엄항섭, 이동녕, 김동우 등을 꼽을 수 있다. 그 세 파는 때로는 이합집산의 변화를 보일 수 있어도 지금으로서는 서로 정립하여 대항하고 있다.

셋째, 흥사단 원동부장(遠東部長)의 자격으로 상해에서 활동하던 안창호는 과격한 운동을 좋아하지 않고 온건·착실하게 사회 실상에 맞추어 그 실력을 양생(養生)하여 종국의 목적을 달성할 것을 표방했다. 그는 중국의 원조를 얻기 위해 광동에서 상해로 올라온 조선인 왕억(王億)과 중·한 연합의 항일단체 조직을 획책했다. 그러나 안창호는 4월 29일에 체포됐고, 왕억은 상해를 떠남으로써 그 계획은 실현되지 않았다.

넷째, (1932년 1월의) 사쿠라다몽사건과 홍구공원사건 이후 "김구의 입지는 갑자기 급등하여 단연 그 두각을 나타내게 되었으며" 해외로부터의 지원금도 김구에게 쏠리고 있다. 이것은 그의 경쟁자들의 질투를 유발하고 있고, 심지어 '반(反)김구 열기'를 조성하고 있다.

홍구공원사건 직후 중국 19로군은 임시정부에 7,000달러를 증정했다. 이것을 포함한 "외부로부터의 지원금을 중심으로 하여 그 투쟁이 더욱 첨예화하고 있다." 그 과정에서 주요 임정 관계자들이 피신한 곳인 가흥에서는 한쪽이 다른 한쪽을 '습격'한 사건이 일어나기도 했다. 그 결과 김구와 김철 사이의 감정은 융화되지 못하고 있다.

다섯째, 홍구공원사건 이후 상해의 '불령선인'들은 각각 자신들의 연고를 찾아 가흥, 소주, 남경, 북경 등으로 피신했다. 예컨대, 김구는 심복들과 함께 가흥으로 피신했다가 상해로 잠입한 뒤 다시 가흥으로 돌아갔고, 국민당군 장교인 왕웅은 남경으로 이전했다. 그들 가운데 이유필과 그의 추종자들이 제일 먼저 상해로 올라와 중국가(中國街) 노서문(老西門) 김가방(金家坊) 112호에 한인교민단 사무소를 열었다. 이후 민단에서 김구 세력은 '근절'됐다. 이유필은 상해에 있는 동북의용군후원회에 접근해 그 지도자들과 여러 차례 회합하고 상해의 일제 관리들에 대한 테러를 획책하고 있다.

여섯째, 홍구공원사건이 있은 뒤 중국 신문 〈시사신보〉에는 안창호를 비방하는 기사가 실렸다. 이 기사는 김철 일파의 작품인 것으로 보인다. 김철은 한인교민단의 기관지인 〈상해한문(上海韓聞)〉을 이용해 자기 선전을 강화하면서 중국 측으로부터 후원을 얻으려고 노력하고 있다.

일곱째, 이봉창과 윤봉길이 사용한 폭탄들은 모두 왕웅이 마련해주었다는 풍문이 사실로 입증됐다. 조선인인 그는 왕해운(王海雲)이라는 이름도 쓰고 있다.

상해 주재 일본총영사관의 무관이 3함대 참모장에게 1932년 11월 26일에 보낸 보고는 김구의 체포를 위한 일제의 끈질긴 시도를 보여주었다. "김구 일당의 체포는 복잡다기한 이면의 사정이 복잡하게 뒤엉켜 착착 진행되기 어렵다"고 시작한 이 보고는 "궁극적으로는 중국 관헌이 우리에게 호의적인 태도를 보이는지 여부에 있다"라고 전망하면서, 총영사관이 오철성 상해시장을 상대로 '검거에 편의를 제공해줄 것'을 요청하고 있음을 적시했다. 무관은 그 교섭이 잘 진행되고 있다고 알리면서 "성급한 낙관은 금물이지만, 금후 특별한 사고가 일어나지 않는 한, 뜻밖에도 급속한 사태의 해결에 이를지도 모른다"고 덧붙였다.[27]

그러나 그 희망은 실현되지 않았다. 김구는 다행스럽게도 임정을 이끌고 중화민국정부를 따라 피신을 거듭하면서 임정이 기강(綦江)에 머물던 때인 1940년 3월에 임정 주석으로 선출되고, 1940년 9월에는 중경(重慶)으로 옮겨가는 데 성공하며 거기서 1944년 4월에 주석으로 재선되고, 일제 패망으로부터 3개월여가 지난 1945년 11월 23일에 환국하게 된다.

제3절

가나자와 육군작업장에서 순국하다

1 | 윤 의사를 일본으로 연행하다

상해파견군 헌병대는 장교 28명을 남겨두고 그 밖의 전부를 귀국시키기로 결정했으며, 이에 따라 1932년 11월 28일에 상해를 떠났다. 이에 앞서 윤 의사를 일본으로 이송하기로 결정하고 11월 18일에 일본의 우편수송선 대양환(大洋丸)에 승선시켰으며, 이 배는 혼슈(本州)와 규슈(九州) 및 시고쿠(四國) 사이의 좁은 바다 세토나이카이(瀨戶內海)를 거쳐 11월 20일 새벽 4시에 고베항 바깥의 와다미사키(和田岬)에 도착했다.

이때의 윤 의사의 모습은 〈오사카아사히신문〉만이 보도했는데, 이 신문은 윤 의사가 배 안에서 "젊잖고 식사도 평상시와 다름없었다"라고 시작하며 다음과 같이 이어갔다.[28]

> 고베항에 도착한 윤봉길의 경계는 극히 엄중해서 고베 헌병분대 및 수상서원 수십 명은 정오경부터 대기소에 쾌속선을 준비해놓고 대양환을 대기하고 있다가 배가 닻을 내리자마자 일행은 곧 선상으로 올라갔다. 사진반은 한 발짝도 접근시키지 않았고 호송 경로도 극비에 부쳐져 있었다. 오후 3시 지나서 범인은 3등 421호실로부터 인출되어 인접해 있던 의무실에서 선의(船醫)로부터 간단한 건강진단을 받았는데 말없이 창백한 얼굴이었다. 여름의 메리야쓰 셔츠 위에 얇은 갈색의 양복에 춘추복 외투를 입었고, 머리는 길게 길어 있었으나 수염을 깎은 흔적이 푸르고, 날카로운 안광과 함께 일종의 무시무시함을 느끼게 해주고 있었다. 배에서는 매우 안정했던 모양으로 스기야마 조장에게 유창한 일본말로 "뭐, 신문 사진은 찍지 않도록 해주

시오"라고 말했다. "사진은 찍지 못하게 할 터이니 안심하라"라는 말을 듣고는 쥐색의 중절모를 쓰고 수갑을 찬 채로 오사카에서 온 수명의 사복 헌병에게 포위되어 갑판으로 나왔다.[29]

윤 의사는 왜 자신의 사진을 찍지 못하게 했을까? 머리가 길게 자라 있었으며 얼굴도 창백해진 자신의 모습을 찍어 일제 당국이 자신을 '흉한'으로 비치게 할 것을 내다보고 그것을 피하고자 했을 것이다.

고베(神戸)항에는 오사카(大阪)헌병대 소속의 사복 헌병들이 대기하고 있었다. 그들은 윤 의사를 미리 비밀리에 준비한 자동차 세 대 가운데 효고(兵庫) 1422호에 스기야마 조장과 함께 태웠으며, 10여 명의 헌병이 분승한 나머지 두 대가 앞뒤를 경계하면서 고베 시내를 종단하여, 오사카와 고베를 잇는 한신(阪神) 국도를 통해 오사카 육군위수구금소로 끌고갔다. 구금소는 그를 한 달 가까이 미결감 중앙건물 안의 독방에 입감시켰다. 〈오사카아사히신문〉은 윤 의사가 이 구금소에 처음 들어갔을 때의 모습을 구금소장 미야이(宮井) 대령의 말을 빌려 "의외로 고분고분하지만, 기분 탓인지 갈피를 잡을 수 없는 표정으로 나를 보고 있었다. 별도로 조사할 것도 없으니 천천히 자도 된다고 말하고 엷은 황색 옷으로 갈아입게 했으며 … 병대(兵隊)의 식사와 같은 저녁밥을 주었더니 맛있게 먹었다"라고 보도했다.[30]

김상기 교수의 연구에 따르면, 윤 의사가 오사카에 구금되어 있을 때, 오사카 시내에 윤 의사의 의거에 관한 삐라가 뿌려졌다고 한다. 오사카 지역에는 많은 한인 노동자들이 거주하고 있어서, 1919년 3월에도 게이오대학 사학과 재학생이던 염상섭(廉想涉)을 중심으로 만세시위가 계획됐었고, 이 일로 염상섭은 6개월에 걸쳐 구속된 채 재판을 받고 석방됐다. 또 1927년 이후 몇 차례에 걸쳐 한인들의 반일 시위가 벌어지기도 했다.[31] 이러한 흐름에 비춰볼 때, 윤 의사 의거에 관한 삐라가 뿌려졌다는 것은 충분히 있을 수 있는 일로 받아들이게 된다.

2 | 일본인도 놀란 '강담·침착(剛膽·沈着)'한 최후

이후 윤 의사가 1932년 12월 19일 오전 7시 40분에 순국할 때까지 일제가 취한 결정과 윤 의사의 모습은 기본적으로 다음 두 자료에 자세히 기록돼 있다. 첫째, 일제 육군성의 『만밀대일기(滿密大日記)』(1933년)이다. 이 자료는 총 40여 쪽으로, 윤 의사 형 집행과 관련해 형을 집행한 육군 제9사단과 육군성 사이에 오고 간 공문, 사형 집행 보고서, 처형 모습 사진, 처형장 도면 등을 포함했다. 또 가나자와헌병대장 소노 요시히코(曾野芳彦) 육군 중좌가 사형 집행 사흘 뒤에 사형 집행의 모든 과정을 상부에 보고한 문건 그리고 김구의 행적을 계속 추적하고 있음을 보여주는 「김구 추적 밀정(密偵) 보고서」를 포함했다. 이 자료는 사이토 마코토(齊藤實) 조선총독의 행적을 추적하던 차길진(車吉辰) 법사와 '더 채널'주식회사 김광만(金光萬) 대표가 여러 차례의 시도 끝에 2002년 3월에 일본 방위청 자료실에서 찾아냈다. 『만밀대일기』가 있다는 사실은 학계에 알려져 있었으나 윤 의사에 관한 자료가 포함된 24책의 일곱 번째에 밀봉되어 있던 이 자료를 마침내 찾아내는 데 성공한 것이다.[32]

둘째, 하라 히데오(原秀男) 등이 편저한 『검찰비록 2·26사건』 제2권(가도카와쇼텐[角川書店], 1989), 687~693쪽에 수록된 「윤봉길 사형 집행

관계자료」이다.[33] 하라 히데오는 1936년 2월 26일에 일본의 젊은 장교들이 일으킨 쿠데타, 이른바 2·26사건 자료집에 이 사건과 아무런 관련이 없는 윤 의사 사형 집행 자료를 포함시킨 이유로 그것이 '일한근대사상(日韓近代史上)' 귀중한 자료이기 때문이라고 설명했다.

이 두 자료는 내용이 같거나 비슷하다. 그렇지만 차이도 있다. 앞의 자료에 있는 부분이 뒤의 자료에서는 빠져 있고, 거꾸로 뒤의 자료에 있는 부분이 앞의 자료에는 빠져 있다. 다른 한편으로, 같은 사안에 대한 설명에서 내용은 같으나 표현은 다르기도 하다. 이렇게 볼 때, 두 자료는 상호 보완적이다. 이 점을 염두에 두면서, 그 일련의 과정을 이 자료들에 바탕을 두고 서술하기로 한다.

윤 의사가 오사카형무소에 수감되었던 기간에 윤 의사에 대한 사형 집행 결정이 내려졌다. 군법회의에서 선고된 사형 집행은 육군대신의 명령을 필요로 한다는 육군 군법회의법 제502조에 따라, 육군대신 아라키 사다오(荒木貞夫, 1877~1966)는 1932년 12월 15일에 제9사단 군법회의 검찰관으로 가나자와의 제9사단 위수구금소장을 겸한 네모토 소타로(根本莊太郎)에게 사형 집행을 명령한 것이다.

아라키 사다오는 육군사관학교를 졸업하고 육군대학을 수석으로 졸업한 이후 육군헌병사령관 및 교육총감본부장을 거쳐 육군대신에 올랐는데, 천황체제를 적극적으로 지지하고 일본군을 '황군(皇軍)'으로 명명하면서 천황을 신처럼 떠받드는 전제 아래 군부가 주도하는 국가 운영을 제창함으로써 '황군파'의 우두머리로 간주됐다. 그는 훗날 문부대신으로 기용되자 '황도(皇道)교육의 강화'를 내세웠고, 미국과의 전쟁 중에는 '국민정신총동원위원회' 위원장으로 활동해 일제가 패망한 직후 맥아더사령부에 의해 'A급 전범'으로 분류돼 전범 재판에서 종신형을 선고받고 복역하다가 1955년에 가석방된다. 윤 의사의 사형 집행을 명령한 당사자가 도쿄국제전범재판에서 종신형을 선고받았다는 사실은, 그리고 그 비슷한 시점에 그의 눈에는 하잘것없는 일개 '흉한'으로 보였을 윤 의사는 조선=한민족의 영웅으로 국민적 숭앙 속에 영예롭게 환국했다는 사실은 역사의 수레바퀴가 제대로 굴러갔음을 보여주었다.

육군대신의 명령이 내려지면, 닷새 이내에 총살형이 집행돼야 한다. 이에 따라, 네모토 검찰관은 12월 19일 오전 7시에 사형을 집행하겠다고 보고했다. 일정이 이렇게 잡혀지면서, 오사카헌병대는 12월 18일 오전 6시 25분에 윤 의사를 오사카를 출발하는 기차편으로 상해파견군 주력부대인 제9사단의 본부가 있는 이시카와(石川)현 가나자와(金澤)시로 연행했다. 이 과정과 그리고 사형 집행을 포함한 그 이후의 모든 과정은 '절대 비밀에 부치도록 기획'됐다. 그 한 예로, 사람들의 왕래가 잦은 가나자와역을 일부러 통과시켜 시골의 조그만 역인 가나자와 근교의 모리모토(森本)역에서, 오후 4시 30분에 하차하게 했다. 당시 헌병대의 표현으로, "신문기자 등의 탐색, 기타 뭇사람의 눈에 띄는 것을 피함으로써 불령자의 불온한 책동과 기타 구경거리 등을 절대 경계하여 막게 하려는 의도"였다.

가나자와시는 이에 앞서 17일 저녁에 헌병과 경찰을 비상소집해 밤 10시부터 시내를 삼엄하게 경계하고 있었다. 인구가 15만 명 정도의 이 시에 배치된 군경의 수는 시 인구 3,000분의 1에 해당하는 500여 명이었다고 하니 일제가 윤 의사의 도착이 알려지는 경우 일어날 수 있는 파장을 얼마나 두려워하고 있었던가를 짐작할 수 있다.

윤 의사가 계획된 일정에 맞춰 18일 오후 4시 30분에 모리모토역에 도착하자 일제 군경은 그를 곧바로 수갑이 채워진 채로 군용차에 실고 오후 5시 5분에 제9사단 위수구금소에 수감했다. 곧 육군 일등군의(一等軍醫) 세가와 요시오(瀨川吉雄)가 건강검진을 실시하고 심신 모두 이상이 없다고 판정했다. 육군 형법 제507조는 "사형 언도를 받은 자가 심신 상실의 상태에 있을 때는 육군대신의 명령에 의해 그 치유에 이르기까지 집행을 정지한다"라고 규정하고 있었기에 이러한 절차가 밟아진 것으로, 이 판정이 내려진 이상 이제 남은 것은 집행뿐이었다.

제9사단장 아라마키 요시카쓰(荒蒔義勝, 1876~1959)는 곧바로 보병 제7연대장 이라마시 후사키치(五十嵐房吉)에게 사형 집행과 형장 경계를 위해 보병 1소대(장교 1, 하사관 2, 소총병 16)를 차출할 것을 명령했으며, 네모토 검찰관에게 이 임무 등에 관해 가나자와 헌병대장과 협의하도록 지시했다. 그들은 형장 예정지를 가나자와 교외에 위치한 육군 작업장의 서북 계곡 골짜기로 결정했는데, 이 작업장은 행정적으로는 이시카와현 이시카와군(郡) 우치카와무라지(內川村字) 미쓰코지(三小牛) 안에 있었다. 이곳을 택한 이유는 "공중에게 위험이 없고 또 교통이 희박하며 동쪽의 단애(斷崖, 벼랑)는 높이가 약 7m로서 총받이에 적합하다"는 데 있었다. 이것은 달리 말해 사람의 눈에 전혀 띄지 않을 곳을 골랐다는 뜻이다.

이처럼 외부로부터 철저히 폐쇄되고 고립된 장소를 선택해놓고도, 형장에는 제9사단 군법회의 검찰관 네모토, 제9사단 군법회의 녹사 다치무라 규베(立村久兵衛), 군의관 세가와 이외에 제9사단과 오사카위수구금소 및 가나자와헌병대 등 유관기관의 대표자 14명에게만 출입을 허용했으며, 보병 소대로 하여금 오전 6시 30분부터 사형장 안팎의 경계를 엄중히 하도록 지시했다. 보병 중위 니시노 쓰네오(西野恒夫) 소대장이 이끈 보병 소대는 오전 7시 15분에 십자가 형태의 형틀(刑架, 형가)

을 포함해 형 집행에 필요한 설비를 끝냈다. 십자가는 세로 기둥의 경우 4촌 두께의 사각으로 된 5척 9촌 길이의 나무였으며, 가로 부분은 두께 2척 5분 길이의 5척의 나무였다.

준비가 완료되자, 제9사단 가나자와위수구금소 간수장이던 니유타 소토지로(入田外次郎)는 헌병 하사관 3명 그리고 가나자와위수구금소 간수 2명과 함께 윤 의사를 계호하며 12월 19일 오전 6시 30분에 자동차로 구금소를 출발했다. 간수의 말을 인용한 김상기 교수에 따르면, "윤봉길은 구금소에 도착하여 다음 날 아침까지 잠을 자지 못했다. 그렇게 자신만만하던 그도 그날 밤은 한숨도 자지 못했다."[34] 만 24년 6개월의 청년으로 이승에서의 마지막 밤을 적국의 감옥 독방에서 보내며 만감이 교차했을 것이다.

오전 7시 15분에, 육군 형법이 규정한 '사형집행수속 2'에 따라, 윤 의사는 '평상복에 실내화를 신고 수갑이 채워진 채' 간수 2명의 계호를 받으며 형장에 도착했다. 사형 집행에는 네모토 검찰관을 비롯해, 다치무라 녹사, 세가와 군의, 다쓰다 소토지로(立田外次郎) 가나자와위수구금소 녹사 등 4명이 입회했다. 검찰관 네모토는 윤 의사의 수갑을 풀게 하고 다시 세가와 군의에게 건강검진을 행하게 했으며 그의 심신에 이상이 없음을 확인한 뒤, "올해 5월 25일에 상해파견군 군법회의에서 살인, 살인미수, 상해, 폭발물단속벌칙 위반에 의해 언도받은 사형을 집행한다"라고 말했다.

『만밀대일기』에 포함된 「상해폭탄범 사형수 윤봉길 사형 집행 및 헌병의 경계에 관한 보고」(앞으로 「사형집행보고」로 약칭)는 이때 윤 의사가 보여준 언동을 다음과 같이 기록했다.

(네모토 검찰관이) 유언의 유무를 묻자 (윤 의사는) "사형은 이미 각오했으니 이 시기에 임하여 아무런 할 말이 없다"라고 말하였음. 그 언어는 일본어로서 명료했고 약간 쓴웃음을 지었으며 그 태도는 매우 강담(剛膽) · 침착했음.

역시 『만밀대일기』에 포함된 「사형 집행 시말서」는 다음과 같이 기록했다.

유언이 있는지 물었는데, "미리 각오하고 있었으므로 아무런 할 말이 없다"라고 진술했다. 감옥장이 다시 소지품 처리에 대하여 묻자 "필요없다"라고 대답했다. 그의 언어는 명료했고, 태도는 침착했다.

국내의 어떤 책은 윤 의사가 이 시점에서 '지기금지(至氣今至) 원위대강(願爲大降) 시천주(侍天主) 조화정(造化定) 영세불망(永世不忘) 만사지(萬事知)'라는 동학의 주문을 외웠다고 썼다.[35] 그러나 그것은 어떠한 기록에도 나타나지 않는다.

이 대목에서 우리는 윤 의사의 강인한 정신력을 다시 확인하고 감복하게 된다. 만 24세 6개월의 청년이면 우리가 흔히 쓰는 말로 '장래가 구만리 같은' 젊은 나이다. 꿈도 많고 생에 대해 애착이 큰 나이일 뿐만 아니라 고향에는 사랑하는 부모와 처자가 기다리고 있다. 그러한데도 '강단·침착'함을 과시했으니, 글자 그대로 생사를 초월한 위인의 모습이 아닌가. 형을 집행한 일본인들도 심복했기에 이것을 기록으로 남겼을 것이다.

윤 의사의 순국은 그를 영웅으로 떠받들어온 중국인들에게도 큰 감명을 주었다. 이 점은 그의 순국이 알려진 이후 중국의 여러 신문이 보인 논조에 잘 반영됐다. 예컨대, 《(상해)신보》는 순국 이튿날 "윤 의사는 당당한 태도로 총살에 임하였다"라고 논평한 것이다.[36]

3 | 십자가 형틀에 묶인 채 순국하다

「사형 집행 시말서」에 따르면, 형 집행의 현장 책임자인 네모토 검찰관은 사형집행수속 2에 의거해 '간수로 하여금 흰 무명천으로' 윤 의사의 눈을 가리게 했으며 이미 마련된 십자가 아래 놓인 가마니 위에 남쪽을 바라보며 꿇어앉게 했다. 곧 간수가 흰 무명천으로 두 손을 십자가에 단단히 묶고 무릎 부위를 묶었다. 그렇게 사지를 꼼짝하지 못하도록 묶어놓고, 간수는 사형집행수속 2에 따라 '물을 주었다.' 아마 입을 벌려 놓고 부어 넣었다는 뜻일 것이다.

이때 형 집행 현장으로 불려온 정사수(正射手)는 육군 보병군조 나카노 기치조로(中野吉三郞)였고, 부사수(副射手)는 육군 보병군조 요코이 소토키치(橫井外吉)였다. 네모토가 오전 7시 27분에 정사수에게 사격을 명령하자 그는 십자가 앞 10m 거리에서 '엎드려 쏴' 자세로 윤 의사의 두 눈 사이를 사격해 제1발로 명중시켰다. 정중선(正中線)에서 머리 뒷부분의 결절부(結節部)를 관통했기에 출혈이 심했다. 군의관은 총을 맞은 자리와 심장 맥박을 검사한 뒤 오전 7시 40분에 절명했다고 판정했다. 발사로부터 절명까지 13분이 걸린 것이다. 네모토는 이 판정을 승인하고 사형 집행은 바로 그 시간에 종료됐다고 선언했다. 동시에 전날 오후에 내려졌던 경계령을 해제했다. 윤 의사의 순국은 이봉창 의사가 순국한 지 2개월 10일 뒤의 일이었다.

윤 의사가 이러한 모습으로 사형이 집행된 사진은 앞에서 소개한 김광만 대표가 찾아냈다. 그는 『만밀대일기』 안에 포함되어 있던 석 장의 사진을 발견하고 2002년 4월 9일에 서울에서 공개했다. 첫 번째 사진은 헌병들이 윤 의사를 데리고 있는 사진인데 멀리서 찍은 것이다. 두 번째 사진은 총살 직전의 사진이고, 세 번째 사진은 총살 직후의 사진이다.

앞에서 소개한 「사형집행보고」는 "사형 집행을 종료하자 곧 유해를 정결하게 하여 납관(納棺)한 다음 법규에 근거하여 가나자와시 노다야마(野田山) 육군묘지에 인접한 가나자와시 공동묘지 서쪽에 깊이 약 6척을 파서 그곳에 매장하고 오전 10시 30분 전부 종료했음"이라고 기록했다. 이 문서는 마지막 부분 '8. 반향'에서 다음과 같이 기록했다.

> 1. 범인의 압송 및 사형 집행은 관계자 이외는 절대비(絶對秘)로 시행함으로써 19일 오전 11시 제9사단 법무부장이 신문기자단에 발표하며 비로소 신문기자와 기타 일반에게 알려진 상황임. 따라서 그 전후에 우려할 만한 일은 없었으나 그 반향은 현재 극력 비밀히 탐색 중임.
>
> 2. 매장의 실시는 발표 전에 완료하였고 또 묘지의 소재는 극비리에 부쳐서 현재 묘지 등에 대한 책동은 없지만 날짜가 지남에 따라 자연히 일반이 알게 될 것이니 상당한 경계를 요하므로 요주의자, 특히 조선인 좌경분자 또는 불령분자의 동정에 관해 헌·경이 밀접하게 연계하여 엄중 사찰 중인데, 현재로서는 이상이 인지되지 않음.

우리가 제1항과 제2항에서 이미 보았듯, 일제 당국은 윤 의사를 언제나 '절대비' 상태에서 움직이게 했다. 외부로의 노출을 극도로 경계한 것이다. 그런데 이제 이 제3항에서 보았듯, 사형 집행도 '절대비'로, 매장도 '극비리'에 행했으며 암매장을 해놓고도 암장지에 대해 '상당한 경계'를 하도록 당부했다. 이는 일제 당국이 윤 의사의 의거와 그것이 갖는 의미를, 따라서 윤 의사의 사형이 가져올 파장을 얼마나 두려워했던가를 말해주는 것이다.

윤 의사와 '9'의 인연

저자는 윤봉길 의사와 직접적으로 관련된 날에 '9'가 끝에 오는 사실에 주목했다. 탄생일은 일제 수사·사법기관의 기록으로는 5월 19일이고,[37] 본적지는 시량리 139번지이며, 의거일은 4월 29일이고, 순국일은 12월 19일이다. 오늘날 윤 의사 기념관의 주소는 서울특별시 서초구 매헌로 99이다.

이 '9'를 한문의 '救'로 대체해보면, 윤 의사는 겨레와 나라를 구하는 사명을 갖고 이 세상에 나왔다고 생각하게 된다. 특히 기의(起義)한 4월의 '4'를 한문의 '捨'로 바꾸고 '29'를 '두 번 구한다'로 바꾸면, 자신을 '버려' 겨레와 나라를 '두 번 구한다'로 해석할 수 있다고 생각해본다. 윤 의사는 자신의 생명을 버려 첫 번째로 대한민국임시정부를 구하고 따라서 민족 해방의 기초를 닦았다. 우리는 앞으로 윤 의사의 정신에 따라 남과 북의 모든 겨레를 두 번째로 구할 수 있는 민족 통일의 과제를 신중하게 추구해야 할 것이다.

제4절

유해를 암장했으나 일제 패망 뒤 발굴되어 환국하다

1 | 매장에 관한 규정과 〈기타구니신문〉 보도를 다시 검토한다

우리는 제3절 제3항에서 매장에 관한 보고를 살폈다. 이것을 육군 형법 아래의 영(令)과 세칙 등이 규정한 「사형 집행 후의 처치」[38]와 대조해 검토하기로 하자.

첫째, "친족 친구로서 사체를 요청하는 자가 있을 때는 이를 인도한다"이다. 일제 당국은 사형 집행 자체를 '절대비'로 시행했기에, 친족이나 친구 어느 누구도 형 집행을 알지 못했고 자연히 사체의 인도를 요청할 수 없었다. 따라서 '절대비' 아래서의 사형 집행 자체가 자신들의 법령을 어긴 것이었다.

사형 집행이 끝난 뒤 그 사실이 발표되자 윤 의사의 부친은 예산경찰서를 통해 혈서를 써가면서 아들의 유골 인도를 요구했다. 그러나 일제 당국은 이 요구에 전혀 응하지 않았을 뿐만 아니라 침묵하도록 압력을 가했다.[39] 이 사실 역시 그들 스스로 자신들의 법령을 어겼음을 말해주는 것이었다.

둘째, "인수자 없는 사체는 이를 매장한다"이다. 인수자가 있을 수 없는 상태였기에 사체를 매장했다는 것인데, '묘지의 소재를 극비리에' 부쳤다는 것은 있을 수 없는 일이다. 이와 관련해, "사형의 집행이 있었을 때는 감옥의 장(長)은 지체 없이 감옥 소재지의 시정촌장(市町村長)에게 사망 보고를 해야 한다. 보고서에는 호적법 제116조 제2항에 게재한 사항을 기재해야 한다"라는 세칙을 읽어보면, 일제 당국은 이 세칙을 전혀 지키지 않았음을 인정하게 된다. 한마디로 말해, 그들은 모든 것을 끝까지 감추고자 했던 것이다.

자연히 신문 보도도 사실을 감췄다. 계획된 대로 제9사단 법무부장은 12월 19일 오전 11시에 신문기자단에 사형이 집행됐음을 발표했고, 가나자와와 그 일대의 대표적 신문인 〈기타구니신문(北國新聞)〉은 당일 석간 1면 전체를 이 발표를 중심으로 '일본에서 세 번째의 총살 집행'이라는 표제 아래 상세히 보도했다. 그 내용의 일부는 다음과 같다.

> … 겨울철이라 말라버린 잡목림을 배경으로 하여 한쪽에는 거친 풀이 깔려 있고 새롭게 세워진 형장의 기둥이 아침 안개 속에 어렴풋이 보였다. … 윤(尹)은 이미 초탈한 듯한 침착함을 보이며 유유한 발걸음으로 걸어나갔지만 마음속은 회한의 생각이 들어서인지 낙담하는 것처럼 보였다. 곧 헌병의 손에 의해 집행 준비가 이루어져 입회한 경찰관으로부터 "아무것도 할 말은 없는가?"라는 질문을 받고 가볍게 끄덕거리면서 눈이 가려지는 것을 받아들였다. 마침 북국의 맑은 아침 해가 잡목림 사이로 떠오르고 있었고 … 적막한 공기가 흘러넘쳤다. 이리하여 "쏴라!"라는 명령과 함께 일제사격이 행해졌다. … 가나자와 지방에서의 사형 집행은 처음 있는 일이었고 특히 군법회의의 총살형으로서는 러일전쟁 당시 과거에 두 번 있었을 뿐이며 전국에서도 세 번째의 총살형이었다.[40]

이 신문은 이어 발표 그대로 윤 의사의 유해가 화장돼 육군묘지에 묻혔다고 보도했다. 그러나 그 발표도 그 보도도 모두 거짓이었다. 훗날 밝혀졌듯, 윤 의사 유해는 육군묘지 관리사무소 앞길의 지하에 암장된 것이다.

이 신문은 사형장을 멀리서 찍은 사진과 함께 '오늘 아침 총살된 상해폭탄 범인'의 사진이라는 제목 아래 윤 의사의 사진을 크게 보도했다. 윤 의사의 이 사진은 우리가 제6장 제1절 제3항에서 살폈듯 사형선고로부터 사흘 뒤인 5월 28일에 상해 파견 헌병대장 하기네다케 유키스케(萩根丈之助)가 조선과 상해의 여러 헌병대에 발송했던 바로 그 사진이지 순국 당시의 사진이 아니다.

2 | 일제, 윤 의사에게 보복하고 모욕을 가하다

윤봉길 의사의 사형 집행 시간과 유해 암장은 윤 의사에 대한 일제의 협량한 심리를 그대로 드러냈다.

첫째, 윤 의사가 처단한 시라카와는 1932년 5월 26일에 사망했다. 사망한 시간이 정확히 언제였느냐에 대해 서로 다른 의견이 있으나 오전 6시 25분경이라는 것이 정설이다.[41] 윤 의사는 오전 7시 27분에 총을 맞고 7시 40분에 절명했는데, 가나자와의 시간이 상해보다 1시간 빨랐던 점을 고려하면, 일제는 시라카와의 사망 시간에 맞춰 윤 의사의 사형을 집행한 것이다.[42] 중국 〈상해보(上海報)〉의 표현으로, "일본 정부는 윤봉길을 처형하여 시라카와를 따라 순장시키려고 (했던 것이다.)"[43] 이와 관련해, 김상기 교수는 다음과 같이 논평했다.

> 일제는 안중근을 사형시킬 때도 이등박문이 죽은 시각에 맞춘 전례도 있다. 즉, 이등박문이 1909년 10월 26일 오전 10시 하얼빈역에서 안중근의 총격으로 죽었는데, 일제는 이등이 죽은 시각인 (1910

년 3월 26일) 오전 10시에 안중근에 대한 사형을 집행했다. 이와 같이 일제는 윤봉길을 가나자와의 9사단으로까지 끌고가 시라카와가 죽은 같은 시간에 사형시켰으니 이는 그들 수뇌부의 사망과 중상에 대한 보복으로 보인다. 또한 사형을 시킬 때 윤봉길의 무릎을 꿇렸는데 이 역시 윤봉길의 민족적 의기를 꺾기 위한 비인도적인 행위로 보인다.[44]

둘째, 앞에서 짧게 언급했듯, 일제는 윤 의사의 유해를 군인묘지 관리사무소 바로 앞길에 땅을 파고 지하에 파묻었다. 그리고는 3, 4인이 올라가서 밟아 평지로 만들고 낙엽을 덮어 흔적이 없도록 했다. 그들은 보병 제7연대장이 특별히 보내준 술 두 병을 마시면서 이 모든 것이 부처님의 덕이라고 말하며 웃었다.[45] 이렇게 지하에 파묻고 아무런 흔적도 없도록 한 것은 그곳을 지나다니는 사람은 아무나 밟고 지나다니라는 뜻으로, 그렇게라도 해서 윤 의사를 모욕하고자 한 것이다. 이 사실과 관련해, 가나자와에서 '매헌윤봉길의사암장지적보존회' 조직에 주도적으로 참여한 박인조(朴仁祚) 선생은 다음과 같이 논평했다.

그곳은 육군묘지의 언덕 밑으로 사람이 왕래하고 쓰레기를 버리는 통로였다. 암장했기 때문에 사람들은 아무것도 모르고 유체를 밟고 다녔다. 추석과 한식 때의 성묘객들은 성묘 후의 쓰레기를 이곳에서 태웠다. 그러다가 해방이 되어 조선인에 의해 1946년에 발굴될 때까지 약 13년간을 마치 짐승의 시체처럼 버려져 있었던 것이다. … 유체는 밟고 다니기에는 아주 편한 통로에 완벽하게 감추어진 이상 아무것도 모르는 사람들로부터 무수히 밟힘을 당하였다. 그래서 이는

> 끝없는 사자에의 모욕이었던 것이다. 이것은 조선인에 대한 일본인의 우월감이고, 단 한 사람의 최고사령관이 암살되었다는 굴욕감이 겹쳐져 이루어졌다.[46]

안중근 의사의 묘지를 끝까지 감췄듯, 일제는 윤봉길 의사의 묘지 역시 감추고자 했다. 돌이켜보면, 일제 당국이 감춘 묘지가 어찌 이 두 묘지에 국한됐겠는가. 러시아에서 항일독립운동에 참여하며 안중근 의사를 지원하던 최재형(崔在亨), 그리고 간도에서 일제가 조선인을 학살하는 현장을 취재하던 장덕준(張德俊) 〈동아일보〉 특파원을 비롯한 무수한 항일독립투사들이 일제에 의해 죽임을 당하고 묘지도 없이 버려졌던 것이 아니었던가.

3 | 가나자와 한인들, 마침내 암장지를 찾아내다

일제가 패망하면서 윤봉길 의사의 유해를 발굴하려는 노력이 곧바로 시작됐다. 대한민국임시정부 김구 주석이 1945년 11월 23일에 환국한 것을 계기로 윤 의사의 고향 충청남도 예산군 덕산면에서 정인영(鄭寅英)과 김관룡(金寬龍)을 비롯한 유지 200여 명은 '윤봉길선생유골봉환위원회'를 결성하고 11월 29일에 김 주석을 방문해 그 뜻을 전했다.

사흘 뒤인 12월 2일에 윤 의사가 남긴 하나뿐인 혈육으로 홍성중학교 3년생인 윤종(尹淙) 군이 김구를 비롯한 주요 임정 요인들의 숙소인 죽첨장(竹添莊, 후에 경교장[京橋莊]으로 개칭)을 방문했다. 이때 신문들은 엇갈리게 보도했다. 만남이 성사됐다는 보도가 있었고 그렇지 못했다는 보도가 있었다.

그러나 윤 군이 훗날 대한민국 초대 부통령이 되는 이시영(李始榮)을 만난 것은 사실이며, "상해사건 이래 일본 관헌의 압박이 혹독하여 저뿐 아니라 우리 일가 전체가 진학을 저지당해, 저도 장차 대학에서 정치학을 전공하기 위해 우선 중학교로 진학하려던 희망을 버리고 (홍성중학교에 재학하기에 앞서) 서산농림학교로 들어갔었던 것인데 이제 제 원래의 뜻대로 정치학을 전공하고자 합니다"라고 관계자들에게 대답하면서 아버지 유골의 봉환을 호소한 것은 사실이다.[47] 유골 봉환과 관련해, 김 주석은 이 일이 한 지역에서 추진될 일이 아니라 전국적으로 추진될 일임을 역설했고 예산의 '윤봉길선생유골봉환위원회'는 거기에 승복해 스스로 해산했다. 실제로 김 주석은 1946년 3월에 대한민국임시정부 유해 발굴단을 발족시킨다.

마침 도쿄에서는 재일본신조선건설동맹(이하 '동맹'으로 약칭)이 결성돼 일본에서 순국한 윤봉길, 이봉창, 백정기 세 의사의 유해 또는 유골을 본국으로 봉환하는 사업에 착수했다. 이 단체는 천황과 황태자 암살을 모의하다가 투옥됐으나 22년 2개월 만인 1945년 10월 27일에 미군에 의해 홋카이도 변방 아키타(秋田)형무소에서 출옥한 박열(朴烈)을 위원장으로, 주중 일본공사 아리요시 아키라를 암살하려다가 투옥됐으나 12년 6개월 만인 1945년 10월에 역시 미군에 의해 도쿄의 후추형무소에서 출옥한 이강훈을[48] 부위원장으로 출범했기에 신뢰가 컸다. 가나자와에서도 '동맹'에 호응해 1946년 3월 1일에는 3·1운동 26주년 기념식을 열고 윤 의사 유해 발굴을 논의했다.

유해 발굴에 관한 세 개의 자료

여기에 발을 맞추어, 일본에서 영친왕이 일본 황족 나시모토노미야 마사코(梨本宮方子)와 결혼하는 장소에 폭탄을 던지려고 계획을 세우다가 4년 동안 복역하고 출옥한 서상한(徐相漢)을 대표로 하는 대한민국임시정부 유해발굴단이 1946년 3월 2일에 가나자와에 도착해, 윤 의사의 유해를 찾는 일에 나섰다. 이후 유해가 발굴될 때까지의 과정에 대해서는 크게 보아 다음의 세 자료가 있다. 그 과정을 정확히 이해하기 위해 우선 그것들을 발표된 순서대로 소개하면 다음과 같다.

첫째, '동맹'이 1946년 4월 27일에 밝힌 짧은 설명이다. 그 전문은 다음과 같다.

> 우리는 제일 착수로 윤봉길 의사의 유골을 찾아 금택(金澤)으로 갔다. 그러나 공동묘지라 알 수가 없어, 며칠을 묵고 부근 왜놈들이 입을 합하여 모르겠다고 가르쳐주지 않기에, 하는 수 없이 "그러면 이 부락의 묘를 전부 파보겠다"고 말하였더니, 놀랐는지 우리가 자고 있는 밤중에 기를 꽂아 알려주기에 기쁨에 넘친 우리는 한숨에 파본즉, 목제 십자가와 자색 양복, 검정 구두, 중절모자와 유골을 발견하였다.[49]

둘째, 윤남의 선생이 1975년 4월에 출판한 『윤봉길 일대기』에서의 역시 짧은 설명이다.

> 이강훈 씨가 의사의 유해를 찾는 데 바친 신고(身苦)는 이만저만

이 아니었다. 가나자와 교외인 것까지는 알았으나 묘표 하나 없는 유해를 어디에 가 찾을 수 있으랴. 다행히 당시 형무소에 근무하던 일인 간수 시게하라(重原)라는 제법 지식도 있어 보이는 자를 만날 수가 있어 그의 안내로 천신만고 끝에 찾아내게 된 터였다.[50]

셋째, 친형들인 박동조(朴東祚), 박성조(朴聖祚)와 함께 이 일에 직접 참여했던 박인조 선생이 1997년 4월에 출판한 보고서 「암장」이다.[51] 그의 매우 자세하면서도 구체적인 회상은 다음과 같이 시작됐다.

> 유해 발굴에 착수한 3월 2일 당일에 가나자와에 거주하던 약 50명의 조선인 청·장년들은 다음과 같이 역할을 분담했다. 발굴본부장 서성민(徐城民), 총지휘 박진섭(朴晉燮), 사진 김창률(金昌律), 현장책임자 박동조(朴東祚), 정보 박성조(朴聖祚), 수송 노경수(盧慶洙), 섭외 구범식(具範植)·김기억(金基億), 식량 윤(尹) 씨. 우선 섭외반은 현청과 시청을 부지런히 왕래했지만 잡히는 것은 전혀 없었다. 서성민 본부장과 몇몇 부원이 제19사단 사령부를 찾아갔으나 계급장도 없이 잡무를 처리하던 군 요원들은 도망을 가버렸다. 정보반은 경찰서를 찾아갔으나 역시 아무런 정보도 얻지 못했다. 전화가 없었기에, 자전거를 탄 연락원이 여기저기를 부지런히 다니며 소식을 전했다. 일본인도 식량난에 시달릴 때여서 조선인의 경우 더더욱 식량이 문제였는데, 파평 윤씨 한 사람이 쌀을 내주었고 동포 부인들이 밥을 지어 날라주었다.

이어진 그의 회상을 따라가기로 한다. 3월 3일은 일요일이었다. 그런데도 발굴본부에는 약 40명이 모여들어 사무실을 꽉 채웠다. 서 본부장이 각 반으로부터 받은 보고를 종합해, “육군묘지 안이 아닌 것만은 분명하다. 그리고 암장 후 주변을 경비하여 사람의 접근을 막은 것에 미루어, 군인묘지 관리사무소로부터 감시의 눈이 미치는 범위 안에 있는 시영묘지의 공지(空地)인 것 같다”라고 설명했다. 범위가 꽤 좁혀졌다고 느낀 참여자들은 내일부터 작업을 시작할 수 있을 것이라는 희망을 품게 됐다.

3월 4일 월요일에 수송을 담당한 노경수가 자신의 3톤 트럭을 갖고 발굴본부로 오자 방한복을 입은 30여 대원이 올라탔다. 그들 가운데는 삽, 낫, 괭이, 곡괭이, 톱 등을 지참한 사람들이 많았다. 그들은 군인묘지 관리사무소로 갔는데, 별도로 20여 명이 걸어서 도착해 합세했다. 총지휘자 박진섭이 관리사무소의 승려 기무라 후키치(木村淸吉) 부부에게 암장지를 거듭 물었으나 자신들은 알지 못한다고 대답하며 떨고 있었다(일본에서 불교의 남자 승려는 거의 모두 대처승이다). 이때 양중일(梁重日)이 묘를 쓰거나 이장을 할 때는 산신제를 지내는 법이니 지금이라도 산신제를 지내자고 제안함에 따라 모두 찬성하고 묵념을 올렸다. 이날 작업은 이것으로 끝났다.

작업은 3월 5일 화요일에도 계속됐다. 대원들이 공지에 삽을 찔러 보고 잡목은 낫으로 베고 나무 뿌리는 톱으로 자르면서 파나갔다. 그러나 워낙 대상 구역이 넓고 기계가 있는 것도 아니어서 아무런 단서도 찾지 못했다. 이에 박동조가 기무라 내외를 향해 “당신네들이 오래전부터 이곳에 살고 있는데 어디에 묻었는지 모른다는 것이 말이 되느냐. 끝내 알려주지 않으면 내일 이 관리소 집 밑을 파헤쳐 이 집을 없애버리겠다”라고 협박하자, 남편은 “좀 기다려달라. 아랫마을에 가서 알아보고 오겠다”라고 대답하며 급하게 산을 내려갔다. 오후 3시가 지나면서 섭외반이 사형 집행 때 입회한 소네(曾根) 전 헌병을 데리고 왔다. 그는 아들의 부축을 받으며 벌벌 떨면서 말도 명확하게 하지 못했다. 이 노인이 공지가 아닌, 참배하러 가는 길에 가까운 곳을 가리키자 이곳을 파기 시작했지만 무엇 하나 찾지 못했다. 이때 기무라가 되돌아와 공포에 질린 모습으로 더듬거리며 모른다는 대답으로 일관했다.

작업은 3월 6일 수요일에도 계속됐다. 작업 방식을 바꿔 레일을 깔고 밀차를 사용해 공지를 전부 파헤치기로 결정했다. 다른 한편으로, 정보반의 박성조는 유해를 운반한 사람이 나가사가 지구에 있다는 소문을 듣고 동창생 친구를 찾아다녔으나 한결같이 입을 다물어 헛수고였다. 그때 암장에 가담했다는 다른 헌병의 이름을 알아냈다. 이 헌병의 형이 조선 동포와 교분이 있는 사람이어서 이 사람을 만나러 하산했다. 그는 "당시 헌병이었던 동생은 지금 도쿄에 있다"라고만 말할 뿐 어떤 다른 말도 하지 않았다. 실제로는 동생에게 조선인에게 맞아 죽으니 빨리 도망가라고 권했다는 후문이었다. 다만 그와 헤어질 때 또 다른 한 동생이 형무관이어서 무언가 알 수도 있다고 덧붙였다.

이 말에 형무소로 달려가자 이 동생은 매장할 때 근처의 스님이 독경을 했다고 헌병인 자기 형으로부터 들었다고 증언했다. 박성조가 이끈 정보반이 노다야마의 암자 각존원(覺尊院)의 주인인 여승 야마모도 료도(山本了道)를 데리고 나타났다. 40대의 온화한 이 여승은 소네 전 헌병이 가리킨 곳보다 훨씬 육군묘지 쪽에 가까운 통로를 가리킨 채 "나무아미타불 관세음보살"이라고 낮은 소리로 염송하며 이곳에 머리를 북쪽에 둔 채 매장됐다고 가르쳐주었다(그 여승은 1992년에 입적했다). 그곳은 며칠 동안 발굴단이 휴식처로 사용했던 장소였다.

이렇게 암장지가 밝혀진 직후의 일을 박인조 선생은 다음과 같이 회상했다.

이제 살았다고 모두가 외쳤다. 작업반장 박동조 씨가 소금과 한 되의 술을 가져와서 그 일대에 뿌렸다. 삽과 곡괭이에 술을 뿌렸다. 백승기 씨 등 5인이 정성껏 파기 시작하였다.

25cm 정도 파내려가니 다른 지층과 달라 전에 한 번 팠던 곳이라는 것을 알았다. 땅의 강도가 달랐고 모닥불 자리 같은 솟(혹시 숯의 오기?)과 재가 비쳤다. 거기서 60cm 정도를 더 파내려가니 십자가가 뚜렷한 형태로 나타났다. 다음에는 신발이 나왔다. 숨을 죽이며 파내려가니 관 뚜껑이 보였다. 이 뚜껑을 젖혀놓으니 팔푼 두께의 관이 묻혀져 있었다.

함성이 울렸고 전원이 모여 주위의 흙을 깊이 손으로 파내자 '홈스팡'의 상의에는 피의 흔적이 역력히 배어 있었다. 조각조각 해진 옷을 제쳐놓으니 나무 뿌리가 꽉 들어차 있으나 정렬한 상태의 골격이 나왔다. 전원이 일손을 멈추고 묵념을 올리고 당시 가나자와의과전문학교 학생인 주정균(朱鼎均) 씨 등 두 사람이 그 속으로 들어가 맨손으로 정중히 뼈 하나하나를 모았다. 두부에는 탄혼이 있어, 보고 있던 대원 중에는 흐느끼는 사람도 있었다.

주정균에 따르면, 사람의 뼈는 모두 208개로 구성되어 있으나 발굴 직후 윤 의사의 것은 201개였다고 한다. 나머지 일곱 개는 손뼈 등이 고문에 못 이겨 상해서 13년의 세월을 견디지 못하고 없어진 것이라고 그는 풀이했다.[52] 단원들은 곧 '순국의사윤봉길지구(殉國義士尹奉吉之柩)'라고 한문으로 쓰인 새 관에 유골을 수습했다.

암장지를 가르쳐준 사람: 여승? 또는 구금소 간수?

어느 설명이 맞는 것일까? 세 설명에는 일정하게 공통점이 있다. 일본인들이 가르쳐주기를 꺼려했다는 것, 그래서 한인들이 윽박질렀다는 것, 그 대상에 승려가 포함됐다는 것 등이 그것이다. 이 세 설명 가운데 널리 받아들여진 설명은 세 번째 것이다. 그 설명이 워낙 구체적이고 자세하기 때문이다. 우선 신호웅·이상재·윤규상 세 공저자는 이 설명을 그대로 받아들였다. 윤병석 교수와 김상기 교수가 뒤를 이었다.[53]

대조적으로, 윤주 부회장은 이 통설에 도전했다. 세 자료를 검토한 뒤에 당시 발굴을 주도했으며 훗날 서울에서 광복회 회장과 매헌윤봉길의사기념사업회 회장을 맡은 이강훈 옹을 만나 암장지를 찾게 된 경위를 물었더니 이 회장은 여승설을 부인하고 구금소의 간수가 가르쳐주었다고 증언했다. 이후 윤주 부회장은 이 회장의 증언을 바탕으로 주제에 접근해 다음과 같이 썼다.

> 유해 발굴이 점차 막막해지자 발굴대원들도 실의에 빠졌다. 3월 5일 오후 서 본부장은 최후 수단으로 레일을 깔고 밀차를 이용해 이곳 묘지 전체를 파헤치겠다고 공표했다. 이에 놀랐는지 일본군 간수였던 시게하라가 한밤중에 본부장의 숙소로 몰래 찾아와 암매장 장소를 알려주었다. 그 장소는 놀랍게도 관리사무소와 바로 옆에 있는 쓰레기하치장 사이의 좁은 통로였다.[54]

이 주제에 관한 결정적 1차 사료는 아직 발굴되지 않았으며, 앞으로 더 진지하게 검토해야 할 것이다. 이 주제에 관해 깊은 관심을 갖고 현지를 방문하기도 했고 관계자들을 만나기도 했던 김광만 대표는 앞의 세 설명 가운데 어느 하나가 딱 부러지게 정확하다고 단정하기는 어렵다고 말한다.[55]

그러면 암장지는 이후 어떻게 됐나? 박인조 선생은 암장지에 아무런 표지(標識)가 없는 것을 안타깝게 생각하고 비석을 세워 후세의 교육장으로 만들기 위한 시민의 모임을 출범시켰다. 교포들뿐만 아니라 일본인들도 참여했고, 가나자와시는 이 시민의 모임에 6.6㎡의 암장지적(暗葬之跡)을 영구히 무상 대여했다. 이에 따라 1992년 12월 19일에 윤 의사의 서거 60주년을 맞이하면서 '윤봉길의사암장지적'이라는 비석을 세웠다. 비석은 기후(岐阜)현의 김상기(金相基) 선생이 기증한 자연석이고, 휘호는 재일 서예가 신인홍(申仁弘) 선생의 작품이다. 이 비석 아래에는 석실을 만들어 윤 의사의 약력을 적은 지석과 영정 그리고 발굴 당시의 유체 사진을 넣어두었다.[56]

박인조 선생은 이 모든 공사를 감독하고 비석이 건립된 이후 암장지적을 관리하는 데 정성을 쏟았다. 그가 2009년에 향년 83세로 별세함에 따라 그의 조카이며 이시카와현 재일거류민단 단장인 박현택 선생이 유지를 받들어 관리를 계속하고 있다. 가나자와의 민단 지부에서도 1992년에 윤봉길의사순국기념비를 암장지적 옆에 세웠다.

4 | 국민장으로 효창공원에 봉장(奉葬)되다

윤봉길 의사의 유해를 발굴하는 데 성공하자 '동맹'은 이봉창 의사와 백정기 의사의 유골 확보에 나섰다. 이봉창 의사의 경우, 시신이 매장된 우라와형무소로 찾아가 소장에게 문의했으나 모른다면서 회피했다. 그들이 그러면 최후의 수단을 쓰겠다고 강경하게 나섰더니 교무관을 불러 알려주도록 해 겨우 모실 수 있었다. 백정기 의사의 유골을 찾기 위해, 그가 옥사한 나가사키형무소로 찾아갔더니 소장은 "독장(獨葬)을 한 것이 아니고 다른 시체와 합장(合葬)을 한 것 같다"라고 대답했다. 그들이 분개해 "한 나라의 의사를 이름 모를 추한 다른 시체와 합장을 하는 모욕이 어느 나라에 있느냐"라고 항의하니, 소장은 잠깐 기다리라고 하고 매장장부를 조사한 뒤 "독장입니다. 장소도 알겠습니다"라고 알려주었다.[57]

'동맹'은 이렇게 세 의사의 유골이 모두 수습되자 임정의 도쿄임시사무소가 설치된 간다(神田)의 공립강당에서 유골 봉환식을 거행하고 유골을 자신의 본부에 모셨다. 고국에서도 빠르게 움직였다. 당시 우익세력이 결집해 미군정의 자문기관으로 기능하던 남조선대한국민대표민주의원(약칭 민주의원)은 세 의사의 유골을 봉환해 전국적인 추도식을 거행하기로 결정하고 김붕준, 안재홍, 정인보, 조소앙, 조완구 등 5인을 준비위원으로 선정해 도쿄로 파견했다. 양자의 협력 속에 1차적으로 윤 의사의 유품 가운데 자색 양복과 검정 구두 그리고 중절모자가 4월 25일에 부산을 거쳐 김구의 거처인 죽첨장에 안치됐다.

김구는 이틀 뒤인 4월 27일에 자신의 한국독립당에서 훈련부장을 맡고 있던 안재홍 등을 비롯한 각계 인사들과 함께 윤봉길 생가를 방문했다. 거기서 윤 의사의 부모와 미망인 배용순 여사 그리고 아들 윤종 등 유족을 위로했다. 일행은 예산군의 각계 인사들이 참석한 가운데 윤 의사 의거 14주년 기념식을 거행했다. 식을 마친 김구는 윤 의사 집에서

하룻밤을 묵으며 유족과 함께 장례식을 치를 장소를 논의했다. 유족이 모든 것을 '중앙'에 일임하겠다는 뜻을 전하자 김구는 그 뜻을 받아들인다고 약속했다. 배 여사는 1955년에 서울의 아들 집으로 이사와 생활하다가 1988년 7월 10일에 별세하며[58] 효창공원에서 사회장으로 영결식을 치른 뒤 충청남도 예산군 덕산면 시량리 충의사 후록에 안장된다.

다시 이틀 뒤인 1946년 4월 29일에는 '윤봉길 열사 거의 기념대회(尹奉吉烈士擧義紀念大會)'가 서울운동장에서 열렸다(이 무렵에 국내의 신문들은 윤 의사를 '윤 열사'로 표기하기도 했다). 이 식에는 민주의원 의장 이승만, 민주의원 총리 김구, 민주의원 부의장 김규식, '동맹' 부위원장 이강훈 등을 비롯해 좌우익 정당·사회단체 대표들이 모두 참석했다.[59] 이때 대회 주최 측이 전시한 윤 의사의 유품은 불행히도 그날로 분실됐다.[60]

이 식에서 김구는 유족에게 위문품을 증정했다. 윤 의사의 외아들 윤종 군은 다음과 같은 취지의 답사를 했다.

> 아버님이 떠나실 때의 일은 알지 못합니다. 그러나 어머님과 삼촌들에게 들어 잘 알고 있습니다. 우리나라가 해방한 오늘 전 국민이 아버지의 거사를 빛내주니 영광스러운 일로 감격뿐입니다. 그리고 아버님이 사형을 받았다는 소식을 들은 때는 마침 어머님이 베를 짜고 계셨는데, 손도 쉬지 않고 '그렇습니까? 각오는 하고 있었습니다' 하고 아무런 말씀을 안 하셨다 합니다. 나는 이 어머님의 태연하심도 아버지의 감화로 생각할 때, 아버지의 굳은 절의를 더 잘 알 수 있게 되며, 아버지의 이름을 들어, 되도록 훌륭한 국민이 되겠습니다.[61]

이 거국적 행사에 좌익 세력은 미온적 반응을 보였다. 조선공산당을 대표한 박헌영과 조선인민당을 대표한 여운형은 참석하지 않았고, 각 당의 기관지들은 이 행사를 짧게 보도하거나 아예 보도하지 않았다. 조선공산당 기관지 〈해방일보〉는 이 행사를 무시하다시피 하고 곧 닥칠 노동절(메이데이, 5월 1일) 행사를 크게 보도하면서 동시에 '만국의 노동자여 단결하라'와 같은 마르크스·레닌주의 노선에 따른 여러 구호를 크게 게재했다. 그뿐만 아니라, '조선의 화물(禍物)은 이승만이다'와 '김구의 계획은 파탄되었다' 등의 제목 아래 이승만과 김구를 비방하는 기사를 게재했다.

해방 이후 남한에서 좌우익 대결은 1945년 12월 하순에 모스크바에서 발표된 「코리아에 관한 의정서」를 두고 뚜렷하게 드러났고, 1946년 새해에 들어서면서 우익의 '남조선국민대표민주의원'과 좌익의 '민주주의민족전선'의 발족으로 더욱 뚜렷하게 드러났으며, 해방 이후 맞는 3·1절에 좌익과 우익이 별도의 기념식을 열었을 때 다시 확인된 바 있다. 그런데 윤 의사 의거 기념식에서 거듭 확인된 것이다.

세 의사의 유골은 맥아더사령부의 군함 편으로 5월 15일에 부산에 도착했다. 부산의 각계각층 유지들은 같은 날 부산공설운동장에서 김구 총리의 임석 아래 '순국삼의사추도회'를 열었다. 이때부터 '삼의사(三義士)'라는 말이 전국적으로 널리 쓰였다. 무엇보다 윤 의사의 사형이 집행됐을 때 쓰인 십자가 형틀이 식장에 들어설 때, 5,000여 명의 시민들은 탄식과 충격에 빠졌다.[62] 이튿날 유골은 김구와 함께 특급열차 '조선해방자호'로 서울에 도착했고, 조기를 높이 든 많은 시민의 봉영을 받으며 종로구 수송동 태고사(太古寺, 오늘날의 조계사)에 안치됐다. 이곳에서 거행된 안위식(安慰式)에는 민주의원 의장 이승만도 참석했다.[63]

이러한 절차를 거쳐 7월 6일에 세 의사를 국민장으로 봉장(奉葬)하는 행사가 거행됐다. 관공서 대표와 학생 등으로 구성된 장엄한 장례 행렬은 오전 10시에 태극기를 선두로 엄숙한 주악 속에 태고사를 떠나 안국동을 거쳐 남대문과 서울역을 지난 뒤 정오에 장지 용산 효창공원에 도착했으며, 연도에는 수많은 시민이 도열해 경건히 봉앙(奉仰)했다. 오후 2시에 애국가 합창에 이어 이강훈의 개회사로 시작된 이 행사에는 이승만, 김규식, 김구, 오세창, 이시영, 여운형 등을 비롯한 많은 정당·사회단체 대표들이 유족과 함께 참석했다. 미군정 대표를 비롯해, 서울에 주재하는 각국 영사들 역시 참석했다. 김구 총리는 "세 열사를 사지(死地)로 보낼 때 내 마음은 터질 듯 아팠으나, 해방된 고국에 돌아와서 내 손으로 손수 이곳에 장지를 정하고 묻게 되니 감개가 무량하다"라는 뜻의 제사(祭辭)를 했다.[64]

7

제7장

윤 의사 의거의 역사적 공헌

: 특히 중국 정부의 임정 지원 및 카이로선언의 한국 조항에 초점을 맞춰

새삼스러운 설명이 필요 없듯, 윤봉길 의사의 홍구공원 의거는 우선 우리 민족의 역사에서 큰 의미를 지녔다. 일제의 선전과는 정반대로, 조선=한민족이 일제의 식민 지배에 승복하고 있지 않으며 그 굴레에서 벗어나 자유와 독립을 지향하기 위해 투쟁하고 있음을 세계만방에 과시한 영웅적인 행위였다. 그것은 동북아시아 역사에서도, 그리고 한 걸음 더 나아가 세계사에서도 일정한 의미를 지녔다. 윤 의사가 폭탄을 투척한 1932년은 일제가 '만주국'을 세운 뒤 침략의 발길을 중국 대륙으로 옮기며, 중국에서의 국제무역 중심지로서 미국, 영국, 프랑스, 이탈리아, 러시아를 비롯해 독일, 오스트리아, 네덜란드, 스페인, 포르투갈, 덴마크, 스웨덴, 노르웨이, 브라질 등 28개국의 외교 공관이 상주하는 국제도시 상해를 군을 동원해 점령함으로써 무위(武威)를 떨치던 해였다. 그 등등한 기세 앞에, 우선 침략을 당한 중화민국정부도 '부저항주의(不抵抗主義)'라는 말로 굴복하고 있었고, 국제연맹도 할 말을 제대로 하지 못한 채 일제의 영토 팽창정책을 사실상 방관하고 있었으며, 유럽의 적지 않은 나라들은 일제의 그러한 행동이 동아시아에서 소련의 세력 확장을 견제하는 효과를 가져올 것이라는 기대를 품으며 은근히 지지하기도 했다.

조선=한민족에게 매우 불리한 국제 환경 속에서 행해진 윤 의사의 의거는 거칠 것이 없어 보이던 일제의 행보에 철퇴를 가한 위대한 행동이었다. 우선 상해 침략의 수뇌부를 처단함으로써 그들이 말하는 상해대첩(大捷)을 무색하게 만들어 일본 국내에 큰 파장을 불러일으켰고, 중국인을 포함한 세계 여러 곳의 피압박 인민들을 격동시켰다. 윤 의사 의거의 역사적 공헌에 관한 많은 연구가 이뤄진 까닭이 거기에 있다.

제1절

한인들, 크게 고무되어 임정을 적극 지원하다

윤 의사의 의거는 1차적으로 한인 혁명가들을 포함한 한인 전체에 새로운 용기를 불어넣어주었다. 이것은 그들의 출판물에 잘 표현됐는데, 그 논조에 따라 분류해 살피기로 한다.

1 민족주의 계열, 윤 의사를 격찬하다

첫째, 안창호 계열의 대한인국민회가 샌프란시스코에서 발행한 〈신한민보〉의 논설들이다. 의거 직후인 5월 5일의 논설 「장하고 쾌하다 윤봉길 의사!」는 일제가 조선에 이어 만주와 중국에서 저지른 범죄들을 나열하고 꾸짖은 뒤 윤 의사가 안중근 의사를 뒤따라 그들의 죄악을 응징했다고 찬양했다. 이 논설은 이어 이 의거를 구실 삼아 임정을 파괴하려는 일제의 흉계를 폭로하고 안창호 체포를 방관한 프랑스 정부를 비난했다.[1]

이 신문은 윤 의사에 관한 기사를 계속해서 내보냈는데, 대표적 사례는 '동해수부(東海水夫)'라는 필명의 홍언(洪焉)이 1932년 12월 29일에 쓴 '윤봉길 의사의 사생취의(捨生取義)'이다. 이 장문의 논설에서 필자는 윤 의사의 의거를 '이 충무공의 명량(鳴梁)대첩'에 비유했다. 충무공 이순신이 1597년에 남해의 명량(울돌목)에서 배 13척으로 왜선 133척을 격파해 대승을 거두었듯, 윤 의사는 수류탄 하나로 '일제 침략군의 10만 군인과 40여 척 군함 그리고 100여 대의 비행기'를 박살냈다는 것이었다. 필자는 이어 윤 의사를 '수풀에서 나온 범, 바다에 뛰노는 용'으로 격찬하면서, "세계를 진동시킨 의거로 … 중국인의 국치(國恥)를 씻어주었으며 중화민족의 진작(振作)을 (자극했다)"라고 칭송했다.

필자는 '천망회회(天網恢恢) 소이불실(疏而不失)' 곧 '하늘의 그물은 하도 크고 넓어서 엉성해 보이기도 하지만 새어나가지는 못한다'라는 『노자(老子)』의 구절을 인용하면서, 침략과 살상과 파괴를 거듭해온 일제 침략자들이 잠시 하늘의 심판을 피하는 것 같았지만 결국 윤 의사의 손에 걸려들어 참변을 겪게 됐다고 준엄하게 단죄했다.[2] '천망회회 소이불실'은 『위서(魏書)』에서는 '천망회회 소이불루(疏而不漏)'로 바뀌는데, 끝 글자 하나가 바뀌었을 뿐 전체의 뜻은 같다.

임정 국무위원 조소앙은 1933년에 집필한 짧은 글 「윤봉길전」을 통해, 홍구공원에 입장한 윤 의사를 "번쩍번쩍 빛나는 두 눈은 장차 먹이를 잡으려는 매와 같았고, 조용히 움직이지 않는 자세는 쥐 잡으려는 고양이 같았다. 삼한의 노기가 온몸에 모여 호랑이가 양떼 사이에 서 있고 사자가 여우들 무리를 흘겨보는 것 같았다"라는 비유로써 칭송했다.[3] 김광 선생 역시 1933년에 펴낸 『윤봉길전』에서 높이 평가했다. 그는 의거 때 윤 의사가 지녔던 생각을 다음과 같이 요약했다.

> 중·한 양국은 "세계의 약소민족을 연합하여 함께 분투하자"는 손중산(孫中山) 선생의 유언에 입각해 있고, 더욱 예로부터 지리와 역사상 서로 이탈할 수 없는 순망치한(脣亡齒寒)의 관계에 있으며, 지금 또한 일본 제국주의의 무단통치 아래 똑같이 유린당하는 동병상련의 처지에 있으니, 이런 밀접한 관계 아래 있는 한국이 어찌 홀로 마음이 아프고 분개하지 않을 수 있겠는가? 중국이 지금 처한 국난은 4억 인구의 생존 문제가 걸려 있을 뿐만 아니라 한국 2천만 민족의 생존이 걸린 독립운동에도 심각한 위협이 되고 있다. 그래서 중·한 양국은

"죽어도 같이 죽고, 살아도 같이 산다"는 같은 입장에 있다. 그러니 어찌 한국이 일본 제국주의가 중국에 대하여 가한 비인도적 행동을 보고 참을 수 있겠는가?

김광 선생은 이러한 발상에서 윤 의사가 의로운 일을 했다고 평가하고, "이 의거는 우리 한국 2천만 민족의 정신을 널리 현양했을 뿐만 아니라 한중 양국에 절실했던 항일행동의 표현이었다. 윤 의사의 이런 위대한 정신은 실로 세상 사람들이 흠모해 마지않는 바다!"라고 칭송했다. 김광 선생은 마지막으로 이렇게 역설했다.

윤 의사는 우리 중·한 양국 공동의 항일을 위해 선봉적 역할을 한 용사이며, 그는 또한 우리 양국의 혁명지사를 대신하여 일본 제국주의의 잔혹한 무단통치 아래서 한 줄기의 밝은 길을 개척한 선구자이다. 우리는 한편으로는 윤 의사의 이와 같은 열렬한 희생정신을 저버리지 않고, 또 한편으로는 위대한 사적을 반드시 천추만세까지도 찬양해야 할 것이다. 그리고 우리는 또한 윤 의사처럼 항일을 유일한 목표로 삼아야 할 것이다.

같은 맥락에서, 이두산(李斗山)은 1935년에 출판한 『최근한국의사열전』에서 '윤봉길' 항을 따로 설정한 뒤, 윤 의사의 생애를 자세히 설명한 데 이어 "의사의 장거와 장렬한 희생은 지금을 살고 있는 우리의 가슴속에는 물론이고 천고에 길이 기억될 것"이라고 높이 평가했다. 이두산은 특히 윤 의사의 의거가 중국과 한국 두 나라의 긴밀한 제휴를 성립시키는 토대를 쌓았다고 격찬하면서 "두 나라의 평화를 위협하는 적을 타도하기 위해서는 두 나라 혁명민중의 분기(奮起)를 촉진하여 적들과 생사를 건 싸움을 전개하지 않으면 안 된다"라고 역설했다.[4]

2 | 공산주의 계열: 레닌주의의 관점을 보이다

공산주의자들의 논설은 민족주의자들의 논설과 상당한 거리를 보여주었다. 상해에서 박헌영(朴憲永)과 부인 주세죽(朱世竹), 그리고 김단야(金丹冶)와 조봉암(曺奉岩) 등 공산주의자들이 발행하던 『콤무니스트』 6(1932년 7월)에 이우(爾友)라는 필명으로 발표된 「상해폭탄사건은 무엇을 말하느냐?」가 대표적 사례다. 학계는 그 글의 필자가 당시 조선공산당의 대표적 이론가 가운데 한 사람으로 꼽히던 박헌영으로 보기도 하고 김단야인 것으로 추정하기도 한다. 그러나 이 문제를 집중적으로 연구한 임경석(林京錫) 교수는 박헌영은 아니고 김단야일 가능성이 매우 높다고 판정했다.[5]

그 필자는 폭력과 테러에 관한 마르크스와 레닌의 이론을 각각 1회와 4회 인용하면서 두 가지 논점을 제시했다.[6] 첫째, 그는 윤 의사를 '흉악한 살인범'으로 몰아가는 '서구 부르주아 신문들'에 맞서서 그의 '행동'은 "조선 노력대중(勞力大衆)의 일본 제국주의 통치에 대한 증오와 불평을 반영한 것인 만큼 결코 살인이 아니다"라고 변호했다. 그는 이어 "중국 민중을 침략·유린하는 제일선에 선 일본 제국주의 대표들을 일탄(一彈)으로써 모조리 죽이고 병신을 만들었다는 것은 참으로 통쾌한 감이 없지 않은 … 영용적(英勇的) 투쟁이다"라고 칭찬했다.

둘째, 그러나 그는 윤 의사의 의거가 갖는 역사적 의미를 레닌주의의 관점에서 폄하했다. "개인적 테로는 결코 혁명적 투쟁 방법이 아닐 뿐 아니라 도리어 군중의 조직적 투쟁을 장해(障害)하는 것"이라고 주장하면서, "대중적 무장폭동의 여건이 성숙되지 않은 상태에서의 기왕의 개인적 테로는 일제에 조선 민중에 대한 탄압을 더 가중시키는 빌미가 됐다"라고 비난하기까지 했다. 대안으로 그는 '전투적' 프롤레타리아 계급을 주축으로 삼아 정권 탈취를 목표로 대중적 무장투쟁을 조직화해야 한다고 제의하면서, 이 지도노선은 "안중근이가 이토 히로부미를 죽이고 이봉창이가 히로히토를, 강우규(姜宇奎)가 사이토 마코토(齋藤實)를 사살함으로써 조선 독립을 성취하겠다는 그러한 개인 테로와는 천양의 차가 있는 것이다"라고 역설했다.

이러한 논점으로부터 그는 임정을 마구 깎아내렸다. "소위 한국임시정부의 지도자들이라는 사람들이 임시정부라는 간판을 메고 이 셋방에서 저 셋방으로 옮겨다니며, 총장이니 대통령이니 하고 자리 싸움을 벌이고 있으며 상해의 한인들로부터 이 명목 저 명목으로 '세금'을 거둬 배를 불리고 있다"라고 조롱하면서, "임정이 일본 제국주의의 주구인 중국국민당의 주구가 되어 개인적 테로를 부추기고 있다"라고 비난했다. 거기서 한 걸음 더 나아가 "김구와 조소앙 등이 혁명적 열정을 가진 윤봉길과 같은 젊은이들을 유린·희생시키고 있다"라고 덧붙였다.

이렇게 그릇된 시각을 가졌기에 그는 윤 의사에 대해 '의사' 또는 '열사'라는 존칭을 쓰지 않고 그저 '윤봉길' 또는 '윤봉길 군'이라고만 썼으며, '의거'라는 단어도 쓰지 않았다. 안중근 의사, 강우규 의사, 이봉창 의사에 대해서도 '의사'라는 존칭을 쓰지 않았다.

여기서 잠시 『콤무니스트』에 관여했던 조선 공산주의자들의 운명을 살피기로 하겠다. 박헌영은 일제의 추적을 받아 1933년 7월에 상해에서 체포돼 조선으로 압송됐으며, 7년 형을 선고받았으나 1939년에 가석방됐고 비밀조직으로서 경성콤그룹을 결성할 수 있었지만 발각되자 전라남도 광주로 은신하는 데 성공했다. 그는 일제 패망 직후 상경해 조선공산당을 재건한다. 주세죽과 김단야는 아슬아슬하게 체포를 피해 모스크바로 도주하는 데 성공하고 박헌영이 죽었다는 생각으로 거기서 결혼했다. 그러나 1937년에 스탈린이 소련에서 생활하던 조선인들을 '일제의 첩자'로 의심하며 부당하게 박해할 때, 김단야는 체포돼 이듬해에 총살되고 주세죽은 카자흐스탄의 크질오르다로 추방됐다.

일제 패망 다음 해에 주세죽은 크질오르다에서 소비에트 신문을 통해 박헌영이 살아 있었고 서울에서 조선공산당을 재건한 사실을 알게 되자 재결합을 원했지만 박헌영은 철저히 무시하며 1949년에 북한 정권에서 제1부수상 겸 외무상으로 일하던 때 자신의 여비서 윤레나와 재혼했다. 주세죽은 6·25전쟁이 막바지에 이르렀던 시점인 1953년에 자신과 박헌영 사이의 딸을 보기 위해 크질오르다에서 모스크바로 갔다가 기차역에서 죽는다. 3년 뒤인 1956년에 박헌영은 김일성과의 권력투쟁에서 밀려 '미제의 간첩'으로 처형된다.[7]

주세죽과 김단야는 1989년에 고르바초프 정권에 의해 복권되며, 주세죽은 2007년에 대한민국 정부로부터 건국훈장을 추서받는다. 그러나 박헌영은 여전히 남쪽에서는 '자진 월북해 김일성 정권의 수립과 6·25전쟁 도발을 뒷받침한 공산주의자'로, 북한에서는 '미제의 간첩'으로 남아 있다.

다른 한편으로, 조봉암은 1932년 11월에 상해에서 일제에 의해 본국으로 압송돼 신의주에서 7년에 걸쳐 복역하고 일제 패망 이후 박헌영과의 결별을 선언하며 정치활동에 뛰어들었으며 이승만 대통령 때 초대 농림부 장관으로 토지개혁을 추진했고 이어 제2대 국회부의장으로 활동했으나 제2대 대통령 선거와 제3대 대통령 선거에서 각각 차점을 기록하게 되자 위협을 느낀 이승만 정권에 의해 '간첩죄' 혐의로 1959년에 처형된다. 그는 2011년 1월 20일에 대법원의 재심에 의해 그 혐의를 벗고 명예를 회복한다.

그러한 사실들보다 더 중요하게 상기될 논점이 있다. 그것은 윤 의사 의거에 대한 견해 차이가 보여주듯, 이미 일제강점기에 조선=한인 독립운동가들은 심각한 이념적 갈등과 분열을 나타내고 있었다는 사실이다. 이 시대를 깊이 연구한 마이클 로빈슨(Michael Robinson) 교수가 지적했듯, 이러한 내부적 이념 갈등은 결국 일제 패망 이후 한반도에서 그대로 재연되며 궁극적으로 분단과 전쟁으로 이어진다.[8]

이우라는 필명으로 발표된 위의 논문이 제시한 논지는 1950년대 소련의 한국사 인식에서 되풀이됐다. 소련의 저명한 한국사 연구자인 베엠 마조로프는 『한민족의 항일 무력투쟁(1931~1940)』(모스크바: 동양문학출판사, 1958)에서 윤 의사 의거에 대해 다음과 같이 논평했다.

> 대중투쟁을 단독으로 수행하는 김구의 테러 전략은 해방운동에 큰 피해를 주었다. 모든 테러 행위 다음에는 일본 경찰에 의해 억압과 검거 선풍이 뒤따랐다. … 상해임시정부는 지지자들을 잃게 되었다.[9]

3 해외 한인들, 임정을 적극 지원하다

공산주의자들과는 달리 민족주의적 성향의 해외 동포들은 임정에 대해 정신적 지원은 물론이고 재정적 지원을 아끼지 않았다. 김구 스스로 "이 거사로 말미암아 미주, 하와이, 멕시코, 쿠바 등지의 한인 교포들의 임시정부에 대한 성원이 대단하였다. 동경사건은 완전히 성공하지는 못하였지만 조금이라도 민족혼을 떨친 터에, 이번 홍구사건이 절대적인 성공을 거두었기 때문이다. 이로부터 임시정부에 대한 납세와 나에 대한 후원은 급격하게 증가하여, 점차 사업이 확장되는 단계로 나가게 되었다"라고 회고했다.[10] 같은 맥락에서, 그는 자신과 자신의 측근 박찬익, 엄항섭, 안공근 셋이 "부단히 외교·정보 방면에 치중하여 활동했는데 … 물질상으로 활동비용은 그다지 어렵지 않았다"라고 회상했다.[11]

해외 동포의 지원 그리고 우리가 곧 보게 될 장개석정부의 지원에 힘입어 임정은 기사회생하기에 이르렀다. 임정 말기에 무임소 국무위원으로 참여했던 좌파 성향의 항일운동가 장건상(張建相)은 "윤 의사의 의거가 있기 전에는 임정은 참 외로웠습니다. 장개석이 임정을 아무것도 아닌 것으로 알고 동전 한 푼 안 도왔습니다. 윤 의사 의거를 보고서야 장개석이 전적으로 돕기 시작했던 것입니다. 집이라든지 양식이라든지를 정식으로 도와주기 시작했지요"라고 회상했다.[12]

그때 상해에서 무정부주의 노선을 지키며 항일독립운동에 참여했던 정화암도 같은 맥락에서 다음과 같이 회상했다.

> 우선 내가 명백히 지적해두는 것은 1932년에 윤봉길 의사의 의

거가 없었으면 임정이라는 것은 거기서 끝나게 되어 있었습니다. 그때는 그나마 들어오던 돈도 딱 끊어졌고, 중국 사람들도 돌아보지 않았습니다. 저 프랑스 사람들, 프랑스 조계에서 우리가 일했으니까— 왜놈들이 우리에게 어떻게 하려고 교섭해오면 거기에 응하면서도 우리에게 미리 다 통지를 하고 그랬었습니다. 그러나 이때쯤에는 왜놈들 편에 서서 왜놈들이 부탁하기만 하면 그대로 응해줍니다. 그래 우리가 프랑스 조계에도 있지 못하고 중국인 거리로 도망치고 그랬지요. 이걸 보고 중국 사람들은 "임정이라는 것이 아무것도 아니구만" 하면서 돌아서기 시작해요. 우리 내부도 마찬가지였습니다. 김규식은 사천성에 가서 선생 노릇 하고 있지, 기호파(畿湖派) 분들은 전차표 팔이나 하면서 생계나 유지하고 있지, 이런 판에 누가 임정에 관심을 두고 있었습니까? 그저 백범 한 사람이 처음부터 끝까지 임정의 간판을 메고 다녔지요. 이러다가 윤봉길 의사의 의거가 있게 되어 임정이 살아납니다. 중국정부로부터 지원받게 되고, 또 해방과 더불어 귀국할 때 그래도 임정을 앞세워 떳떳하게 나서게 되는 것도 모두 윤봉길의 피 하나의 결과입니다.[13]

처음부터 끝까지 임정에 참여해 국무위원을 비롯한 여러 중책을 수행했으며 일제 패망 직후 귀국해 대한민국 초대 부통령으로 당선된 이시영 선생은 임시정부를 물에 빠져 익사하기 직전의 상태로 비유하면서 이를 구해낸 것이 윤 의사의 의거라고 칭송했다. 그는 다음과 같이 말했다.

"우리가 조국을 되찾고 조국 땅을 밟게 된 것은 모두가 윤 의사의 덕이지요, 우리 임시정부와 윤 의사를 비겨서 말하자면, 어린아이가 깊은 연못에 빠져서 금방 가라앉는 위급한 찰나에 윤 의사가 위험을 무릅쓰고 물속에 뛰어들어 이 어린이를 번쩍 건져놓았소. 이 어린이가 바로 임시정부였는데 그 덕으로 자라서 오늘 삼천리강산을 달리고 있는 것이고."[14]

한인 청년들을 분기시키다

윤 의사의 의거는 임정을 살려냈을 뿐만 아니라 자칫 체념에 빠지려는 조선=한국의 청년들을 분기시켰다. 그 한 사례가 이강훈이었다. 그는 "나는 윤봉길 의사의 의거에 깊은 감동을 받고 (내가 민족운동에 참여하고 있던 만주) 삭북의 황야를 떠나 윤 의사가 의거를 올린 상해에서, 이왕 죽을 바에야 윤 의사와 같이 조국과 민족의 자주독립을 위해서 보람 있는 일을 하고 죽으려 하였던 것이다"라고 회상했다.[15]

이강훈이 상해에 도착했을 때는 김구는 물론이고 그 밖의 임정 요인들은 이미 떠난 뒤였다. 다행히 우리가 제4장 제4절 제4항에서 살핀 남화한인청년연맹원들을 만날 수 있었고, 주중 일본공사 아리요시 아키(有吉明)를 처단하기 위한 육삼정의거를 계획했으나 체포돼 투옥됐다. 조선의용대에 가담해 일제 패망 때까지 투쟁한 김학철(金學鐵)의 경우도 마찬가지였다. "윤봉길의 폭탄사건은 나에게 직접적으로 큰 자극을 주었습니다"라고 그는 회상했다.[16]

비단 이강훈과 김학철만이 아니었다. 많은 한인 청년들은 안중근 의사의 뒤를 이은 윤 의사 의거에 자극을 받아 국내에서 항일운동에 참여했으며, 해외로 탈출해 임정 산하의 한국광복군에 입대하기도 하고, 김원봉의 조선의용대에 입대하기도 한다.

제2절

중국인의 한인에 대한 태도가 크게 호전되고 동시에 중국인의 항일 의식을 고조시키다

한인들을 격동시킨 것에 못지않게 중요했던 것은 윤 의사의 의거가 조선=한국인에 대한 중국인의 불신을 일거에 불식시켰다는 사실이다. 조선=한국인이 일제의 앞잡이이거나 협력자가 아니라 일제의 만주·중국 침략을 반대하는 좋은 이웃이라는 믿음을 심어주어 두 민족 사이의 관계를 빠르게 개선시켰다. 거기서 한 걸음 더 나아가, 그동안 임정에 대해 미온적이던 중화민국 장개석정부의 태도에도 일정하게 변화를 가져와 재정적, 군사적 지원을 제공함으로써 다 죽어가던 임정을 회생시켰다. 다음에서 서로 연결된 그 변화에 대해 자세히 살피기로 한다.

1 중국인 태도 변화에 대한 한인 독립운동가들의 증언

우선 중국인들의 변화로, 이 변화에 관한 여론조사와 같은 통계적, 실증적 자료는 그때로서는 없었다. 그렇지만 김구를 비롯해 당시 상해에서 활동했던 한인 독립운동가들의 회고에서 윤곽을 잡을 수 있다. 우선 김구는 다음과 같이 회고했다.

> '만보산사건'으로 발생한 한인에 대한 악감정이 동경사건(이봉창 의거) 이후에도 좀체 사그러지지 않았다. 게다가 1·28 상해전쟁으로 왜병이 민가에 함부로 불을 지를 때 최영택(崔英澤) 같은 악한을 사주하여 중국인 집에 들어가 많은 사람들이 지켜보는 가운데 재물을 약탈하게 하는 일들이 허다하게 일어났다. 이 때문에 주로 자동차와 전차의 한인 검표원들이 중국인 노동자들에게 아무 이유 없이 구타당

하는 일이 종종 발생하였다. 그러나 4·29 사건으로 중국인들의 한인들에 대한 감정은 놀랄 만큼 호전되었다.[17]

같은 맥락에서, 그때 상해에서 독립운동에 참가했던 이들의 회상이 이어졌다. 김홍일은 "그로부터 중국인들은 진심으로 우리 한국인을 존경하게 되었으며 또한 우리 독립운동가들과의 접촉도 활발해지기 시작했다"라고 회고했고, 정정화(鄭靖和)는 "만보산사건 후 우리를 냉대하던 중국인 이웃들은 금방 우리 모두가 의거에 관련되기나 한 것같이 인사를 하고 고마워했다"라고 회고했다. 또한 이화림은 "세계를 놀라게 한 '홍구공원 폭탄 투척사건'이 발생함에 따라 중국인의 눈에 한국 교민은 더 이상 망국민이 아닌 국가 독립을 이뤄낸 영웅의 모습으로 비춰졌고, 대한민국임시정부의 지도자는 전설 속의 인물이 되었다"라고 회고했다.[18] 한형석(韓亨錫)은 "그때의 눈물겹던 흥분과 쾌감은 우리 민족만의 감흥에 그치지 않았다. 오히려 중국인들이 표면적으로는 더한 것 같았다. '중국인의 울분을 한국 청년이 풀어주었다'고 야단들이었다. 그날 밤 상해의 밤은 폭죽 소리가 진동했다. 일본군들은 폭죽 소리를 쫓아 미친 듯이 날뛰었으나 중국인들은 밤새도록 윤 의사의 쾌거를 경축하는 폭죽을 쏘아댔다"라고 회고했다.[19]

만주에서 교사로 일하던 이강훈 역시 같은 취지로 다음과 같이 증언했다.

> 중국 교원 당(唐) 씨가 웃는 낯으로 일간신문 한 장을 들고 와서 "축하합니다" 하였다. 만보산사건 이후 그렇게도 냉담한 태도를 취하던 중국인 친구가 별안간 신문을 들고와서 말하니 이게 웬일인가. 어

리둥절하다가 그가 가지고 온 신문 1면에서 주먹만 한 활자로 박힌 '한국인 윤봉길. 폭살 왜장 사라카와 등'이라는 제목이 먼저 눈에 띄었다. 얼마나 놀랍고 통쾌한 순간이었던가. 1909년 10월 26일 하얼빈 역두에서 이토를 처단한 안중근 의사의 의거를 만인이 열광적으로 환호하던 모습이 연상되었다.[20]

중국인의 태도 변화는 만주에서 한중 연합투쟁을 성사시키는 밑거름이 됐다. 그 구체적 사례가 요녕(遼寧)민중자위군 사령관 당취오(唐聚五)와 조선혁명군 참모장 김학규(金學奎) 간의 합작협정 체결이었다. 그 결과 요녕성(遼寧省) 신빈현(新賓縣) 영릉가(永陵街)에서 연합전투를 수행해 승리할 수 있었다.[21]

2 상해의 신문들, 윤 의사를 칭송하면서 스스로 반성하다

〈상해일보〉의 몇몇 논설은 이러한 변화를 적절히 반영했다. 한 논설은 우선 "일본 제국주의의 문무요인(文武要人)들이 한인 윤봉길이 던진 폭탄에 맞아 모두 부상했다는 소식을 듣고 상해의 모든 중국인은 기쁜 표정을 짓지 않은 자가 없었다. … 우리 상해시민은 이 사건으로 일본 요인들이 하나라도 죽지 않았으면 어쩌나 하는 생각을 갖고 있는 듯하다"라고 시작했다. 이 논설은 이어, 폭탄을 던진 이가 '망국민인 한국인'임을 강조하면서 "우리와 똑같은 적(敵)을 가진 조선인과 더욱 긴밀한 연락을 취하고 동맹을 맺어 우리의 임무를 완수하기 위해 노력해야 한다"

라고 제의했다.[22]

다른 논설 역시 의거를 높이 평가하면서 다음과 같이 중국인의 부끄러움을 토로했다.

> 근자에 일본이 우리에게 했던 (침략) 행동을 생각하면 아국(我國) 인민들은 마음속으로 이번 사건의 발생을 반기고 있을지도 모르겠다. … 아울러 우리는 아국의 수많은 군인들을 대신하여 애석함과 부끄러움을 느껴야 한다. 우리 군대 작전의 최대 목표물이 이미 한인에 의해 제거되었기 때문이다. … 하늘의 별과 같이 많은 군인들과 스스로 애국자임을 자처하는 그 많은 혁명청년들도 결국에는 이국(異國)을 유랑하는 망국민 윤봉길 한 사람만 못하게 되었으니 어찌 부끄럽지 않겠는가. 따라서 우리는 이번 불행한 사건의 발생에 대해 오직 부끄러움, 가련함, 애석함을 느끼는 수밖에 없다.[23]

상해에서 출판된 〈사회와 교육〉이라는 잡지에 게재된 중국인 고신일(高新一)의 논설 「홍구공원에서 발생한 암살사건에 대해」 역시 같은 흐름을 보여주었다. 필자는 우선 이 사건을 '한 조선 혁명지사가 일으킨 비장한 행동'으로 칭찬하고, 이에 앞서 안중근 의사의 의거와 이봉창 의사의 의거가 있었음을 상기시킨 뒤 "이러한 지사들이 존재하는 한 조선은 언젠가는 다시 부흥을 이루게 될 것이다"라고 높이 치하했다. 마지막으로 필자는 "일본의 폭력에 대한 보복이 우리 영토인 상해에서 발생했지만 그 주인공은 중국인이 아니라 한국 지사였다. … 우리 당국(국민정부)에서는 (정전협정 체결로) 사태가 마무리되자 마치 무거운 짐을 내려놓은 양 안심하는 기색이다. … 고려 지사의 용기와 정신을 높이 존경하면

서 중화민족의 부끄러운 면을 반성한다"라고 썼다.[24]

이후 상해 침략의 최고지휘관인 시라카와가 사망했다는 소식이 들려왔을 때, 〈상해보〉는 "상해의 모든 시민은 폭죽을 터뜨리며 환호했다"라고 보도했다. 이 신문은 이어 "이를 보는 일본인들은 시라카와의 사망설이 근거없는 것이라며 중국인들의 섣부른 축하를 손가락질하였다. 그러나 모든 중국인의 원성과 원한을 한몸에 받은 시라카와가 끝내 저승길로 향하였음은 의심할 여지가 없는 사실이다"라고 보도하면서, "시라카와가 사망한 것으로 알려진 시간에 공교롭게도 상해 상공에는 흰빛 한 줄기가 마치 길다란 뱀처럼 꿈틀거리는 이상한 현상이 나타났었다. 이 광경을 본 사람들은 모두 이는 시라카와의 별자리가 떨어지는 것이라고 입을 모았다"라고 부연했다.[25] 시라카와는 제5장 제3절 제2항에서 보았듯 1928년에 장작림을 폭사시킨 관동군의 배후 핵심 인물로 인식되어 있었기 때문에 중국인들은 그의 사망에 더욱 환호했던 것이다.

다음에서는 신문과 잡지 이외의 글들을 살피기로 한다. 중국의 문인들 역시 윤 의사의 의거를 높이 평가했다. 윤 의사를 칭송한 첫 시인은 필명 국혼(國魂)이었다. 그는 「윤봉길의 일탄(一彈)」이라는 시(1932년 5월 2일)에서, 윤 의사가 던진 폭탄을 '피압박 민족을 대표하는 일체의 무력', '전 세계 약소민족 분기(奮起)의 결정체', '피압박 민족 혁명의 서곡', '전 한국 인민의 숨통' 등으로 표현했다. 시인에게 윤 의사의 의거는 한국의 독립과 자유만을 위한 것이 아니라 전 세계 피압박 민족의 해방을 위한 것이기도 했으며, 따라서 윤 의사는 한국의 영웅일 뿐만 아니라 세계 피압박 민족의 영웅이기도 했다.[26]

심탁연(沈卓然)의 시 「윤봉길」(1932년 12월)은 윤 의사가 "목숨을 바쳐 강개하여 한국의 원수를 갚았다. 한 발의 총알이 많은 거두에게 중상을 입혔다"라고 칭송한 뒤, 윤 의사를 진시왕(秦始王) 살해를 시도했던 형가 그리고 진시왕이 황제가 된 뒤 그의 살해를 시도했던 장량과 창해 역사에 비유했다. 시인은 윤 의사가 역사에 '아름다운 자취'를 남겼음을 거듭 찬양했다.[27] 어떤 다른 시인들은 윤 의사의 의거를 계기로 중국 청년들도 무기를 들고 침략자에게 저항해야 한다고 역설했다.[28]

시와 함께 극본과 소설 역시 같은 흐름을 나타냈다. 반혈농(潘孑農)의 소설 『윤봉길전』(1932년), 하가기(夏家祺)의 아동극본 『윤봉길』(1933), 진적(陳適)의 사극 『윤봉길』(1934) 등이 대표적이었다. 그것들은 모두 한국의 한 청년이 뜨거운 피로써 '그 첫 불 시위를 당겨' 전 세계 피압박 약소민족의 투쟁 의지를 타오르게 했다고 격찬했다.[29]

다른 한편으로, 상해의 신문들은 윤 의사의 의거로 당시 진행되고 있던 중·일 정전협정이 파탄되는 것이 아닌가 하는 쪽으로도 관심을 기울였다. 상해에서 영향력이 가장 컸던 〈신보(申報)〉의 몇몇 논설들이 그러한 경향을 보여주었다, 그것들은 '정전협정의 불발을 우려하는 데' 초점을 맞췄던 것이다.[30]

이처럼 칭송과 우려는 상해뿐만 아니라 남경, 천진, 북경, 중경, 대련(大連), 장사, 하문(廈門), 연태(烟台), 심양 등 중국 주요 도시의 매체에 공통적으로 나타났다. 그러나 압도적으로 칭송이 많았다.

중국인들의 인식 변화는 임정에 대한 물질적 지원으로 이어졌다. 이 점과 관련해, 중국국민당 자료를 활용한 서상문 교수는 다음과 같이 썼다.

> 1932년 4월 말부터 이해 10월 9일까지 김구가 중국의 각계각층으로부터 받은 물질적 원조는 상당했는데, 현금 지원액만 해도 총 9

건에 미화 2만9,200달러에 달했다. 모두 윤봉길 의사 의거 후 6개월 이내에 답지한 것으로 윤봉길 의사의 의거에서 촉발된 것이었다. 이 돈은 당시 중국 내 화폐가치로 대략 5만8,400원에 상당하는 거액이었다. 김구가 중국 측으로부터 받은 돈을 일일이 기재할 수 있었던 게 아닌 데다 기록한 자료가 많지 않기 때문에 실제 지원받은 액수는 이보다 더 많았을 가능성이 크다. 안창호가 남긴 기록에 의하면, 당시 1930년대 초반 중국에서 생활할 당시 1개월 집세와 식사비로 중국 돈 25원이면 족했다고 한다.[31]

중국공산당, 윤 의사를 칭송하다

장개석정부군에 쫓겨 1934년 10월부터 본거지 강서(江西)성 서금(瑞金)에서 '장정(長征)'을 시작해 1935년 10월에 중국 대륙의 서북쪽 변두리 섬서(陝西)성 연안(延安)에 정착한 중국공산당도 윤 의사를 높이 칭송했다. 그 한 사례가 중국공산당이 파리에서 출판하던 〈구국시보(救國時報)〉(1936년 1월 29일)가 윤 의사의 이력을 간단히 소개하면서 윤 의사를 '상해 보위전(保衛戰)의 순국열사' 명단에 수록한 사실이다.

이 신문은 3월 5일에는 한인애국단이 윤 의사 순국 3주년을 기념하여 발표한 「윤봉길 열사의 조난(遭難) 기념일에 즈음하여 중국 동지에게 간절히 고하는 글」(1935년 12월 19일)을[32] 「눈물을 흘리며 중국 동지에게 고하는 글」이라는 제목 아래 전문을 게재했다. 한인뿐만 아니라 중국인이 윤 의사의 정신을 받들어 공동으로 분투할 것을 당부한 이 글을 게재하면서, 이 신문의 편집인은 중국 동포들이 재삼 읽어야 할 글임을 역설했다.[33] 중국공산당의 이러한 태도는 조선인 공산주의자 김단야가 보였던 교조주의적 태도와 크게 달랐음을 알 수 있다.

중국공산당이 대륙을 장악하고 중화인민공화국의 성립을 선언한 1949년 10월 1일 이후에도 윤 의사에 대한 칭송은 계속됐다. 그 한 사례로, 여류 소설가 하련생(夏輦生)이 윤 의사의 일생을 다룬 소설 『회귀천당(回歸天堂)』(2002년)을[34] 출판한 데 이어 「영원한 기념비: 항일영웅 윤봉길 의사에 바치는 시」(2015년)를 발표한 사실을 지적할 수 있다. 작가는 이 시에서 "상해 홍구공원, 세계를 놀라게 한 평화의 외침/ 당신은 한국의 영웅, 또한 우리 중국과 아시아의 평화를 사랑하는 모든 이의 영웅입니다/ 83년이 지났습니다/ 평화를 갈망하는 정의의 외침은, 아직도 먼지로 뒤덮인 세월을 지나 선명하게 들립니다"라는 표현으로 윤 의사를 추모했다.

이제 윤 의사는 중국에서 확실하게 영웅으로 자리를 잡은 것이다. 이러한 맥락에서, 중화민국의 외교관으로 중국에서의 한인 독립운동을 지원했고 대한민국 정부 수립 직후 중화민국의 초대 주한대사로 부임한 소육린(邵毓麟)은 다음과 같이 썼다. "당시 대한민국임시정부가 주도한 항일운동에서 가장 특기할 만한 부분이 1932년 4월 29일 발생한 '홍구공원사건'이었다. 이 사건은 중국인들로 하여금 일본을 향한 한인들의 적개심과 투지가 어떠한지 생생하게 보여주었을 뿐만 아니라 중·한관계에 있어서도 매우 중대한 의미를 가지는 쾌거였다."[35] 같은 맥락에서, 중국의 한 학자는 "윤봉길은 중국인 남녀노소 가릴 것 없이 모두가 다 아는 이름이 되었고, 동시에 항일영웅이 되었다"라고 썼다.[36]

제3절

장개석정부,
한인 항일운동을
두 갈래로 나눠 지원하다

1 장개석정부, 처음에는 신중한 반응을 보이다

그러면 장개석정부는 어떤 반응을 보였던가? 이 질문과 관련해 우리나라에 널리 알려져 있는 장개석 총통의 '발언'을 출판된 순서대로 소개하면 다음과 같다.

1. "중국의 100만 대병이 이루지 못한 일을 윤봉길 의사 혼자의 힘으로 성취시켜주었다."[37]
2. "중국의 100만 대군이 불가능한 일을 한국의 한 의사가 이루었으니 장한 일이다."[38]
3. "오죽하면 장개석이가 '내가 수만 명, 수십만 명을 동원해 왜놈들과 싸워도, 우리나라 말로 하면, 소위나 대위 한 놈도 잡지 못하는 판에 한인 청년 윤봉길 의사 한 사람이 일본 대장놈의 눈을 빼고 일본 공사의 다리를 절단냈다니 세상에 이런 일이 있느냐'고 개탄했겠습니까?"[39]
4. "4·29 의거가 있고 나서 장개석 총통은 '중국의 100만 대병이 이루지 못한 일을 윤봉길 의사 혼자 힘으로 성취시켜놓았다'며 감탄을 연발하였다."[40]
5. "100만의 중국 병사도 해내지 못한 일을 해내다."[41]
6. "중국군 30만 대군이 해내지 못하는 일을 고려의 한 청년이 해냈다."[42]
7. "중국의 대군도 못 한 일을 조선의 한 청년이 했다니 정말 대단하다."[43]

장 총통이 그렇게 말했다고 쓴 위의 저자들 가운데 어느 누구도 그 출전을 밝히지 않았으며, 이 '발언'이 담긴 기록은 이제까지 발굴되지 않았다.[44] 의거 이후 장 총통을 만나 대화를 나눴던 김구도 자신의 『백범일지』에서 이러한 내용에 대해 말하지 않았고, 장개석도 자신의 일기나 연설 어디에서도 그러한 뜻을 표시하지 않았다.

그렇다고 해서 그 '발언'을 아예 없었던 것으로 단언할 수는 없다. 우리가 곧 자세히 보게 되듯, 그때 장 총통은 일본과의 정전협정 체결을 성사시키기 위해 힘을 쏟고 있었기에 윤 의사의 의거가 행여 일본에 협정 체결을 연기시키거나 파탄시키는 빌미를 주게 되지 않을까 신경을 쓰고 있었다. 그러한 상황에서 위와 같은 내용의 발언을 공개적으로 행하기는 어려웠을 것이다. 그렇지만 자신이 최고사령관으로서 이끄는 중국 국민당군이 침략군 수뇌에 대해 손가락 하나 까딱하지 못했음에 비해 조선의 한 청년이 수류탄 하나로 처단했음을 생각할 때, 장 총통으로서는 윤 의사의 의거에 감복하고 칭찬하는 발언을 할 수 있었을 것이다.

기록만으로 따져, 윤 의사 의거에 대한 장 총통의 첫 반응은 그날 일기에 "오늘 상해 홍구 신화원(新花園)에서 왜구 중요 관리가 모두 중상을 입음"이라고 쓴 것으로 나타났다.[45] '홍구 신화원'은 물론 홍구공원을 말한 것이었다. 그는 다음 날 일기에서 "옛날 사마자장(司馬子長)이 말한 바에 의하면, 원한 맺힌 사람이 끼치는 해독은 정말 무섭다고 했고, 나라의 원수에 대하여 옛사람들은 '불공대천(不共戴天)의 원수'라고 더욱 소리 높여 말했으니, 비록 모든 병력을 동원하여 전쟁을 탐하여 침략하기를 좋아하는 자라 할지라도 또한 깨달은 바가 있지 않겠는가"라고 썼다.[46] 사마자장은 『사기』의 저자 사마천을 말한다. 성(姓)이 '사마'라는 복성(複姓)이었던 그는 '자장'이라는 자(字)를 썼던 것이다. 위의 두 기록은 장개석이 비록 조선 또는 한국이라는 고유명사를 사용하지는 않았으나 윤 의사 의거를 계기로 일제의 침략을 받아 국권을 상실한 이웃나라에 대해 관심을 갖기 시작했음을 보여주었다.

이 시기 중국 국민정부의 입장을 살펴보면, 우선 장개석부터 정전 협상에 얼마나 몰두하고 있었는가를 알 수 있다. 그는 4월 10일 자 일기에서 "일구(日寇)와의 교섭이 난항 중에 있고 적비(赤匪)도 해결되지 못하고 있어서 고사초려(苦思焦慮)로 거의 침식을 잊을 지경이다"라고 쓴 것이다.[47] 여기서 '적비'는 '붉은 비적'이라는 뜻으로, 중국공산당을 의미했다.

이러한 상황에서 윤 의사의 의거에 직면한 국민정부는 적어도 대외적으로 또는 외교적으로 매우 신중하게 대처했다. 이 문제를 중국의 1차 자료를 활용하면서 깊이 분석한 배경한 교수는 다음과 같이 썼다.

> 중국 측에서도 1차적으로는 '지극히 불행한 처사'라거나 일본인 희생자들에 대한 안타까움을 표시하는 한편으로 일본 측의 피해에 대하여 외교적 '위문'에 나서는 입장을 취하였다. 특히 장개석은 4월 초 이래 정전협상을 통한 상해사변의 조속한 해결에 절박감을 나타내고 있었으며, 국민정부 외교부 측에서도 윤봉길 의거로 당시 진행 중이던 중·일 간의 정전협정에 악영향이 있지 않을까 하는 우려와 이 사건을 계기로 하여 일본군의 침략전쟁이 다시 시작될 것에 대한 강한 우려를 가지고 있었다. 이 때문에 국민정부로서는 정전협상의 일차 관문인 제네바 국제연맹 회의가 지연되지 않도록 적극적인 '유감' 표명과 함께 중국의 책임이 아니라는 점을 강조하고 나섰던 것이다.[48]

실제로 국민정부 행정원장 왕정위(汪精衛)와 외교부장 나문간(羅文幹)은 주중 일본공사관에 '중국 안에서 이러한 사태가 일어난 것에 대하여' 즉각적인 사과를 표명했다. 동시에 왕정위 원장은 시게미쓰 공사를 위로하는 전보를 보냈고, 외교부 차장 곽태기(郭泰祺)는 시게미쓰가 입원한 복민병원(福民病院)을 방문해 위로의 뜻을 표시했다. 중국과 일본 사이의 정전을 성사시키기 위해 제네바에서 열린 국제연맹 19개국 특별위원회에 참석한 중국대표단은 이 사건이 중국 인민과 무관하다는 점을 강조했다. 그날 행사장에 중국인의 출입이 원천적으로 봉쇄됐고 범인과 공모자는 모두 한인들이었음을 역설한 것이다.[49]

주중 프랑스공사가 5월 1일에 본국 정부에 보낸 전문도 중국 국민정부의 조심스러운 태도를 보여주었다. 그는 "이번 테러를 계기로 (중국 국민정부) 당국은 일본공사에게 정중하다 못해 우호적인 위문의 전보를 보냈다"라고 보고한 것이다.[50]

국민정부의 이러한 태도는 협상에 임한 일본 측에 일정하게 영향을 끼쳤지만, 윤 의사의 의거 역시 일제의 확전을 일시적이나마 중단하게 만들고 협상이 계속되게 만들었다. 그 결과 폭탄을 맞아 병원에서 치료를 받던 시게미쓰 공사는 자신의 오른쪽 다리를 잘라내는 수술을 받기 직전에 병실에서 정전협정에 서명했다. 외무성을 대표한 시게미쓰와 함께 육군성을 대표한 우에다 사단장 역시 병실에서 서명했다.[51] 중국 측에서는 외교부 차장 곽태기를 대신해 외교부 정보국장 장사욱(張似旭), 그리고 송호경비사령관 대극(戴戟)이 서명했다.[52]

2 | 장개석, 김구의 면담 요청에 응하다: 그 시기는?

장개석정부의 변화는 의거로부터 일정한 기간이 지나 나타났다. 장개석이 남경에서 김구를 처음 만나 지원을 약속한 것이다. 그러면 이 만남은 언제 이뤄졌던 것일까? 연구자들은 양자의 회담을 '한국독립운동사에 큰 획을 긋는 일대 사건'으로 자리매김한다.[53] 그만큼 중요한 회담이었기에, 자연히 그 시점이 정확히 언제였느냐는 연구의 초점으로 떠올랐다.

우선 『장개석일기』를 점검하자. 장개석은 자신의 일기 어느 곳에서도, 또 어떤 발언에서도 만난 시점은 물론이고 만남 그 자체에 대해 전혀 말하지 않았다. 이어 김구의 『백범일지』는 어떠한가? 여기서 우리는 문제의 중요성에 비추어 『백범일지』 그 자체를 살필 필요를 느낀다.

『백범일지』는 김구가 자신의 출생으로부터 상해 도착 이전까지의 시기를 상해에서 기록한 상권, 그리고 상해 도착 이후로부터 중경 도착까지의 시기를 중경에서 기록한 하권의 두 권으로 구성됐다. 『백범일지』는 크게 보아 다섯 종류가 있다. 첫째, 상권의 집필을 끝낸 후인 1929년 7월에 자신의 수고(手稿) 또는 필사본을 미국의 동지들에게 보내기 위해 만든 등사본이다.[54] 둘째, 1942년에 집필이 끝나 원고로 남겨진 『백범일지』이다.[55]

셋째, 위의 두 개의 『백범일지』에, 중경 도착 이후로부터 환국까지와 환국 이후의 활동 그리고 저 유명한 「나의 소원」을 덧붙여 1947년에 국한문 혼용으로 출판한 『백범일지』(국사원[國士院])이다. 춘원 이광수가 윤문한 것으로 전하는데, 원본의 상당한 분량이 축소되고 불확실하게 다듬어졌다는 의심을 받는다. 넷째, 1989년에 출판된 『원본 백범일지: 백범 김구 자서전』(서문당)으로, 의역자인 우현민(禹玄民)에 따르면, "측근이었던 엄항섭을 시켜 원래의 것을 등사케 한 것"이다. 다섯째, 유족이 보관했다가 집문당이 1994년에 영인·출판한 『백범일지』이다. 이 책은 윤병석 교수의 직해를 거쳐 1995년에 『직해 백범일지』(집문당)로 출판됐다. 또 같은 판본은 도진순 교수의 주해를 거쳐 1997년에 『백범일지: 백범 김구 자서전』(돌베개)으로 출판된 데 이어 2002년에 개정됐다.[56] 그런데 이것들 가운데 어느 하나에서도 김구는 자신이 장개석과 나눈 대화는 자세히 기록했으면서도 그 시점에 대해서는 전혀 말하지 않았다.

일곱 개의 서로 다른 설(說)

이에 따라, 연구자들은 면담이 이뤄진 시점에 대해 여러 관련 자료를 점검할 수밖에 없었고, 그 결과 크게 보아 서로 비슷비슷한 일곱 개의 설을 제시했다.

첫째, '1932년 9월의 어느 날이거나 늦어도 10월 초의 어느 날' 설이다. 윤 의사의 의거 때 중국국민당 중앙조직부 요원이던 소쟁(蕭錚)의 증언이다. 소쟁은 손문의 혁명동지 진기미(陳其美)의 조카들로 장 총통의 핵심 측근이던 진과부(陳果夫)와 진립부(陳立夫) 형제에 매우 가까웠으며, 장 총통에게 때때로 보고할 수 있는 위치에 있었기에 그의 증언은 신빙성이 컸다. 그는 1983년에 한국의 연구자들에게 "김구 선생이 남경에 와서 장개석 총통과의 만남을 기다린 것은 그해(1932년) 9월인지 10월인지 잘 기억되지 않지만, 그 일로 진과부 선생의 주선하에서 박찬익(朴贊翊) 선생을 대동하여 가흥으로부터 남경에 왔던 것입니다"라고 증

언했다.[57]

소쟁은 1984년 발표한 글에서는 "1932년 겨울 장(蔣) 선생이 남경으로 돌아온 뒤의 어느 날"이라고 썼다.[58] 여기서 지적돼야 할 것은 그가 자신의 이 글에 대해 자신이 "정확한 날짜를 밝히기 위해 많은 노력을 기울여 … 새롭게 정리한 것"이라고 강조한 사실이다. 따라서 앞의 설을 사실상 버리고 '1932년 겨울의 어느 날' 설을 제시한 것이나 다름없다. 장개석의 비서였던 장영오 역시 '1932년 겨울' 설을 제시했다. 『이승만과 김구』의 저자 손세일(孫世一)은 이 설을 지지했고, 한상도 교수 역시 이 설에 공감을 표시했으며, 윤은자 교수는 "1932년 하반기 9월 이후 어느 날인 것이 분명하다"라고 썼다. 서상문 교수는 장영오 비서의 '1932년 겨울' 설을 받아들였다.[59]

둘째, '1933년 1월' 설이다. 중국학자 석원화(石源華)를 비롯한 몇몇 중국인 교수들이 이 설을 제시했다.[60]

셋째, '1933년 초' 설이다. 우리가 앞에서 살핀 소육린 그리고 대만에서 조선=한국독립운동을 깊이 연구한 호춘혜(胡春惠) 교수가 제시했다.[61]

넷째, '1933년 봄' 설이다. 배경한 교수가 이 설을 제시했다.[62]

다섯째, '1933년 5월' 설이다. 『백범일지』를 주해한 도진순 교수는 이 책 말미의 '백범연보'에서, 백범학술원이 출판한 『백범일지』도 말미의 '백범연보'에서, 그리고 광복군으로 중경에서 활동했던 김준엽 교수 역시 이 설을 제시했고,[63] 김구의 지도를 받으며 상해에서 활동했던 이화림 역시 이 설을 제시했다.[64] 그렇지만 김준엽과 이화림이 이 비밀스러운 만남의 교섭과 만남 그 자체에 동참한 것은 아니어서 그대로 받아들이기는 어렵다.

여섯째, '1933년 8월' 설이다. 이 면담의 성사 과정에 직접 참여한 박찬익에 관한 전기는 그 교섭이 1932년 5월에 시작돼 1933년 8월에 성사됐다고 썼다.[65] 『백범 김구 평전』의 저자 김삼웅은 "백범의 대(對)중국 외교 노력은 꾸준히 진척되어서 1933년 8월에는 백범과 장 주석의 회담이 이루어지게 되었다"라고 썼다[66](그러나 그는 이 책 말미의 '백범연보'에서는 '1993년 5월'로 썼다[67]). 이상철 교수는 거기서 한 걸음 더 나아가 '1933년 8월 10일'로 특정했다. 그는 다음과 같은 추론을 제시했다.

> 그 당시 장제스의 일정을 확인해보면 꼭 한구(漢口)에 있었고, 8월 10일경 남경으로 돌아갔으며 김구 선생은 8월 10일 이전에 이미 남경에 도착해 중앙반점(中央飯店)에서 기다리고 있었다. 국민당 중앙조직위원회 자료를 보면, 장제스를 만나기 전인 8월 10일 이전에 김구 쪽에서 먼저 계획서를 낸 것으로 되어 있다. 이렇게 대한민국임시정부와 장제스의 첫 만남은 성사되었고, 두 사람은 깊은 인연을 맺었다.[68]

일곱째, 김상기 교수는 그저 '의거 후에' 만났다고 썼다.[69] 결정적인 자료가 발굴되지 않은 상태에서, 신중한 입장을 보인 것이다.

3 면담이 성사되는 과정

그러면 만남은 어떤 과정을 거쳐 실현된 것일까? 그것은 대체로 다음 세 단계를 거쳐 성사됐다. 첫 단계는 장개석의 조선독립운동 지원계획의 성안이다. 그가 윤 의사 의거로부터 20여 일 지난 1932년 5월 22일과 29일에 자신의 일기에 썼듯, 조선독립운동을 두 갈래로 나눠 지원하기로 결정하고 각 갈래의 책임자들을 임명한 것이다.[70] 한 갈래는 진과부·진립부 형제가 이끄는 국민당 중앙조직부 중심의 지원이다. 흔히 CC계열이라고 부른 이 계열은 강소성 주석 진과부, 중앙당 비서장 오철성, 중앙당 조직부장 주가화(朱家驊) 등 '당국요인(黨國要人)' 3인이 김구를 중심으로 하는 임정 관계자들을 지원하기로 했다. 그 지원은, 우리가 앞으로 자세히 보게 되듯, 우여곡절을 거쳐 결국 1940년 9월 17일에 중경에서 한국광복군을 출범시키는 것으로 이어진다.

다른 갈래는 삼민주의역행사(三民主義力行社) 중심의 지원이다. 이 기구는 장개석의 비밀정보기관이었는데, 일제 특무기관은 남의사(藍衣社)라고 낮추어 불렀다. 장개석이 교장으로 있었던 황포군관학교 졸업생 등걸(滕傑)이 서기로 임명돼, 산하의 중화부흥사가 운영하는 동방민족부흥운동위원회를 통해 좌익 계열의 김원봉(중국 이름 진국빈[陳國斌] 또는 최림[崔林])이 이끄는 조선의열단을 지원했다. 우리가 앞으로 자세히 보게 되듯, 이 지원에 힘입어 김원봉은 1932년 10월에 남경 교외의 탕산(湯山)에 있는 중국군사위원회 간부훈련반 안에 조선혁명간부학교를 세울 수 있었으며, 이후 그것과는 별도로 중앙육군군관학교가 강서성 성자(星子)현에 세운 특별훈련반에 조선의열단원을 입교시킬 수 있었다.[71]

두 번째 단계로, 1932년 7월 초에 소쟁의 조리(助理) 공패성(貢沛誠)은 가흥에서 김구를 만났으며 즉시 장개석에게 보고서를 올렸다(중국문에서 '조리'는 우리말로는 '차석[次席]' 또는 '보좌관'에 해당한다).

거기서 공패성은 한국독립운동 세력의 분열적 상황을 자세히 기록한 뒤 김구가 여러 세력으로부터 존경을 받고 있는 혁명 영수라고 지적하고, 김구가 자신에게 "소총 1,000자루 정도만 지원해준다면 한인독립군을 조직해 동북 열하의 변경지대를 무대로 현지 (중국인) 의용대와 연합해 공동 항일작전을 전개할 수 있다"고 제의했으며 동시에 동북에서 항일운동 무장요원의 양성을 위한 기병학교의 설립도 제의했다고 보고하면서, 자신으로서는 그를 도와주는 것이 좋겠다고 건의했다. 공패성은 자신이 이 일을 추진하기 위해 동북으로 떠날 예정인데, 자신을 도와줄 황포군관학교 출신 군관 몇 명을 파견해줄 것을 요청했다. 장개석은 곧바로 삼민주의역행사 서기 등걸에게 전보를 보내 황포군관학교 출신 군관 3인을 공패성에게 보내 공패성의 지휘를 받도록 하라고 지시했다.[72] 그러나 기병학교 설립안은 받아들이지 않았다.

4 중앙군관학교에 한인특별반이 설치되다

세 번째 단계가 김구와 장개석 사이의 직접 면담이다. 국민당정부의 자료와 『백범일지』에 따르면, 남파(南坡)라는 호를 쓰던 박찬익의 도움이 컸다. 박찬익은 장개석정부가 위치한 남경에서 국민당 당원으로 중앙당부에서 일하던 관계로 중앙의 요인들 가운데 친한 인사들이 많았다. 김구가 그를 통해 교섭한 결과 중앙조직부장이며 강소성 주석인 진과부가 나섰고, 진과부가 장개석에게 보고해 회담 날짜와 장소를 통보받을 수 있었다. 김구는 안공근과 엄항섭을 대동하고 남경에 도착했다. 소쟁과 공패성 등이 진과부의 대표로 일행을 맞이했으며 중앙반점에 숙소를 정했다. 다음 날 밤 박남파를 통역으로 대동하고, 진과부의 자동차를 타고 중앙군교(中央軍校) 안에 있는 장개석의 저택으로 가자 장개석은 중국옷을 입고 온화한 안색으로 김구를 맞이했다. 이후 진행된 그 유명한 대화를 김구는 다음과 같이 기록했다.

> 피차 날씨 인사를 마친 뒤, 장 씨는 간단한 어조로 말하였다.
>
> "동방 각 민족은 손중산(孫中山) 선생의 삼민주의(三民主義)에 부합되는 민주정치를 하는 것이 마땅할 듯하오."
>
> "그렇습니다. 일본의 마수가 시시각각 중국 대륙으로 침입하니, 좌우를 물리쳐주시면 필담으로 몇 마디 올리겠습니다."
>
> "좋소."
>
> 진과부와 박남파가 문 밖으로 나간 후, 장 씨가 붓과 벼루를 친히 가져다 주었다. 내가, "선생이 100만 원의 돈을 허락하면 2년 이내에 일본, 조선, 만주 세 방면에서 대폭동을 일으켜, 대륙 침략을 위한 일본의 교량을 파괴할 터이니, 선생의 생각은 어떠하오?" 하고 묻자, 장 씨는 붓을 들어 쓰기를 "서면으로 상세히 계획을 작성하여 보고해 주시오" 하기에 '그러겠다' 하고 물러나왔다.

김구가 이튿날 간략한 계획서를 작성해 보냈더니 진과부가 김구를 초청해 자신의 별장에서 연회를 베풀고 장개석을 대신해 "특무공작으로 천황을 죽이면 천황이 또 있고, 대장을 죽이면 대장이 또 있지 않소? 장래 독립하려면 군인을 양성해야 하지 않겠소?"라고 말했다. 이에 김구는 "감히 부탁할 수 없었으나 그것은 진실로 바라는 바요. 문제는 장소와 재력이오"라고 대답했다.[73]

여기서 주목되는 점은 장개석은 1회성 작탄투쟁(炸彈鬪爭)보다 장기적 항전을 지지하고 있었다는 사실이다. 이후에 전개된 상황은 『백범일지』에 그리고 여러 학자의 분석에 잘 설명되어 있다. 그것들을 종합하면, 장개석정부의 지원은 1차적으로 중앙군관학교 낙양(洛陽)분교에 한인 군관의 양성을 위한 특별반을 설치하는 것으로 매듭지어졌다. 한인특별반은 김구의 주도와 안중근의 동생 안공근·안정근(安定根)의 관리 아래 운영됐으며, 동북지역에서 한국독립군을 이끌던 이청천(李靑天)과 이범석(李範奭)을 비롯해 오광선(吳光鮮), 조경한(趙擎韓), 윤경천(尹敬天) 등이 교관으로 참여했다.[74] 한인특별반은 일련의 지원자 모집을 거쳐 1933년 12월 또는 1934년 2월에 92명을 받아들였으며, 1년여의 훈련기간을 거쳐 1935년 4월 초에 1기생 62명을 졸업시킬 수 있었다.

장개석은 김구가 요청했던 '100만 원의 돈'은 지급하지 않았다. 그러나 한인특별반을 위해 중국국민당 중앙당부를 통해 매월 그때 중국 화폐, 이른바 법폐(法幣)로 1,500원을 지원했다. 또 이것과는 별개로 학생들에게 피복 및 물품 외에도 매월 12원씩 급료를 주었다. 이 금액 가운데 한 달 치 식대로 6원, 국민당 당비로 급료의 12분의 1을 제했기 때문에, 학생들이 실제로 받는 금액은 3원 6각이었다. 서상문 교수에 따르면, "1920년대 초 노동자들의 월 급여가 평균 2~3원이었으며, 모택동이 북경대학 도서관 사서로 있으면서 받은 월급이 8원이었는데 이 돈으로 생활이 가능했던 점을 고려할 때, … 한인 학생들은 피교육생으로서 교육기간 중 숙식과 피복을 지급받는 것 외에도 생활하기에 부족함이 없는 충분한 금액을 지원받았던 셈이다."[75]

유감스럽게도 한인특별반은 1기생을 졸업시킨 것을 마지막으로 문을 닫았다. 중국 주요 도시들에 깔린 첩자들로부터 한인특별반에 관한 정보를 입수한 남경 주재 일본총영사 스마 야키치로(須磨彌吉郞)의 거듭

된 거센 항의를 받은 장개석정부가 폐쇄령을 내렸기 때문이다.[76] 스마 총영사는 이후 스페인공사를 거쳐 '만주국' 외무국 정보부장을 역임한 뒤 귀국해 해외첩보원들을 지휘하는 비밀정보기관의 지휘부에서 일했고, 일제 패망 직후 맥아더사령부에 의해 'A급 전범'으로 체포됐으나 불기소 처분을 받아 석방된 뒤 중의원으로 활동한다.

다른 한편으로, 장개석정부는 김원봉의 조선의열단에 대해서는 삼민주의역행사를 통해 대체로 1932년 8월을 기점으로 매월 일정한 금액을 지원했다. 서상문 교수는 다음과 같이 썼다.

> 모든 경비는 김원봉이 국민당 군사위원회 상교(上校, 현 한국군의 대위에 해당) 계급의 참모 명의로 직접 장개석에게 신청했다. 경상비로 지급된 것은 매월 2,000원에서 3,000여 원 등 일정치 않았다. 필요에 따라 금액은 가감이 있었는데, 지방출장비 명목으로 대략 1,000원에서 수천 원, 혹은 많을 때는 1만 원까지 포함돼 '임시특별비'에서 지급됐다.[77]

제4절

장개석 총통, 카이로선언에 한국 조항이 포함된 과정에서 일정한 역할을 수행하다

1 | 일제의 중국 침략과 미국 침략 그리고 그 과정에서의 조선=한국독립운동

윤봉길 의사의 의거로 새로운 국면에 들어선 한중관계는 일제의 중국과의 전쟁 도발을 계기로, 그리고 이후의 동남아 침략 및 미국과의 전쟁 도발을 계기로 전환과 전환을 거듭하게 됐다. 다음에서 그 전개 과정을 살피기로 한다.

한국 해방의 계기를 만들어준 제2차 세계대전으로 가는 길

'만주국'을 세운 뒤 중국 대륙 침략을 준비하면서 우선 중국 북부에 대해 침략을 시도하던 일제는 1936년 2월 26일에 심각한 내부적 사건에 직면했다. 도쿄에 사령부를 둔 군인 약 1,400명이 기타이키(北一揮)를 비롯한 극우적 국가주의 민간인들과 제휴해 군사정변을 일으키고 조선총독과 총리대신을 역임한 내대신(內大臣) 사이토 마코토와 대장대신(大藏大臣) 다카하시 고레키요(高橋是淸)를 비롯한 정부의 요인들을 살해한 것이다. 그들은 정부의 대신들과 정당의 지도자들이 천황과 국민 사이를 가로막은 채 국정을 농단하고 있다는 판단 아래, 정부와 정당 및 군부 요인들을 죽인 뒤 천황으로 하여금 친정하게 해야 한다는 취지에서 거사한 것이다. 그러나 황도파(皇道派)라고 불린 군인들이 주도한 이 쿠데타는 사흘 만에 진압됐다. 이 이른바 2·26 사건을 계기로, 황도파와 대립해 있던 통제파(統制派)는 황도파를 제거하고 국정의 주도권을 장악하면서 일본을 파시즘과 군국주의의 외길로 확실하게 이끌기 시작했다.

이러한 배경에서, 일제는 그때로부터 약 1년 4개월 뒤인 1937년 7월

7일에 북경 근교에 위치한 노구교(蘆溝橋, 일명 Marco Polo Bridge)에서 중국을 상대로 사건을 일으켰다. 장개석정부는 이 사건이 전쟁으로 확대되는 것을 바라지 않았으며, 그리하여 11일에 현지에서 정전협정이 성립됐다. 그러나 같은 날 총리대신 고노에 후미마로(近衛文麿)가 이끄는 내각은 군부의 압력을 받고 중국 북부로의 파병을 발표했다. 이로써 일제는 중국 대륙에 대한 침략을 공식화하고 본격화했다.

중화민국 행정원장 겸 군사위원장 장개석은 강서성 여산(廬山)에서 열린 각계각층 지도자회의를 총괄하면서 7월 17일에 '여산담화(廬山談話)'를 발표했는데, 여기서 그는 중국은 끝까지 평화를 추구할 것이지만 일제가 침략을 멈추지 않는다면 중국 국민은 거국적으로 항전할 것임을 선언했다. 그리하여 1894년에 청과 일본 사이에 일어났던 제1차 중일전쟁에 이은 제2차 중일전쟁이 시작됐다.

그사이 중국에서는 중요한 사건, 이른바 서안사변(西安事變)이 일어났다. 장개석이 초비(剿匪)총사령부 총사령관 자격으로 섬서성 연안으로 쫓겨간 중국공산당의 본부에 대한 공격을 독려하기 위해 섬서성의 남쪽 도시 서안(西安)에 도착한 1936년 12월 중순에 초비총사령부 부사령관 장학량이 초비총사령부에 소속된 17로군사령관 양호성(楊虎城)과 함께 장개석을 감금하고 초공전(剿共戰)의 중지와 항일전의 개시를 요구한 것이다. 남경에서 급히 찾아온 장개석의 아내 송미령(宋美齡) 그리고 모택동을 대리해 연안에서 급히 찾아온 주은래(周恩來)의 조정에 따라 장개석은 그들의 요구를 받아들였으며, 그리하여 1937년 2월에 중국국민당과 중국공산당은 국공합작 원칙에 합의했다. 이로써 1924년에 손문(孫文)에 의해 시작됐으나 손문이 병사한 때로부터 2년 뒤인 1927년에 깨진 제1차 국공합작에 이어 제2차 국공합작이 성립된 것이다. 그러한 터에 제2차 중일전쟁이 일어나면서 그사이 대일 항전을 일관되게 요구해온 중국공산당과의 합작은 더욱 굳어지게 됐다.

중국과의 전쟁을 시작한 일제는 1937년 8월 13일에 상해를 침공한 데 이어 12월 13일에 중화민국의 수도 남경을 점령했다. 이때 약 110만 명의 주민 가운데 피난하지 못한 주민과 역시 탈주하지 못한 군인 등 50만~60만 명을 상대로 1938년 2월까지 6주에 걸쳐, 일본군은 강간과 학살을 대대적으로 자행했다. 10대 소녀들과 수녀들, 비구니들을 포함한 약 2만 명의 여자들을 강간한 것을 포함해 최소한 30만 명을 희생시켰다. 이것을 중국에서는 '남경대도살(南京大屠殺)'이라고 부르고, 일본에서는 '남경사건'이라고 부르며, 서구권에서는 '아시아 홀로코스트(Holocaust)'라고 부르고, 우리나라에서는 '남경대학살'이라고 부른다.[78]

이때 독일의 나치당원이면서 지멘스 회사원인 욘 라베(John Heinrich Detlev Rabe, 1882~1950)는 남경에 주재하는 여러 외국인과 제휴해 '국제위원회'를 조직하고 남경인의 피해를 줄이기 위해 많은 노력을 기울였다. '남경대학살'의 주범들은 훗날 중국에 설치된 전범재판과 도쿄에 설치된 전범재판에서 처형됐으나 그 처벌이 철저하지 못했다는 비판을 받고 있다.

일제의 중국 침략은 거기서 멈추지 않았다. 일제는 1939년 2월에 중국의 최남단에 있는 전략적 섬 해남도(海南島)를 점령하고 군정을 실시했다. 동남아시아로의 침략 확대를 예견하면서, 일제는 이 섬을 군사기지로 만들고 동시에 철을 비롯한 여러 종류의 광물들을 탈취했다. 이 과정에서 중국인들과 한인들을 비롯해 동남아시아에서 잡혀온 현지민들이 가혹한 조건 아래 강제노역에 종사했으며 심지어 목숨을 잃었다.

거의 같은 시점에, 유럽에서는 제2차 세계대전이 일어났다. 1939년

8월 23일에 소련과의 불가침협정 체결을 성사시킴으로써 동부에 대해 걱정을 하지 않아도 된다고 믿은 나치 독일은 1939년 9월 1일에 폴란드를 침공한 데 이어, 덴마크와 노르웨이를 점령했다(스웨덴은 중립국이라 하여 침공하지 않았다). 소련은 나치 독일이 폴란드를 침공한 시점에 폴란드를 침공해 일정 부분을 점령하고 곧바로 핀란드를 침공했다. 나치 독일은 유럽 대륙으로 발길을 돌려 벨기에에 이어 네덜란드와 룩셈부르크를 점령하고 1940년 6월에는 프랑스의 항복을 받아내면서 괴뢰정권으로 비시정권을 세우기에 이르렀다. 석 달 뒤 나치 독일과 파시스트 이탈리아는 일제와 호전적 방공(防共)동맹을 체결해, 이른바 추축국을 형성했다.

추축국의 위세가 세계를 지배할 것 같은 암울한 분위기 속에서 나치 독일은 1941년 6월 22일에 불가침협정을 파기하면서 소련을 침공하기 시작했으며, 나치 독일에 발을 맞추기라도 하듯, 일제는 1941년 12월 7일에(일본과 조선의 시간으로는 12월 8일에) 미국령 하와이의 진주만을 공격하고 곧이어 영국령 말레이와 싱가포르 및 버마, 네덜란드령 인도네시아 그리고 미국령 필리핀 등을 침공함으로써 태평양전쟁 또는 아시아·태평양전쟁을 도발했다.[79]

미국과 연합국, 전세를 역전시키기 시작하다

미국과 영국, 중화민국은 곧바로 일본에 대해 선전포고를 했으며, 대한민국임시정부는 1941년 12월 9일에 일본에 대해 선전포고를 했다. 미국에서 항일독립운동을 이끌던 이승만은 일본의 미국 침략을 보며 '만세'를 부르면서 미국 정부를 상대로 임정 승인을 요청했다. 4개월 전인 1941년 7월에 그 유명한 『일본내막기』, 원서로 『*Japan Inside Out: The Challenge of Today*』(New York: Fleming H. Revell Company)를 출판하면서 일본이 곧 미국을 침공할 것이므로 미국은 적절히 준비해야 한다고 경고했던 그는 이제 미국의 반격이 시작되면 일제는 반드시 패망할 것이며 조선은 해방될 것이라고 믿었기 때문이다. 처칠은 루스벨트와의 통화에서 "이제 우리는 한배를 탔습니다"라는 루스벨트의 말을 듣자 곧바로 만세를 불렀다. 미국이 2차 세계대전에 적극적으로 개입할 것으로 확신했기 때문이다. 장개석도 미일전쟁은 일제의 패망으로 귀결될 것이라고 예측하며 환영했다.

나치 독일과 파시스트 이탈리아는 일본의 편을 들어 미국을 상대로 전쟁을 선포했다. 이에 맞서 미국은 독일과 이탈리아를 상대로 선전포고를 했다. 이로써 미국은 제2차 세계대전에 전면적으로 개입하기에 이르렀으며, 1942년 1월 1일에 영국, 소련, 중화민국, 호주, 캐나다를 포함한 26개국의 대연합을 성사시켰다. 곧이어 미국은 1942년 4월 이후 태평양에서 전세를 역전시키기 시작했다. 6월에 저 유명한 미드웨이해전에서 승리함으로써 일본 해군이 동진하는 것을 막았고, 8월에는 솔로몬 군도의 과다카날에서 일본군을 섬멸했다. 11~12월에는 미·영 연합군이 북아프리카에서 나치 독일군을 패퇴시켰고 곧 지중해를 건너 이탈리아를 공격했으며, 나치 독일군이 점령한 발칸반도 역시 공격했다.

미국이 주도한 연합국이 조심스럽게나마 2차 세계대전에서의 자신의 승리를 예견하게 된 때는 스탈린그라드의 전투에서 미국의 지원을 받은 소련이 나치 독일군의 항복을 받아낸 1943년 1월 31일 이후였다. 승기를 잡은 소련군은 서쪽으로의 진격을 계속해 1943년 3월 초에는 흑해 북쪽의 아조프해에 도달했다. 이로써 소련군은 나치 독일군과의 전

쟁에서 주도권을 잡게 됐으며, 유럽에서 2차 세계대전의 전환점을 마련하기에 이르렀다.[80]

장개석정부, 한인 독립운동 지원을 공식화하다

앞에서 살폈듯, 중국 정세는 물론 아시아 정세와 세계 정세가 급변하자 장개석정부는 한인 독립운동에 대한 지원을 바꿨다. 이 무렵 중국에서의 한인 독립운동 세력은 크게 보아 김구가 이끄는 우파 세력인 '한국광복운동단체연합회' 약칭 '광복진선(光復陣線)'과 김원봉이 이끄는 좌파 세력인 '조선민족전선연맹'으로 나뉜 채 경쟁·대립하고 있었다.[81] 장개석정부는 1937년 7월 10일에 남경에서 김구와 김원봉을 비롯한 한인 독립운동가들을 초청하고 재정적 지원을 다짐했다. 이에 힘입어 김원봉은 장개석정부의 승인을 받아 1938년 10월 10일에 장개석정부의 피난지이면서 중국공산당 팔로군의 대표부가 개설된 무한(武漢)에서 조선의용대를 발족시켰다.

김구 역시 장개석정부의 결정과 지원에 따라 1940년 9월 17일에 장개석정부의 임시수도 중경에서 한국광복군을 공식적으로 창군할 수 있었다. 장개석정부의 재정 지원이 공식화되고 한국광복군도 창군되자 김구는 1941년 6월에 장개석정부를 상대로 임정 승인을 요청했다. 김구의 임정 승인 요청은 이후에도 계속되어 1942년 3·1절 기념행사 때는 미국, 소련, 영국, 중화민국 등 4대국 모두가 임정을 승인해줄 것을 제의하는 '3·1절 선언'을 발표했고, 1944년에도 같은 제의를 되풀이했다. 그러나 실현되지는 않았다.

태평양전쟁이 일어나면서 장개석정부는 임정에 대한 재정적 지원을 확대했는데, 그 규모에 대해 서상문 교수는 다음과 같이 썼다.

> 개인 지원이나 불명확한 지원은 제외하고 근거가 완전한 것만 산입했을 때 중국정부가 임정에 1941년 12월부터 1945년 8월까지 매월 지급한 보조금만 해도 당시의 중국 법폐로 총 3,232만 원이나 됐다. 이 금액은 같은 기간 국민정부의 재정지출 가운데 특별지출 총액 7,496만5,615원의 43%에 달하는 거액이었다. 여기에다 만일 김구를 지원한 '특별기밀비'까지를 더한하면 아마도 중국의 대(對)임정 재정 지원 규모는 전체 국민정부 지출액에서 최소한 100분의 50 이상은 되었을 것이다.[82]

이렇게 추산하면서, 서 교수는 "다양한 종류의 지원들은 모두 윤봉길 의사가 수행한 상해의거의 성공에 근원을 두고 있다"라는 결론을 제시하는 것을 잊지 않았다.

다른 한편으로, 김원봉이 이끌던 조선의용대는 조선의용대 창설을 결정하고 후원한 중국 국민당정부의 뜻에 어긋나게 중국공산당의 영향 아래로 넘어갔으며, 1942년 7월에 연안에서 조선인 무정(武丁)을 사령관으로 하는 조선의용군으로 확대됐다. 부하 대부분을 잃은 김원봉은 임정에 참여해 1942년 9월에 한국광복군 부사령관 겸 제1지대장에 취임하고 1944년에 4월에는 임정 국무원 군무부장으로 취임한다.[83]

2 | 카이로회담이 한국의 자유와 독립을 선언하다

1943년 후반에 들어가, 전세는 연합국에 훨씬 더 유리하게 전개됐다. 미·영 연합군은 9월에 이탈리아에 상륙해 항복을 받아냈고, 거의 같은 시점에, 미군은 일본군을 태평양의 많은 섬으로부터 계속해서 패퇴시키며 서진(西進)을 거듭하고 있었다. 특히 파푸아뉴기니와 호주에 가까운 길버트제도를 탈환함으로써 대일전에 대한 승리의 자신감을 이전에 비해 훨씬 더 많이 가질 수 있었다.

전황에 큰 변화가 일어나고 승리를 예견하게 되면서 연합국 정상들은 전후의 세계 질서를 구상하기 시작했으며, 그 연장선 위에서 우선 미국, 영국, 소련, 중화민국은 1943년 10월에 모스크바에서 외무장관 회담을 열고 '4개국 선언'을 채택했다. 이 선언은 네 나라가 전쟁 중에는 물론이고 전후에도 협력을 계속할 것이며, 세계 평화와 안전을 위한 국제기구의 설립을 추진할 것임을 다짐했다.

이 선언을 바탕에 두고, 연합국의 정상회담이 1943년 11월 22일부터 12월 7일까지 이집트의 수도 카이로와 이란의 수도 테헤란, 그리고 다시 카이로에서 잇따라 열리게 됐다. 우리가 흔히 말하는 카이로회담은 두 차례 열린 회담 가운데 제1차 회담으로, 제1차 회담은 1943년 11월 22일부터 26일까지 미국의 루스벨트 대통령과 영국의 처칠 총리, 중화민국의 장개석 총통 사이에 열렸다. 이 회담에 장개석의 부인 송미령이 동참해 영어를 전혀 하지 못하고 국제외교에 어두운 장개석을 도왔다. 스탈린도 초청을 받았으나, 1941년 4월 13일에 체결된 일본과의 중립·불가침조약을 존중해 일본을 다룰 이 회담에 참석할 수 없다는 명분을 내세웠고, 세 나라 정상은 그 뜻을 받아들였다. 우리가 곧 자세히 살필 조선=한국의 자유와 독립에 관한 합의는 여기서 이뤄졌다.

제1차 카이로회담을 마친 뒤 루스벨트와 처칠은 테헤란으로 비행해 11월 28일부터 12월 1일까지 스탈린을 상대로 회담했다. 이 회담에서 스탈린은 조선=한국의 자유와 독립에 관한 카이로의 합의에 동의했으며, 이에 따라 루스벨트와 처칠은 12월 1일에 카이로를 향해 테헤란을 떠나면서 카이로선언을 발표할 수 있었다.

이 선언에 "앞에서 말한 세 강대국은 코리아 인민의 노예화에 유의해 'in due course'에 코리아가 자유롭고 독립적이 되어야 한다고 결정했다"라는 조항이 포함됐다. '앞에서 말한 세 강대국'은 물론 미국, 영국, 중화민국을 말하며, 이 조항을 흔히 '한국 조항'이라고 부른다. 문제의 'in due course'는 '적당한 시기에' 또는 '적당한 과정을 거쳐' 또는 '적당한 과정과 절차를 거쳐'로 번역됐다. 그리고 그러한 번역에 기초해, 이 조항은 비록 모호한 표현이기는 하지만 연합국이 처음으로 한국의 독립을 공식적으로 약속한 것으로 받아들여졌다.[84]

제2차 회담은 12월 2일부터 7일까지 루스벨트와 처칠 사이에서 열렸다. 이 회담은 주로 유럽 문제를 다뤘기에 조선=한국에 대해 전혀 언급하지 않았다.

3 루스벨트의 역할과 장개석의 역할

카이로회담이 다룬 의제들, 그리고 이 의제들에 대한 세 정상의 입장은 이 책의 초점 밖이기에 여기서는 논외로 한다. 다만 한국 조항이 포함되는 과정에서 장개석의 역할이 어떠했느냐에 초점을 맞추어 다루기로 한다.

루스벨트의 역할을 강조한 연구자들

이미 많은 책과 논문에서 자세히 설명되어 있듯, 카이로회담에서 한국 문제 제기를 주도하고 합의를 이끌어낸 지도자는 루스벨트 대통령이었다. 반면에 처칠 총리는 한국 문제 제기 그 자체에 반대하거나 자신의 반대가 소용없게 되자 매우 소극적으로 대했다.[85] 그러면 루스벨트는 왜 처칠의 반대에도 불구하고 한국의 독립 문제를 끝까지 제기했던 것인가? 이 물음에 대해서도 이미 많은 책과 논문에서 자세히 설명됐기에 여기서는 되풀이하지 않고, 다만 이 문제 제기를 주도한 지도자가 루스벨트였느냐 또는 장개석이었느냐에 한정해 설명하기로 한다.

결론부터 말해, 무엇보다 루스벨트 대통령이 기독교인으로 오랫동안 품어왔던 '억압받는 사람들은 억압으로부터 풀려나야 한다'는 믿음, 그리고 그 믿음 위에서 성장한 '제국주의에 의해 희생된 식민지는 해방돼야 한다'는 믿음이 크게 작용했다. 그러한 믿음 아래, 그는 1941년 1월 6일에 의회에서의 연두교서를 통해 인간의 자유에서 중요한 네 가지 자유, 곧 언론의 자유, 신앙의 자유, 결핍으로부터의 자유, 공포로부터의 자유를 선언했던 것이고, 1941년 8월 14일에 처칠 총리와 함께 자유와 민주주의 및 평화를 기둥으로 삼는 14개 조항의 대서양헌장을 채택했던 것이며, 1942년 1월 1일에 역시 자유민주주의와 평화의 달성을 지향하는 대연합선언을 채택했던 것이고, 1943년 1월 24일에 처칠과 함께

모로코의 제2도시 카사블랑카에서 공동 기자회견을 열고 추축국의 무조건 항복을 요구했던 것이다.

루스벨트 대통령과 믿음을 공유했던 이가 바로 그의 특별보좌관 해리 홉킨스(Harry Hopkins)였다. 독실한 감리교인이었던 어머니의 영향 아래 어려서부터 기독교를 받아들여 훗날 미국 감리교계의 지도자들 가운데 한 사람으로 성장한 홉킨스는 카이로선언의 한국 조항을 기초했는데, 이 점과 관련해 정일화(鄭逸和) 박사는 다음과 같이 썼다.

> 카이로선언에 … 한국의 독립 조항이 들어간 과정은 아직 상당 부분 신비로움에 싸여 있지만 분명한 사실은 카이로선언서가 일반적 국제회의의 관례인 초안공동위원회의 작품이 아니고 회담 개최의 핵심적인 역할을 했던 해리 홉킨스 루스벨트 대통령 특별보좌관이 홀로 만들었다는 것과 홉킨스는 침략주의 철학에 의해 억눌린 식민지 국가를 자유롭게 해야 한다는 루스벨트 대통령의 정치철학을 그대로 갖고 선언서를 초안했다는 것이다.[86]

유영익 교수는 정일화 박사의 논지를 지지했다. 거기서 한 걸음 더 나아가, 유 교수는 자신이 발굴한 자료들을 근거로 루스벨트 대통령과 홉킨스 보좌관이 그러한 결정을 내림에 있어서 이승만의 역할이 컸다고 주장했다. 이승만이 카이로선언 이전에 루스벨트 대통령에게 세 차례 이상 친서를 보내 한국의 독립운동에 관심을 기울여달라고 부탁했으며 대통령 비서실은 이승만의 편지를 대통령이 '세밀한 주의'를 기울여 읽었다고 회답한 사실, 그리고 이승만이 1942년에 발족한 한미협회의 회원들이 워싱턴 파운드리감리교회 담임목사이며 미연방 상원 원목(院牧)

인 프레드릭 브라운 해리스(Frederick Brown Harris)의 주도 아래 루스벨트 대통령에게 한국의 독립을 미국이 지원할 것을 호소하는 편지를 보낸 사실 등을 상기시키면서, 유 교수는 감리교 신자로 미국의 감리교계 지도자들에게 영향이 컸던 이승만의 꾸준한 로비가 대통령과 그의 보좌관에게 '무시 못 할 영향을 끼쳤을 것'이라고 추론한 것이다.[87]

장개석의 역할을 강조한 연구자들

대조적으로, 장개석 총통이 주도적 역할을 수행했다는 주장 역시 꾸준히 제기됐다. 우선 일제 패망 직후 미국에서의 오랜 항일독립운동 생활을 끝내고 귀국해 새로운 독립운동을 이끌던 이승만은 1946년에, 윤봉길 의사의 의거에 감동한 장개석이 카이로회담에서 한국의 독립을 주장하여 연합국의 동의를 얻어냈다고 썼다.[88] 중국국민당 공보국장을 역임한 장기윤(張其昀)이 1953년에 편집한 작은 책자는 장개석의 주도로 한국 조항이 포함될 수 있었다고 주장했다.[89] 이승만 대통령의 오랜 친구이며 비공식 고문이던 로버트 올리버(Robert T. Oliver) 교수는 1954년에 출판한 책에서 "1953년 8월에, 중화민국의 주일대사 홀링톤 통(Hollington K. Tong, 董顯光)은 (나에게) 카이로선언에 코리아에 관한 조항이 들어간 것은 오로지 장개석의 강력한 제의가 받아들여졌기 때문이라고 말했다"라고 썼다.[90]

그러나 반론이 뒤따랐다. 한중 외교사에 밝은 구대열(具汏列) 교수는 장개석이 세 측면에서 제약을 받아 한국의 독립 문제를 강하게 발언하지 못했다는 논지를 전개한 것이다. 자신의 정부가 미국의 군사원조에 의존하는 처지였기에 미국의 정책에 거슬리는 발언을 자제해야 했고,

자신의 참석 그 자체를 반대한 처칠의 입장을 의식해야 했으며, 자신의 정부 스스로 조선=한국의 즉각적인 독립에 진심으로서의 열정을 갖고 있지 않았다는 것이다. 이 마지막 논점과 관련해, 구대열 교수는 장개석 정부가 일제 패망 이후 조선=한국에서 자신의 전통적 영향력을 회복하고 싶어 했으며, 그렇게 하려면 조선=한국이 즉각적인 독립을 얻는 것보다는 어느 정도 자신이 개입할 수 있는 형태로 남게 되기를 바랐다고 부연했다.[91]

그러나 여기서도 반론이 뒤따랐다. 한시준 교수는 장개석 총통의 비서로 카이로회의에 참석했던 왕총혜(王寵惠)가 작성한 「카이로회의 일지」를 비롯해 중화민국의 많은 자료에 근거해, 임정의 요인들이 장 총통을 설득했고 장 총통이 루스벨트를 설득해 한국 조항이 포함된 것으로 풀이했다.[92] 매헌윤봉길의사기념사업회 이성섭(李聖燮) 상임이사 역시 같은 논지를 전개했다. 윤 의사 의거가 장 총통을 감동시켰고, 그래서 장 총통이 카이로회담에서 한국의 독립을 제의했으며, 그 제의가 카이로선언에 반영됐다고 설명했다.[93]

이상철 교수도 이 주제를 집중적으로 파고들었다. 『장개석일기』를 치밀하게 분석한 이 교수에 따르면, 장 총통은 1943년 7월 26일에 김구 주석을 비롯한 임정 요인들을 만나 한국의 독립을 연합국 회담에서 제기하고 관철해달라는 호소를 들었으며, 이 만남이 있은 뒤 자신의 일기에 카이로에서 루스벨트와 처칠을 만나 나눌 이야기를 꼼꼼히 적었는데 그때마다 '조선의 완전 독립'이라는 조목을 빼놓지 않았다.[94] 회담이 임박한 시점인 11월 11일에 장 총통은 자신이 위원장인 군사위원회 참사실에 자신이 회담에서 제기할 문제에 관한 안을 작성하도록 지시했으며, 11월 14일에 보고를 받았다. 거기에는 '전후 조선의 독립'이 포함되어 있었다. 카이로에 도착한 이튿날인 11월 22일에 그는 회담에서 논의될 것으로 예상되는 의제들을 목록으로 만들면서 '전후 조선의 독립'을 다시 써 넣었다.

장개석은 회담의 두 번째 날인 11월 23일의 일기에서 "저녁 7시 30분에 루 총통이 베푼 연회에 가서 심야 11시가 넘도록 얘기를 나누었는데 그렇게 하고도 할 얘기가 남은 듯하여 다음 날 계속하기로 하다"라고 적었다. '루 총통'은 물론 루스벨트 대통령을 말하는 것으로, 중국인들은 오늘날에도 대통령을 총통이라고 호칭한다. 연회가 심야까지 계속된 까닭은 장개석과의 대화는 통역이 필요했기에 시간이 늘어난 데 있었다.

루스벨트 대통령 쪽에서도 이 만남에 대해 기록을 남겼다. 그러나 참석자만 기록했고 대화에 대해서는 전혀 기록하지 않았다.[95] 미국 측에서는 루스벨트와 홉킨스, 그리고 루스벨트의 아들인 루스벨트 중령이 참석했고, 중국 측에서는 장개석과 송미령이 참석했다. 대조적으로, 장개석은 자신의 일기에 대화의 내용을 자세히 기록했다. 11월 24일의 일기에서, 장개석은 "어제 일을 계속 적는다"라고 쓴 데 이어, 전날 밤 루스벨트와 나눈 얘기를 10개 항목으로 정리했는데, 이상철 교수가 지적했듯, 그것들 가운데 주목할 대목은 다음의 제7항이다.

> "조선 독립 문제에 대해 나는 특별히 루스벨트의 중시(重視)를 끄는 데 힘을 넣었다. 나는 루 씨한테 (조선 문제에 관한) 나의 주장에 찬동하고 도와줄 것을 요구했다. 오늘 미국 대표가 루 총통이 작성한 회의 성명서 초안을 가지고 와 (나의) 부인한테 건네며 내 뜻을 물어보라고 했다. 나는 그 초안의 모든 사항이 완전히 전날 밤 내가 루 총통한테 제기한 요지 그대로임을 알고 마음속 깊이 루 씨의 화(華)에 대한 성

심성의의 자세와 정신을 알 수 있었다. (그것은) 그 어떤 정치가도 따르지 못하리라고 생각하게 되었다. 밤에는 처 수상이 베푼 연회에 응했는데 부인한테 우스갯소리를 많이 늘어놓았지만 부인은 가볍고 담담히 가시 돋친 대응을 했다."[96]

널리 알려져 있듯, 루스벨트가 이 회담에 장개석을 참석시킬 것을 제의했을 때 처칠은 완강히 반대했으나 루스벨트의 뜻이 워낙 굳어 묵종했던 터였다. 처칠의 태도는 회담이 열린 뒤에도 바뀌지 않았다. 장개석이 제의를 하면 묵살하거나 반대했다. 특히 조선=한국의 독립이 약속되면 영국이 보유한 아시아·아프리카의 식민지들이 동요할 것을 두려워해 끝까지 반대했다. 그러나 미국의 군사·재정 원조에 생존을 걸고 있던 영국의 총리로서 마지못해 동의하곤 했다.

장개석이 이 사실을 모를 리가 없었다. 그래서 그는 자신의 일기에 처칠에 대해 아주 좋지 않게 써놓았다. 11월 25일에 장개석은 "이자는 영국식 정치가로서 앙글로 삭슨 민족의 전형적 인물인데, 그 사상과 정신, 기백과 인격은 절대 루 총통하고는 동렬에서 운운할 수 없다. 협애, 교활, 자사(自私), 완고의 여덟 글자가 딱 들어맞는 놈이다"라고 혹평한 것이다.[97] 26일의 일기에서도 장개석은 루스벨트에 대한 존경과 처칠에 대한 혐오를 그대로 나타냈다.

어제 루스벨트 처소에서 사진을 찍고 손님들이 헤어진 다음 나는 루 처소에 남아 어젯밤 내가 제기한 정치 방안은 개인적인 의견이므로 그냥 참고로 해달라고 설명하고 아울러 내 의견은 이러할 뿐이라고 했다. 그때 그의 표정은 진지하고 성의에 넘쳤다. 오후 4시에 또 다시 루 씨와 함께 (성명문 요지에 대해) 내가 제기한 요지를 놓고 얘기를 나누었는데 회담이 끝날 무렵 루 씨는 탄식하듯 나를 향해 지금 문제가 되어 고통스러운 것은 처칠의 문제라고 했다. 또한 (처칠이) 중국의 뜻을 존중하지 않는 듯한 언행이 있는 데 대해 우려의 기색을 보였다.[98]

회담이 끝난 다음에 적은 일기에서도 장개석은 처칠에 대한 불만을 거듭 표시했다. "성명문을 마무리하기에 앞서 세 나라 대표가 토론할 때 영국은 조선 독립 문제에 대해 견결히 제기하지 않으려고 했고, 또 동북 문제에 관해서는 입으로는 일본이 만주를 포기해야 한다고 하면서도 동북을 중국에 반환하는 것에 대해서는 입 밖에 내지도 않았다. 허나 우리 대표가 미국 대표의 찬동과 도움을 쟁취했기에 선언문이 무탈하게 원안대로 만들어질 수 있었다"라고 썼다. 그는 이어 "(중국의) 동북3성과 대만 팽호(澎湖) 등 잃어버린 지 50년 혹은 12년이 넘는 영토를 공동성명에서 동의를 얻어 우리나라에 돌려주기로 하고, 또 전후 조선의 독립과 자유를 승인하게 했으니 이 얼마나 대단한 일인가. 또 이 얼마나 바라고 있던 제안이었더냐. 그것을 오늘 3국 공동성명 안에 넣어 발표했으니 고금 중에 전례가 없던 외교적 성공이 아니더냐"라고 쓰면서 만족을 표시했다.[99]

장 총통이 자신의 일기에 남긴 이러한 기록을 종합하건대, 카이로 선언에 한국 조항이 포함됨에 있어서 그가 수행한 역할은 결코 가볍게 여겨질 수는 없다. 이러한 맥락에서, 한국 조항에 대한 홉킨스의 기여를 앞세우는 정일화 박사조차 "11월 23일 저녁 루스벨트와 장개석의 만남에서 한국 문제가 토의된 것은 확실하며 만일 장개석이 카이로에 오지 않았더라면 한국 문제가 거론될 기회가 적었을 것이라는 점에서는 장의 역할이 있었다. 그가 카이로에 나타남으로써 중국과 영국, 영국과 미국의 갈등관계가 노출되어 공동성명을 통상적인 공동성명기초위원회를 통해 작성하기가 어렵게 되었고, 그의 등장으로 한국 문제가 어떻게든 좀 더 많이 등장할 수 있게 되었다는 점에서는 그의 공을 인정할 수 있을 것이다"라고 논평했다.[100]

카이로선언 이후 김구와 장개석의 만남

장개석 총통은 자신이 '3국공보(三國公報)'라고 부른 카이로선언이 발표된 때로부터 9개월이 지난 1944년 9월 5일에야 김구 주석을 만났다. 이 자리에서, 김구는 중국 정부에 대해 네 가지를 요구하는 각서를 전달했다. (i) 임정을 법적으로 승인해줄 것, (ii) 임정에 대한 원조를 더 두텁게 해줄 것, (iii) 활동비로 5,000만 원을 원조해줄 것, (iv) 매달 정무비와 생활비로 200만 원을 보조해줄 것 등이 그것들이었다. 이것과는 별도로 김구는 구두로 임정 사무실로 쓸 집을 마련해줄 것, 그리고 각서 내용과 담화 기록은 임정의 다른 한국인에게 알려주지 않도록 할 것 등을 요구했다.

장개석은 즉석에서 "임정 승인 문제에 대해 우리 정부는 이미 방침을 굳히고 있다. 시기가 성숙되면 제일 먼저 승인하겠다"라고 대답했다. 5,000만 원 원조에 대해서는 먼저 500만 원을 지급하고 임정의 업무가 진척되어가는 상황을 보아가며 다시 논의하자고 했고, 정무비와 생활비로는 먼저 100만 원씩 지급하되 쌀을 대주는 일은 계속해서 상의하자고 대답했다.[101]

장개석정부는 끝내 임정을 승인하지 않았다. “임정은 국내에서 생활하는 조선=한국인들과 연결이 없고 또 조선=한국인 독립운동단체들 가운데 하나이므로, 임시정부로 승인하기 어렵다”라는 미국 정부의 결정을 그대로 따랐기 때문이다. 그러나 일제 패망 직후 임정의 요인들이 귀국할 때 여러 형태로 편의를 제공했으며, 특히 1945년 11월 14일에 김구 주석을 위한 전별식을 베풀고 김구 주석에게 미화 20만 달러를 주었다. 이것은 2000년 기준으로 약 20억여 원에 해당하는 거액이었다. 장 총통으로서는 일제 패망 이후의 한반도에 대해 영향력을 행사하기 위해 자신이 오랫동안 인연을 맺어왔고 후원해온 김 주석을 도와줌으로써 김 주석이라는 영향력이 큰 지렛대를 확보하려는 정치적 계산을 했을 것이다. 바로 그 점을 인식하고 미군정은 이 돈의 반입을 금지했다.

제5절

맺음말: 윤봉길 의사, 자신을 버림으로써 민족을 살리고 또한 민족의 진로를 제시하다

1 | 윤 의사의 생애를 요약한다

윤 의사의 24년 6개월이라는 짧은 생애는 크게 보아 세 단계로 나뉜다. 첫 번째 단계는 5세부터 17세까지(1913~1925) 전통적인 유학을 수학하던 단계이다. 이 시기에 그는 특히 오치서숙에서 유학을 깊이 공부해 나라에 충성하고 부모에 효도하며 형제간에 화목하고 가정에 충실하며 이웃에 봉사하는 인간으로서의 기본 도리를 익혔다. 그는 배움을 생활 속에 구현해, 아들로서, 형으로서, 남편으로서, 아버지로서, 이웃으로서 아무런 흠 없이 훌륭하게 살았다. 그렇게 살았을 뿐만 아니라, 3·1 운동의 영향을 받아 일제에 대한 저항의식을 잊지 않고 일제가 세운 공립보통학교를 자퇴했고, 고향의 청소년들에게 항일 의식을 심어주었다. 또 이 시기에 익힌 유학을 바탕으로 많은 시문(詩文)을 지어 후대에 남겼다.

두 번째 단계는 17세부터 22세까지(1925~1930)로 고향에서 배우지 못한 청소년들을 위해 야학당을 열고 월진회를 조직하면서 농촌운동을 시작해 젊은 스승으로서 활동했다. 『농민독본』을 써서 농민을 깨우치고 자조와 협력의 정신을 고취한 행적은 그를 '선구적 농촌개혁운동가'로 자리매김하기에 충분하다. 이 시기에 조선의 경제는 세계경제의 영향을 받아 더욱 나빠졌고 자연히 농민 생활은 더욱 빈곤해졌다. 그는 일제의 착취에 눈을 뜨게 됐으며 항일 의식을 더욱 강화하고, 『농민독본』을 비롯한 저술과 강연에서 일제에 대한 저항을 강하게 표시했다.

세 번째 단계는 22세부터 24세 6개월 때까지(1930~1932) 2년여의 시기이다. 그는 일제의 조선 지배가 부당하며 동포에게 큰 해악을 끼치고 있다는 평소의 생각을 굳히면서 농촌부흥운동만으로는 민족을 구할 수 없으며 무력으로써 대항해야 한다는 믿음에 도달했다. 그 위대한 각성은 곧 위대한 행동으로 이어졌다. 그는 중국으로 망명해 1932년 4월에 김구의 '한인애국단'에 가입하고 상해 홍구공원에서 일제의 주구 일곱을 도륙함으로써 조선=한국인이 일제의 식민 지배를 거부하고 독립을 지향하고 있음을 세계만방에 과시했다. 동시에 동포들과 중국인들의 항일 의식을 다시 일깨우면서 두 민족이 연합투쟁의 길에 들어서도록 유도했다. 이로써 꺼져가던 대한민국임시정부가 되살아나고 연합국이 카이로선언을 통해 한국의 독립을 약속하는 계기가 마련됐다.

여기서 우리가 상기해야 할 대목이 있다. 일제 패망으로부터 18일째인 1945년 9월 2일 오전 9시 5분에 태평양지역연합군 최고사령관 맥아더 원수는 연합국을 대표해 도쿄만에 정박 중인 미함 미주리호 함상에서 일본으로부터 항복을 접수했다. 이때 일본을 대표해 항복문서에 서명한 사람이 외상 시게미쓰 마모루였다. 그는 윤 의사가 던진 폭탄에 맞아 오른쪽 다리를 잘라내고 의족을 달아야 했으며, 그래서 이 역사적 항복식에서 의족을 단 채 지팡이를 짚고 서 있어야 했다. 연합국은 이 항복 접수식에 한국 대표의 참석을 허용하지 않았다. 그러나 시게미쓰의 의족과 지팡이는 한국의 참석을 상징하고 있었다.

2 | 현양사업이 뒤따르다

다시 말할 필요가 없듯, 윤봉길 의사의 의거는 역사적으로 큰 의미를 가졌다. 그렇기에 윤 의사에 대한 현양사업 또는 현창사업이 뒤따랐

던 것은 너무나 당연했다.[102]

우선, 제6장 제4절 제4항에서 자세히 설명됐듯, 1946년 4월 29일에 일제 패망 이후 처음 맞이하는 상해의거일에 맞춰 서울운동장에서 '윤 열사 의거 기념대회'가 이승만, 김구, 김규식 등 각계인사 83명의 참석 아래 열렸으며, 1946년 7월 6일에 국민장이 효창공원에서 거행됐다. 1949년 4월 29일에는 의거 16주년 기념으로 고향인 충청남도 예산군 예산읍 예산리에 김구의 참석 아래 '윤봉길열사비'가 건립됐다. 비문은 당대의 석학 위당(爲堂) 정인보(鄭寅普)가 짓고 당대의 명필 일중(一中) 김충현(金忠顯)이 썼다.

윤 의사에게 국가가 훈장을 수여한 것은 1961년 5월 16일에 군사정변이 일어난 뒤였다. 1962년 3월 1일에 대한민국 정부를 대표해 윤보선(尹潽善) 대통령은 윤 의사에게 건국공로훈장 가운데 등급이 가장 높은 건국공로훈장 중장(重章)을 추서했다. 이 훈장은 법 개정에 따라 오늘날에는 건국훈장 대한민국장으로 불린다. 부인 배용순 여사에게는 의거 50주년인 1982년 4월 29일에 국민훈장 목련장을 수여했고, 1982년에 사단법인 매헌윤봉길의사기념사업회는 부인의 효행을 기려 배용순효부상을 제정해 오늘날에도 수여하고 있다.

윤 의사의 높은 뜻을 기리고 그것을 후대에 전하기 위해 순국 33주년인 1965년 12월 19일에 매헌윤봉길의사기념사업회가 사단법인의 형태로 발족했으며, 1968년 4월 29일에는 의거 36주년을 기념해 박정희 대통령의 참석 아래 예산군 덕산면 시량리에 충의사를 준공하고 영정을 모셨다. 1972년 5월에는 대전 충무체육관(오늘날의 한밭체육관)에 윤 의사의 동상이 세워졌다. 제막식에 앞서 김남조(金南祚)가 작사하고 나운영(羅運榮)이 작곡한 '윤봉길 의사의 노래'가 바쳐졌다. 시인 김남조는 다음과 같이 노래했다.

하늘이 내리시는 부신 햇살이
충절의 큰 사적을 말없이 말씀하네
나라 뺏긴 천지간에
나라 찾을 큰 뜻 세워
그 한 몸 황황히 불로 사른 윤 의사여
광복의 기맥이 그 불기둥 위에
높이 뻗쳤어라
열백 번 거듭나서 사람 되어도
순국의 그 장한 뜻 피밭의 꽃였으리
원통하고 욕된 세월
내 나라의 기를 품고
한사코 새 역사를 기약한 윤 의사여
조국의 청사에 그 크신 이름이
길이 빛나리라

현양사업은 계속됐다. 문화공보부 문화재위원회는 1972년 8월 16일과 1976년 5월 31일 두 차례에 걸쳐 윤 의사가 태어난 집과 성장한 집을 비롯해 부흥원과 사우를 사적지로 지정했다. 또한 일기와 「자서약력」, 「한인애국단 입단 선서문」, 월진회 창립 취지서, 위친계 취지서, 『농민독본』 그리고 시계와 도장 등 유품 37종을 모두 보물로 지정했다.

1988년 12월 1일에 서울특별시 서초구 양재동 '시민의 숲' 공원 안에 국민의 성금으로 매헌윤봉길의사기념관이 건립됐다. 의거 60주년을 앞두고 1991년 11월 당시 민주자유당 김영삼 대표최고위원을 회장으로 하는 매헌 윤봉길 의사 의거 제60주년기념사업추진위원회가 조직돼 여러 현창사업을 추진했는데, 그 일환으로 의거 60주년의 날인 1992년 4월 29일에 기념관 경내에 동상이 건립됐으며, 순국지 가나자와에는 1992년 8월에 제6장 제4절 제3항에서 살핀 암장지의 남서쪽 200m 뒤 30평 정도의 대지에 '윤봉길의사순국기념비'가 한국을 향해 세워졌다. 순국 60주년의 날인 1992년 12월 19일에는 가나자와 암장지에 '윤봉길의사암장지적' 비석이 세워졌다. 매헌윤봉길의사기념사업회는 의거 80주년을 맞이해 2012년 6월에 『매헌윤봉길전집』 전 9권을 출판했다.

중국에서의 현양은 중화민국의 경우 장개석 총통이 앞장을 섰다. 그는 1966년 10월 10일 쌍십절에 윤 의사의 아들 윤종과 아우 윤남의를 대만으로 초청해 국빈 대우를 하며 "윤 의사는 귀국(貴國)에만 공이 큰 것이 아니라 우리나라에도 공이 큰 분입니다. … 내가 장차 본토를 수복하고 남경으로 돌아가면 윤 의사의 미망인을 초청해 지난날을 회고해볼 작정입니다"라고 말했다. 그는 1968년 3월 27일에는 다음과 같은 글을 지어 윤 의사의 위업을 기렸다.

순리와 역리를 구별하였고	別順逆
시비를 변별하였으며	辨是非
대의를 밝혔고	明大義
삶과 죽음을 알았도다	知生死
정기를 천지 사이에 남겨주시어	留精氣在天地之間
의를 취하고 인을 이루었으니	取義成仁
영원히 드리워 썩지 않으리	永垂不朽

상해를 통치하고 있는 중화인민공화국의 경우, 대한민국과의 수교를 기다려야 했다. 수교가 발표된 1991년 8월로부터 2년 8개월이 지나 의거 62주년이 된 날인 1994년 4월 29일에 상해 홍구공원 안에 매헌의 '매'자를 딴 매정(梅亭)을 건립했고, 1998년에는 매정 입구에 '윤봉길의사의거기념비'를 세웠으며, 의거 77주년이 된 2009년 4월 29일에 매정을 매헌(梅軒)으로 개명했다.

윤 의사 의거 평가에 인색한 북한

윤 의사 의거에 대한 북한의 평가는 1932년에 『콤무니스트』에 발표됐던 김단야의 논지를 연상하게 만든다. 조선=한민족을 식민 지배하는 일제에 대한 저항의 표시로 폭탄을 던져 그 앞잡이들을 처단한 것은 잘한 행동이었으나, 그 '개인적 테러'로는 민족의 해방을 실현할 수 없었고 오히려 일제의 탄압을 가중시키는 결과를 빚었을 뿐이라는 편협한 논지에서 벗어나지 못하고 있다.

그 첫 사례가 '조선민주주의인민공화국 사회과학원 력사연구소'가 1958년에 펴낸 『조선통사』 하권의 서술이다. 일제강점기 조선=한인이 전개한 항일독립운동에 대해 길게 자세히 설명하면서도 윤 의사에 대해서는 (윤 의사뿐만 아니라 유관순을 비롯한 수많은 항일독립운동가들에 대해서도) 한마디도 말하지 않고 오로지 김일성이 '맑스-레닌주의'에 바탕을 두고 '쏘련과 중국공산당과의 … 튼튼한 연계' 아래 이끌었다는 항일무장투쟁에 대해서만 썼다. 이 책은 김일성의 항일무장투쟁 이외의 것은 모두 "확고한 지도부가 없이 자연발생적이며 분산적으로 전개됨으로써 소기의 성과를 거두지 못하였다"라고 단정함으로써, 명시적으로 그렇게

쓰지는 않았으나, 윤 의사의 의거도 그러한 범주에 들어간 것으로 폄하했다.[103]

둘째, '조선민주주의인민공화국 사회과학원 력사연구소'가 1971년에 펴낸 『력사사전』 제1권과 제2권의 경우다. 이 두꺼운 책 가운데 'ㅇ'은 제2권에 포함됐지만 여기에 윤 의사는 아예 포함되지 않았다. 다행히 안중근 의사는 포함됐으나, 그가 이토 히로부미를 격살한 행동은 칭찬하면서도 "그의 애국적소행은 일제의 침략정책에 일정한 타격을 주고 당시 인민들의 반일투쟁을 고무하였으나 대중투쟁과 결부되지 못한 그의 개인테로의 방법은 일제침략자들을 구축하고 조선독립을 달성할수 있는 정확한 투쟁방법으로는 될수 없었다"(철자법과 띄어쓰기는 북한식)라고 덧붙임으로써 사실상 그 역사적 의미를 폄하했다.[104]

이 항목에 이어 곧바로 '안중근 이등박문을 쏘다'라는 항목이 뒤따랐다. 이 항목은 김일성이 일제강점기에 만주에서 게릴라운동을 하던 때 이 제목의 연극을 창작해 대원들과 자신이 '해방'한 지역에서 인민들을 위해 공연했다고 설명한 뒤, 안중근의 행동이 대중과 연결되지 못함으로써 독립운동의 올바른 투쟁 방법이 되지 못했음을 가르쳤다고 덧붙였다.

셋째, 북한의 관영사학은 1970년대 중반 이후 거기서 한 걸음 더 나아가 김일성이 제시한 주체사상에 따라 집단적인 무장투쟁을 전개할 때에만 민족해방운동은 '새로운 발전의 길'에 들어설 수 있었다는 논리를 전개했다. 그러한 해석의 한 사례를 『조선전사』 제17권에서 찾을 수 있다. 철자법과 띄어쓰기는 본문 그대로 따라가기로 한다.

조선인민은 일찍부터 민족적 독립과 해방을 위하여 일제를 반대하는 투쟁을 여러 가지 형태와 방법으로 끊임없이 벌렸으며 그 과정에 피도 많이 흘렸다. 일제의 조선강점을 전후하여 애국문화운동, 의병 투쟁이 전개되었고 1920년대에 이르러서는 무장을 든 독립군운동과 함께 맑스-레닌주의의 영향밑에 로동운동과 농민운동을 비롯한 광범한 반일대중투쟁이 벌어졌다. 그러나 이 모든 투쟁들은 수령의 탁월한 령도를 받지 못함으로 하여 과학적이며 혁명적인 전략전술에 의거한 조직적인 무장투쟁으로 발전하지 못하였으며 따라서 일제의 가혹한 탄압으로 말미암아 그때마다 실패를 면치 못하였다.

항일무장투쟁 이전에 있었던 의병 투쟁이나 독립군운동은 다같이 무장으로 조선독립을 위하여 싸운다고는 하였으나 그것들은 모두 자산계급의 리익을 대표하는 민족주의운동으로써 민족적해방의 과업을 근로인민들의 계급적해방의 과업과 결합시키지 못하였고 동시에 과학적인 전략전술에 의거한 조직적인 무장투쟁으로까지 발전하지 못하였다.

선행한 반일민족해방운동을 실패의 운명에서 벗어날 수 없게 한 이러한 본질적제한성은 로동계급의 혁명사상에서 가장 높고 빛나는 자리를 차지하는 영생불멸의 주체사상을 유일한 지도적지침으로 하는 무장투쟁의 시초가 열려짐으로써 실천적으로 극복되었으며 조선민족해방운동은 새로운 발전의 길을 따라 더욱 힘차게 전진하게 되었다.[105]

이러한 편협하면서 교조적인 역사 인식에 따라 1931년 12월~1933년 봄의 항일독립운동을 다룬 『조선전사』 제17권은 전체 쪽수가 503쪽에 이르렀는데도 윤봉길 의사와 홍구공원 의거에 대해서는 일언반구의 언급도 하지 않았다.

넷째, 윤 의사에 대한 평가는 『조선력사인명사전』에서 어느 정도 개선됐다. 2002년에 출판된 이 책은 '윤봉길'이라는 항목을 두고 그의 홍구공원 의거를 자세히 설명했다. 특히 그가 김구의 '한인애국단'에 입단한 사실도 설명했으며, 그의 의거를 중국인들 그리고 중국국민당 수뇌부가 칭찬했다는 설명도 덧붙였다.[106] 그런데 여기서 우리가 주목해야 할 사실이 있다. 이 책은 평양에서 출판되기는 했으나 남한 독자들을 염두에 둔 것으로 보인다. 남한 독자들에게 자신들의 역사 해석이 김일성 중심의 일방적 해석이 아님을 보여주기 위해 제작된 것으로 추측된다.

다섯째, 윤 의사에 대한 북한의 평가는 다시 원래의 논지로 돌아갔다. 2015년 12월 10일의 〈조선신보〉 기사는 "지난 9월 조선중앙텔레비죤(TV)은 윤봉길 렬사의 의거를 내용으로 한 텔레비죤 소개편집물 '렬사가 남긴 교훈'을 방영했다"라고 서두를 연 뒤 "편집물은 테로의 방법으로는 나라의 독립을 이룰수 없다는 것을 교훈으로 보여주고 있다"라면서 "항일무장투쟁을 중심으로 하는 전민항쟁으로써만 나라의 독립을 이룩할수 있다는 김일성 주석의 조국해방 로선과 업적의 정당성과 생활력을 론증했다"라고 주장했다.[107]

각주

1장 | 윤봉길 의사 탄생 시점의 대한제국 국내외 상황

1 이 사실은 다음의 여러 곳에서 읽을 수 있다. 한 보기는 다음과 같다. Karl Friedrich Gutzlaff, Journal of Three Voyages along the Coast of China, in 1831, 1832, and 1833, with Notice of Siam, Corea, and the Loo-choo Islands(London: R. Clay, Printer, Bread-Street-Hill, 1834), p.293. 이 책은 『근세동아세아서양어자료총서 14』(경인문화사, 2000)로 영인됐다.

2 Inside the Hermit Kingdom: The 1884 Korean Travel Diary of George Clayton Foulk, edited and introduced by Samuel Hawley(New York: Lexington Books, 2008). 이 책에 대해 저자는 다음에서 자세히 설명했다. 김학준, 『서양인들이 관찰한 후기 조선』(서강대학교 출판부, 2010), 231~235쪽.

3 이 모든 과정에 대한 자세한 설명은 다음에서 읽을 수 있다. C. I. Eugene Kim and Hankyo Kim, Korea and the Politics of Imperialism, 1876~1910(Berkeley, C.A.: University of California Press, 1967).

4 이노우에 가쿠고로(井上各五郞) 저/신영길 역·저, 『조선조 망국 전야기』(지선당, 2008), 56쪽.

5 김용구, 『세계외교사』(서울대학교 출판부, 2006), 529~530쪽; Yong Suk Jung, "The Rise of American National Interest in Korea, 1845~1950," unpub. Ph.D. diss,, Claremont Graduate School, 1970, pp.38~39.

6 최창규, 『근대한국정치사상사』(일조각, 1972), 제1편~제2편.

7 신복룡, 『동학사상과 갑오농민혁명』(평민사,1995); 유영익, 『동학농민봉기와 갑오경장』(일조각, 1998).

8 유영익, 『갑오경장 연구』,(일조각, 1990).

9 Ian H. Nish, The Anglo-Japanese Alliance: The Diplomacy of Two Island Empire, 1894~1907(London: The Athlone Press,1966), p.24.

10 최문형, 『명성황후 시해의 진실을 밝힌다: 선전포고 없는 일본의 대(對)러 개전』(지식산업사,2006).

11 William Langer, The Diplomacy of Imperialism(New York: Alfred A. Knoph, 1934), I, p.406.

12 독립협회와 <독립신문> 및 만민공동회에 대한 종합적 연구로 다음이 대표적이다. 신용하, 『독립협회연구: 독립신문 · 독립협회 · 만민공동회의 사상과 행동』(일조각, 1976; 수정증보판 2006).

13 신용하, 『한국근대사와 사회변동』(문학과 지성사, 1980), 제2부.

14 신용하, 『민족혁명운동가 안창호 평전』(지식산업사, 2011).

15 이정식, 『이승만의 구한말 개혁운동: 급진주의에서 기독교입국론으로』(배재대학교 출판부, 2005).

16 강재언, 『조선근대사연구』(일본어)(도쿄: 일본평론사, 1972), 298~301쪽.

17 이태진 편저, 『한국병합, 성립하지 않았다』(태학사,2001), p.17.

2장 | 윤봉길 의사의 출생과 유 · 소년기

1 김광, 『윤봉길전』(상해: 한광사, 1933)/이민원·양수지 역주, 『나의 친구 윤봉길』(선인, 2017), 70~71쪽.

2 위와 같음, 71쪽.

3 윤관의 전기로 대표적인 것은 다음이다. 임중빈, 『문숙공 윤관 대원수』(인물연구소, 1980); 윤범하, 『문숙공 · 윤관 · 대원수 실기』(한가람전산주식회사, 1993).

4 신호웅 · 이상재 · 윤규상 공저, 『매헌 윤봉길 의사 일대기』(경혜사, 2006), 187쪽.

5 이태복, 『윤봉길 평전: 강의한 사랑의 독립전사』(동녘, 2019), 298~299쪽; 윤남의, 『윤봉길 일대기』(정음사, 1975), 11쪽.

6 윤병석, 『민족의 영웅 윤봉길 의사』(사단법인 매헌윤봉길의사기념사업회, 2007), 23쪽. '윤봉길 의사 가계도'를 제시하면서, 윤 의사의 증조부 윤재를 '덕산에 뿌리내린 중시조'라고 설명했다.

7 윤남의, 『윤봉길 일대기』, 12쪽.

8 이태복, 『윤봉길 평전』, 297~298쪽.

9 '희의'라는 이름을 쓴 사실은 일제가 작성한 「윤봉길 옥중신분장」에서도 볼 수 있다. 매헌윤봉길전집 편찬위원회 편, 『매헌윤봉길전집』(매헌윤봉길의사기념사업회, 2012), 제2권, 100쪽. 이 책을 이하에서는 『전집』으로 표기한다.

10 윤남의, 『윤봉길 일대기』, 9~10쪽.

11 위와 같음, 13쪽.

12 위와 같음.

13 김기빈, 『한국의 지명 유래: 땅 이름과 현실의 부합』2(지식산업사, 1994). 287~289쪽.

14 신호웅 · 이상재 · 윤규상 공저, 『매헌 윤봉길 의사 일대기』, 29쪽.

15 위와 같음, 17~18쪽. 어느 책에서는 '사흘'이 아니라 '석 달'이라고 쓰였다.

16 위와 같음, 12쪽.

17 이민수, 『윤봉길전』(서문당, 1975), 11~12쪽.

18 김광, 『윤봉길전』, 72쪽.

19 『전집』, 제7권(『유해봉안 · 현양사업』), 637쪽.

20 윤경로, 『105인사건과 신민회 연구』(일지사, 1990).

21 전복희, 『사회진화론과 국가사상: 구한말을 중심으로』(한울아카데미, 1996), 18~118쪽.

22 Andre Schmid, Korea Between Empires, 1895~1919(New York: Columbia University Press, 2002), pp.160~170; 이정식, 『대한민국의 기원』(일조각, 2006), 42~43쪽.

23 서중석, 『배반당한 한국 민족주의』(성균관대학교 출판부, 2004), 53쪽.

24 신용하, 『조선토지조사사업연구』(지식산업사, 1982). 이 책에 대한 반론은 이영훈, 『대한민국 이야기』(기파랑, 2007), 74~79쪽.

25 정태헌, 『일제의 경제정책과 조선 사회: 조세정책을 중심으로』(역사비평사, 1996), 제1편.

26 『전집』, 제1권, 40쪽.

27 김상기, 『자유의 불꽃을 목숨으로 피운 윤봉길』(역사공간, 2013), 15쪽.

28 R. E. 도오슨 외/정세구 역, 『정치사회화』(법문사, 1981), 111~129쪽.

29 R. Palmer, "Birth Order and Identification", Journal of Consulting Psychology(1966), Vol. 30, pp.129~130. Sung Chul Yang, Korea and Two Regimes(Cambridge: Schenkman Publishing Co., 1981), p.39에서 재인용.

30 신호웅 · 이상재 · 윤규상 공저, 『매헌 윤봉길 의사 일대기』(경혜사, 2006), 38~39쪽.

31 『전집』, 제1권, 40쪽.

32 이경남, 「의사 윤봉길(가제)」, 미출판 원고, 32~33쪽.

33 배용순, 「영원한 남편 윤 의사」, 〈나라사랑〉25(1976년 12월), 157~160쪽; 『전집』, 제7권, 508~511쪽에 재수록

34 김성도, 『의분의 폭탄 윤봉길』(계림문고, 1991), 28쪽.

35 이효성, 『윤봉길』(견지사, 1990), 6~12쪽.

36 신호웅 · 이상재 · 윤규상 공저, 『매헌 윤봉길 의사 일대기』(경혜사, 2006), 50~51쪽.

37 노영택, 『일제하 민중교육운동사』(탐구당, 1970), 128쪽.

38 윤남의, 『윤봉길 일대기』, 16~17쪽.

39 이경남, 「의사 윤봉길(가제)」, 미출판 원고, 32~33쪽.

40 위와 같음, 16~20쪽.

41 윤남의, 『윤봉길 일대기』, 35쪽.
42 박은식, 『한국독립운동지혈사』(상해: 유신사, 1920; 서울: 서문당, 1979), 116쪽.
43 정재철, 『한국교육사』(교육출판사, 1977), 287쪽.
44 Eugene Kim, "Education in Korea," In Andrew C. Nahm, ed., Korea under Japanese Colonial Rule(Kalamazoo: Center for Korean Studies, Western Michigan University, 1973), p.319.
45 조선총독부, 『시정25년사』(조선인쇄주식회사, 1935), 168쪽.
46 오천석, 『한국신교육사』(현대교육총서출판사, 1964), 249쪽.
47 윤남의, 『윤봉길 일대기』, 20쪽.
48 이 책에 대해 저자는 다음에서 자세히 설명했다. 김학준, 『서양인들이 관찰한 후기 조선』(서강대학교 출판부, 2010), 58~69쪽.
49 신용하, 『한국민족독립운동사연구』(을유문화사, 1985), 285~286쪽.
50 유영익, 「3·1운동의 현대사적 의미」, 〈정경문화〉(1986년 3월), 61쪽.
51 조동걸, 「총론: 항일무장투쟁의 역사」, 역사문제연구소 엮음, 『인물로 보는 항일무장투쟁사』(역사비평사, 1995), 10쪽.
52 윤남의, 『윤봉길 일대기』, 26쪽.
53 위와 같음, 27~28쪽 및 33~34쪽
54 임중빈, 『윤봉길 의사 일대기』, 51쪽.
55 윤주, 「영원한 청년 의사 윤봉길」 제3회, 〈아주경제〉(2018년 8월 3일), 13쪽.
56 신호웅·이상재·윤규상 공저, 『매헌 윤봉길 의사 일대기』, 56~57쪽.
57 김상기, 『자유의 불꽃을 목숨으로 피운 윤봉길』, 18쪽.
58 이태복, 『윤봉길 평전』, 300쪽.
59 김상기, 「매헌 윤봉길의 수학 과정과 사상적 배경」, 매헌윤봉길의사기념관 주최, 『매헌 윤봉길 의사 탄신 110주년 기념 국내학술회의: 매헌 윤봉길 의사의 문학사상과 독립정신』(매헌윤봉길의사기념관, 2018). 21쪽.
60 김상기, 『자유의 불꽃을 목숨으로 피운 윤봉길』, 27쪽.
61 김상기, 「매헌 윤봉길의 수학 과정과 사상적 배경」, 매헌윤봉길의사기념관 주최, 『매헌 윤봉길 의사 탄신 110주년 기념 국내학술회의: 매헌 윤봉길 의사의 문학사상과 독립정신』(매헌윤봉길의사기념관, 2018), 27쪽.
62 위와 같음, 16쪽; 김상기, 『자유의 불꽃을 목숨으로 피운 윤봉길』, 18~19쪽.
63 김광, 『윤봉길전』, 79~80쪽 및 89~91쪽.
64 김희곤, 「해제: 『매헌윤봉길전집』 제6권(『논찬』·『전기』); 홍구공원 의거를 높이 기리고 널리 알린 자료들」, 『전집』, 제6권, 3~14쪽.
65 『전집』, 제1권, 41쪽.
66 윤남의, 『윤봉길 일대기』, 34쪽.
67 위와 같음, 36쪽.
68 김상기, 『자유의 불꽃을 목숨으로 피운 윤봉길』, 23~24쪽.
69 윤남의, 『윤봉길 일대기』, 33쪽.
70 김상기, 『자유의 불꽃을 목숨으로 피운 윤봉길』, 19쪽.
71 『전집』, 제2권, 33쪽.
72 김상기, 『자유의 불꽃을 목숨으로 피운 윤봉길』, 103쪽.
73 이태복, 『윤봉길 평전』, 305쪽
74 위와 같음, 신호웅·이상재·윤규상 공저, 『매헌 윤봉길 의사 일대기』, 66~74쪽.
75 김상기, 『자유의 불꽃을 목숨으로 피운 윤봉길』, 26~27쪽.

76 배용순, 「'여자의 일생' 뒤돌아보니… 남편 대신 백범(白凡)이 딸처럼」, 〈주간여성〉(1974년 4월 14일), 85~92쪽; 송우혜, 「윤봉길 의사 부인 배용순 여사의 삶」, 〈여성동아〉(1986년 9월), 174~179쪽.

77 배용순, 「영원한 남편 윤 의사」, 〈나라사랑〉 25(1976년 12월), 157~160쪽; 『전집』, 제7권, 508~511쪽에 재수록.

78 위와 같음.

79 위와 같음.

80 묘표사건에 대해서는 윤남의, 『윤봉길 일대기』 37~40쪽에 자세히 설명됐다. 이 설명을 이어받아 부연한 책에 다음이 포함됐다. 신호웅·이상재·윤규상 공저, 『매헌 윤봉길 의사 일대기』, 92쪽; 김상기, 『자유의 불꽃을 목숨으로 피운 윤봉길』, 28~29쪽.

81 신호웅·이상재·윤규상 공저, 『매헌 윤봉길 의사 일대기』, 92쪽.

82 윤남의, 『윤봉길 일대기』, 42쪽.

83 위와 같음.

84 신호웅·이상재·윤규상 공저, 『매헌 윤봉길 의사 일대기』, 128~130쪽.

85 저자와의 전화 통화(2021년 7월 26일 오전 11시).

86 이 만시 전문은 다음에 수록됐다. 『전집』, 제1권, 576~578쪽.

87 김상기, 『자유의 불꽃을 목숨으로 피운 윤봉길』, 60쪽.

3장 | 농촌계몽운동에 뛰어들다

1 『전집』, 제1권, 40쪽.

2 김광, 『윤봉길전』(상해: 한광사, 1933)/이민원·양수지 역주, 『나의 친구 윤봉길』(선인, 2017), 102쪽.

3 윤남의, 『윤봉길 일대기』(정음사, 1975), 47~48쪽.

4 위 2와 같음, 103쪽.

5 임중빈, 『윤봉길 의사 일대기』(범우사, 1998), 118~119쪽.

6 『전집』, 제1권, 42~43쪽.

7 임중빈, 『윤봉길 의사 일대기』, 118~119쪽.

8 김상기, 『자유의 불꽃을 목숨으로 피운 윤봉길』(역사공간, 2013), 33쪽.

9 신호웅·이상재·윤규상 공저, 『매헌 윤봉길 의사 일대기』(경혜사, 2006), 76쪽.

10 김광, 「학생을 일깨우는 윤 의사의 강연」, 『윤봉길전』, 104~109쪽.

11 조선민주주의인민공화국 사회과학원 력사연구소, 『조선전사』(평양: 과학백과사전출판사, 1981), 제17권, 36~56쪽.

12 신호웅·이상재·윤규상 공저, 『매헌 윤봉길 의사 일대기』, 83쪽.

13 위와 같음, 또 이태복, 『윤봉길 평전: 강의한 사랑의 독립전사』(동녘, 2019), 268~269쪽.

14 신호웅·이상재·윤규상 공저, 『매헌 윤봉길 의사 일대기』, 84쪽.

15 윤남의, 『윤봉길 일대기』, 55쪽.

16 『전집』, 제1권, 830쪽.

17 위와 같음.

18 위와 같음, 855~910쪽에 영인되어 있다. 윤병석, 「윤봉길의 『농민독본』 보유(補遺)」, 매헌윤봉길의사기념사업회 매헌연구원 편, 『윤봉길과 상해의거』(매헌윤봉길의사기념사업회 매헌연구원, 2011), 257~319쪽.

19 임중빈, 『윤봉길 의사 일대기』, 163~166쪽.

20 박상준, 「윤봉길 의사의 농민운동 연구」, 경희대학교 교육대학원 교육학 석사학위 청구논문(1976년 8

월), 45~49쪽.
21 신호웅 · 이상재 · 윤규상 공저, 『매헌 윤봉길 의사 일대기』, 93쪽.
22 『전집』, 제1권, 63쪽.
23 위와 같음, 151~153쪽; 윤남의, 『윤봉길 일대기』, 57~58쪽.
24 김상기, 『자유의 불꽃을 목숨으로 피운 윤봉길』, 40쪽
25 윤해동, 「물산장려운동: '근대화'를 위한 불가피한 경로인가?」, 『내일을 여는 역사』(2001년 봄 · 여름), 142~155쪽.
26 신호웅 · 이상재 · 윤규상 공저, 『매헌 윤봉길 의사 일대기』, 87쪽.
27 배용순, 「영원한 남편 윤 의사」, 〈나라사랑〉 25(1976년 12월), 157~160쪽; 『전집』, 제7권, 508~511쪽에 재수록.
28 신간회에 대한 연구로 다음이 대표적이다. 이균영, 『신간회 연구』(역사비평사, 1993).
29 윤남의, 『윤봉길 일대기』, 64~66쪽.
30 신호웅 · 이상재 · 윤규상 공저, 『매헌 윤봉길 의사 일대기』, 97쪽.
31 위와 같음, 98쪽.
32 한문으로 작성된 위친계 취지서 전문 그리고 우리말로의 번역 전문은 다음에 있다. 『전집』, 제1권, 941~942쪽.
33 윤남의, 『윤봉길 일대기』, 58쪽; 임중빈, 『천추의열 윤봉길』(인물연구소, 1975), 153쪽.
34 『전집』, 제1권, 814쪽.
35 윤남의, 『윤봉길 일대기』, 78~81쪽.
36 김상기, 『자유의 불꽃을 목숨으로 피운 윤봉길』, 42쪽.
37 『전집』, 제1권, 815쪽.
38 위와 같음, 817쪽.
39 위와 같음, 911~942쪽. 여기에는 '12.농민계몽단체 조직'이라는 제목 아래 월진회 취지서, 월진회 금언, 월진회칙 등이 수록됐다.
40 김광, 『윤봉길전』, 101쪽.
41 김상기, 『자유의 불꽃을 목숨으로 피운 윤봉길』, 45쪽.
42 김상기, 『자유의 불꽃을 목숨으로 피운 윤봉길』, 48~49쪽.
43 '入山擒虎 死生難輯'의 마지막 글자를 어떤 책에서는 '辨'으로 써놓았다. 그러나 원문에는 '輯'으로 표기돼 있다.
44 김광, 『윤봉길전』, 122~123쪽.
45 『전집』, 제2권, 100쪽.
46 위와 같음, 118쪽.
47 위와 같음, 126~130쪽.

4장 | 중국으로 망명하다

1 김광, 『윤봉길전』(상해: 한광사, 1933)/이민원·양수지 역주, 『나의 친구 윤봉길』(선인, 2017), 127쪽.
2 신호웅 · 이상재 · 윤규상 공저, 『매헌 윤봉길 의사 일대기』(경혜사, 2006), 185쪽.
3 『전집』, 제1권, 43~44쪽.
4 임민영, 『애국지(의사윤봉길선생 편)』(대구: 애국정신선양회, 1951), 45~47쪽.
5 김광, 『윤봉길전』, 132~134쪽.
6 김상기, 『자유의 불꽃을 목숨으로 피운 윤봉길』(역사공간, 2013), 56~57쪽.

7 사마천, 『사기열전』/ 김원중 번역, 『사기열전』(민음사, 2015년 개정판), 제1권, 611~614쪽. 「자객열전」에 형가의 사례가 포함됐다.

8 김상기, 「매헌 윤봉길의 수학 과정과 사상적 배경」, 매헌윤봉길의사기념관 주최, 『매헌 윤봉길 의사 탄신 110주년 기념 국내학술회의 : 매헌 윤봉길 의사의 문학사상과 독립정신』(매헌윤봉길의사기념관, 2018). 27쪽.

9 위와 같음, 30~31쪽.

10 김성도, 「의문의 폭탄 윤봉길」(계림문고, 1991), 139~140쪽.

11 배용순, 「영원한 남편 윤 의사」, 〈나라사랑〉 25(1976년 12월), 157~160쪽; 『전집』, 제7권, 508~511쪽에 재수록.

12 신호웅 · 이상재 · 윤규상 공저, 『매헌 윤봉길 의사 일대기』, 186~187쪽.

13 이 사실에 대한 매헌 스스로의 진술은 그의 「자서약력」에서도 보인다. 『전집』, 제2권, 32쪽.

14 『전집』, 제2권, 138쪽.

15 윤남의, 『윤봉길 일대기』(정음사, 1975), 113~114쪽.

16 『전집』, 제1권, 841~842쪽.

17 윤남의, 『윤봉길 일대기』, 118쪽; 신호웅 · 이상재 · 윤규상 공저, 『매헌 윤봉길 의사 일대기』, 190쪽.

18 김상기, 『자유의 불꽃을 목숨으로 피운 윤봉길』, 69쪽.

19 윤주, 「영원한 청년 의사 윤봉길」, 〈아주경제〉(2018년 8월 17일).

20 신호웅 · 이상재 · 윤규상 공저, 『매헌 윤봉길 의사 일대기』, 190쪽.

21 김상기, 『자유의 불꽃을 목숨으로 피운 윤봉길』, 71쪽.

22 이 날짜와 관련해, 덧붙일 것이 있다. 몇몇 책은 매헌이 청도로 가기 이전에 몇 달에 걸쳐 만주를 여행하며 그곳의 독립운동단체들을 찾았다는 취지로 썼는데, 그것은 오류였다..

23 『전집』, 제2권, 86쪽.

24 김광, 『윤봉길전』, 135쪽.

25 윤남의, 『윤봉길 일대기』, 142쪽.

26 한일진의 편지 전문은 다음에서 읽을 수 있다. 신호웅 · 이상재 · 윤규상 공저, 『매헌 윤봉길 의사 일대기』, 200~201쪽.

27 배용순, 「영원한 남편 윤 의사」, 『전집』, 제7권, 508~511쪽 가운데 511쪽.

28 김광, 『윤봉길전』, 135~136쪽.

29 『전집』, 제6권, 140~149쪽에 수록. 이두산의 본명은 이현수(李賢壽)이다. 그는 『최근한국의사열전』(신조선사, 1935) 가운데 「윤봉길」(38~46쪽)을 포함했다. 그에 대한 연구로는 다음이 대표적이다. 최기영, 「이두산의 재중독립운동」, 『한국근현대사연구』 42(2007년 가을), 122~150쪽.

30 『전집』, 제2권, 139쪽.

31 윤남의,『윤봉길 일대기』, 143쪽.

32 위와 같음, 846~847쪽.

33 「사랑하시는 어머니에게 올님」(1930년 10월 18일). 이 편지 전문은 『전집』, 제1권, 845~847쪽에 있다.

34 『전집』, 제2권, 126쪽.

35 배용순, 「영원한 남편 윤 의사」, 『전집』, 제7권, 508~511쪽 가운데 511쪽.

36 김상기, 『자유의 불꽃을 목숨으로 피운 윤봉길』, 77쪽.

37 김광, 『윤봉길전』, 138쪽.

38 조소앙, 「윤봉길전」, 『전집』, 제6권, 51~53쪽 가운데 52쪽.

39 『전집』, 제2권, 118쪽.

40 위와 같음, 119~120쪽.

41 위와 같음, 95쪽.

42 위와 같음, 119쪽.
43 위와 같음, 121쪽.
44 위와 같음, 119쪽.
45 조소앙, 「윤봉길전」, 『전집』, 제6권, 52쪽.
46 위와 같음, 121~122쪽.
47 염인호, 『조선의용대 조선의용군』(독립기념관 한국독립운동사연구소, 2009), 62쪽.
48 『전집』, 제2권, 122쪽.
49 김구 지음/도진순 주해, 『백범일지』(돌베개, 2020년 개정판 62쇄), 317쪽.
50 『전집』, 제2권, 122쪽.
51 윤주, 「영원한 청년 의사 윤봉길」 제11회, 〈아주경제〉(2018년 8월 16일).
52 윤남의, 「윤봉길 일대기」, 157쪽.
53 위와 같음.
54 『전집』, 제2권, 94쪽.
55 신호웅·이상재·윤규상 공저, 『매헌 윤봉길 의사 일대기』, 204~205쪽.
56 위와 같음, 205쪽.
57 위와 같음, 206쪽.
58 위와 같음, 207쪽.
59 사마천, 『사기열전』/김원중 번역, 『사기열전』(민음사, 2015년 개정판), 제1권, 137~157쪽. 「오자서열전」에 그의 행적이 소개됐다.
60 김광, 『윤봉길전』, 140쪽.
61 『전집』, 제2권, 32쪽.
62 윤주, 「영원한 청년 의사 윤봉길」 제11회, 〈아주경제〉(2018년 8월 16일).
63 김상기, 『자유의 불꽃을 목숨으로 피운 윤봉길』, 83쪽.
64 「사랑이 넘치는 영석(永錫)에게」(1931년 8월 15일). 이 편지 전문은 『전집』, 제2권, 849쪽에 있다.
65 이 사실은 그의 「자서약력」에서 확인된다. 『전집』, 제1권, 32쪽.
66 김광, 『윤봉길전』, 143쪽.
67 위와 같음, 140~145쪽.
68 「홍구공원 폭탄사건의 진상(한인애국단)」, 『전집』, 제2권, 62~68쪽 가운데 65쪽.
69 이화림 구술/장전걸 · 손정려 지음, 『정도(征途)』(중국문)(요녕민족출판사, 1995)/박경철 · 이선경 옮김, 『이화림 회고록』(차이나하우스, 2015), 147쪽.
70 김구 지음/도진순 주해, 『백범일지』, 317~319쪽.
71 이정식 면담/김학준 편집 · 해설/김용호 수정 · 보완. 『혁명가들의 항일 회상: 김성숙 · 장건상 · 정화암 · 이강훈의 독립투쟁』(민음사,2005), 399쪽.
72 『전집』, 제2권, 120쪽.
73 매헌이 아우에게 보낸 편지(1931년 8월 15일), 『전집』, 제1권, 849쪽에 수록.
74 김광, 『윤봉길전』, 141쪽.
75 이태복, 『윤봉길 평전: 강의한 사랑의 독립전사』(동녘, 2019), 212~213쪽.
76 다음의 논문을 참고했다. 최효명, 「만보산사건(1931) 직후 화교 배척사건과 배일운동의 성격」, 중앙대학교 대학원 역사학과 문학석사학위 청구논문, 2015년 2월, 23쪽.
77 이 사건에 관한 국내 학자의 연구로 대표적인 사례는 다음이다. 박영석, 『만보산사건 연구: 일제 대륙침략정책의 일환으로서의』(아세아문화사, 1978).
78 동아일보사 사사편찬위원회 편, 『동아일보사사』 제1권(1920~1945)(동아일보사, 1975), 314~319쪽.
79 이 사설은 다음에서도 읽을 수 있다. 동아일보사 〈신동아〉 편집실 편, 『근대한국명논설집』(동아일보

사, 1979), 145~147쪽.

80 『전집』, 제1권, 849쪽.

81 윤주, 「영원한 청년 의사 윤봉길」 제11회, 〈아주경제〉(2018년 8월 16일). 중국공산당 상해시위원회 산하 당사자료수집위원회가 1989년에 펴낸 『상해인민혁명사화책(上海人民革命史畫冊)』에 수록되어 있던 것을 윤주 부회장이 발굴한 것이다.

82 만주사변에 대한 설명은 다음에서 읽을 수 있다. 유신순 지음/신승하 · 김지환 · 박장 옮김, 『만주사변기의 중일외교사』(고려원, 1994), 제1장~제3장, 리홍문 지음/양필승 옮김, 『만주현대사: 항일무장투쟁 시기(1931~1945)』(대륙연구소출판부, 1992), 19~26쪽.

83 위와 같음.

84 김구 지음/도진순 주해, 「백범일지」, 327쪽.

85 신용하, 「윤봉길 의사의 상해의거와 그 역사적 의의」, 매헌윤봉길의사기념사업회 매헌연구원 편, 「윤봉길과 한국독립운동」(매헌윤봉길의사기념사업회 매헌연구원, 2010), 41쪽.

5장 | 윤봉길 의사, 마침내 왜적 수뇌부에 폭탄을 던져 응징하다

1 배경한, 「윤봉길의거 이후 장개석 국민정부의 한국독립운동 지원과 '장기항전'」, 398~399쪽.

2 김구 지음/도진순 주해, 『백범일지』(돌베개, 2020년 개정판 62쇄), 319~325쪽.

3 『전집』, 제2권, 96~99쪽 가운데 98쪽.

4 위와 같음. 65~66쪽.

5 이봉창 의사의 생애와 의거는 다음 책에서 자세히 설명됐다. 홍인근, 『이봉창 평전: 항일애국투쟁의 불꽃, 그리고 투혼』(나남, 2002). 저자는 이봉창 의사가 거사한 뒤 일제 당국에 체포돼 받은 신문조서 및 판결문 등을 모두 검토한 뒤 이 책을 썼다. 이 책은 이 의사와 관련해 그동안 잘못 알려진 여러 사실을 1차 자료에 근거해 모두 바로잡았다. 이하에서 이 의사의 의거를 설명할 때 주로 이 책에 의존하기로 한다. 또 다음의 책도 이봉창 의사 의거에 대해 새로운 해석을 제시하고 있다. 이봉창의사장학회 엮음, 『이봉창 의사와 한국독립운동』(단국대학교 출판부, 2002); 배경식, 『식민지 청년 이봉창의 고백: 대일본제국의 모던보이는 어떻게 한인애국단 제1호가 되었는가』(휴머니스트, 2015).

6 김구 지음/도진순 주해, 『백범일지』, 323쪽.

7 홍인근, 『이봉창 평전: 항일애국투쟁의 불꽃, 그리고 투혼』(나남, 2002), 38쪽.

8 위와 같음, 267쪽에서 재인용.

9 김홍일, 『대륙의 분노: 노병의 회상기』(문조사, 1972), 284~285쪽.

10 위와 같음, 325쪽.

11 엄항섭, 『도왜실기』(국제문화협회, 1946), 42쪽.

12 홍인근, 『이봉창 평전: 항일애국투쟁의 불꽃, 그리고 투혼』(나남, 2002), 38쪽.

13 「동경작안의 진상」은 「동경폭탄사건의 진상」이라는 제목 아래 다음에 수록됐다. 엄항섭(嚴恒燮), 『도왜실기』, 35~44쪽. 이봉창 의사의 호령은 42쪽에 있다.

14 김구 지음/도진순 주해, 『백범일지』, 328쪽.

15 자세한 내용은 다음에서 읽을 수 있다. 홍인근, 『이봉창 평전: 항일애국투쟁의 불꽃, 그리고 투혼』, 261~279쪽.

16 배경한, 「윤봉길의거 이후 장개석 국민정부의 한국독립운동 지원과 '장기항전'」, 378~379쪽.

17 한석정, 『만주국 건국의 재해석: 괴뢰국의 국가효과, 1932~1936』(동아대학교 출판부, 1999).

18 김광, 『윤봉길전』(상해: 한광사, 1933)/이민원 · 양수지 역주, 『나의 친구 윤봉길』(선인, 2017), 146쪽.

19 김홍일, 「중일전쟁과 임정(30년간의 독립투쟁기 완[完])」, 〈사상계〉(1965년 5월), 240~243쪽; 김홍

일, 『대륙의 분노』, 279~285쪽.

20 김홍일, 「중일전쟁과 임정(30년간의 독립투쟁기 완[完])」, 240~243쪽.

21 김구 지음/도진순 주해, 『백범일지』, 329~330쪽.

22 위와 같음, 331쪽.

23 위와 같음, 331~332쪽.

24 이화림 구술/장전걸 · 손정려 지음, 『정도(征途)』(중국문)(요녕민족출판사, 1995)/박경철 · 이선경 옮김, 『이화림 회고록』(차이나하우스, 2015), 167쪽.

25 『전집』, 제2권, 87쪽; 김광, 『윤봉길전』, 147쪽.

26 그때 상해에서 항일독립운동에 참가했던 정화암의 증언이다. 이정식 면담/김학준 편집 · 해설/김용호 수정 · 보완, 『혁명가들의 항일 회상:김성숙 · 장건상 · 정화암 · 이강훈의 독립투쟁』(민음사,2005), 388쪽.

27 김구 지음/도진순 주해, 『백범일지』, 332~333쪽.

28 목도 · 손과지 공저, 『중국에서의 대한민국임시정부』(중국문)(상해: 상해인민출판사, 1992), 79~80쪽; 배경한, 「윤봉길의거 이후 장개석 국민정부의 한국독립운동 지원과 '장기항전'」, 329쪽의 각주46에서 재인용.

29 김광재, 「윤봉길의 상해의거와 '중국측 역할'」, 『한국민족운동사연구』 33(2002), 23~42쪽; 배경한, 「윤봉길의거 이후 장개석 국민정부의 한국독립운동 지원과 '장기항전'」, 389쪽의 각주46.

30 서상문, 「중화민국의 한국독립운동 지원」, 사단법인 매헌윤봉길의사기념사업회 편, 『매헌 윤봉길 의사 상해의거와 국내외 영향: 매헌 윤봉길 의사 상해의거 85주년 기념 국제학술회의』(사단법인 매헌윤봉길의사기념사업회, 2016), 59~85쪽 가운데 64~65쪽(개정판 서문).

31 위와 같음, 65~71쪽.

32 이태복, 『윤봉길 평전: 강의한 사랑의 독립전사』(동녘, 2019), 319~322쪽.

33 「선서문」 전문은 특히 다음에서 볼 수 있다. 위와 같음, 책을 열면서 곧바로 시작되는 화보 두 번째 쪽.

34 홍구의거 준비 과정은 특히 다음에 자세히 설명됐다. 위와 같음, 131~135쪽; 「상해 홍구공원에서의 폭탄 투척사건 관련 상해총영사 보고」, 『전집』, 제2권, 84~95쪽.

35 『전집』, 제2권, 34쪽.

36 장석흥, 「윤 의사 시기 중국에서의 한국독립운동: 상해의거 전후 독립운동의 변화와 윤봉길이 남긴 유시들」, 매헌윤봉길의사기념관 편, 『윤봉길 의사와 독립운동사』(매헌윤봉길의사기념관, 2021), 80쪽.

37 이화림 구술/장전걸 · 손정려 지음, 『정도(征途)』/박경철 · 이선경 옮김, 『이화림 회고록』, 149쪽.

38 김구 지음/도진순 주해, 『백범일지』, 334쪽.

39 김홍일, 『대륙의 분노』, 287쪽.

40 위와 같음.

41 「상해 홍구공원에서의 폭탄 투척사건 관련 상해총영사 보고」, 『전집』, 제2권, 93쪽.

42 『전집』, 제2권, 33쪽.

43 위와 같음, 33~34쪽.

44 위와 같음, 34~35쪽.

45 「상해 홍구공원에서의 폭탄 투척사건 관련 상해총영사 보고」, 『전집』, 제2권, 93쪽.

46 김구 지음/도진순 주해, 『백범일지』, 335쪽.

47 위와 같음, 각주24.

48 위와 같음, 336쪽.

49 엄항섭, 『도왜실기』(국제문화협회, 1946), 56쪽; 『전집』, 제2권, 68~69쪽.

50 김광, 『윤봉길전』, 153~154쪽.

51 「상해 홍구공원에서의 폭탄 투척사건 관련 상해총영사 보고」, 『전집』, 제2권, 91쪽.

52 김광, 『윤봉길전』, 154쪽.

53 이화림 구술/장전걸 · 손정려 지음, 『정도(征途)』/박경철 · 이선경 옮김, 『이화림 회고록』, 152쪽.

54 한시준, 「윤봉길 의사의 홍구공원 의거에 대한 중국 신문의 보도」, 매헌윤봉길의사기념사업회 매헌연구원 편, 『윤봉길과 한국독립운동』(매헌윤봉길의사기념사업회 매헌연구원, 2010), 177~220쪽.

55 「상해 홍구공원에서의 폭탄 투척사건 관련 상해총영사 보고」, 『전집』, 제2권, 84~85쪽.

56 가메이 이치로(龜井一郞), 「운명의 천장절」, 〈분케이슌슈〉 임시증간(1954년 10월), 52~69쪽/ 〈겨레사상〉 12(2020년 12월), 32~41쪽.

57 「상해 홍구공원에서의 폭탄 투척사건 관련 상해총영사 보고」, 『전집』, 제2권, 85쪽.

58 〈오사카아사히신문〉(1932년 4월 30일), 김상기, 「윤봉길의 상해의거에 대한 일본 언론의 보도」, 『윤봉길과 한국독립운동』(매헌윤봉길의사기념사업회 매헌연구원, 2010년 1월), 240~241쪽에 재인용.

59 〈상해일보〉(1932년 5월 1일), 『전집』, 제3권, 303~304쪽; 『대만보(大晩報)』(1932년 4월 30일), 『전집』, 제3권, 351쪽.

60 전문은 『전집』, 제6권, 212~217쪽에 있다.

61 신호웅 · 이상재 · 윤규상, 『매헌 윤봉길 의사 일대기』(경혜사, 2006), 235쪽; 이태복, 『윤봉길 평전: 강의한 사랑의 독립전사』, 71쪽; 이화림 구술/장전걸 · 손정려 지음, 『정도(征途)』/박경철 · 이선경 옮김, 『이화림 회고록』, 166쪽; 현룡순 · 리정문 · 허룡구 편저, 「22 홍구공원의 폭탄소리」, 『조선족백년사화』 전 3권(중국문)(심양: 요녕인민출판사, 1985), 제1집, 286~308쪽 가운데 304쪽.

62 강효백 총영사는 자신의 주장을 훗날 자신의 다음 책에 자세히 개진했다. 강효백, 『두 얼굴의 무궁화: 국가상징 바로잡기』(이담북스, 2020).

63 윤주, 『연행사진, 윤봉길 의사 맞다!』(매헌윤봉길의사기념사업회 매헌연구원, 2008). 전체 33쪽의 이 소책자는 진위 논쟁을 다루고 있다.

64 김상기, 「윤봉길의 금택(金澤)에서의 순국과 순국지」, 『한국독립운동사연구』 41(2012년 4월), 365~387쪽 가운데 372쪽.

65 정진석, 「상해의거 외국 언론 보도와 현장 사진」, 매헌윤봉길의사기념사업회 매헌연구원 편, 『윤봉길과 상해의거』(매헌윤봉길의사기념사업회 매헌연구원, 2011), 42쪽.

66 이정식 면담/김학준 편집 · 해설/김용호 수정 · 보완. 『혁명가들의 항일 회상』, 390~391쪽.

67 김상기, 「윤봉길의 상해의거에 대한 일본 언론의 보도」, 『윤봉길과 한국독립운동』(매헌윤봉길의사기념사업회 매헌연구원, 2010년 1월), 221~258쪽.

68 홍선표, 「윤봉길 의거에 대한 국내외 언론의 반응: 국내와 구미 언론을 중심으로」, 『한국민족운동사연구』 97(2018년 12월), 157~188쪽.

69 김광, 『윤봉길전』, 177~178쪽.

70 외국 신문의 보도 및 논평은 다음에서 읽을 수 있다. 김광, 『윤봉길전』, 164~180쪽. 그 보도 및 논평에 대한 해설은 다음에서 읽을 수 있다. 정진석, 「해제: 국내와 외국 신문의 윤봉길 의사 폭탄 투척 보도」, 『전집』, 제5권(『국내 및 구미 자료』), 3~16쪽; 김상기 「윤봉길 상해의거의 국내외적 영향과 의거」, 『한국독립운동사연구』 61(2018년 2월), 158~161쪽.

71 「6. 상해폭탄사건에 대한 파리 고려통신사 대활동」, 『전집』, 제2권, 46~47쪽. 서영해에 대한 전기로 다음이 대표적이다. 정상천, 『파리의 독립운동가 서영해 : 유럽 무대에서 외교로 조선 독립을 알리다』(산지니, 2019). 이 책 가운데 「3 임시정부 주불 특파위원 외교로 항일투쟁하다」(67~104쪽)가 당시의 상황을 설명했다.

72 「상해 홍구공원에서의 폭탄 투척사건 관련 상해총영사 보고」, 『전집』, 제2권, 88~90쪽.

73 〈시사신보〉(1932년 5월 19일), 『전집』, 제3권, 117~118쪽.

74 「상해 홍구공원에서의 폭탄 투척사건 관련 상해총영사 보고」, 『전집』, 제2권, 88~90쪽.

75 George A. Fitch, My Eighty Years in China(Mei Ya Publications, 1967)/권기돈 옮김, 『조지 피치와 대

한민국: 피치 회고록과 문서 속 한국과 김구』(김구재단, 2018); 이기동, 「피치: 한국의 독립운동과 기독교청년회를 도운 은인」, 〈한국사시민강좌〉 34(2004년 2월), 54~68쪽.

76 도진순, 「홍더탕과 YMCA: 피치 가문과 한국독립운동」, 백범김구선생기념사업회 기획/김광재·도진순·리종주·윤은자·이혜린 분담집필, 『백범의 길: 임시정부의 중국 노정을 밟다』 전2권(아르테, 2019). 상, 186~199쪽. 제목에 등장하는 홍더탕은 상해의 교회 鴻德堂을 말한다.

77 김구 지음/도진순 주해, 『백범일지』, 342쪽의 각주1; 김상기, 『자유의 불꽃을 목숨으로 피운 윤봉길』, 136쪽.

78 소쟁, 『9. 중국국민당과 김구: 중국협조 한국광복운동 사료』, 한국정신문화연구원 편, 『한국독립운동사자료집: 중국인사증언』(박영사, 1983), 143~188쪽 가운데 148쪽. 소쟁의 이 회고는 다음에서도 읽을 수 있다. 소쟁, 『비록 발굴: 장개석, 김구 그리고 나; 중국국민당정부의 원한공작(援韓工作) 책임자의 회고록』, 〈월간조선〉(1985년 1월), 418~431쪽.

79 정정화, 『장강일기』, 113~114쪽.

6장 | 순국한 뒤 암장됐으나 일제 패망 이후 거족적 환영을 받으며 유해가 봉환되다

1 『전집』, 제2권, 41쪽.

2 김상기, 『자유의 불꽃을 목숨으로 피운 윤봉길』(역사공간, 2013), 129쪽.

3 『전집』, 제2권, 90~93쪽

4 위와 같음, 144쪽.

5 박준광, 「윤 의사 재판 과정 및 사형 집행」, 『윤봉길 의사와 독립운동사』(매헌윤봉길의사기념관, 2021), 145~151쪽.

6 『전집』, 제2권, 94쪽.

7 위와 같음, 110쪽.

8 배용순, 「영원한 남편 윤 의사」, 『전집』, 제7권, 508~511쪽.

9 「26. 상해폭탄범인 윤봉길 공소 제기에 관한 건의 통첩 첨부 윤봉길 신문조서」, 『전집』, 제2권, 117~130쪽.

10 위와 같음, 144~145쪽.

11 위와 같음, 120~121쪽.

12 전문은 위와 같음, 103~106쪽에서 읽을 수 있다.

13 박준광, 「윤 의사 재판 과정 및 사형 집행」, 「윤봉길 의사와 독립운동사」, 148쪽.

14 한시준, 「윤봉길 의사의 홍구공원의거에 대한 중국 신문의 보도」, 「윤봉길과 한국독립운동」(매헌윤봉길의사기념사업회 매헌연구원, 2010년 1월), 205~206쪽.

15 예컨대, 동지회, 〈태평양주보〉 27(1932년 6월 29일), 『전집』, 제2권, 47쪽.

16 〈(상해)시보〉(1932년 6월 1일), 『전집』, 제3권, 184쪽.

17 김상기, 『자유의 불꽃을 목숨으로 피운 윤봉길』, 138쪽. 또 「19. 폭탄 투척사건 관련 1932년 5월 25일자 보고(상해총영사)」, 『전집』, 제2권, 102쪽.

18 『전집』, 제2권, 107쪽.

19 전문은 『전집』, 제2권, 132~146쪽에 수록되어 있다.

20 위와 같음, 168쪽; 〈(상해)시보〉(1932년 5월 27일), 『전집』, 제3권(『중국 신문·잡지』), 178쪽.

21 「32. 김구 체포를 위한 윤봉길 사형 연기 건의」, 『전집』, 제2권, 147쪽.

22 이시이 이타로, 『외교관의 일생』(일본어)(도쿄: 주오코론샤, 2007). 저자는 「상해총영사 시대」(228~274쪽)에서 자신이 상해총영사로 봉직하던 때의 일을 회상했다.

23 위와 같음, 149~152쪽.

24 전문은 『전집』, 제2권, 152~165쪽에 수록됐다.
25 『전집』, 제2권, 81쪽.
26 『전집』, 제2권, 208~210쪽.
27 「38. 김구 체포 전망에 대한 상해무관의 보고」, 위와 같음, 166~167쪽.
28 위와 같음, 166쪽.
29 〈오사카아사히신문〉(1932년 11월 21일), 김상기, 「윤봉길의 금택(金澤)에서의 순국과 순국지」, 『한국독립운동사연구』 41(2012년 4월), 365~387쪽 가운데 371쪽에서 재인용.
30 김상기, 『자유의 불꽃을 목숨으로 피운 윤봉길』, 145~146쪽.
31 위와 같음, 146~147쪽.
32 『만밀대일기』에 대해서는 다음이 자세히 설명했다. 조선일보사 월간조선부, 「발굴: 윤봉길 의사의 최후를 기록한 일본육군성 극비문서 『만밀대일기』」, 〈월간조선〉(2002년 5월), 206~210쪽. 『만밀대일기』는 고가 사토시(古賀聰)가 번역했다.
33 『만밀대일기』는 『전집』, 제2권, 167~175쪽에, 「윤봉길 사형 집행 관계자료」는 위와 같음, 176~183쪽에 수록됐다.
34 김상기, 『자유의 불꽃을 목숨으로 피운 윤봉길』, 148쪽.
35 신호웅 · 이상재 · 윤규상, 『매헌 윤봉길 의사 일대기』(경혜사, 2006), 172쪽.
36 『전집』, 제3권, 246쪽.
37 헌병사령관 하타 신지(秦眞次)가 1932년 12월 16일에 육군대신 아라키 사다오에게 올린 보고서. 『전집』, 제2권, 173~175쪽 가운데 173쪽.
38 『전집』, 제2권, 176~177쪽.
39 김상기, 『자유의 불꽃을 목숨으로 피운 윤봉길』, 170~171쪽.
40 김상기, 「윤봉길의 상해의거에 대한 일본 언론의 보도」, 『윤봉길과 한국독립운동』(매헌윤봉길의사기념사업회 매헌연구원, 2010년 1월), 249~250쪽.
41 김상기, 「윤봉길의 금택에서의 순국과 순국지」, 『한국독립운동사연구』 41(2012년 4월), 375쪽.
42 위와 같음.
43 위와 같음.
44 위와 같음, 376쪽.
45 박인조, 「암장」, 〈겨레통신〉4(1997년 4월), 45쪽.
46 위와 같음, 45~53쪽.
47 〈조선일보〉(1945년 12월 3일), 위와 같음, 48~49쪽; 김상기, 『자유의 불꽃을 목숨으로 피운 윤봉길』, 175쪽. 김상기 교수는 윤종이 김구를 만났다고 썼다.
48 이강훈, 『민족해방운동과 나: 청뢰 이강훈 자서전』(제삼기획, 1994), 186~187쪽. 자신이 맥아더사령부에 의해 석방되는 과정을 자세히 회고했다.
49 〈동아일보〉(1946년 4월 27일), 위와 같음, 36쪽.
50 윤남의, 『윤봉길 일대기』(정음사, 1975), 192쪽.
51 박인조, 「암장」, 『겨레통신』4(1997년 4월), 45~53쪽.
52 위와 같음, 53쪽의 각주.
53 이상재 · 윤규상 공저, 『인간 윤봉길 연구』(월진회, 1995), 175~181쪽; 신호웅 · 이상재 · 윤규상 공저, 『매헌 윤봉길 의사 일대기』, 284~291쪽; 윤병석, 『윤봉길 의사: 민족의 영웅』(매헌윤봉길의사기념사업회, 2007; 국회사무처, 2011), 58~59쪽; 김상기, 『자유의 불꽃을 목숨으로 피운 윤봉길』, 182쪽.
54 윤주, 「영원한 청년 의사 윤봉길」, 제19회, 〈아주경제〉(2018년 9월 2일), 13쪽.
55 저자와의 전화 대화(2021년 8월 23일 오후 2시 30분~40분).
56 김상기, 『자유의 불꽃을 목숨으로 피운 윤봉길』, 193쪽.

57 〈동아일보〉(1946년 4월 27일), 『전집』, 제7권(『유해봉안 현양사업』), 36~37쪽에서 재인용.
58 김상기, 『자유의 불꽃을 목숨으로 피운 윤봉길』, 176~178쪽.
59 『전집』, 제7권(『유해봉안 현양사업』), 37~38쪽.
60 윤주, 「영원한 청년 의사 윤봉길」, 제19회, 〈아주경제〉(2018년 9월 2일), 13쪽.
61 〈동아일보〉(1946년 4월 30일), 위와 같음, 179쪽에서 재인용.
62 위와 같음.
63 『전집』, 제7권(『유해봉안 현양사업』), 41쪽.
64 〈자유신문〉(1946년 7월 7일), 『전집』, 제7권, 47쪽.

7장 | 윤 의사 의거의 역사적 공헌

1 『전집』, 제6권, 21~24쪽.
2 위와 같음, 33~36쪽.
3 위와 같음, 53쪽.
4 위와 같음, 140~149쪽.
5 김희곤 교수는 박헌영이라고 보았다. 김희곤, 「해제: 홍구공원 의거를 높이 기리고 널리 알린 자료들」, 『전집』, 제6권, 5쪽. 임경석 교수의 논지는 다음에서 읽을 수 있다. 「잡지 『콤무니스트』와 국제선 공산주의그룹」, 『한국사연구』 126(2004년 9월). 177~201쪽 가운데 195쪽.
6 『전집』, 제6권, 26~30쪽.
7 임경석, 『이정(而丁) 박헌영 일대기』(역사비평사, 2004), 175~182쪽.
8 이 논지를 제시한 책은 다음과 같다. Michael Robinson, Cultural Nationalism in Colonial Korea, 1920~1925(Seattle, W.A.: University of Washington Press, 1988).
9 『전집』, 제5권, 500~501쪽에서 재수록.
10 김구 지음/도진순 주해, 『백범일지』(돌베개, 2020년 개정판 62쇄), 340~341쪽.
11 위와 같음, 355쪽.
12 이정식 면담/김학준 편집 · 해설/김용호 수정 · 보완, 『혁명가들의 항일 회상:김성숙 · 장건상 · 정화암 · 이강훈의 독립투쟁』(민음사, 2005), 251쪽.
13 위와 같음, 387~388쪽.
14 김상기, 『자유의 불꽃을 목숨으로 피운 윤봉길』(역사공간, 2013), 196쪽.
15 이강훈, 「상해의거의 교훈」, 〈나라사랑〉(외솔회) 25(1976년 12월), 152~156쪽.
16 김학철, 『조선의용군 최후의 분대장 김학철』(연변인민출판사, 2005), 2, 239쪽.
17 김구 지음/도진순 주해, 『백범일지』, 340쪽.
18 김홍일, 『대륙의 분노: 노병의 회상기』(문조사, 1972), 291쪽; 정정화, 『장강일기: 장자강 푸른 물결 위에 실린 한 여성 독립운동가의 파란만장한 일대기!』(학민사, 1998), 110쪽; 이화림 구술/장전걸 · 손정려 지음, 『정도(征途)』/박경철 · 이선경 옮김, 『이화림 회고록』, 185쪽.
19 부산근대역사관 편, 『먼구름 한형석의 생애와 독립운동』(부산근대역사관, 2006). 이 책은 4부로 구성됐다. 제1부는 장경준 · 하유식이 집필했고, 제2부는 하유식이 집필했으며, 제3부는 김창욱이 집필했고, 제4부는 이상헌이 집필했다. 이 책의 말미에 「부록」이 수록됐다. 그 가운데 「나의 인생 나의 보람」(131~177쪽)이 포함됐는데, 한형석(1910~1996)의 회고록이다. 이 가운데 「윤봉길 의사의 장거」(154~155쪽)가 의거 당시의 상황에 대한 회상을 포함했다.
20 이강훈, 「상해의거의 교훈」, 154~155쪽.
21 김상기, 『자유의 불꽃을 목숨으로 피운 윤봉길』, 201쪽.

22 〈상해일보〉(1932년 5월 1일), 『전집』, 제3권(『중국 신문·잡지』), 305~306쪽.
23 〈상해일보〉(1932년 5월 2일), 위와 같음, 311~313쪽.
24 위와 같음, 474~477쪽.
25 〈상해보〉(1932년 5월 25일), 위와 같음, 342~343쪽.
26 쑨커즈, 「윤봉길 의사 의거와 중국의 동향: 매체를 중심으로」(중국문 및 한국어 번역문), 사단법인 매헌윤봉길의사기념사업회 편, 『매헌 윤봉길 의사 상해의거와 국내외 영향: 매헌 윤봉길 의사 상해의거 85주년 기념 국제학술회의』(사단법인 매헌윤봉길의사기념사업회, 2016), 134~135쪽.
27 위와 같음.
28 위와 같음.
29 위와 같음, 137~138쪽.
30 배경한, 「윤봉길의거 이후 장개석 국민정부의 한국독립운동 지원과 '장기항전'」, 『역사학보』236(2017년 12월), 392쪽.
31 서상문, 「중화민국의 한국독립운동 지원」, 사단법인 매헌윤봉길의사기념사업회 편, 『매헌 윤봉길 의사 상해의거와 국내외 영향: 매헌 윤봉길 의사 상해의거 85주년 기념 국제학술회의』(사단법인 매헌윤봉길의사기념사업회, 2016), 74쪽.
32 『전집』, 제6권, 161~162쪽.
33 윤주, 「한중관계 개선, 윤봉길 의사를 매개체로」, World Korean(2017년 4월 25일).
34 이 책은 다음과 같이 국어로 번역됐다. 김승일 역, 『천국의 새』 전 2권(범우사, 2002).
35 소육린, 『사한회억록(使韓回憶錄』, 『대한민국임시정부자료집 25』(『중국의 인식』)(국사편찬위원회, 2008), 219~286쪽 가운데 229쪽.
36 쑨커즈, 「윤봉길 의사 의거와 중국의 동향: 매체를 중심으로」(중국문 및 한국어 번역문), 사단법인 매헌윤봉길의사기념사업회 편, 『매헌 윤봉길 의사 상해의거와 국내외 영향: 매헌 윤봉길 의사 상해의거 85주년 기념 국제학술회의』(사단법인 매헌윤봉길의사기념사업회, 2016), 132쪽.
37 윤남의, 『윤봉길 일대기』(정음사, 1975), 194쪽.
38 김준엽, 『장정 1: 나의 광복군 시절 상』(나남, 1987). 이 책의 개정판 5쇄(1993), 276쪽.
39 이정식 면담/김학준 편집·해설/김용호 수정·보완. 『혁명가들의 항일 회상: 김성숙·장건상·정화암·이강훈의 독립투쟁』, 392쪽.
40 임중빈, 『윤봉길 의사 일대기』(범우사, 1998), 244쪽.
41 신호웅·이상재·윤규상 공저, 『매헌 윤봉길 의사 일대기』(경혜사, 2006), 235쪽.
42 윤병석, 『민족의 영웅 윤봉길 의사』(사단법인 매헌윤봉길의사기념사업회, 2007), 63쪽.
43 김상기, 『자유의 불꽃을 목숨으로 피운 윤봉길』, 197쪽.
44 배경한, 「윤봉길의거 이후 장개석 국민정부의 한국독립운동 지원과 '장기항전'」, 『역사학보』, 393쪽의 각주56.
45 『전집』, 제6권, 19쪽.
46 위와 같음, 21쪽.
47 배경한, 「윤봉길의거 이후 장개석 국민정부의 한국독립운동 지원과 '장기항전'」, 393쪽에서 재인용. 391쪽 각주49에서 재인용.
48 위와 같음, 390~391쪽.
49 『전집』, 제3권, 73쪽, 199쪽, 203쪽.
50 『전집』, 제2권, 209쪽.
51 『전집』, 제8권, 274쪽.
52 『전집』, 제3권, 221쪽.
53 한 보기는 다음과 같다. 김삼웅, 『백범 김구 평전』(시대의창, 2004; 2019년 개정판), 321쪽.

54 김구 지음/도진순 주해, 『백범일지』, 19쪽의 각주1.

55 『전집』, 제6권, 227~234쪽 및 234~235쪽.

56 이 책 말미에 수록된 「『백범일지』 해제」(303~310쪽)는 여러 판본에 대해 자세히 설명했다.

57 소쟁, 「9. 중국국민당과 김구: 중국 협조 한국광복운동 사료」, 한국정신문화연구원 편, 『한국독립운동사자료집: 중국인사증언』(박영사, 1983), 143~188쪽 가운데 151쪽.

58 소쟁, 「한국 광복에 대한 중국 협조 회억」(중국문), 『전기문학』 제44권 제5기(1984년 5월), 제45권 제1기(1984년 7월), 제45권 제3기(1984년 9월), 제4기(1984년 10월), 제6기(1984년 12월); 소쟁, 「한국의 광복을 위한 중국 정부의 지원에 대한 회상」, 국사편찬위원회 편, 『대한민국임시정부자료집 25』(『중국의 인식』)(국사편찬위원회, 2008), 182~219쪽 가운데 197쪽. 소쟁은 다음에서도 같은 내용을 제시했다. 소쟁, 「비록 발굴: 장개석, 김구 그리고 나; 중국 국민당정부의 원한공작(援韓工作) 책임자의 회고록」, 〈월간조선〉(1985년 1월), 418~431쪽.

59 이상철, 「윤봉길 의사 의거와 장개석(蔣介石): 카이로선언과의 관계」, 사단법인 매헌윤봉길의사기념사업회 편, 『매헌 윤봉길 의사 상해의거와 국내외 영향: 매헌 윤봉길 의사 상해의거 85주년 기념 국제학술회의』, 149쪽의 각주7; 윤은자, 「치루(憩廬)와 중앙판뎬(中央飯店): 김구와 장제스의 만남」, 백범김구선생기념사업협회 기획/김광재 · 도진순 · 리종주 · 윤은자 · 이혜린 공동집필, 『백범의 길: 임시정부의 중국 노정을 밟다』 전 2권(아르테, 2019), 294~308쪽 가운데 303쪽; 손세일, 『이승만과 김구』 전 7권(조선뉴스프레스, 2015), 제4권, 468쪽; 한상도, 「해제」, 국사편찬위원회 편, 『대한민국임시정부자료집 9』(『군무부』)(국사편찬위원회, 2006), iii~xviii 가운데 viii; 서상문, 「중화민국의 한국독립운동 지원」, 75쪽.

60 석원화 편, 『한국독립운동과 중국』(중국문)(상해인민출판사, 1995), 7쪽.

61 소육린, 『사한회억록(使韓回憶錄)』, 『대한민국임시정부자료집 25』(『중국의 인식』)(국사편찬위원회, 2008), 231쪽; ______ 지음, 『사한회억록: 근대 중 · 한관계 사화』(대북전기문학출판사, 2017)/이용빈 외 옮김, 『소육린 대사의 한국외교 회고록: 중화민국과 한국의 근대관계사』(한울엠플러스, 2017), 76쪽; 호춘혜 저, 『중국에서의 한국독립운동』(대북: 중화민국사료연구중심, 1975)/신승하 역, 『중국 안의 한국독립운동』(단국대학교 출판부, 1978), 48쪽.

62 배경한, 「윤봉길의거 이후 장개석 국민정부의 한국독립운동 지원과 '장기항전'」, 394쪽.

63 김준엽, 『장정 1: 나의 광복군 시절 상』(나남, 1987). 이 책의 개정판 5쇄(1993), 276쪽.

64 이화림 구술/장전걸 · 손정려 지음, 『정도(征途)』/박경철 · 이선경 옮김, 『이화림 회고록』, 185쪽.

65 남파박찬익전기간행위원회 편, 『남파 박찬익 전기』(을유문화사, 1988), 214쪽.

66 김삼웅, 『백범 김구 평전』, 321쪽.

67 위와 같음, 624쪽.

68 이상철, 「윤봉길 의사 의거와 장개석(蔣介石): 카이로선언과의 관계」, 사단법인 매헌윤봉길의사기념사업회 편, 『매헌 윤봉길 의사 상해의거와 국내외 영향: 매헌 윤봉길 의사 상해의거 85주년 기념 국제학술회의』(사단법인 매헌윤봉길의사기념사업회, 2016), 149쪽.

69 김상기, 『자유의 불꽃을 목숨으로 피운 윤봉길』, 197쪽.

70 배경한, 「윤봉길의거 이후 장개석 국민정부의 한국독립운동 지원과 '장기항전'」, 395~196쪽; 이상철, 150쪽.

71 두 갈래의 지원은 다음에서 자세히 설명됐다. 간국훈(干國勳), 「중국특별훈련반과 조선의용대」, 한국정신문화연구원 편, 『한국독립운동사자료집: 중국인사증언』(박영사, 1983), 12~30쪽; 등걸, 「삼민주의역행사의 한국독립운동에 대한 원조」, 한국정신문화연구원 편, 『한국독립운동사자료집: 중국인사증언』(박영사, 1983), 61~85쪽.

72 위와 같음, 400~401쪽.

73 김구 지음/도진순 주해, 『백범일지』, 355~356쪽.

74 위와 같음, 356~357쪽; 한시준, 「신흥무관학교 이후 독립군 군사간부 양성」, 『백산학보』 100(2014년 12월), 474~475쪽; 한상도, 『한국독립운동과 중국군관학교』(문지사, 1994), 313~316쪽; 배경한, 「윤봉길의거 이후 장개석 국민정부의 한국독립운동 지원과 '장기항전'」, 402~403쪽.

75 서상문, 「중화민국의 한국독립운동 지원」, 76~77쪽.

76 호춘혜 지음/신승하 옮김, 『중국 안의 한국독립운동』(단국대학교 출판부, 1978), 47~74쪽.

77 서상문, 「중화민국의 한국독립운동 지원」, 77쪽.

78 Peter Li, "The Nanking Holocaust: Memory, Trauma and Reconciliation," in Peter Li, ed., Japanese War Crimes: The Search for Justice(New Brunswick; Transaction Publisher, 2003), pp. 227~242.

79 김학준, 『북한의 역사 제1권: 강대국 권력정치 아래서의 한반도 분할과 소련의 북한군정 개시 1863년~1946년 1월』(서울대학교 출판문화원, 2008), 373~374쪽, 402쪽.

80 John Keegan, The Second World War(New York: Penguine Books, 2005), Ch. 11.

81 신주백, 『1920~30년대 중국지역민족운동사』(선인, 2005), 253~256쪽.

82 서상문, 「중화민국의 한국독립운동 지원」, 84~85쪽.

83 염인호, 『김원봉연구: 의열단, 민족혁명당 40년사』(창작과비평사, 1993), 273쪽.

84 Soon Sung Cho, Korea in World Politics, 1940~1950: An Evaluation of American Responsibility(Berkeley and Los Angeles: University of California Press. 1967), pp 15~23, United States, Department of State, Foreign Relations of the Unites States: Diplomatic Papers, Conferences at Cairo and Tehran, 1943(Washington, D.C: United States Government Printing Office, 1951), pp.401~404; 정병준, 『카이로회담의 한국문제 논의와 카이로선언 한국 조항의 작성 과정』, 『역사비평』 107(2014년 여름), 307~347쪽.

85 Amos Perlmutter. FDR and Stalin: A Not So Grand Alliance, 19431945(Columbia: University of Missouri Press. 1993), pp.157~158; Robert Dallek, Franklin D. Roosevelt and American Foreign Policy, 1932~1945(New York: Oxford University Press, 1995), pp.423~430.

86 정일화, 『카이로선언: 대한민국 독립의 문』(선한약속, 2010), 8~9쪽.

87 유영익, 『건국대통령 이승만: 생애·사상·업적의 새로운 조명』(일조각, 2013), 61~64쪽.

88 이승만, 「서문」, 김구, 『도왜실기』(국제문화협회, 1946), 2쪽.

89 장기윤 편집, 『카이로회의 기실(紀實)』(중국문)(대북: 중화문화출판사업위원회, 1953).

90 Robert T. Oliver, Syngman Rhee: The Man Behind the Myth(New York: Dodd, Mead and Company, 1954), p.365.

91 구대열, 『한국국제관계사연구』 전 2권(역사비평사, 1995), 제2권, 86~113쪽.

92 한시준, 「한국과 중국의 공동항전과 카이로선언」, 단국대학교 동양학연구원/복단대학 한국연구중심 공동주최, 『일제의 침략과 한중의 공동항전』(단국대학교 동양학연구원, 2015), 11~38쪽.

93 이성섭, 「윤봉길 의사와 장개석 그리고 카이로선언」, 〈겨레사랑〉11(2015~2016), 48~49쪽.

94 이상철, 「윤봉길 의사 의거와 장개석(蔣介石): 카이로선언과의 관계」, 사단법인 매헌윤봉길의사기념사업회 편, 『매헌 윤봉길 의사 상해의거와 국내외 영향: 매헌 윤봉길 의사 상해의거 85주년 기념 국제학술회의』(사단법인 매헌윤봉길의사기념사업회, 2016), 154~155쪽.

95 정일화, 『카이로선언: 대한민국 독립의 문』, 71쪽,

96 이상철, 「윤봉길 의사 의거와 장개석(蔣介石): 카이로선언과의 관계」, 157쪽.

97 위와 같음, 157쪽.

98 위와 같음.

99 위와 같음, 157~158쪽.

100 정일화, 『대한민국 독립의 문 카이로선언』, 74쪽.

101 위와 같음, 159쪽.

102 현양사업은 기본적으로 다음에 의존했다. 김상기, 『자유의 불꽃을 목숨으로 피운 윤봉길』, 189~193쪽; ______, 「윤봉길의 순국과 현양사업」, 『한국근현대사연구』86(2018년 가을), 155~182쪽.

103 서울의 출판사 오월이 1989년에 복간한 판본, 273쪽.

104 『력사사전』, 제2권, 1107~1108쪽.

105 조선민주주의인민공화국 사회과학원 력사연구소 편, 『조선전사』(과학백과사전출판사, 1981), 제17권, 60~61쪽.

106 손영종·문병우·박영해·문성렵·조희승·리철홍 등 공동집필, 『조선력사인명사전』(과학백과사전출판사, 1981), 281쪽.

107 〈연합뉴스〉(2015년 12월 10일), 〈서울신문〉(2015년 12월 10일) 전재.

매헌 윤봉길 의사 관련 자료*

I. 유고

1. 윤봉길, 『매헌유고(梅軒遺稿)』(사단법인 매헌윤봉길의사기념사업회, 1978).
매헌이 남긴 글들을 모은 작은 책이다.
2. 이시찬(李時燦) 등 편집, 『매헌충의록(梅軒忠義錄)』(사단법인 매헌윤봉길의사기념사업회, 1988).
'충의'와 관련한 매헌의 어록, 이승만·김구·이시영 등 매헌의 의거를 기린 추도사, 그리고 매헌 현창 사업과 관련한 자료 등을 모은 공판 인쇄물이다.

II. 전집

1. 매헌윤봉길전집편찬위원회 편, 『매헌윤봉길전집』 전 9권(사단법인 매헌윤봉길의사기념사업회, 2012).

이 전집은 사단법인 매헌윤봉길의사기념사업회가 윤봉길 의사 의거 80주년에 맞춰 조직한 매헌윤봉길전집편찬위원회가 편집했다. 매헌윤봉길전집편찬위원회는 사단법인 매헌윤봉길의사기념사업회 산하기관인 매헌연구원 원장이며 인하대학교 문과대학 사학과 명예교수인 윤병석(尹炳奭) 박사가 위원장을 맡았고, 다음과 같은 사계의 권위자 아홉 분이 위원을 맡았다.

김광재(金光載) 국사편찬위원회 연구관
김상기(金祥起) 충남대학교 교수
김희곤(金喜坤) 안동대학교 교수
윤주(尹洲) 매헌윤봉길의사기념사업회 상임부회장
이명화(李明花) 독립기념관 한국독립운동사연구소 책임연구위원
이현주(李賢周) 국가보훈처 연구관
정진석(鄭晋錫) 한국외국어대학교 명예교수
한상도(韓相禱) 건국대학교 교수
한시준(韓詩俊) 단국대학교 교수

제1권 『시문(詩文)과 농민운동』

윤병석, 편찬사, V~XV쪽.
이현주, 「해제」, 3~24쪽.

1. 「자서약력(自書略歷)」과 유촉시(遺囑詩) 외, 37~66쪽.
「자서약력」은 윤 의사가 거사하기 이틀 전인 1932년 4월 27일에 대한민국임시정부(이하 '임정'으로 약칭) 국무령(國務領) 김구(金九)의 권유에 따라 자신의 신상을 후세에 알리기 위해 스스

---

* 이 자료 검색 및 정리는 재단법인 매헌윤봉길의사장학재단의 연구비 지원으로 이루어졌다. 자료 검색과 타자는 필자와 동명이인인 김학준(金學俊) 조교와 고권(高權) 조교가 맡아주었다. 매헌윤봉길의사장학재단 정진태(鄭鎭泰) 이사장과 두 조교에게 고마움을 표시하고자 한다.

로 쓴 짧은 이력서로, 태어날 때부터 상해에 도착하기 전까지의 행적을 기술했다. 유촉시 4편 역시 같은 날에 김구의 권유에 따라 쓴 시로, 두 아들에게 유언으로 남긴 시 등이 포함됐다. 김구는 임정이 중경(重慶)으로 이전한 1940년 이후 주석(主席)으로 선출되었다.

2. 『한시집(漢詩集)』, 67~344쪽.
   매헌의 시와 문장을 모은 시문집이다.
3. 『임추(壬椎)』, 345~432쪽.
   칠언율시(七言律詩)와 오언율시(五言律詩) 등 모두 58편의 한시를 수록했다.
4. 『명추(鳴椎)』, 433~476쪽.
   20편의 시를 수록했다. 대부분을 매헌이 직접 지은 것이라는 해석이 유력하다.
5. 『옥타(玉唾)』, 477~578쪽.
   시와 문장이 섞인 시문집으로, 매헌이 직접 지은 한시를 포함했다.
6. 『염락(濂洛)』, 579~628쪽.
   창작이 아닌 기존의 시를 모은 책이다.
7. 『순운대편(郇雲大篇)』, 629~678쪽.
   매헌이 한학을 공부하며 쓴 글이다.
8. 『홀기(笏記)』, 679~752쪽.
   매헌이 제사(祭祀)에서 사용하는 형식과 차례를 한문과 그림으로 설명한 책이다.
9. 일기(日記), 753~838쪽.
   매헌이 기사년(己巳年)인 1929년 1월 1일(음력)부터 국한문 혼용으로 쓴 일기다. 흔히 『기사년일기』라고 부른다.
10. 편지, 839~854쪽.
    매헌이 1930년 3월 6일에 중국으로의 망명길에 올랐던 때로부터 상해의거 직전까지 어머니를 비롯해 아들과 아우에게 보낸 모두 여섯 통의 편지를 모았다.
11. 『농민독본(農民讀本)』, 855~910쪽.
    윤 의사는 1926년에 고향에서 야학을 개설하고 이듬해에 교재로 사용하기 위해 『농민독본』 제1~3권을 등사판의 유인물로 발행했다. 제1권은 '조선글 편'이고, 제2권은 '계몽 편'이며, 제3권은 '농민의 앞길 편'이다. 각 권 모두 양은 적다. 때때로 한자를 사용했으나 대부분 한글로 썼다.
12. 농민 계몽단체 조직, 911~942쪽.
    매헌이 고향에서 결성하고 운영했던 월진회(月進會)와 위친계(爲親契) 등에 관련된 문서를 모았다.
13. 유묵(遺墨), 943~954쪽.
    매헌의 유묵을 모았다.

제2권 『상해의거와 순국』

매헌은 의거 직후 일제 당국에 구속돼 신문과 재판을 받았으며 총살형을 당했다. 이 일련의 일들에 관련된 자료인 「신문조서」, 「판결서」, 「청취서」, 『만밀대일기(滿密大日記)』 등을 수록했으며, 「사행집행시말서」, 「시체검안서」 등을 수록했다. 하라 히데오(原秀男) 등이 편저한 『검찰비록 2·26사건』 제2권(도쿄: 가도카와쇼텐[角川書店], 1989), 687~693쪽에 수록된 「윤봉길 사형 집행 관계자료」도 수록했다.

김광재, 「해제」, 3~17쪽.

1. 한국 측 자료, 29~75쪽.
2. 일본 측 자료, 76~190쪽.
3. 프랑스 측 자료, 191~260쪽.
   윤 의사와 김구는 상해 안의 프랑스 조계에서 활동했기에 프랑스 조계 공무국(公務局)은 본국 정부와 긴밀하게 협의했다.

제3권 『중국 신문 · 잡지』

의거에 대한 중국의 신문 · 잡지의 기사 · 논설을 모았다.

한시준, 「해제」, 3~19쪽.

제4권 『일본 신문』

의거에 대한 일본의 신문·잡지의 기사·논설을 모았다.

김상기, 「해제」, 3~12쪽.

제5권 『국내 및 구미 자료』

의거를 보도한 국내 신문(《동아일보》, 〈조선일보〉, 〈중앙일보〉[〈조선중앙일보〉 개제], 〈매일신보〉, 〈경성일보〉) 그리고 구미(미국, 영국, 프랑스, 러시아, 스위스의 현지어 신문) 및 미국 교포들의 한국어신문(《신한민보』) 등 모두 6개국에서 발행된 46종 신문의 기사와 논설을 분석했다. 상해 주재 영국공사와 총영사가 본국 외무성에 보낸 보고서도 수록했다.

정진석, 「해제: 국내와 외국 신문의 윤봉길 의사 폭탄 투척 보도」, 3~16쪽.

제1부 국내 신문

제2부 구미 자료

I. 미국

II. 영국

III. 프랑스

IV. 러시아

V. 스위스

제6권 『논찬 · 전기』

윤 의사 의거를 높이 평가한 논설 및 책들 그리고 윤 의사의 전기들을 모았다.

김희곤(金喜坤), 「해제: 홍구공원 의거를 높이 기리고 널리 알린 자료들」, 3~14쪽.

제7권 『유해 봉안 · 현양사업』

일본 가나자와(金澤)에서 총살형을 당하고 암장된 윤 의사의 유해는 1946년에 발굴되어 국내로 봉안됐으며 현양사업이 뒤따랐다.

한상도(韓相禱), 「해제」, 3~17쪽.

제8권 『도록: 사진으로 보는 윤봉길의 생애』

이명화(李明花), 「해제」, 9~26쪽.

별책 『해제 총목차』

III. 도록

1 매헌 윤봉길 의사 의거 제60주년기념사업추진위원회 편, 『도록 윤봉길 의사』(매헌 윤봉길 의사 의거 제60주년기념사업추진위원회, 1992년 4월 28일 초판; 1992년 11월 12일 수정·증보판).

2 매헌윤봉길의사기념사업회 편, 『매헌기념관전시도록』(매헌윤봉길의사기념사업회, 2005).

3 황길수(黃吉秀) 편, 『매헌기념관 재개관 도록』(매헌윤봉길의사기념사업회, 2020).

매헌기념관은 2019년에 새롭고도 전면적인 재정리를 거쳐 재개관했다. 이 계제에, 매헌윤봉길의사기념사업회 황길수 회장(전 법제처 처장)은 자세한 해설을 포함해 이 책을 펴냈다.

Ⅳ. 윤 의사 유족의 회고록 또는 저술

1. 배용순(裵用順), 「'여자의 일생' 뒤돌아보니… 남편 대신 백범(白凡)이 딸처럼」, 〈주간여성〉(1974년 4월 14일), 85~92쪽; ______, 「영원한 남편 윤 의사」, 〈나라사랑〉25(1976년 12월), 157~160쪽, 『전집』, 제7권, 508~511쪽에 재수록; 송우혜(宋友惠), 「윤봉길 의사 부인 배용순 여사의 삶」, 〈여성동아〉(1986년 9월), 174~179쪽.
   배용순(1907~1988)은 매헌의 부인이다. 특히 두 번째 글이 윤 의사에 대한 정보를 많이 담았다.
2. 윤종(尹淙), 「홍구공원에 작렬한 항일투혼: 윤봉길의 백천대장 폭살사건」, 〈신동아〉(1969년 11월), 330~339쪽.
   윤종(1927~1984)은 매헌의 장남으로 유아기에는 '모순(模淳)'으로 불렸다. 자신이 유아기에 아버지가 망명지에서 자신에게 보낸 편지, 그리고 아버지가 의거 직전에 자신에게 남겼으나 해방 이후에 비로소 알게 된 유촉시 등을 회상하면서, 아버지의 항일운동을 홍구공원 의거로부터 순국까지의 과정에 초점을 맞춰 썼다.
3. 윤남의(尹南儀), 『윤봉길일대기』(정음사, 1975).
   윤남의(1915~2003)는 매헌의 둘째 동생으로 '영석(永錫)'으로도 불렸다. 형과 함께 생활했던 자신의 기억을 중심으로, 또 형이 망명지에서 자신에게 보낸 편지를 소개하면서 썼다. 일제 패망 이후 형의 유골이 발굴되고 환국하는 과정에 대해서도 기억에 의지해 자세히 썼다.
4. 윤주(尹洲), 『연행사진, 윤봉길 의사 맞다』(매헌윤봉길의사기념사업회 매헌연구원, 2008년 8월); ______, 『나의 백부 매헌 윤봉길』(월진회, 2009년 4월); ______, 『순정한 영혼의 불꽃 매헌 윤봉길』(매헌윤봉길의사기념사업회, 2010년 10월); ______, 「영원한 청년 의사 윤봉길」 1회(《아주경제》 2018년 8월 1일, 3쪽)~20회(《아주경제》 2018년 8월 31일, 20쪽); ______, 「스페셜 칼럼: 윤봉길 의거는 재평가돼야」, 〈아주경제〉(2019년 8월 12일).
   윤남의 선생의 차남인 윤주(1947~현재)는 아버지의 회상을 비롯해 여러 국내외 자료를 중심으로 자신의 백부에 관해 자세히 썼다. 윤 의사에 관한 몇 가지 쟁점에 대해 자료를 바탕으로 자신의 판정을 제시했다.

Ⅴ. 윤 의사에 관한 회고 또는 논평이 포함된 회고록 (1): 한국인

제1항 김구

1. 김구(金九), 『백범일지(白凡逸志)』.
   『백범일지』는 1929년에 집필한 필사본 및 등사본이 최초의 것이다. 이것은 자신의 출생으로부터 대한민국임시정부가 있는 상해로 오기까지의 행적을 기록한 것으로 우리가 흔히 말하는 『백범일지』의 상권을 구성한다. 1942년에 백범은 1940년에 임정과 함께 중경으로 피난한 뒤 상해 도착으로부터 중경에 피난한 이후의 행적을 필사본으로 남겼다. 1947년에 백범은 상권을 비롯해 1942년의 필사본에 환국 이후의 활동을 추가하고 저 유명한 「나의 소원」 등을 덧붙여 『백범일지』라는 동일한 제목 아래 국사원에서 단행본으로 출판했다.
   오늘날에는 윤병석 교수가 직해한 『직해 백범일지』(집문당, 1995), 도진순(都珍淳) 교수가 주해한

『백범일지』(돌베개, 1997년 초판; 2002년 개정판), 김학민(金學珉)과 이병갑(李炳甲)이 주해한 『정본 백범일지』(학민사, 1997년 초판; 2006년 개정판), 백범학술원이 출판한 『백범일지』(나남, 2002) 등이 가장 널리 읽히고 있다. 이 책에는 김구가 윤봉길을 만나 상해의거를 계획하고 실천하는 과정이 자세히 설명됐다.

1-A. 가지무라 히데키(梶村秀樹) 역, 『백범일지: 김구 자서전』(일본문)(도쿄: 헤이본샤[平凡社], 1980).

2 엄항섭(嚴恒燮), 『도왜실기(屠倭實記)』(국제문화협회, 1946).

이 책은 김구가 이끌던 한인애국단의 이름으로 이봉창 의사와 윤봉길 의사가 의거한 뒤 한인애국단이 1932년 12월 1일에 중국문으로 상해에서 출판됐다. 일제 패망 이후 김구와 그의 일행이 환국한 뒤 임정 때부터 계속해서 김구를 모셨던 엄항섭이 서울에서 우리말로 펴냈다. 이 1946년판은 백범김구선생편집위원회 편, 『백범김구전집』 전 12권(대한매일신보사, 1999), 제1권, 551~773쪽에 수록됐다.

3. 김삼웅(金三雄), 『백범 김구 평전』(시대의창, 2004년 초판; 2019년 개정판).

저자는 김구에 대한 높은 존경심으로 이 책을 썼다.

4. 백범학술원 편, 『백범 김구 선생의 편지』(나남출판, 2005), 33쪽.

윤봉길 의사가 1932년 4월 27일에 백범에게 바친 시가 수록됐다.

5. 백범김구선생기념사업회 기획/김광재 · 도진순 · 리종주 · 윤은자 · 이혜린 분담 집필, 『백범의 길: 임시정부의 중국 노정을 밟다』 전 2권(아르테, 2019).

특히 제1권이 윤 의사 의거에 대한 설명을 포함했다.

제2항 이봉창 의사 의거

이봉창(李奉昌, 1900~1932) 의사는 1932년 1월 8일에 도쿄에서 일왕이 탄 마차에 폭탄을 던졌으나 죽이지는 못했다. 이 의거는 윤봉길 의사 의거와 마찬가지로 김구가 기획 · 지원했으며, 윤 의사 의거에 일정하게 영향을 미쳤다.

1. 홍인근(洪仁根), 『이봉창 평전: 항일애국투쟁의 불꽃, 그리고 투혼』(나남, 2002).
2. 이봉창의사장학회 엮음, 『이봉창 의사와 한국독립운동』(단국대학교 출판부, 2002).
3. 배경식, 『기노시타 쇼조, 천황에게 폭탄을 던지다: 인간 이봉창 이야기』(너머북스, 2008); ______, 『식민지 청년 이봉창의 고백: 대일본제국의 모던 보이는 어떻게 한인애국단 제1호가 되었는가』(휴머니스트, 2015).

첫 번째 책의 제목에 나오는 '기노시타 쇼조'는 이봉창 의사가 쓰던 일본식 이름이다. 저자는 앞의 책을 개고해 뒤의 책을 펴냈다. 저자는 일본인이 되고자 했던 이봉창 의사가 어떠한 심리적 변화 과정을 거쳐 일왕을 죽이기로 결심했는지를 추적했다.

제3항 김구 이외의 항일운동가들: 윤 의사 의거와 관련해

1. 김홍일(金弘壹), 「비운의 조국을 등지고: 항일청년사관이 되기까지」, 〈사상계〉(1965년 1월), 236~250쪽; ______, 「삼십년의 독립투쟁기, 2」, 〈사상계〉(1965년 2월), 212~224쪽; ______, 「중일전쟁과 임정: 광복의 꿈을 안고 중국 천지를 헤매던 시절; 30년간의 독립투쟁기 완(完)」, 〈사상계〉(1965년 5월), 232~247쪽; ______, 『대륙의 분노: 노병의 회상기』(문조사, 1972).

뒤의 책은 앞의 회고록들을 토대로 쓰였다. 이 책에서 「염상(炎上)하는 투지」(267~291쪽)는 이봉창 의사 의거와 윤봉길 의사 의거 등을 자세히 회고했다.

1-A. 박경석(朴慶錫), 『구국의 별 5성장군 김홍일』(서문당, 2016).

김홍일(1898~1990)은 만주와 시베리아에서 항일독립운동에 참가한 데 이어 중국 대륙으로 들어가 장개석군에서 영관급 장교로 복무하며 이봉창 의사의 의거와 윤봉길 의사의 의거 때 폭탄을 만들어

제공했고, 장개석군의 소장으로 대한민국임시정부 산하의 한국광복군에도 참여했다. 일제 패망 직후 소련군이 점령한 만주 장춘에서 동북한교(韓僑)사무처 처장으로 취임해 한인 동포들의 안전과 귀국을 돌보았다. 대한민국 정부 수립 직후 귀국해 초대 육군사관학교 교장으로 봉직했고, 6·25전쟁 때 한강 일대에서 북한군의 남하를 저지하기 위해 분투했으며 곧이어 중화민국 주재대사로 봉직했다. 5·16 군사정부에서 외무부 장관을 역임했고 훗날 신민당에 입당해 당수와 국회의원을 역임했다. 저자는 그를 존경하는 뜻에서 소설의 형식을 빌려 그의 생애를 조감한 뒤 그야말로 국군의 원수, 곧 5성 장군에 해당된다고 칭찬했다.

1-B. 한시준(韓詩俊), 「제3장 중국군으로 대일항전을 전개한 김홍일」, ______, 『일제 침략에 대한 한중의 공동항전』(단국대학교 출판부, 2019), 217~249쪽.

2. 이강훈(李康勳), 『민족해방운동과 나: 청뢰(靑雷)이강훈자서전』(제삼기획, 1994); ______, 『이강훈 역사증언록』(인물연구소, 1994).

   이강훈(1903~2003)은 만주에서 김좌진(金佐鎭) 장군을 보좌했고, 1933년 3월에 상해에서 '육삼정의거'를 시도하다가 투옥됐으나 일제 패망 직후 석방됐다. 마지막 책은 여러 매체에 발표했던 글들을 모았다.

3. 정화암(鄭華岩), 『이 조국 어디로 갈 것인가: 나의 회고록』(자유문고, 1982).

   정화암(1896~1981)은 주로 중국에서 아나키즘을 표방하며 항일독립운동을 벌였다. 이 책에서 그는 윤 의사의 의거에 대해 자세히 회고했다.

4. 김준엽(金俊燁), 『장정(長征): 나의 광복군 시절』(나남, 1987); ______, 『장정: 나의 광복군 시절 (하)』(나남, 1989).

   김준엽(1920~2011)은 게이오대학 재학 때인 1944년 1월에 일제에 의해 학병으로 끌려갔다가 3월에 중화민국군으로 탈출하는 데 성공해 '학병 탈출 제1호'가 됐다. 이후 원래의 목적대로 임정으로 넘어가 활동했다. 저자는 「중국혁명의 현장에서; 1946년에서 1949년에 걸친 국공투쟁 목격수기」1~4(1989년 3월, 440~479쪽; 1989년 4월, 460~480쪽; 1989년 5월, 388~411쪽; 1989년 6월, 448~473쪽)를 포함시켜, 초판을 상·하로 나눴다. 하권은 일제 패망 이후 귀국한 때로부터 김구가 암살된 때까지의 시기를 다뤘다. 윤 의사 의거에 대한 언급은 상권(275~278쪽)에서 읽을 수 있다.

   김준엽의 『장정』과 함께 읽히는 책이 학병 탈출 동지 장준하(張俊河)의 『돌베개』(사상사, 1971)이다. 이 책은 이후 세계사에서 1992년에 출판됐고 2007년에 개정판으로 다시 출판됐으며, 이 책의 이름을 딴 출판사 돌베개에서 『돌베개: 장준하의 항일대장정』으로 2015년에 개정판으로 다시 출판됐다. 그러나 이 책은 윤 의사의 의거에 대해서는 말하지 않았다.

5. 정정화(鄭靖和), 『녹두꽃: 여자독립군 정정화의 낮은 목소리』(미완, 1987); ______, 『장강일기: 양자강 푸른 물결 위에 실린 한 여성 독립운동가의 파란만장한 일대기!』(학민사, 1998).

   정정화(1900~1991)는 남편 김의한(金毅漢)과 함께 상해, 중경에서 임시정부를 중심으로 항일독립운동에 종사했다. 이 책은 9번 책과 함께 읽는 것이 바람직하다.

6. 이정식(李庭植) 면담/김학준 편집·해설, 『혁명가들의 항일 회상: 김성숙(金星淑)·장건상(張建相)·정화암(鄭華岩)·이강훈(李康勳)의 독립투쟁』(민음사, 1988); 이정식(李庭植) 면담/김학준 편집·해설/김용호(金容浩) 수정·보완. 『혁명가들의 항일 회상: 김성숙·장건상·정화암·이강훈의 독립투쟁』(민음사, 2005).

   김성숙(金星淑, 1898~1969), 장건상(張建相, 1882~1974), 정화암(鄭華岩, 1896~1981), 이강훈(李康勳, 1903~2003)은 모두 중국에서 항일독립운동에 참여했다.

7. 부산근대역사관 편, 『먼구름 한형석(韓亨錫)의 생애와 독립운동』(부산근대역사관, 2006).

   이 책에 수록된 한형석, 「나의 인생 나의 보람」(131~177쪽)에 윤 의사 의거에 대한 회상이 포함됐다. 한형석(1910~1996)은 상해에서 항일독립운동에 참여했다.

8. 이화림(李華林) 구술/장전걸(張傳杰)·손정려(孫靜麗) 지음, 『정도(征途)』(중국문)(요녕민족출판사,

1995)/박경철(朴炅鐵)·이선경(李善冏) 옮김, 『이화림 회고록』(차이나하우스, 2015).

이화림(1905~1999)은 본명이 이춘실(李春實)로 평양에서 태어났다. 1930년에 상해로 망명해 김구가 이끌던 한인애국단에 가담했으며 이봉창 의사와 윤봉길 의사의 거사에 협력했다. 그녀는 윤봉길 의사의 거사에 앞서 윤 의사와 함께 홍구공원 일대를 정탐했다고 회고했다. 그녀는 임정이 중경으로 옮길 때 따라가 항일독립운동에 종사했고 나중에는 연안으로 가서 의학을 공부하다가 해방을 맞이했다. 귀국한 뒤 6·25전쟁에 참전해 부상했으며 이후 연변에서 활동했다. 문화대혁명의 광란 속에서 홍위병들에게 부당하게 반혁명분자로 몰려 핍박을 받았다. 그러나 광풍이 끝난 뒤 명예를 회복했다.

9. 김자동(金滋東), 『상하이 일기: 임정의 품 안에서』(두꺼비, 2012); ______, 『임시정부의 품 안에서』(푸른역사, 2014).

   김자동(1928~현재)은 항일독립운동가인 부친 김의한과 역시 항일독립운동가인 모친 정정화 사이에서 외아들로 상해에 있던 임시정부청사 인근 애인리(愛仁里)에서 태어나 유년기를 보냈다. 임정이 중경에 정착하면서 거기서 생활하다가 일제 패망 직후 귀국했다. 저자는 〈한겨레〉(2011년 1월 초~2011년 4월 말)에 연재했던 「길을 찾아서」를 중심으로 『상하이 일기』를 펴냈으며, 이것을 수정·보완해 『임시정부의 품 안에서』로 펴냈다. 앞의 책의 경우 69~71쪽에서, 뒤의 책의 경우 74~77쪽에서 윤 의사 의거를 회상했다.

VI. 윤 의사에 관한 회고 또는 논평이 포함된 회고록 (2): 중국인

1. 『장개석 일기』

중화민국 총통이며 중국국민당 총통이었던 장개석(蔣介石, 1887~1975)은 광동어로는 창가이섹으로 발음되며 병음(拼音)으로는 장제스로 발음된다. 우리나라에서는 오랫동안 장개석으로 불렀다. 26세 때부터 83세 때까지 일기를 썼다. 이 일기는 스탠퍼드대학교 후버연구소에 소장됐다.

i. 황인우(黃仁宇), 『매크로히스토리의 각도에서 읽은 장개석일기』(중국문)(타이베이: 시보출판[時報出版], 1994; 북경: 구주출판사[九州出版社], 2008)/기타무라 미노루(北村稔)·나가이 에미(永井英美)·호소이 가주히코(細井和彦) 공역, 『장개석: 매크로히스토리 사관에서 읽은 장개석일기』(도쿄: 도호쇼텐[東方書店], 1997)/구범진(丘凡眞) 옮김, 『장제스(蔣介石) 일기를 읽다: 레이 황의 중국 근현대사 사색』(푸른역사, 2009)/양천석(楊天石), 『진짜 장개석을 찾아서: 장개석일기 해독』 전 4권(북경: 화문출판사[華文出版社], 2010~2018).

   저자 황인우(1918~2000)는 중국계 미국인으로 미시간대학교에서 박사 학위를 받은 뒤 뉴욕주립대학교 뉴팔츠 캠퍼스 교수로 종신했다. 레이 황(Ray Huang)이라는 이름으로 널리 알려졌다.

ii. 배경한(裵京漢), 「장개석과 기독교: 일기에 보이는 종교생활」, 『중국근현대사연구』41(2009년 3월), 97~113쪽.

iii. 이상철(李相喆), 「장개석일기에 나타난 한국독립운동 관계 사료: 한국 혁명당원들이 조국에 돌아가게 된 것은 내가 받들고 세워서 된 일」, 〈월간조선〉 제31권 제11호(2010년 11월), 530~543쪽; ______, 「장제스 일기로 본 카이로회담 비화: 처칠 반대 무릅쓰고 '조선독립' 문안 집어넣어」, 〈신동아〉(2014년 6월), 400~412쪽.

2. 장기윤(張其昀: 장치윈) 편집, 『개라회의(開羅會議) 기실(紀實)』(중국문)(대북: 중화문화출판사업위원회, 1953).

   카이로회담에 장 총통을 수행했던 저자가 쓴 아주 작은 책이다. 영문 대역이 붙어 있다.

3. George Ashmore Fitch, My Eighty Years in China(Taipei: Mei Ya Publication, 1967; new. ed., 1974)/권기돈(權奇敦) 편, 『조지 피치와 대한민국: 피치 회고록과 문서 속 한국과 김구』(김구재단, 2018).

   저자는 미국인 기독교 선교사로 상해에서 시무하며 김구를 도왔다. 특히 윤 의사 의거 직후 김구를 안전한 곳으로 피신시켰다. 편역판 기준으로, 「III. 피치와 대한민국임시정부(1932~1935)」(33~40쪽)에 서 윤 의사 의거를 회상했다.

4. 소육린(邵毓麟, 사오위린) 지음, 『사한회억록(使韓回憶錄): 근대 중·한관계 사화(史話)』(타이베이: 전기문학출판사, 1980)/이용빈·강경민·김민하·이해룡·홍대진 옮김, 『사오위린 대사의 한국외교 회고록: 중화민국과 한국의 근대관계사』(경기도 파주시: 한울엠플러스, 2017).
저자(1909~1984)는 구주제국대학을 졸업하고 동경제국대학 대학원에서 경제학을 전공한 뒤 귀국해 사천대학 교수로 봉직하다가 1935년에 중화민국 외교부에 입부해 직업외교관의 길을 걸었다. 요코하마 주재 총영사로 승진한 뒤 외교부 비서실 비서를 거쳐 정보사(情報司) 사장을 맡았는데, 이 두 자리는 장개석 총통의 직접 지휘를 받고 또 장 총통에게 직접 보고하는 요직이었다. 바로 이 두 자리에 있으면서, 그는 중국에서 조선=한인들이 전개한 항일독립운동에 관여할 수 있었다. 일제가 패망한 뒤, 대한민국 정부가 수립되면서 1949년 6월에 초대 주한 중국대사로 부임했으며 6·25전쟁 발발로부터 1년 뒤 본국으로 돌아갔고 이후 터키대사를 역임했다. 이 책의 제1장 「중국에서 전개된 한국독립운동」(37~100쪽) 및 제2장 「한국임시정부 고문에서 주한대사로 부임하기까지」(101~208쪽)가 임정에 대한 회고를 담았다. 윤 의사의 의거로 장 총통이 한국 문제에 대해 깊은 관심을 갖게 되고 임정 국무위원 김구를 만나 지원을 논의한 과정은 제1장에서 읽을 수 있다.

5. 소쟁(蕭錚, 샤오정), 「장개석, 김구, 그리고 나: 중국국민당정부의 원한공작(援韓工作) 책임자의 회고록」, 〈월간조선〉(1985년 1월), 418~431쪽.
중국국민당 중앙조직부에서 일하며, 장개석 총통의 측근 진과부(陳果夫)의 지시를 받고 임정, 특히 김구를 지원했던 필자가 지원의 배경과 내용을 회상했다. 장개석과 김구 사이의 첫 번째 면담에 대해서도 회상했다. 이 글을 집필하던 때 중화민국 총통부 국책고문이었다.

VII. 윤 의사에 관한 회고 또는 논평이 포함된 전기

1. 남파박찬익전기간행위원회 편, 『남파 박찬익 전기』(을유문화사, 1989).
남파(南坡) 박찬익(朴贊翊, 1884~1949)은 대한제국기에 결성된 비밀 항일독립운동단체 신민회에 가입하고 대종교에 입교했으며, 일제강점기에 만주로 망명해 서간도에서 경학사 조직 및 신흥강습소 설립에 참여했고 대한독립의군부에 참여했다. 곧 임정 외무부 외사국장으로 활동하면서, 중국국민당 국제부 선전과에서 일하며 중국국민당 요인들과 접촉했다. 이 인연을 바탕으로, 윤 의사 의거 후 김구를 비롯한 임정 요인들의 피난을 알선했고 장 총통과 김구의 면담을 성사시켰다. 이후 임정 법무부장에 취임했고, 한국광복군 창군을 위해 노력해 성사시켰다. 일제 패망 후 임시정부 주화(駐華)대표단 단장으로 활동하다가 1948년 4월에 귀국했고, 1949년 3월에 별세했다. 일생을 항일독립운동에 바친 남파의 별세 40주년을 맞이해 남파박찬익전기간행위원회가 동아일보사 문화부장 이종석(李種奭)을 위원장으로 하여 발족했다.
이 책은 9장으로 구성됐다. 제7장 「고난의 시절」(199~230쪽) 가운데 제2절 「이봉창·윤봉길의 쾌거」(202~209쪽)가 윤 의사 의거 그리고 장개석과 김구의 면담을 설명했다. 이 책에 앞서 박영만(朴英晩)의 『주춧돌: 남파 박찬익 선생의 생애』(신태양사, 1963)가 소설 형식으로 남파의 일생을 묘사했는데, 남파박찬익전기간행위원회는 「간행사」에서 『주춧돌』을 "소설에 가까운 가공적인 서술 부분이 많아서 실제 남파의 생애에 대한 사실적 접근에는 미흡한 점이 많은 것이 사실이다"라고 논평했다.

1-A. 이연복(李延馥), 「남파 박찬익 연구」, 『국사관논총』18(1990년 12월), 133~158쪽.

1-B. 성주현(成周鉉), 「남파 박찬익의 대한민국임시정부 활동」, 『사학연구』(한국사학회)97(2010년 3월), 117~146쪽.

2. 손세일(孫世一), 『이승만과 김구』 전 7권(조선뉴스프레스, 2017), 제4권(『제2부 임시정부를 짊어지고

1919~1945(Ⅳ)』 제50장 「"일본 천황을 왜 못 죽입니까?": 이봉창의 일본천황 저격 사건」(253~296쪽) 및 제51장 「"뒷날 지하에서 만납시다!": 윤봉길의 홍구공원폭파 사건」(297~348쪽).

3. 정상천(鄭相天), 『파리의 독립운동가 서영해』(산지니, 2019).
   서영해(徐嶺海, 1902~미상)는 임정의 파리 주재 특파원으로 활동하며 프랑스를 비롯한 서방세계에 임정의 활동을 알리는 데 노력했다. 특히 윤 의사 의거를 프랑스 외무부에 자세히 알리면서 상해의 프랑스 조계 공무국이 한인 독립운동가들을 체포한 데 대해 항의했다.

Ⅷ. 윤 의사 의거에 연관됐던 일본인의 회고록 또는 전기

1. 이시이 이타로(石射猪太郞), 『외교관의 일생: 대(對)중국 외교의 회상』(일본문)(도쿄: 요미우리신문사, 1950; 도쿄: 타이헤이슈판샤[太平出版社], 1972; 도쿄: 주오코론샤[中央公論社], 1986).
   이시이 이타로(1887~1954)는 이 책의 「상해총영사 시대」(228~274쪽)에서 자신이 상해총영사로 봉직하던 때의 일을 회상했다. 그 역시 윤 의사의 폭탄을 맞았고 또 윤 의사 의거에 관련해 여러 보고서를 상부에 올렸던 당사자인데, 이 일에 대해서는 회고하지 않았다.
2. 가메이 이치로(龜井一郞), 「운명의 천장절」(일본문), 『분케이슌슈(文藝春秋)』 임시증간(1954년 10월), 52~69쪽/ 〈겨레사상〉 12(2020년 12월)(한국어 번역문), 32~41쪽.
   가메이 이치로는 상해 육군병참병원장으로 윤 의사의 폭탄을 맞아 쓰러진 일곱 명에 대한 진료를 지휘했다. 그는 이 글에서 윤 의사 의거를 설명하고 동시에 그 일곱 명의 병상에 대해 설명했다.
3. 시게미쓰 마모루(重光葵), 『소화(昭和)의 동란』(일본문)상·하(도쿄: 주오코론샤, 1952); ______, 『시게미쓰 마모루 외교 회상록』(도쿄: 마이니치신문사, 1978; 일본도서센터, 1997); ______, 『시게미쓰 마모루 수기』(주오코론샤, 1986).
   시게미쓰 마모루(1887~1957)는 일제의 직업외교관으로 주중공사 때 윤 의사의 폭탄을 맞아 오른쪽 다리를 절단해야 했다. 일제 말기에 외상으로 봉직했으며, 패망 직후에 구성된 내각에서 다시 외상으로 임명돼 맥아더 원수 앞에서 항복문서에 조인했다.

Ⅸ. 윤 의사 전기

1. 김광(金光), 『윤봉길전』(상해: 한광사, 1933)/이민원(李玟源)·양수지(楊秀芝) 역주, 『나의 친구 윤봉길』(선인, 2017).
   저자(1909~1944)의 본명은 고영선(高英善)이다. 고영희(高英喜)로 표기된 경우도 있다. 황해도 해주에서 태어나 중국으로 망명해 사천성의 성도사범학교를 졸업하고 한국광복군 총사령부 정훈처에서 일하며 〈광복〉 편집주임 및 주필로 일했다. 저자는 윤 의사가 상해에서 생활하던 때 일정한 기간에 걸쳐 기거를 함께했으며, 그 인연으로 윤 의사의 회상, 일기, 메모 등을 활용해 이 책을 썼다. 이 책의 표지는 중국인 마군무(馬君武)가 썼으며, 서문은 김기원(金起元)이 썼는데, 그의 본명은 임정 요인이던 김붕준(金朋濬)이다. 1933년이 아니라 1934년에 출판됐다는 주장도 있다. 국내외를 통틀어 최초의 윤 의사 전기이다. 공역자 양수진은 대만 출신의 한국학자로 번역자 이민원의 부인이다.
2. 조소앙(趙素昻), 「윤봉길전」, ______, 『유방집(遺芳集)』(출판지 및 출판사 미상, 1933), 매헌윤봉길전집 편찬위원회 편, 『매헌윤봉길전집』(매헌윤봉길의사기념사업회, 2012), 제6권, 51~53쪽에 재수록.
   저자(1887~1958)는 윤 의사 의거 당시에 임정 외무부장이었다. 그는 윤 의사를 높이 기리는 짧은 전기를 썼다.
3. 이두산(李斗山), 『최근 한국의사 열전』(광동성 광주: 신조선사, 1935).

본명이 이현수(李賢壽)인 저자는 안중근 의사를 비롯한 조선=한국의 의사 17명의 전기를 쓰면서, 38~46쪽에서 윤봉길 의사를 소개했다.
4. 임민영(林敏英),『애국지(愛國誌): 의사 윤봉길 선생 편』(애국정신선양회, 1951).
6·25전쟁 시기에 출판됐다. 윤 의사 전기로는 국내에서 최초의 것으로 추정된다.
5. 박흥민(朴興珉),『윤봉길』(정문사, 1965; 대한서적공사, 1981).
6. 이민수(李民樹),『윤봉길의사약전』(매헌윤봉길의사기념사업회, 1972).
127쪽의 작은 책이다.
7. 한국사교육연구회,『윤봉길』(세명문화사, 1973).
8. 매헌장학재단 편,『불멸의 애국혼: 매헌 윤봉길 의사의 생애와 업적』(매헌장학재단, 1976).
9. 임중빈(任重彬),『천추의열 윤봉길』(인물연구소, 1975년 10월); ______,『윤봉길 의사 일대기』(범우사, 1998).
예산 일대의 유적지를 다섯 차례에 걸쳐 답사하고 이강훈, 조시원, 정화암, 김재호, 조경한 등 항일독립운동가들의 고증을 받아 앞의 책을 썼다. 뒤의 책은 앞의 책을 압축하면서 새로운 정보를 담았다.
10. 야마구치 다카시(山口隆),『4월 29일의 윤봉길: 상해항일전쟁과 한국독립운동』(일본문)(도쿄: 사카이효론샤[社會評論社], 1988);______,『윤봉길 암장(暗葬)의 땅: 가나자와』(일본문)(도쿄: 사카이효론샤[社會評論社], 1994).
11. 이현희(李炫熙),『광복투쟁의 선구자: 효창원 순국선열 7위(七位) 투쟁사』(동방도서, 1990).
서울특별시 용산구 청파동에 있는 효창원에는 1946년에 윤봉길, 이봉창, 백정기, 이동녕, 조성환, 차이석의 유해가 모셔졌고 1949년에 김구의 유해가 모셔졌다. 저자는 그들의 항일독립투쟁사를 약술하는 가운데 윤봉길(333~388쪽)에 대해서도 썼다.
12. 윤규상(尹圭相)·이상재(李尙載),『매헌 윤봉길 의사의 농촌부흥운동에 관한 연구』(농업협동조합중앙회, 1993); 이상재·윤규상 공저,『윤봉길: 도시락폭탄에 실은 독립의 꿈』(도솔, 1996);_____,『인간 윤봉길 연구』(월진회, 1997); 신호웅·이상재·윤규상 공저,『매헌 윤봉길 의사 일대기』(경혜사, 2006).
13. 연민,「홍구공원의 폭발사건으로 명성 떨친 윤봉길」, 김양(金楊) 주편,『항일투쟁 반세기』(조선어)(요녕성 심양: 요녕민족출판사, 1995년 8월), 518~528쪽.
14. 이강훈 등,「매헌 윤봉길」, 3·1운동기념사업회 편,『다시 읽는 독립운동가 48인의 생애와 사상』(3·1운동기념사업회, 1997), 77~86쪽.
15. 윤영근(尹燦根),『의열 윤봉길』상·하(용연출판사, 2000).
16. 진영미(晉永美)·김승일(金勝一),『시인 윤봉길과 지인(知人)의 서정시 340수』(역사공간, 2004),
17. 윤병석(尹炳奭),『윤봉길 의사: 민족의 영웅』(매헌윤봉길의사기념사업회, 2007; 국회사무처, 2011); Pyong-suk Yun, Maeheon Yun Bong-gil, A Patriot and National Hero(Maeheon Yun Bong Gil Memorial Museum, 2017).
18. 허성호,『B.K Story(비케이 스토리: 바로 당신을 위해 살다간 한 수퍼맨의 이야기)』(한국방송출판, 2008).
'B.K'는 윤 의사가 상해에서 1931년 9월 9일에 고향의 동생 윤남의에게 보낸 편지 가운데 자신을 표현한 영어 이니셜이다. 이 편지는『전집』, 제1권, 850쪽에 수록됐다.
19. 김학준·이수항(李琇恒),『항일 불꽃으로 산화한 매헌 윤봉길』(동아일보사, 2008)/한만경(韓万經) 번역,『'4·29 상해의거' 영웅 매헌 윤봉길』(중국문)(상해: 상해사회과학원출판사, 2008); _____, 가와다 히로시(河田宏) 감수/박순인(朴順仁) 번역,『평전 윤봉길 그 사상과 족적』(도쿄: 사이류샤[彩流社], 2010).
20. 김상기(金祥起),『자유의 불꽃을 목숨으로 피운 윤봉길』(역사공간, 2013)
윤 의사에 대한 표준적 전기로 간주된다.
21. 이태복(李泰馥),『윤봉길 평전: 강의한 사랑의 독립전사(동녘, 2019).

저자는 윤봉길 의사가 백범의 지시로 거사에 나섰다는 일각의 주장에 반론을 폈다. 윤 의사의 의거는 그의 주체적인 독립전쟁 선포였다는 것이다.

22. 신용하(愼鏞廈), 「윤봉길」, 한국독립운동인명사전편찬위원회 편, 『한국독립운동인명사전: 특별판』, 제3권(독립기념관, 2019), 제2권, 90~103쪽.

X. 어린이를 위한 윤봉길 전기

1. 계림출판사 계림문고편집위원회 엮음, 『의분의 폭탄: 윤봉길 전기』(계림출판사, 1976).
2. 방영웅(方榮雄) 글/신학철 그림, 『윤봉길 의사』(창비, 1983); ______/허구 그림, 『불꽃이 된 청년 윤봉길』(창비, 2006).
   앞의 책을 확대한 것이 뒤의 책으로, 특히 뒤의 책에는 삽화가 많이 포함됐다. 예산 출신의 소설가인 저자는 유려한 필치로 쉽게 썼다.
3. 이효성 지음/안병원 그림, 『윤봉길』(견지사, 1986).
4. 박두순 글/안병원 그림, 『윤봉길』(신태양사, 1990).
5. 김성도 엮음, 『윤봉길』(계림문고, 1996).
6. 이동태 글/ 전진 구성 · 미술, 『윤봉길』(학원출판공사, 1999).
   양이 적고 서술이 평이하며 사진과 삽화가 많이 포함됐다.
7. 유한준 글/최승옥 · 이은주 그림, 『윤봉길』(태서출판사, 2000).
8. 권오석 엮음, 『윤봉길』(대일출판사, 2001).
9. 남석기 글/장선환 그림, 『윤봉길: 나라를 위해 목숨을 바친 애국자』(래더교육, 2002).
10. 송종호 글/박영돈 그림, 『윤봉길: 불멸의 겨레사랑』(지경사, 2006).
11. 김선희 글/ 김홍모 · 임소희 그림, 『윤봉길』(비룡소, 2010).
    양이 적고 서술이 평이하며 삽화가 많이 포함됐다.

· 윤 의사에 관련된 저서

1. 한국정신문화연구원 편, 『한국독립운동사자료집: 중국인사증언』(박영사, 1983).
   장개석 총통의 중화민국 정부와 중국국민당은 한국독립운동을 적극적으로 지원했다. 이 지원에 관여했던 중국인들의 증언을 중국문 원문과 한국어 역문을 함께 수록했다. 특히 윤 의사 의거는 그 지원을 공식화하는 계기가 됐는데, 이와 관련해 소쟁(蕭錚), 「중국국민당과 김구: 중국 원조 한국 광복운동 사료」(143~188쪽)의 증언이 중요하다.
2. 석원화(石源華) 편, 『한국독립운동과 중국』(중국문)(상해인민출판사, 1995).
3. 황묘희(黃苗嬉), 『중경 대한민국임시정부사』(경인문화사, 2002).
   윤 의사 의거를 짧게 언급했다.
4. 국사편찬위원회 편, 『대한민국임시정부 자료집』 9(『군무부』)(국사편찬위원회, 2006).
   이 책에서 한상도 교수가 집필한 「해제」(iii~xviii) 가운데 xiii 쪽은 윤 의사 의거 이후 장개석정부가 중국에서의 조선=한인 항일독립운동을 지원하는 과정을 설명했다.
5. 국사편찬위원회 편, 『대한민국임시정부 자료집』 25(『중국의 인식』)(국사편찬위원회, 2008).
   이 책에서 윤 의사 의거와 관련해 중요한 부분은 IV. 「한국독립운동에 대한 회고」(182~289쪽)이다. 여기에는 소쟁(蕭錚, 샤오정)의 「한국의 광복을 위한 중국 정부의 지원에 대한 회상」(중국문 및 한국어 번역문)과 「장개석일기」 가운데 한국독립운동 관련 부분(중국문 및 한국어 번역문) 등이 포함됐다.
6. 김주용(金周溶) · 박환(朴桓) · 조재곤(趙在坤) · 한시준(韓詩俊) · 한철호(韓哲昊) 공저, 『국외 항일유적

지』(충청남도 천안시: 독립기념관 한국독립운동사연구소, 2009).
이 책의 제4장 「중국 관내」(221~361쪽) 가운데 제2절 「중국 남부」(224~315쪽)는 임정에 관련된 여러 자료를 소개했다. 그 가운데 「1. 상해지역」(224~233쪽)은 특히 「윤봉길 의사 의거 현장 · 홍구공원」(226~228쪽)과 「윤봉길 의사 신문 및 구금장소 · 일본헌병대사령부」(228~229쪽)에 대해 설명했다.

7. 정일화(鄭逸和), 『카이로선언: 대한민국 독립의 문』(선한약속, 2010년 3월).
카이로선언에 한국 조항이 들어간 배경에 윤 의사의 의거에 감동한 장 총통의 노력이 있었다는 해석에 비판적 시각을 보였다.

8. 유영익(柳永益), 『건국대통령 이승만: 생애 · 사상 · 업적의 새로운 조명』(일조각, 2013).
정일화의 해석에 공감을 표시했다.

9. 김기현 · 김현식 지음, 『내포문화의 탄생』(경기도 성남시: 북코리아, 2014), 466~469쪽.
윤 의사 의거를 설명하고, 그에 대한 장개석 총통의 높은 평가를 소개했다.

10. 한시준(韓詩俊), 『일제 침략에 대한 한중의 공동항전』(단국대학교 출판부, 2019).
「제2부 이봉창 · 윤봉길 의사의 의거와 중국 신문」(71~152쪽) 가운데 「제2장 윤봉길 의거에 대한 중국 신문의 보도」(99~152쪽).

• 논문집 또는 세미나집

1. 〈나라사랑〉 25(매헌 윤봉길 특집호)(외솔회, 1976년 12월).

곽종원(郭鍾元), 「짧은 생애의 빛나는 애국 투쟁」, 12~13쪽.
송건호(宋建鎬), 「윤봉길의 민족사상」, 23~37쪽.
윤병석(尹炳奭), 「윤봉길의 상해의거」, 38~44쪽.
홍순옥(洪淳鈺), 「상해의거의 배경과 위치」, 45~70쪽.
조동걸(趙東杰), 「임시정부와 상해의거」, 71~82쪽.
박용옥(朴容玉), 「윤봉길의 농촌운동」, 83~95쪽.
임중빈(任重彬), 「유고로 본 매헌정신」, 96~113쪽.
이민수(李民樹), 「매헌 윤봉길의 생애」, 114~133쪽.
김홍일(金弘壹), 「윤 의사의 폭탄과 나」, 134~138쪽.
조경한(趙擎韓), 「푸른 피가 천추를 거슬러」, 139~145쪽.
정화암(鄭華岩), 「상해의거에 얽힌 이야기」, 146~151쪽.
이강훈(李康勳), 「상해의거의 교훈」, 152~156쪽.
배용순(裵用順), 「영원한 남편 윤의사」, 157~160쪽.
윤남의(尹南儀), 「덕산시절의 선백(先伯)」, 161~169쪽.

2. 「제1부 기획논문: 윤봉길의 민족사상과 상해의거」, 『민족사상』(한국민족사상학회) 제2권 제1호(2008년 8월).

정경환(鄭京煥), 「제1장 윤봉길의 정치사상」, 9~56쪽.
김강녕(金江寧), 「제2장 윤봉길의 민족사상과 정치적 함의」, 57~111쪽.
양성숙(梁盛熟), 「제3장 윤봉길의 사상과 한국 민족주의」, 113~147쪽.
이현희(李炫熙), 「제4장 윤봉길 의사 상해의거의 역사성」, 149~175쪽.
황묘희(黃苗嬉), 「제5장 윤봉길의 상해의거와 대한민국임시정부」, 177~202쪽

3. 독립기념관 한국독립운동사연구소, 매헌윤봉길의사기념사업회 매헌연구원 공동 주최, 『윤봉길 의사의 상해의거와 독립운동: 매헌 윤봉길 의사 탄신 100주년 기념 학술 심포지엄』(2008년 12월 17일) (독립기념관 한국독립운동사연구소, 매헌윤봉길의사기념사업회 매헌연구원, 2008).

 윤병석(尹炳奭), 「기조발표: 윤봉길 의사의 상해의거와 독립운동」, 9~40쪽.
 신용하(愼鏞廈), 「제1주제: 윤봉길 의사의 상해의거와 그 역사적 의의」, 41~74쪽.
 한시준(韓詩俊), 「제2주제: 윤봉길 의사의 홍구공원 의거에 대한 중국 신문의 보도」, 75~120쪽.
 박용옥(朴容玉), 「제3주제: 윤봉길의 농촌운동」, 121~150쪽.
 김상기(金祥起), 「제4주제: 윤봉길의 상해의거에 대한 일본 언론의 보도」, 151~188쪽.

4. 『윤봉길과 한국독립운동』(매헌윤봉길의사기념사업회 매헌연구원, 2010년 1월)

 제1부 윤봉길 의사와 한국독립운동
 김학준(金學俊), 「윤봉길 의사 상해의거와 동북아 평화공존」, 11~16쪽.
 윤병석(尹炳奭), 「윤봉길 의사의 상해의거와 가나자와 순국」, 17~34쪽.
 신용하(愼鏞廈), 「윤봉길 의사의 상해의거와 그 역사적 의의」, 35~68쪽.
 김승일(金勝一), 「윤봉길 의사의 시문(詩文)과 독립정신」, 69~88쪽.
 박용옥(朴容玉), 「윤봉길 의사의 농촌운동」, 89~116쪽.
 신주백(辛珠柏), 「상해사변 전후의 한국 민족운동과 윤봉길 의거」, 117~136쪽.
 조범래(趙凡來), 「한인애국단과 윤봉길 의사」, 137~176쪽.
 한시준(韓詩俊), 「윤봉길 의사의 홍구공원 의거에 대한 중국 신문의 보도」, 177~220쪽.
 김상기(金祥起), 「윤봉길 의사의 상해의거에 대한 일본 언론의 보도」, 221~258쪽; ______, 「윤봉길 의사 순국지 가나자와(金澤) 답사기」, 259~268쪽.
 한상도(韓相禱), 「해방정국기 윤봉길 의거의 현양과 계승의식」, 269~299쪽.

 제2부 윤봉길 의사의 항일의거와 동북아 평화공존
 이충양(李充陽), 「윤봉길 의거의 역사성」(중국문), 303~306쪽.
 석원화(石源華), 「윤봉길 의사와 홍구장거」(중국문), 307~324쪽.
 소 옹(邵雍), 「조선지사와 중국사회: 윤봉길 의거를 중심으로」(중국문), 325~332쪽.
 하련생(夏輦生), 「한시(漢詩) 신동이 항일영웅이 되다: 그의 생명실현문학과 역사적 완미(完美)의 창조; 윤봉길 의사 탄신 100주년을 맞아」, 333~352쪽.
 박재우(朴宰雨), 「중국 작가의 한인 항일영웅 서사(敍事)와 윤봉길: 노신(魯迅) 정신의 만남」, 353~370쪽.
 송성유(宋成有), 「일본 조야의 '만몽정결(滿蒙情結)과 중·한 연합항전」, 371~390쪽.
 소지량(蘇智良), 「중국 매체의 윤봉길 의거에 대한 보도」, 391~402쪽.

5. 사단법인 매헌윤봉길의사기념사업회 매헌연구원 편, 『윤봉길과 상해의거: 특집 일본의 역사 왜곡과 독도 침탈 기도』(사단법인 매헌윤봉길의사기념사업회, 2011).

 제1부 상해의거 80주년의 성찰
 정진석(鄭晉錫), 「상해의거 외국 언론 보도와 현장 사진」, 11~43쪽.
 김광재(金光載), 「『매헌윤봉길전집』 편찬 관련자료 발굴」, 44~74쪽.
 김상기(金祥起), 「윤봉길의 금택(金澤)에서의 순국과 순국지」, 75~104쪽.

제2부 일본의 역사 왜곡과 독도 침탈 기도

※ 이 부분은 윤 의사와 무관하므로 소개를 생략하기로 한다.

자료 소개

윤병석(尹炳奭),「윤봉길의『농민독본』보유(補遺)」, 257~320쪽.

박찬태(朴贊泰),「윤봉길 의사의 유허(遺墟)와 유물(遺物) 현황」, 321~351쪽.

6. 사단법인 매헌윤봉길의사기념사업회 편,『매헌윤봉길의사 상해의거와 국내외 영향: 매헌 윤봉길 의사 상해의거 85주년 기념 국제학술회의』(사단법인 매헌윤봉길의사기념사업회, 2016).

김학준(金學俊),「카이로회담의 진행과 합의 그리고 거기에 끼친 윤봉길 의사 의거의 영향」, 4~15쪽.

James I. Matray, "The Korean Independence Movement and the Cairo Conference(The Cairo Declaration and the Korean Independence Movement: President Franklin D. Roosebelt's Plan for Postwar Asia)"(영문 및 한국어번역문), pp. 16~58.

서상문(徐相文),「중화민국의 한국독립운동 지원」, 59~85쪽.

쓰루조노 유타카(鶴園裕),「윤봉길 의사 순국과 암장(暗葬)」(일본문 및 한국어 번역문), 89~99쪽.

쑨커즈(孫科志),「윤봉길 의사 의거와 중국의 동향: 매체를 중심으로」(중국문 및 한국어 번역문), 103~139쪽.

이상철(李相喆),「윤봉길 의사 의거와 장제스(蔣介石): 카이로선언과의 관계」, 143~168쪽.

김상기(金祥起),「윤봉길 의사 상해의거의 영향과 의의」, 173~194쪽.

7. 독립기념관, 가나자와준비위원회, 리쓰메이칸대학교 코리아연구센터, 히토쓰바시대학교 한국학연구센터 공동주최,『윤봉길의거와 세계평화운동: 윤봉길 의사 순국 85주년 한일 공동 학술회의』(2017년 12월 2일~12월 3일: 가나자와대학교 새터라이트프라자 3층 회의실).

제1주제

다무라 미쓰아키(田村光彰) 발표/정아영(鄭雅英) 토론,「세계사적 저항운동의 관점에서 본 윤봉길 의거」

제2주제

김도형(金度亨) 발표/가쓰무라 마코토(勝村誠) 토론,「윤봉길 의거의 한국독립운동사적 위상」

제3주제

홍선표(洪善杓) 발표/이규수(李圭洙) 토론,「윤봉길 의거에 대한 국내외 반향」

제4주제

김상기(金祥起) 발표/후루하타 도루(古畑徹) 토론,「윤봉길 의사의 가나자와 순국과 일본에서의 윤봉길의거 현창 과정」

종합토론

좌장 김용달(金龍達)

8. 매헌윤봉길의사기념관 주최,『매헌 윤봉길 의사 탄신 110주년 기념 국내학술회의: 매헌 윤봉길 의사의 문학사상과 독립정신』(매헌윤봉길의사기념관, 2018), 21쪽.

이근배(李根培),「기조강연: 헌사 독립투혼의 절정, 그 활화산: 매헌 윤봉길 의사의 실천사상과 대개선(大凱旋)」, 1~8쪽.

김상기(金祥起),「제1주제: 매헌 윤봉길의 수학과정과 사상적 배경」, 11~36쪽.

허경진(許敬震), 「제2주제: 윤봉길 의사 자작시의 민족사상」, 37~68쪽.
심경호(沈慶昊), 「제3주제: 윤봉길 의사의 산문에 대하여」, 69~90쪽.

9. 사단법인 매헌윤봉길의사기념사업회 편, 『윤봉길 의사와 독립운동사: 2021 하계 교원직무연수』(매헌윤봉길의사기념관, 2021).

명노승(明魯昇), 「I. 매헌 윤봉길 의사의 생애와 업적」, 9~26쪽.
김상기(金祥起), 「II. 윤 의사의 농촌계몽운동」, 27~36쪽.
김학준(金學俊), 「III. 윤 의사 시대의 국제정세」, 37~42쪽.
심경호(沈慶昊), 「IV. 윤 의사의 문학세계: 윤봉길 의사의 문학에 대하여」, 43~60쪽.
장석흥(張錫興), 「V. 윤 의사 시기 중국에서의 한국독립운동: 상하이의거 전후 독립운동의 변화와 윤봉길이 남긴 유시(遺詩)들」, 61~86쪽.
신복룡(申福龍), 「VI. 윤 의사의 독립운동: 망국을 바라보는 한 청년 지식인의 시선」, 87~112쪽.
이성섭(李聖燮), 「VII. 상하이 의거와 한국 독립: 매헌 윤봉길 의사 상해의거의 영향과 업적」, 113~142쪽.
박준광(朴焌洸), 「VIII. 윤 의사 재판 과정 및 사형 집행」, 143~157쪽.

XIII. 소설

1. 하련생(夏輦生), 『회귀천당(回歸天堂): 홍구작안(虹口灼案) 게비(揭秘)』(중국문)(상해: 문애출판사, 2002)/김승일(金勝一) 역, 『천국의 새: 중국 여류작가의 윤봉길 의사 전기소설』 전 2권(범우사, 2002).
2. 강희진(姜熙鎭), 『소설 윤봉길: 무지개 위에 별이 뜨다』(명문당, 2018).
   윤 의사의 고향 후배인 작가가 윤 의사의 생애를 홍구공원 의거에 초점을 맞춰 소설화했다.

XIV. 영화 · 연극 · 오페라 등

1. 극단 토월회(土月會) 연출, 「아느냐! 우리들의 피를」(1946년 3월 25일 공연 시작).
   『도왜실기』에 바탕을 두고 윤 의사 의거를 4막 6장으로 구성했다.
2. 윤봉춘(尹逢春) 감독 · 각본 · 편집, 「윤봉길 의사」(1947년 개봉).
   윤 의사를 영화로 다룬 국내 최초이면서 유일한 사례다.
3. 동아일보사 지령(紙齡) 2만 호 기념 창극 「윤봉길 의사」(1986년 10월 10일).
4. 「윤봉길 의사 의거 60주년 MBC 특집 드라마: 님이여」(1992년 5월 3일).5. 「창극 청년시대」(국립중앙극장공연, 2003년 4월 4일~13일; 미주 4개 도시 순회공연, 2004년 7월 21일~8월 2일; 중국 3개 도시 순회공연, 2005년 5월 20~29일).
6. 히라이시 고이치(平石耕一) 연출, 「윤봉길, 꺼지지 않는 불꽃」(2004년 6월 도쿄 시어터 X 공연).
   작가이며 연출가인 히라이시 고이치는 일본에서 처음으로 윤 의사를 주제로 한 연극을 연출했다. 180여 석의 소극장이지만 일주일 공연은 전회 매진됐다.

XV. 만화 또는 일러스트

1. 오세호 · 조득필 · 하승남, 『만화로 만나는 독립운동가』(국가보훈처, 2003).

서재필, 안중근, 김좌진, 김구, 남자현, 안창호, 최익현, 한용운, 손병희 등과 함께 윤봉길(179~202쪽)이 포함됐다.
2. 윤규상(尹圭相) 글 · 감수/김순길 편집 · 그림, 『아! 윤봉길: 매헌 윤봉길 의사 탄신 100주년 기념 그림으로 보는 윤봉길 의사 생애』(충청남도 예산군, 2008).
3. 이민진 글/박찬호 그림, 『윤봉길 4 29』(광복회, 2020).
대판으로 393쪽에 이르는 대작이다. 출생에서 순국에 이르기까지의 윤 의사의 생애를 섬세한 화필로 묘사했다.

XVI. 논문

1. 김창수(金昌洙), 「윤봉길」, 동아일보사 신동아부 편집실 편, 『한국근대인물백인선』(동아일보사, 〈신동아〉 1970년 신년호 별책부록, 1979년 단행본으로 출판), 317~319쪽; ______, 「한인애국단의 성립과 활동」, 『한국독립운동사연구』 2(1988년 11월), 439~468쪽.
2. 호춘혜(胡春惠), 「중국과 한국임시정부의 관계」, 중화민국국가법학박사(국립정치대학), 1972년 가을; ______, 『중국에서의 한국독립운동』(대북: 중화민국사료연구중심, 1976년 3월)/신승하(辛勝夏) 옮김, 『중국 안의 한국독립운동』(단국대학교 출판부, 1987).
저자는 중국국민당 당사위원회 간사로 봉직하며 이 기관이 소장한 자료를 활용했다.
3. 윤병석(尹炳奭), 「윤봉길의 상해의거」, 〈나라사랑〉 25(1976), 38~44쪽; ______, 『근대한국 민족운동의 사조』(집문당, 1996), 682~689쪽에 재수록.
4. 박상준(朴商駿), 「윤봉길 의사의 농민운동 연구」, 경희대학교 교육대학원 교육학석사학위 청구논문, 1976년 8월.
5. 이현희(李炫熙), 「한국인 애국단의 작탄의거: 윤봉길 의사의 4·29 투탄사례」, 『사총』(고대사학회) 31(1987년 6월), 69~89쪽; ______, 「홍구공원의 장거: 윤봉길 의사」, 한국일보사 편, 『재발굴 한국독립운동사』, 전 4편(한국일보사, 1988), 제2편(『중국 본토에서의 투쟁』), 130~147쪽.
6. 신용하(愼鏞廈), 「윤봉길의 농민운동과 민족독립운동」, 『한국학보』 81(1995년 12월), 102~132쪽; ______, 「윤봉길의 상해 홍구공원 의거」, 국가보훈처 편, 『대한민국임시정부 수립 80주년 기념논문집』 전 2권(국가보훈처, 1999), 하권, 172~197쪽; ______, 「백범 김구와 한인애국단의 의열투쟁」, 백범학술원 편, 『백범과 민족운동연구』 1(2003년 6월), 81~111쪽.
7. 박인조(朴仁祚), 「암장」, 〈겨레통신〉 4(1997년 4월), 45~53쪽.
8. 조선일보사 월간조선부, 「발굴: 윤봉길 의사의 최후를 기록한 일본 육군성 극비문서 『만밀대일기』」, 〈월간조선〉(2002년 5월), 206~210쪽.
9. 한철호(韓哲昊), 「1930년대 전반기 한중 연대와 항일운동」, 『한국근현대사연구』 22(2002년 가을), 161~199쪽.
10. 김광재(金光載), 「윤봉길의 상해의거와 '중국 측 역할'」, 『한국민족운동사연구』 33(2002년 12월), 23~42쪽.
11. 김형목(金炯睦), 「윤봉길의 현실 인식과 청년운동사상 위치」, 『한국민족운동사연구』 33(2002년 12월), 43~65쪽.
12. 김상기(金祥起), 「윤봉길의 금택(金澤)에서의 순국과 순국지」, 『한국독립운동사연구』 41(2012년 4월), 365~387쪽; ______, 「윤봉길 상해의거의 국내외적 영향과 의의」, 『한국독립운동사연구』 61(2018년 2월), 155~185쪽; ______, 「윤봉길의 순국과 현양사업」, 『한국근현대사연구』 86(2018년 가을), 155~182쪽.
13. 김희곤(金喜坤), 「윤봉길 현양 자료를 통해 본 상해의거의 역사적 의미: 광복 이전 자료를 중심으로」,

『한국독립운동사연구』 43(2012년 12월), 243~280쪽.

14. 정병준(鄭秉峻), 「카이로회담의 한국 문제 논의와 카이로선언 한국 조항의 작성 과정」, 『역사비평』 107(2014년 여름), 307~347쪽.

15. 배경한(裵京漢), 「카이로회담에서의 한국 문제와 장개석」, 『역사학보』 224(2014년 12월), 305~335쪽; _____, 「카이로회담에서의 한국 문제와 중국의 전후 아시아 구상」, _____, 『중국과 아시아: 근현대 중국의 아시아 인식과 아시아주의』(한울엠플러스, 2016), 제3부 제2장에 재수록; _____, 「윤봉길의거 이후 장개석 국민정부의 한국독립운동 지원과 '장기항전(長期抗戰)'」, 『역사학보』 236(2017년 12월), 373~412쪽.

16. 이재령(李在鈴), 「1·28 상해사변과 윤봉길의거」, 단국대학교 동양학연구원 복단대학 한국연구중심 공동주최, 『일제의 침략과 한중의 공동항전』(단국대학교 동양학연구원, 2015), 65~92쪽.

17. 이성섭(李聖燮), 「윤봉길 의사와 장개석 그리고 카이로선언」, 〈거레사랑〉 12(2015~2016), 48~49쪽.

18. 김용신(金容信), 「장개석 국민정부의 미국 편승 전략과 한국의 독립 문제, 1942~1945」, 『사회과학논집』(연세대학교 사회과학연구소), 제49호 제1호(2018년 봄), 35~52쪽.

매헌 윤봉길 의사 연보

1908년 무신년 1세	6월 21일(음력 5월 23일 정미일) 충청남도 예산군 덕산면 시량리 178번지, 일명 도중도의 광현당에서 파평 윤씨 황과 경주 김씨 원상의 맏아들로 태어나다. 본명은 우의, 별명은 봉길이다.
1911년 4세	생가에서 이웃 139번지로 옮겨 살다. 오늘날의 저한당이다.
1913년 6세	큰아버지 윤경으로부터 이민덕, 윤순의 등과 함께 한문을 배우다.
1918년 11세	봄에 덕산공립보통학교(오늘의 덕산초등학교)에 입학하다.
1919년 12세	3·1 만세운동에 자극받아 식민지교육을 배격하고 학교를 자퇴하여, 마을의 최병대 문하에서 한학을 수업하다.
1921년 14세	봄에 이웃 마을에 있는 오치서숙을 찾아 매곡 성주록 선생으로부터 유학 교육을 받기 시작하다. 사서삼경을 비롯한 한학의 진수를 알게 됨으로써 입지의 길을 새기다. 이 무렵부터 <동아일보>와 잡지 <개벽>을 탐독하며 한시를 짓기 시작하
1922년 15세	시재가 뛰어나 시회에서 독장원을 도맡아 하였으며, 이해 성주 배씨 용순 규수와 결혼하다.
1925년 18세	시집 『오추』, 『옥타』, 『임추』 등의 시 수백 편을 쓰다.

1926년 19세	오치서숙의 수업을 마치고 나오며 '매헌'이라는 아호를 받다. 농민 계몽, 농촌 부흥, 독서회운동 등을 시작하다.
1927년 20세	『농민독본』 3권을 저술하여 유인물로 펴내다.
1928년 21세	양력 3월 16일(음력 2월 25일) 부흥원 상량식을 갖다.
1929년 22세	정초부터 『기사년일기』를 쓰다. 부흥원 설립 기념 학예회에서 우화극 『토끼와 여우』를 공연하여 일제 경찰에 불려가서 추궁을 당하다. 2월 위친계를, 4월 월진회를 조직하고 수암체육회도 만들다. 11월 광주학생항일운동이 일어난 것을 보고 민족혁명투쟁에 눈을 뜨다.
1930년 23세	3월 6일 '장부출가생불환'의 유서를 남기고 고향을 떠나 망명길에 오르다. 3월 7일 선천에서 구금되었으나 한만국경을 넘어 3월 31일 중국 청도로 가다.
1931년 24세	5월 8일 상해에 도착하자 바로 대한민국임시정부를 찾아 백범 김구 선생을 만나 상해에 온 뜻을 말씀드리다. 백범의 소개로 프랑스 조계 안공근 댁에 숙소를 정하고 교포 실업가 박진이 경영하는 공장에서 일하며 영어학원에서 공부하다. 7월 일제가 한중관계를 악화시키기 위해 조작한 만보산사건을 바라보며 일제에 대한 투쟁 의지를 더욱 다지다.
1932년 25세	이른 봄부터 채소 상인으로 가장하여 일본군 정보를 탐지하다 4월 26일 대한민국임시정부 김구 국무위원이 이끄는 한인애국단에 입단하다. 4월 29일 상해 홍구공원에서 열린 일본의 소위 천장절 및 전승 축하 기념식전에 폭탄을 던져 시라카와 대장을 비롯한 일본군 장군 및 고관들에게 천벌을 가하다. 5월 25일 상해 파견 일본군 군법회의에서 사형선고를 받다. 11월 18일 일본 오사카로 압송되어 오사카위수형무소에 수감되다. 12월 18일 가나자와 육군형무소로 이감되고 다음 날(19일) 오전 7시 40분 가나자와 교외 미쓰코지 공병작업장에서 총살형으로 순국하다.
1946년	**5월 15일** 윤 의사의 유해가 부산으로 환국하다. **7월 7일** 국민장으로 엄수된 후 효창공원에 안장되다.

매헌 윤봉길 의사 현양사업 연보

1946년 4월 29일	|	일제 패망 이후 처음 맞이하는 상해의거일에 맞춰 서울운동장에서 '윤 열사 의거 기념대회'가 이승만, 김구, 김규식 등 각계인사 83명의 참석 아래 열렸음.
1946년 7월 6일	|	효창공원에서 국민장 거행됨.
1949년 4월 29일	|	의거 16주년 기념으로 고향 충청남도 예산군 예산읍 예산리에 김구의 참석 아래 '윤봉길열사비'가 건립됨. 비문은 당대의 석학 위당(爲堂) 정인보(鄭寅普)가 짓고 당대의 명필 일중(一中) 김충현(金忠顯)이 씀.
1962년 3월 1일	|	대한민국 정부를 대표해 윤보선 대통령은 윤 의사에게 건국공로훈장 가운데 등급이 가장 높은 건국공로훈장 중장(重章, 법 개정에 따라 오늘날에는 건국훈장 대한민국장으로 불림)을 추서.
1965년 12월 19일	|	순국 33주년 매헌윤봉길의사기념사업회가 사단법인의 형태로 발족함.
1966년 10월 10일 (쌍십절)	|	장개석 총통이 윤 의사의 아들 윤종과 아우 윤남의를 대만으로 초청해 국빈 대우를 하며 "윤 의사는 귀국(貴國)에만 공이 큰 것이 아니라 우리나라에도 공이 큰 분입니다. … 내가 장차 본토를 수복하고 남경으로 돌아가면 윤 의사의 미망인을 초청해 지난날을 회고해볼 작정입니다"라고 말함.
1968년 3월 27일	|	장개석 총통, 글을 지어 윤 의사의 위업을 기림.
1968년 4월 29일	|	의거 36주년을 기념해 박정희 대통령의 참석 아래 충청남도 예산군 덕산면 시량리에 충의사를 준공하고 영정을 모심.
1972년 5월 23일	|	대전 충무체육관(오늘날의 한밭체육관)에 윤 의사의 동상이 세워짐. 제막식에 앞서 김남조(金南祚)가 작사하고 나운영(羅運榮)이 작곡한 「윤봉길 의사의 노래」가 바쳐짐.
1972년 8월 16일, 1976년 5월 31일	|	문화공보부 문화재위원회는 두 차례에 걸쳐 윤 의사가 태어난 집과 성장한 집을 비롯해 부흥원과 사우를 사적지로 지정했으며, 일기와 「자서약력」 및 「한인 애국단 입단 선서문」을 비롯해 월진회 창립 취지서와 위친계 취지서 및 『농민독본』 그리고 시계와 도장 등 유품 37종을 모두 보물로 지정함.
1982년 4월 29일	|	부인 배용순 여사에게 의거 50주년에 국민훈장 목련장을 수여함. 사단법인 매헌윤봉길의사기념사업회는 부인의 효행을 기려 배용순효부상을 제정해 오늘날에도 수여함.
1988년 12월 1일	|	서울특별시 서초구 양재동 '시민의 숲' 공원 안에 국민의 성금으로 매헌윤봉길의사기념관이 건립됨.

1991년 11월	|	의거 60주년을 앞두고 당시 민주자유당 대표최고위원 김영삼 의원을 회장으로 하는 '매헌 윤봉길 의사 의거 제60주년기념사업추진위원회'가 조직돼 여러 현창사업을 추진함.
1992년 4월 21일	|	순국지 일본 가나자와의 암장지에서 남서쪽으로 200m쯤 떨어진 30평 정도 되는 대지에 '윤봉길의사순국기념비'가 한국을 향해 세워짐.
1992년 4월 29일	|	의거 60주년의 날, 기념관 경내에 동상이 건립됨.
1992년 12월 19일	|	순국 60주년의 날, 가나자와 암장지에 '윤봉길의사암장지적' 비석이 세워짐.
1994년 4월 29일	|	1991년 8월 한중 수교 이후 2년 8개월이 지난 날이자 의거 62주년이 된 날, 중화인민공화국이 상해 홍구공원 안에 매헌의 '매(梅)'자를 딴 매정(梅亭)을 건립함.
1998년	|	중화인민공화국, 매정 입구에 '윤봉길의사의거기념비'를 세움.
2009년 4월 29일	|	중화인민공화국, 의거 77주년을 맞아 매정을 매헌(梅軒)으로 개명함.
2012년 6월	|	매헌윤봉길의사기념사업회는 의거 80주년을 맞이해 『매헌윤봉길전집』 전 9권을 출판.
2015년 12월 30일	|	서초구청 소유의 매헌기념관을 무상 양허로 국가보훈처로 소유권을 이전하고, 서울특별시 소유의 기념관 부지는 무상 장기임대로 하여 관리권을 서울특별시에서 국가보훈처로 이관하여 위탁자인 국가보훈처와 수탁자인 기념사업회가 매헌기념관 관리·운영 위탁계약을 체결함.
2017년 3월부터 2019년 2월	|	정부의 국고보조금으로 매헌기념관 건물 개·보수, 전시시설 현대화사업을 벌여 기념관 1층 중앙홀에 윤봉길의사 동상(김영원 조각가 제작)을 모셨고, 증강현실(AR) 체험, 가상현실(VR) 체험, 크로마키 체험 등 최신 영상체험을 할 수 있게 함. 제1전시실은 출생에서 칭다오 생활까지, 제2전시실은 상하이 의거, 순국, 선양에 이르기까지 윤 의사의 생애와 업적을 소개함.
2018년 8월 27일	|	매헌윤봉길의사기념사업회는 지하철 신분당선 운영사인 네오트랜스와 함께 신분당선 양재시민의 숲역(매헌역)에 김영중(金泳中) 조각가가 제작한 윤 의사의 흉상, 그리고 '장부출가생불환(丈夫出家生不還)'이라는 어록판을 설치함. 설치비용 전액은 (주)엔지켐생명과학(대표이사 손기영)이 후원했다. 윤 의사의 흉상에는 매헌윤봉길의사기념사업회 이성섭 상임이사의 친필인 '매헌 윤봉길 의사 상'이 한글로 쓰임.

인물 색인

ㄴ

ㄷ

ㄹ

ㅁ

ㅂ

ㅅ

ㅇ

항목 색인

선구적 농민운동가 · 독립운동가의 생애

매헌 윤봉길 의사 평전

1판 1쇄 발행 2022년 4월 29일

지은이 김학준
발행인 임채청

펴낸곳 동아일보사 | **등록** 1968.11.9.(1-75) | **주소** 서울특별시 서대문구 충정로 29(03737)
편집·마케팅 02-361-0941 | **팩스** 02-361-0979 | **인쇄** 도담프린팅
편집 김민경(pan.n.pen) | **디자인** 임재경(anotherdesign) | **교열** 배영조
표지 캘리그라피 (사)매헌윤봉길의사기념사업회 명노승 회장 | **표지 인물화** 김민정 | **표지 디자인 감수** 김은수

ISBN 979-11-92101-08-8
값 20,000원